AF743308

वैदिक राज्य व्यवस्था में प्रधानमंत्री को 'विष्णु' अर्थात पालन पोषण, वृद्धि और विकास करने वाला कहा गया है। राष्ट्रचेता ऐसा हो, जिसे लोग सहर्ष 'विष्णु' मानें। भारत में राष्ट्रनायक होने की यह सबसे बड़ी कसौटी है। जो ऐसे दिव्यगुणों से भरा होता है, उसे इस राष्ट्र की जनता मर्यादा पुरुषोत्तम या योगीराज कहकर युगों-युगों तक पूजती है।

प्रधानमंत्री नरेन्द्र मोदी निःस्संदेह हमारे उन राष्ट्रनायकों की परंपरा की वर्तमान कड़ी हैं, जिन्होंने राष्ट्र की कांति और शक्ति को अपने-अपने काल में अपने-अपने ढंग से प्रदीप्त और प्रखर करने का प्रयास किया और जिनके चिंतन का केन्द्र केवल राष्ट्र रहा। त्यागी तपस्वी लोग राष्ट्र का वर्द्धन, संवर्द्धन, रक्षण और संरक्षण करते हैं तो यह भी आवश्यक है कि राष्ट्र भी उनका अभिनंदन करे।

बुलंद भारत

(मोदीजी की नीतियां)

राकेश कुमार आर्य

मुख्य संपादक : दैनिक उगता भारत

डायमंड बुक्स

www.diamondbook.in

प्रकाशक : डायमंड पॉकेट बुक्स (प्रा.) लि.
X-30 ओखला इंडस्ट्रियल एरिया, फेज-II
नई दिल्ली - 110 020
फोन : 011-40712200
ई-मेल : sales@dpb.in
वेबसाइट : www.diamondbook.in

Buland Bharat : Modi ji ki Nitiyaa
By : Rakesh Kumar Arya

क्रमांक 5145 दिनांक 04.07.2016

अमित शाह
अध्यक्ष
Amit Shah
President

भारतीय जनता पार्टी
Bharatiya Janata Party

०१ जुलाई, २०१६

श्री राकेश कुमार आर्य जी,

यह जानकर प्रसन्नता हुई कि 'उगता भारत' समाचार पत्र के आपके संपादकीय लेखों को सम्मिलित कर '**बुलंद भारत : मोदी जी की नीतियां**' (आशा को विश्वास में बदलते-प्रधानमंत्री श्री नरेन्द्र मोदी) पुस्तक का प्रकाशन किया जा रहा है।

माननीय श्री नरेन्द्र मोदी जी आज समस्त देशवासियों की आशाओं को अपने कार्यों द्वारा पूर्ण कर रहे हैं। उनकी निष्काम कर्म भावना एवं देशवासियों के प्रति उनका निरंतर सेवा-भाव, आज देश को विकास के पथ पर तेजी से अग्रसर कर रही है। मां भारती को विश्वगुरू के सिंहासन पर आरूढ़ करने एवं समस्त देशवासियों के जीवन स्तर को ऊंचा उठाने के लिए उनके द्वारा किये जा रहे अथक प्रयास हम सबके लिए प्रेरणादायी एवं मार्गदर्शक हैं। उनका समस्त कार्य व्यवहार मां भारती के करोड़ों देशवासियों को समर्पित हैं। उनके द्वारा लाये जा रहे विभिन्न कार्यक्रम एवं योजनाएं देश को आत्मनिर्भर एवं सशक्त बनाने हेतु किया जा रहा महत्वपूर्ण प्रयास है।

मैं आपके संपादकीय संकलन पुस्तक '**बुलंद भारत : मोदी जी की नीतियां**' (आशा को विश्वास में बदलते-प्रधानमंत्री श्री नरेन्द्र मोदी) हेतु अपनी हार्दिक शुभकामनाएं प्रेषित करता हूं।

शुभकामनाओं सहित।

भवदीय

(अमित शाह)

प्रति,

श्री राकेश कुमार आर्य
मुख्य संपादक, उगता भारत
आर्य बन्धु एण्ड एसोसियेट्स
दुकान नं. १०, कृष्णा प्लाजा मार्केट,
तहसील कम्पाउण्ड दादरी,
जनपद गौतमबुद्ध नगर-२०३२०७
(उत्तर प्रदेश)

जनार्दन सिंह 'सीग्रीवाल'
सदस्य
स्टैंडिंग कमिटी
लोक लेखा समिति, कोल एण्ड स्टील
कंसलटेटीव कमिटी
माइन्स एण्ड स्टील
सांसद, 19 महाराजगंज, बिहार
मो:- 09013869977, 9431216682
ई.मेल:- janardansingh.sigriwal@sansad.inc.in

Janardan Singh 'Sigriwal'
Member
Standing Committee
Public Accounts Committee Coal & Steel
Consultative Committee
Mines & Steel
M.P., 19 Maharajganj, Bihar
Mob - 09013869977, 9431216682
E-mail: janardansingh.sigriwal@sansad.nic.in

शुभकामना संदेश

हमारा नायक–राष्ट्र निरंतर प्रवाहमान होती हुई एक ऐसी सरिता है जो अपने गंतव्य स्थान से पहले रुकना ही नहीं चाहती है। जैसे एक सरिता सागर में जाकर मुक्ति की अनुभूति करती है, वैसे ही राष्ट्र नाम की एक विचारधारा है जो मुक्ति की खोज में लगी हुई है। पर उसकी मुक्ति की यह खोज संसार में निवास करने वाले किसी एक व्यक्ति, वर्ग या सम्प्रदाय विशेष के लिए न होकर सम्पूर्ण मानवता के लिए है। लड़ते देश है, कभी दो राष्ट्र नहीं लड़ते। राष्ट्रों की लड़ाई की बात तो हमने कल्पनिक रूप में बना ली है। हम ऐसा इसलिए कह रहे हैं कि मानवता कभी भी दानवता की बातें नहीं सिखाती और राष्ट्र सर्वकल्याण की बात करते हुए मानवता की पुष्टि करता है। जैसे मानवता दो नहीं हो सकती या अनेक नहीं हो सकती वैसे ही राष्ट्र भी अनेक नहीं हो सकते पर हमने अनेक राष्ट्रों की मान्यता को स्वीकार कर लिया है।

भारतीय राष्ट्र की यह अनोखी विशेषता है कि इसने लोगों को लड़ना नहीं सिखाया। इसने प्रेम, अहिंसा, सत्य और धर्म की बातें की और उनके विस्तार के लिए संपूर्ण भूमंडल अपना मानवतावाद प्रचारित–प्रसारित किया।

आज भारत अपने प्रधानमंत्री श्री नरेन्द्र मोदी जी के नेतृत्व में पुनः अपने राष्ट्रवाद का प्रचार–प्रसार कर रहा है। श्री मोदी जी भारतीय राष्ट्रवाद का संदेश लेकर जहां–जहां भी जा रहे हैं वहीं 'भारतमाता की जय बोली जा रही है। सपूत तो एक ही पर्याप्त होता है–वही मां की कोख को गौरवान्वित कर देता है। जब 'भारतमाता की जय' विश्व के किसी भी देश में बोली जाती है तो गर्व होता है, अपनी मां भारती पर और गर्व होता है अपने प्रधानमंत्री पर, अपने प्रधानमंत्री पर, जिन्होने मां को इतना सम्मान दिलाने का गौरवपूर्ण कार्य किय है। लगता है भारतीय राष्ट्र का विस्तार हो रहा है और वह फिर अनंत की और बढ़ रहा है। उसका मानवता फिर लोगों को रास आ रहा है।

भारत बदल नहीं रहा है, भातर विजय पथ पर बढ़ रहा है और उसके विजय को विश्व की मौन सहमति मिल रही है। एक भारी क्रांति होते देखने के हम साक्षी बन रहे हैं। इतिहास बड़ी तेजी से भारत के विजय अभियान लिखता जा रहा है। सचमुच ऐसे गौरवपूर्ण नेतृत्व का और कृत्यों का अभिनंदन होना ही चाहिए। श्री राकेश कुमार आर्य राष्ट्रवादी लेखक हैं। उनके ओजस्वी लेख किसी भी पाठक को अपने साथ बांधने की अद्भुत क्षमता रखते हैं। श्री आर्य ने अपने लेखों के माध्यम से माननीय मोदीजी की क्षमताओं और ऊर्जा को उसी समय प्रस्तुत करना आरंभ कर दिया था जिस समय श्री मोदी गुजरात के मुख्यमंत्री थे और राष्ट्रीय राजनीति में उनका पदार्पण होने लगा था। इस पुस्तक में विद्वान लेखक के उन्हीं संपादकियों का संकलन है तो हमारे महान प्रधानमंत्री के विषय में उनके द्वारा समय–समय पर लिखे गये हैं।

वैसे वास्तव में प्रधानमंत्री श्री मोदीजी ने विश्व स्तर पर अपने देश की गिरता साख को जिस प्रकार ऊंचा किया है और गृहनीति, आर्थिक नीति की जो नींव रखी है उसकी उनके दो वर्ष के कार्यकाल में स्पष्ट झलक दिखने लगी है।

मैं विद्वान लेखक के परिश्रम और पुरुषार्थ की प्रशंसा करता हूं और आशा करता हूं कि उनके इस परिश्रम और पुरुषार्थ को उनके पाठकों का भरपूर प्रेम और आशीर्वाद मिलेगा।

क्षेत्रिय आवास : मिश्रवलिया टोला, जलालपुर बजार, छपरा (सारण) बिहार, फोन : 06155-268111
दिल्ली आवास : C-1/19, पंडारा पार्क, नई दिल्ली, फोन : 011-23072620

लेखकीय निवेदन

स्वामी वेदानंद तीर्थ जी 'स्वाध्याय संदोह' नामक पुस्तक में लिखते हैं- कई लोगों का विचार है कि वेद में राष्ट्रनिर्माण की कल्पना है ही नहीं। ऐसा कहने वाले वेद को देखे-समझे बिना ऐसा कहते हैं। वेद में राष्ट्रकल्पना है और वह अत्यंत उदात्त तथा ऊंचे दर्जे की है। यजुर्वेद के दशम अध्याय के पहले चार मंत्रों में तो राष्ट्र की मानो मुहारनी ही है। यजुर्वेद 22/22 में राष्ट्र में क्या-क्या होना चाहिए इसका संक्षिप्त किंतु प्रांजल वर्णन है। अथर्ववेद के 12वें काण्ड का पहला संपूर्ण सूक्त (वर्ग) मातृभूमि विषयक है। ऋग्वेद का 1/80 सूक्त स्वराज्य परक है। इन मंत्रों में जो विचारतत्व हैं वे इतने गंभीर और विमल भावों से भरे हैं कि उनके अनुसार आचरण मानव समाज के सभी दुखों को मिटा सकता है। वे सदा उत्तम राष्ट्र की भावना के प्रचारक हैं। यथासा नो **भूमिस्त्विषिं बलम् राष्ट्रे दधातूत्तमे** (अथर्व. 12-1-8) वह हमारी भूमि -मातृभूमि उत्तम राष्ट्र में (उत्तम राष्ट्र के निमित्त) कांति और शक्ति धारण करे। वेद काव्य है, अतः कविता की भाषा में उपदेश करता है। देशवासियों के स्थान में भूमि-मातृभूमि से कांति और शक्ति धारण करने की कामना की गयी है। उस कांति और शक्ति के धारण का प्रयोजन उत्तम राष्ट्र है।

उत्तम राष्ट्र को यह कांति और शक्ति उसके उत्तम नायक से मिलती है। नायक का तेज राष्ट्र को तपाता है अर्थात उसके नागरिकों के दोषों को दग्धा करता है। भारत ने सृष्टि प्रारंभ से लेकर सम्राट मान्धाता की चक्रवर्ती सम्राटों की परंपरा को आगे बढ़ाते हुए कितने ही ऐसे नररत्न उत्पन्न किये हैं जिनकी कांति और शक्ति ने राष्ट्र के तेज को और भी अधिक तेजस्विता प्रदान की।

वैदिक राज्य व्यवस्था में प्रधानमंत्री को 'विष्णु' अर्थात पालन पोषण, वृद्धि और विकास करने वाला 'सबका साथ और सबका विकास' करने में विश्वास रखने वाला कहा गया है। राष्ट्रचेता ऐसा हो, जिसे लोग सहर्ष 'विष्णु' मानें। भारत में राष्ट्रनायक होने की यह सबसे बड़ी कसौटी है। जो ऐसे दिव्यगुणों से भरा होता है उसे इस राष्ट्र की जनता मर्यादा पुरुषोत्तम या योगीराज कहकर युगों-युगों तक पूजती है अर्थात उसके गुणों का सम्मान करते हुए उसे शीश नवाती है।

प्रधानमंत्री नरेन्द्र मोदी निस्संदेह हमारे उन राष्ट्रनायकों की परंपरा की वर्तमान कड़ी हैं। जिन्होंने राष्ट्र की कांति और शक्ति को अपने-अपने काल में अपने-अपने

ढंग से प्रदीप्त और प्रखर करने का प्रयास किया और जिनके चिंतन का केन्द्र केवल राष्ट्र रहा। त्यागी तपस्वी लोग राष्ट्र का वर्द्धन, संवर्द्धन, रक्षण और संरक्षण करते हैं तो यह भी आवश्यक है कि राष्ट्र भी उनका अभिनंदन करे। इससे पूर्व कि कोई राष्ट्रनायक इतिहास बने, स्वयं इतिहास उस नायक का अभिनंदन करने के लिए उद्यत रहना चाहिए। इसका सबसे बड़ा लाभ यही होता है कि हमारे नायकों को और भी उत्तम कार्य करने की प्रेरणा मिलती है। प्रधानमंत्री ने अपनी अभी तक की जीवन यात्रा में कई उतार-चढ़ाव देखे हैं। गोधारा-काण्ड के पश्चात तो ऐसा लगने लगा था कि उनके राजनीतिक जीवन का पटाक्षेप ही होने वाला है, पर उनके भीतर निरंतर प्रज्ज्वलित रहने वाली आत्मज्योति के दीपक ने तूफान से हार नहीं मानी और इसे आश्चर्य ही कहा जाएगा कि एक 'दीपक' महाविनाशकारी तूफान के आलोक से आलोकित श्री मोदी सूर्यसम कांतिमान हो उठे और भारत के राजनीतिक क्षितिज पर पश्चिम (गुजरात की पावनभूमि से) से पहली बार सूर्य के उदित होने के लक्षण दिखाई देने लगे। यद्यपि इससे पूर्व स्वामी दयानंद सरस्वती महाराज, महात्मा गांधी और सरदार पटेल जैसे व्यक्तित्वों को जन्म देकर गुजरात शेष भारत का ध्यान अपनी ओर पूर्व में भी आकृष्ट कर चुका था। पर इस बार का व्यक्तित्व कई अर्थों में अलग था।

स्वतंत्रता प्राप्ति के उपरांत गांधी, दयानंद और पटेल तीनों ही महापुरुषों के कार्यों को कांग्रेस ने गति प्रदान करने से मुंह फेर लिया था। गांधीजी के रामराज्य की स्थापना के आदर्श की हत्या कांग्रेस ने की, महर्षि दयानंद के 'वेदों की ओर लौटो' के सिद्धांत की हत्या भी कांग्रेस ने की, और 'तुष्टिकरण किसी का नही-सर्वप्रथम राष्ट्र' की सरदार पटेल की इस मान्यता की हत्या भी कांग्रेस ने की। प्रधानमंत्री की विशेषता है और उनकी कार्यशैली का एक विशिष्ट अंग भी है, कि उन्होंने रामराज्य की स्थापना के अपने उद्देश्य को अपने 'सबका साथ सबका विकास' के नारे में पिरो दिया है। हम देखेंगे कि जैसे-जैसे यह नारा मूर्तरूप लेगा वैसे-वैसे ही एक संप्रदाय निरपेक्ष सावरकरवादी भारत का उदय होगा। सावरकरवादी भारत इसलिए कि सावरकर जी स्वयं साम्प्रदायिक तुष्टिकरण के विरोधी थे और वह सभी संप्रदायों के लोगों को एक साथ लेकर चलने के पक्षधार थे। कुछ लोग ऐसा भी कहते हैं कि गांधीजी और मोदीजी का कोई मेल नहीं मिलता और यदि मोदीजी गांधीजी को साथ लेकर चल रहे हैं तो इसमें कोई न कोई राजनीति है। हमारा मानना है कि राष्ट्र के हित में जिसके पास जो अच्छा है उसे ग्रहण कर लिया जाए। गांधीजी के पास रामराज्य का आदर्श है तो उसे उनसे लिया जा सकता है पर रामराज्य को गांधीजी की धर्मनिरपेक्षता से स्थापित किया जाएगा या सावरकरजी की पंथनिरपेक्षता से स्थापित किया जाएगा, यह हमारे सर्वसमन्वयी प्रधानमंत्री श्री मोदी को ही देखना है।

प्रधानमंत्री श्री नरेन्द्र मोदी स्वामी दयानंद जी महाराज के वेदों की ओर लौटो और वेद, योग, आयुर्वेद, जैविक खाद, अर्थात 'स्वदेशी अपनाओ देश बचाओ' के मौन नारे के साथ मौन होकर आगे बढ़ रहे हैं। वह किसी की धार्मिक भावनाओं को आहत किये बिना आगे बढ़ना चाहते हैं और मानवता के लिए कुछ कर देना चाहते हैं।

अब आते हैं सरदार पटेल पर। सरदार पटेल इस भारत देश की एकता और अखण्डता के निर्माता थे। यदि वह उस समय ना होते तो पता नहीं भारत के भी कितने टुकड़े हो गये होते? सरदार पटेल के इस परिश्रम पर श्रद्धा के पुष्प अर्पित करने का कांग्रेस को तो कभी अवसर नहीं मिला, परंतु अब श्री मोदी ने 'स्टेच्यू ऑफ यूनिटी' स्थापित कर इस महानायक को संपूर्ण राष्ट्र की ओर से श्रद्धांजलि अर्पित कर यह स्पष्ट कर दिया है कि उनके आदर्श सरदार पटेल हैं।

राजनीतिक और सांस्कृतिक रूप से मेरे आदर्श स्वामी दयानंद जी महाराज, वीर सावरकरजी और सरदार पटेल हैं। मेरे इन तीनों आदर्शों का प्रतिबिम्ब श्री मोदी में एकीभूत सा हो गया है। बस यही कारण है कि मैंने उन पर पहले दिन से ही 'उगता भारत' में लिखना आरंभ किया। मुझे भली प्रकार स्मरण है कि हमारे पत्र के चेयरमैन श्रद्धेय ज्येष्ठ भ्राताश्री श्री देवेन्द्रसिंह आर्य और मैं (लोकसभा चुनाव 2014 से पूर्व जब श्री राजनाथसिंह को भाजपा ने अपना अध्यक्ष बनाया था) उनसे मिलने गये थे और उनसे विशेष आग्रह किया था कि श्री मोदी को भाजपा का चेहरा बना दो, देश की जनता यही चाहती है। तब श्री सिंह ने हमारी बात में रुचि दिखायी थी, हमें लगा था कि वे उसी सोच के थे जिसकी हम उनसे अपेक्षा करते थे।

देश का बड़ा वर्ग पिछली सरकारों की वोट की राजनीति और ओछी धर्मनिरपेक्षता की नीति से दुखी था। इसलिए देश का बड़ा वर्ग देश में परिवर्तन चाहता था, पर उसे नेता नहीं मिल रहा था। श्री नरेन्द्र मोदी ने देश की फिजाओं में तैर रहे प्रश्न का उत्तर बनकर स्वयं को प्रस्तुत किया, जनता ने उन्हें 'हां' कहा और वह देश के नायक बनने की पहली परीक्षा में लोकसभा चुनाव 2014 में प्रचण्ड बहुमत लेकर उत्तीर्ण हो गये। श्री मोदी पहले राजनेता हैं जिन्होंने सीधो जनता से पूछा कि बताइए मैं प्रधानमंत्री बन सकता हूं या नही? उन्हें प्रधानमंत्री के उम्मीदवार के रूप में भाजपा ने चुनाव में उतारा और सारे देश की जनता ने अपने प्रधानमंत्री के चुनाव के लिए मतदान में भाग लिया। पहली बार देश की जनता ने सीधो अपना प्रधानमंत्री चुना।

इस जननायक प्रधानमंत्री के लिए हमने समय-समय पर अपने समाचार पत्र दैनिक/साप्ताहिक 'उगता भारत' में कितने ही सम्पादकीय लिखे। उन्हीं संपादकियों का संकलन इस पुस्तक में किया गया है। इस संकलन को पुस्तक रूप में प्रकाशित कराने की प्रेरणा मुझे मेरे ज्येष्ठ भ्रातासम परम आदरणीय डॉ. अशोक शर्मा (ओएसडी मुख्यमंत्री उत्तराखण्ड) ने दी। उनका आशीर्वाद पाकर मैंने डायमंड पॉकेट बुक्स के प्रतिष्ठाता आदरणीय श्री नरेन्द्र वर्मा जी से संपर्क किया। जिन्होंने मेरा उत्साहवर्धन

करते हुए तुरंत इस प्रस्ताव को स्वीकार किया और इस पुस्तक को यथाशीघ्र आपके हाथों तक लाने का मुझे विश्वास दिलाया। मैं इन दोनों महानुभावों के मार्गदर्शन का ऋणी हूं और उनके प्रति कृतज्ञता ज्ञापित करता हूं। इसके अतिरिक्त श्री के. राम जी (पूर्व एडिशनल कमिश्नर बिहार भवन) जो 'उगता भारत ट्रस्ट' के राष्ट्रीय संरक्षक भी हैं, का मार्गदर्शन भी कम उत्साहजनक नहीं है। उन्होंने अपनी रुग्णावस्था में रहकर भी मेरा उत्साहवर्धन किया और इस पुस्तक के प्रकाशन के लिए यथेष्ट प्रोत्साहन दिया। उन्हीं के साथ-साथ 'उगता भारत प्रकाशन' के राष्ट्रीय अधयक्ष पं. बाबा नंदकिशोर मिश्र, संदीप कालिया जी, 'उगता भारत' पत्र के मुख्य संरक्षक एवं ज्येष्ठ भ्राताश्री श्रद्धेय विजेन्द्रसिंह आर्य, सूबेदार मेजर वीरसिंह आर्य, चेयरमैन श्री देवेन्द्रसिंह आर्य के शुभाशीर्वाद को भी नमन करता हूं जिनके आशीर्वाद से यह बड़ा कार्य सहज संभव हो गया।

अपने पत्र के संपादक मंडल में वरिष्ठ सहयोगी श्रीनिवास आर्य, श्री रामकुमार वर्मा जी, श्री राकेश आर्य जी (बागपत) श्री एल.एस. तिवारी, श्री अजय कुमार सहित ग्राफिक डिजाइनर श्री राजवीर सिंह राजपूत और आत्मज अमन आर्य का सहयोग भी किसी न किसी रूप में मिला है, उनके प्रति भी आभार व्यक्त करता हूं।

अंत में सर्वनियंता परमेश्वर की असीम अनुकंपा के सामने नतमस्तक होकर इस ग्रंथ को अपने प्रिय पाठकों के कर कमलों में सादर समर्पित करता हूं जो मेरी सबसे बड़ी शक्ति है।

मुझे विश्वास है कि देश के करोड़ों लोगों की आशाओं को विश्वास में बदलते श्री मोदी भविष्य में भी हमें उत्साहित रखेंगे और इस देश को विश्वगुरु बनाकर ही चैन लेंगे। सारा देश उनके बढ़ते कदमों से गद्गद है।

अनेक संभावनाओं के जीवित रहते हुए भी और अनेक प्रश्नों के अभी तक अनुत्तरित रहते हुए भी, हमें आशावादी होना चाहिए और विश्वास करना चाहिए कि श्री मोदी ने जिस युगांतरकारी परिवर्तन की बयार को बहाया है उससे वैदिक संस्कृति आज नहीं तो कल विश्व में अपना डंका बजाने में सफल होगी। इसी भावना के साथ,

–राकेश कुमार आर्य
(सम्पादक 'उगता भारत')
संपर्क : 9911169917

विषय सूची

भूमिका *15*
1. 'दोहन' का उपाय 'शोधन' है 69
2. 'महाभारत' के युद्ध का आंखों देखा हाल 73
3. 'योग भूमि' बनाओ कश्मीर को 77
4. 'वायसराय' नहीं जननेता चुनने का समय है 80
5. आडवाणी को भी अटल बनना होगा 84
6. उठो! स्वाभिमानी भारत के निर्माण के लिए 88
7. कश्मीर में 'तीन सौ सत्तर' बाधाएं 93
8. कांग्रेस : प्रायश्चित बोध भी आवश्यक है 95
9. मोदी को देखकर भागते नीतीश 100
10. गुजरात: सूर्य उदय होना चाहता है 103
11. ग्रामीण भारत : बड़ी चुनौती 108
12. चलो नरेन्द्र: दिल्ली तुमको बुला रही 111
13. चुनाव परिणामों के निहित अर्थ 113
14. जे.एन.यू. और भारत की 'सत्यमेव जयते' की परंपरा 116
15. जेटली का सराहनीय बजट 119
16. तनाव कम करती एक पहल 122
17. देश का पी.एम. चाय बेचने वाला नहीं हो सकता 126
18. देश का युवा मोदी के साथ 129

19. देश मोदी के साथ है.. 132
20. नरेन्द्र मोदी : सभी दिशाएं अभिनंदन कर रही हैं............................... 135
21. नौकरियों से साक्षात्कार समाप्त.. 139
22. पी.एम. पद के प्रत्याशी की घोषणा और संविधान............................ 142
23. पी.एम. मोदी का नोएडा आगमन... 147
24. इतिहास पर हो ठोस अनुसंधान.. 150
25. भारत को मिटाने की जवाहिरी की धमकी 154
26. मेरठ, महर्षि दयानंद और मोदी 157
27. नरेन्द्र मोदी का राष्ट्रवाद क्या है? 162
28. मोदी जी की कूटनीति और विदेश नीति (भाग-1)................................ 166
29. मोदी जी की कूटनीति और विदेश नीति (भाग-2) 169
30. मोदी के आंसू: हिंदुत्व की राजनीति के मोती 172
31. मोदी जी के बढ़ते कदम 176
32. मोदी जी को दिख रही हैं बारूदी सुरंगें 180
33. मोदी जी! मंत्रियों की भी 'क्लास' लो 183
34. प्रधानमंत्री पद की शपथ लेने के अवसर पर कविता............................ 187
35. मोदी जी! बचके रहना रे बाबा... 189
36. 'मेधा ग्राम' भी बसाइए 192
37. मोदी जी बोले: इदं राष्ट्राय: इदन्न मम्.. 196
38. मोदी युग में गांधी-नेहरू का उतरता जुआ.. 199
39. राजनय का सफल अभिनय... 204
40. लोगों की पहली पसंद बने... 207
41. मोदी सरकार के नारों की कार्यशैली 210
42. 'मोदीमय' एक वर्ष और मोदी जी का लक्ष्य... 214
43. मोहन की बंसरी पर मोदी जी की तान.. 218

44. ये मचान, ये शिकारी किसकी प्रतीक्षा में हैं ?.................................. 222
45. राष्ट्रपति, पीएम और मुख्य न्यायाधीश होते हैं-
राष्ट्र के ब्रह्मा, विष्णु, महेश.. 225
46. मोदीभय और राहुल गांधी.. 230
47. 'विश्वगुरु' बनता भारत 235
48. वीर सावरकर के वारिस बने नरेन्द्र मोदी 238
49. संस्कृत भाषा और हमारे प्रधानमंत्री 240
50. सबका हाथ, सबका साथ और सबका विकास..................................... 243
51. समान नागरिक संहिता की आवश्यकता... 248
52. हमारा तेजस्वी राष्ट्रवाद और मोदी.. 251
53. अन्त्योदयवादी प्रधानमंत्री.. 255
54. चाय बागान हुए 'चाय वाले' के.. 259
55. प्रधानमंत्री जी! और 'अच्छे दिन'.. 263
56. 'रुग्ण' के चिकित्सक मोदी... 267

भूमिका

विश्वास जगा रही मोदी जी की नीतियाँ

भारत में राजनीति का अध्यात्म के साथ समन्वय प्राचीन काल से ही रहा है। इसका कारण यह है कि राजनीति का उद्देश्य मानव निर्माण कर एक ऐसा परिवेश उपलब्ध कराना होता है जिसमें व्यक्ति अपना सर्वांगीण विकास करते हुए मानव से देवता बन सके, जबकि अध्यात्म भी यही चाहता है। राजनीति को अध्यात्म की चेरी बनाकर चलने वाले सम्राटों की हमारे देश में लंबी श्रृंखला रही है। ऐसे ही एक सम्राट थे–महाराज सगर के वंशज राजा खटवांग। राजा खटवांग परम धार्मिक और विरक्त स्वभाव के थे। उन्होंने धर्मशास्त्रों का गहन अध्ययन किया था। प्रजाभक्ति उनमें कूट–कूटकर भरी थी। ऋषियों के उपदेशामृत को उन्होंने उनके श्री चरणों में बैठ बैठकर पिया था, और उसी के अनुसार वह अपनी जीवनचर्या का निर्वाह करते थे। इसलिए राज्य में कोई व्यक्ति अभावग्रस्त ना रहे इसके लिए सदैव प्रयत्नशील रहते थे। फलस्वरूप राज्य में कोई अत्याचार या किसी प्रकार का उत्पीड़न नहीं था। राजा शरणागत की रक्षा के लिए सदैव तत्पर रहते थे।

एक बार देवता असुरों से पराजित होकर उनकी शरण में आ गये। राजा ने अपनी सेना को आदेश देकर असुरों का नाश करा दिया। तब देवताओं ने कहा– 'महाराज आपने हमारी सहायता कर हमें उपकृत किया है। आप इच्छानुसार वर मांगो।'

राजा ने कहा–'मैंने अपनी सभी इच्छाएं भगवान के श्रीचरणों में समर्पित कर दी हैं, उसकी भक्ति की भेंट चढ़ा दी हैं। अब मेरी एक मात्र इच्छा यही है कि अंतिम श्वास तक अपने धर्म (जिसका अभिप्राय राजकीय और मानवीय आचार संहिता के पालन करने से है) का पालन करता रहूं और उसी अवस्था में प्राण त्याग दूं।' उन्होंने देवताओं से कहा कि–'कृपा करके मुझे यह बताइये कि मेरी आयु कितनी शेष है?'

तब राजा को देवताओं ने बताया कि–'राजन आपकी आयु अब मात्र दो घड़ी ही शेष है। आप चाहें तो हम आपकी आयु बढ़ाने का आशीर्वाद वरदान रूप में आपको दे सकते हैं।' राजा ने भगवान का ध्यान लगाकर प्रार्थना की कि–'प्रभु मैंने सारा जीवन आपकी भक्ति में बिताया, प्रजा का हित साधन किया। इन अंतिम घडि़यों में मुझे अपनी शरण में ले लो।' देखते ही देखते राजा का शरीर शांत हो गया।

अध्यात्म प्रेमी श्री नरेन्द्र मोदी

राजा और ईश्वर भक्ति ये दोनों आज के युग में दो विपरीत बातें मानी जाती हैं। जो लोग हम भारतवासियों को यह उपदेश देते हैं कि राजा और ईश्वर भक्ति का कोई योग नहीं, वही अपने–अपने देशों में इस बात की पूरी व्यवस्था करते हैं कि 'राजा' को गॉड या खुदा के प्रति परम आस्थावान होना चाहिए।

भारत की राजनीति का यह दुर्लभ सयोग है कि उसे प्रधानमंत्री के रूप में श्री नरेन्द्र मोदी जी एक ऐसे ही व्यक्तित्व के धनी राजनेता मिले हैं जिनकी ईश्वर के प्रति अगाधनिष्ठा है। उनकी 'मन की बात' जब ईश्वर से होती है या होती होगी तो उसमें निश्चय ही मानव–कल्याण, राष्ट्रकल्याण और विश्वकल्याण की त्रिवेणी का पावन संगम होता होगा। वह प्रातःकाल नित्यप्रति योग करते हैं और उसके पश्चात ध्यान की अवस्था में जाकर 24 घंटे के लिए ऊर्जा प्राप्त करते हैं। उनके चेहरे की शांति बताती है कि वे ध्यान योग की अवस्था में लोककल्याण की कामना करते हुए स्वयं को ईश्वर के लिए अंतिम क्षणों तक समर्पित रखने की प्रार्थना करते हैं। इस प्रकार प्रधानमंत्री श्री मोदी जी भारत की प्राचीन अध्यात्म परंपरा के संवाहक प्रधानमंत्री हैं।

दीप्तिमान आभामंडल

प्रधानमंत्री श्री नरेन्द्र मोदी की इस विलक्षण प्रतिभा का ही परिणाम है कि उनके सामने उनके विरोधी टिकते नहीं हैं। ईश्वरीय अनुकंपा उनके आभामंडल को दीप्तिमान रखती है। जिसमें आने वाला हर शत्रु 'शांत' हो जाता है। हर संकट समाधान में परिवर्तित हो जाता है, हर विरोधी झुक जाता है। आप तनिक विचार करें गोधरा काण्ड की स्याही को। इस स्याही

ने उन्हें कितनी देर मानसिक उत्पीड़न दिया? पर वह उस उत्पीड़न को झेल गये। परिस्थितियों ने उन्हें दीर्घकालीन धैर्य के पश्चात निर्दोष सिद्ध कर दिया। उन्होंने 'न्याय' के लिए प्रतीक्षा की और एक दिन विजयी हुए। उन्होंने कठोर निर्णय लिये हैं और उन निर्णयों के परिणामों को भी पूरी कठोरता से सहन किया है। परिवार को छोड़ना बड़ा कठोर निर्णय था और उस निर्णय पर आज भी अडिग रहना और भी कठोर निर्णय है। ऐसा नहीं है कि परिवार की इच्छा उनके भीतर ना रही होगी और आज भी हो सकती है, पर परिवार को उन्होंने अपने लक्ष्य में बाधक माना और आज भी मानते हैं। इसलिए परिवार को विस्तार देकर उसे 'वसुधैव कुटुम्बकम्' तक की सीमाओं में ले जाना उनका जीवनोद्देश्य बन गया है।

गोधरा के भूत को जीवित रख–रखकर उनके विरोधियों ने उन्हें घेर–घेरकर मारने का पूर्ण प्रबंध किया। अब सारे षड्यंत्र सामने आ रहे हैं कि पिछली संप्रग सरकार के मंत्री उनकी 'राजनीतिक हत्या' करने के लिए किस–किस प्रकार के निम्नस्तरीय षड्यंत्रों में सम्मिलित रहे। जैसे ही श्री नरेन्द्र मोदी जी ने गुजरात से दिल्ली की ओर पग बढ़ाने का निर्णय लिया वैसे ही उनके विरोधियों ने उनके मार्ग में कांटे बिखेरने आरंभ कर दिये। पर नरेन्द्र तो 'नरेन्द्र' ही थे, इसलिए उन्होंने कांटों के साथ संघर्ष करना आरंभ किया और अपने बढ़ाये पगों को निरंतर आगे ही आगे बढ़ाते गये।

ईश्वरीय अनुकंपा उनके सिर पर थी और उसी के पुण्य प्रताप से मार्ग का हर कांटा और बाधा स्वयं ही हटती चली गयी। बढ़े हुए कदमों को जनता जनार्दन का ऐसा समर्थन मिला कि श्री मोदी जी स्वयं भी आश्चर्य में पड़ गये कि अंततः यह हो क्या रहा है?

हर–हर मोदी, घर–घर मोदी और हरि कृपा

जब तक भाजपा ने यह नारा गढ़ा कि 'हर हर मोदी–घर घर मोदी' तब तक 'हरि कृपा' से अभिभूत श्री नरेन्द्र मोदी का घर–घर में प्रवेश हो चुका था। घर–घर नहीं नर–नर (नर–नारी) की वाणी पर उनका नाम चढ़ चुका था। उनके विरोधियों ने उन्हें घेरने का प्रबंध किया, पर श्री मोदी थे कि किसी के बंधन में नहीं आ रहे थे। उनके विरोधियों ने जितना अधिक शोर मचाया–'मोदी आ लिया, इसे घेरो, पकड़ो और....।' उतना ही जनता को लगा कि मोदी निश्चय ही किसी क्रांति का नाम है।...और हमने देखा

कि 2014 के आम चुनाव से पूर्व घर–घर में 'मोदी–क्रांति' की रोटी वैसे ही पहुंच गयी जैसे 1857 की क्रांति से पूर्व क्रांति की सफलता के लिए संदेश के रूप में लोगों ने रोटी को देश के घर–घर में पहुंचाया था। मोदी जी का क्रांतिरथ था कि रोके नहीं रुक रहा था।

हमसे असहमत लोग कह सकते हैं कि मोदी जी को इस सबके उपरांत भी वोट तो मात्र 17–18 करोड़ लोगों का ही मिल पाया था? हम मानते हैं कि श्री मोदी जी को सन 2014 के आम चुनाव में इतना ही वोट मिला, पर यह वोट भाजपा को नहीं श्री मोदी जी को मिला था और उस मोदी को मिला था जो गुजरात के मुख्यमंत्री पद से उठकर दिल्ली की ओर चला था। देश के एक प्रांत के मुख्यमंत्री को देश की जनता ने उस प्रदेश की मुख्यमंत्री की कुर्सी से खींचकर दिल्ली की ओर लाने का निर्णय लिया और देश के हर क्षेत्र और हर आंचल के मतदाता ने उनके साथ अपनी सहमति व्यक्त की।

ऐसा निर्णय अब से पूर्व देश की जनता ने कभी नहीं लिया था। देवेगौड़ा को कर्नाटक के मुख्यमंत्री पद से उठाकर प्रधानमंत्री बनाने के निर्णय की, श्री मोदी जी के गुजरात के मुख्यमंत्री पद से उठाकर प्रधानमंत्री बनाने के निर्णय से तुलना नहीं की जा सकती। क्योंकि श्री देवेगौड़ा को प्रधानमंत्री बनाने में राजनीतिज्ञों के स्वार्थ थे और श्री मोदी जी को प्रधानमंत्री बनाने में लोक निर्णय प्रभावी था। ऐसा लोकनिर्णय अब से पूर्व कभी नहीं आया था, इसलिए इस लोकनिर्णय को इतिहास में चमत्कार ही कहा जाएगा।

2014 के चुनाव से पहले की परिस्थितियाँ

जिस समय श्री नरेन्द्र मोदी जी ने गुजरात से दिल्ली की ओर प्रस्थान किया उस समय दिल्ली पर अप्रत्यक्ष रूप से कांग्रेस के 'गांधी परिवार' का शासन था। कांग्रेस की अध्यक्षा श्रीमती सोनिया गांधी सत्ता की चाबी अपने पास रखकर एक नितांत सज्जन डा. मनमोहनसिंह के माध्यम से देश पर शासन कर रही थीं। देश में सर्वत्र घोटालों का बोलबाला था। आंतरिक और बाहरी सुरक्षा पर भी संकट था और विदेशों में देश का सम्मान भी घट रहा था।

श्रीमती सोनिया गांधी ने देश में हिंदू–दलन की नीति पर कार्य करना आरंभ कर दिया था। 'साम्प्रदायिक लक्ष्यित हिंसा अधिनियम' के माध्यम से हिंदू उत्पीड़न को देश में प्रोत्साहित करने जा रही थीं। देश के शासन की

पंथनिरपेक्ष नीति का उपहास उड़ाया जा रहा था और उसका सीधा–सीधा अभिप्राय 'हिंदू विरोध' था। काँग्रेस का कोई भी बड़ा नेता ऐसा नहीं था जिस पर किसी न किसी घोटाले में संलिप्त होने का कोई आरोप ना हो।

भाजपा के श्री मोदी जी को तब तक उनकी पार्टी भाजपा चुनावी समर के लिए मैदान में अपनी ओर से उतार चुकी थी। तब कांग्रेस के पी. चिदंबरम ने उन्हें पहली बार अपनी पार्टी के लिए चुनौती माना था। उनका यह कथन कि 'श्री मोदी जी कांग्रेस के लिए एक चुनौती हैं,' उस समय कांग्रेस के भीतर के भय को स्पष्ट करने के लिए काफी था।

तब हमने 20 नवंबर 2013 के 'उगता भारत' साप्ताहिक के संपादकीय 'कांग्रेस : प्रायश्चित बोध भी आवश्यक है' में लिखा था–'भाजपा के पी. एम. पद के प्रत्याशी श्री नरेन्द्र मोदी जी को कांग्रेस के रणनीतिकार और केन्द्रीय मंत्री पी. चिदंबरम् ने पहली बार कांग्रेस के लिए 'चुनौती' माना है। पी. चिदंबरम् ने कांग्रेस के उपाध्यक्ष राहुल गांधी के राष्ट्रीय मुद्दों पर चर्चा से बचने की प्रवृत्ति को भी पार्टी के लिए चिंताजनक कहा है। उन्होंने कहा है कि राजनीतिक दल के तौर पर हम यह मानते हैं कि मोदी जी कांग्रेस के लिए बड़ी चुनौती हैं। वह मुख्य विपक्षी पार्टी के प्रधानमंत्री पद के उम्मीदवार हैं। हमें उन पर ध्यान केन्द्रित करना ही होगा।

....मोदी जी एक विचाराधारा को लेकर उठ रहे हैं, जिस पर उन्हें जन समर्थन मिलता देखकर कांग्रेस की नींद उड़ गयी है। कांग्रेस के नेता अपने नेता राहुल गांधी से आशा रखने लगे हैं कि वे हर सप्ताह विदेश भागने के स्थान पर विपक्षी दल भाजपा के पी.एम. पद के प्रत्याशी श्री मोदी का सामना करें और राष्ट्रीय मुद्दों पर अपने और पार्टी के विचार स्पष्टता के साथ प्रस्तुत करें। सारा देश भी यही चाहता है कि कांग्रेस अपनी छद्म धर्मनिरपेक्षता व तुष्टिकरण की नीतियों से देश को और देश के अल्पसंख्यकों को हुए लाभों को स्पष्ट करें और मोदी इन नीतियों से होने वाले अन्यायों और हानियों का लेखा–जोखा देश की जनता के सामने प्रस्तुत करें। यह सत्य है कि कांग्रेस की इन नीतियों से देश के अल्पसंख्यकों का कोई हित नहीं हो पाया है। देश के समाज की सर्वांगीण उन्नति और उसका समूहनिष्ठ विकास तो सर्व संप्रदाय समभाव और विधि के समक्ष समानता की संवैधानिक गारंटी में ही निहित है। श्री नरेन्द्र मोदी जी ने अपनी कार्यशैली से स्पष्ट किया है कि वह अल्पसंख्यकों के अनुचित तुष्टिकरण को तो उचित नहीं मानते पर

वे विकास की दौड़ में पीछे रह जाएं, ऐसी किसी व्यवस्था के भी समर्थक नहीं हैं। वस्तुतः ऐसा ही चिंतन वीर सावरकर का भी था और किन्हीं अर्थों तक सरदार पटेल भी यही चाहते थे। इस देश का दुर्भाग्य ही ये है कि जो व्यक्ति शुद्ध न्यायिक और तार्किक बात कहता है, उसे ही साम्प्रदायिक कहकर अपमानित किया जाता रहा है। श्री मोदी जी ने अब मन बना लिया है कि साम्प्रदायिकता यदि शुद्ध न्यायिक और तार्किक बात के कहने में ही अंतर्निहित है, तो वह यह गलती बार–बार करेंगे और जिसे इस विषय में कोई संदेह हो वह उससे खुली बहस से भी पीछे नहीं हटेंगे।

लोकतंत्र में चुनावी मौसम में जनता का दरबार ही संसद का रूप ले लेता है। इसीलिए लोकतंत्र में संसद से बड़ी शक्ति जनता जनार्दन में निहित मानी गयी है।

अब जनता जनार्दन की संसद का 'महत्वपूर्ण सत्र' चल रहा है और सारा देश इसे अपनी खुली आंखों से देख रहा है। अतः इस 'सर्वोच्च सदन' से किसी नेता का अनुपस्थित रहना या किसी नेता के तार्किक बाणों का उचित प्रतिकार न करना भी इस सर्वोच्च संसद का अपमान ही है। लोकतंत्र की सबसे बड़ी विशेषता ही ये है कि यह राज दरबारों के सत्ता के षडयंत्रों में व्यस्त रहने वाले नेताओं को जनता के दरबार में भी प्रस्तुत करता है और उनके कार्य व्यवहार की औचित्यता या अनौचित्यता का परीक्षण जनता से अवश्य कराता है। अतः यह अनिवार्य हो जाता है कि ऐसे समय पर कोई नेता मुंह छुपाने का प्रयास ना करे। जनता को भी सावधान रहना चाहिए कि उसे दो लोगों की लड़ाई का आनंद लेते देखकर सत्ता सुंदरी के डोले को कहीं फिर श्मशानों में जाकर उसका अंतिम संस्कार करने में सिद्धहस्त कुछ 'परंपरागत सौदागर' न उठा ले जायें।'

जनता सावधान रही और कांग्रेस का भय चुनाव परिणामों में स्पष्ट दिखाई दे गया। फलस्वरूप भाजपा ने प्रचण्ड बहुमत लोकसभा चुनावों में प्राप्त किया। अब बारी थी देश का प्रधानमंत्री चुनने की, जिसे भाजपा और उसके साथी दलों के विजयी सांसदों के द्वारा पूर्ण किया जाना था। देश के लोकसभा चुनावों के परिणामों ने स्पष्ट कर दिया था कि 2014 के लोकसभा चुनाव देश के प्रधानमंत्री श्री नरेन्द्र मोदी जी हों, केवल इसी बात पर हुए थे, और लोगों ने इसी बात के लिए श्री मोदी जी को अपना समर्थन प्रदान किया था।

जनता ने पहली बार चुना अपना प्रधानमंत्री

अतः जब प्रधानमंत्री चुनने का समय आया तो यह केवल एक औपचारिकता मात्र थी, जिसे देश की जनता ने प्रधानमंत्री बना दिया हो और जिसके नाम पर उसकी पार्टी और समर्थक दलों के अधिकतर प्रत्याशी जीतकर आए हों, उसका प्रधानमंत्री बनना निश्चित था। इसलिए उनकी पार्टी के और उनके सहयोगी दलों के सभी विजयी सांसदों ने श्री मोदी को सर्वसम्मति से देश का प्रधानमंत्री चुना। यह पहली बार था, जब देश का प्रधानमंत्री स्वस्थ लोकतांत्रिक प्रक्रिया के माध्यम से ही चुना गया था। इससे पूर्व नेहरूजी देश के पहले प्रधानमंत्री इसलिए बने कि वह गांधीजी के पसंद थे, शास्त्रीजी को नेहरूजी का उत्तराधिकारी चुना गया, उन्हें भी जनता ने नहीं चुना था। उनके पश्चात श्रीमती इंदिरा गांधी भी कुछ लोगों द्वारा चुनकर देश की प्रधानमंत्री बनायी गयीं। इसी प्रकार अन्य प्रधानमंत्रियों के साथ हुआ, पर श्री मोदी जी पहले ऐसे प्रधानमंत्री हैं जिन्हें पहले जनता ने चुना और फिर उनके साथी सांसदों ने उन्हें अपना नेता माना।

'नीलकंठ' बन गए नरेन्द्र मोदी

प्रधानमंत्री नरेन्द्र मोदी जी ने अपनी सरकार के पिछले दो वर्षों में जब–जब भी लोकहित और लोकतंत्र को मजबूत करने वाले निर्णय लिए हैं तब–तब ही 'उगता भारत' ने उनकी नीतियों का समर्थन किया है। इस पुस्तक में हमने अपने उन्हीं संपादकीय लेखों को रखने का प्रयास किया है, जिनमे प्रधानमंत्री श्री मोदी जी की जनहितकारी नीतियों का समर्थन किया गया है। भारत की यह परंपरा रही है कि इसने अपने 'शिवालयों' में उसी व्यक्ति की प्रतिमा स्थापित की है, जिसने पहले विषपान करना स्वीकार किया हो। नेता बनने की या नेता स्वीकार करने की यह बहुत बड़ी कसौटी है, और यह मानना पड़ेगा कि श्री मोदी जी ने गोधरा काण्ड के बाद अपने ऊपर लगे आरोपों का विषपान कर स्वयं को पहले 'नीलकंठ' सिद्ध किया, तो देश की जनता ने उन्हें शिवालय (नई दिल्ली) में लाकर बैठा दिया। श्री मोदी जी ने प्रधानमंत्री के रूप में आगे बढ़ना आरंभ किया और उनकी सरकार के दो वर्ष पूर्ण हो गए।

मोदी सरकार के दो वर्ष पूर्ण होने पर देश में कुछ परिवर्तन या बदलाव

अवश्य देखने को मिल रहा है। सर्वप्रथम तो देश का मनोबल इस समय बढ़ा हुआ है। जिसके कारण हर क्षेत्र में देशवासी आत्मविश्वास से भरे हुए और आने वाले 'अच्छे दिनों' के प्रति आश्वस्त दिखाई देते हैं। किसी नेता की नीतियों और उसकी कार्यशैली की परख करने की सबसे अच्छी कसौटी यही होती है कि उसके रहते हुए उसके देशवासियों का मनोबल कितना ऊंचा है, और उसे संसार का कोई 'तूफान' हिलाकर उनके आत्मविश्वास को तोड़ तो नहीं देता है? श्री नरेन्द्र मोदी जी इस कसौटी पर खरे उतरते हैं। उन्होंने अपने दो वर्ष के कार्यकाल में बहुत कुछ ऐसा किया है, जिससे देशवासियों का उनके प्रति विश्वास अभी भी बना हुआ है, और लोग उन्हें अभी देर तक प्रधानमंत्री के रूप में देखना चाहते हैं।

मोदी सरकार के उपलब्धियों से भरे दो वर्ष

जम्मू–कटरा मार्ग का निर्माणः– श्री नरेन्द्र मोदी के प्रधानमंत्री के रूप में उनके कार्यों पर थोड़ा विचार किया जाए तो ऐसा बहुत कुछ हुआ है, जो उन्हें लोगों के मध्य लोकप्रिय बनाये रखने में सफल रहा है। जैसे जम्मू–कटरा योजना पिछले 10 वर्षों से बंद थी, उसे एक वर्ष में पूर्ण किया गया और अब आप जम्मू से माता वैष्णो देवी मात्र 20 रुपये में जा सकते हैं, अन्यथा उससे पूर्व इसी यात्रा के लिए टैक्सी वाले आपसे 2500 रुपये लेते थे।

पूर्वोत्तर राज्य अरुणाचल की ओर दिया ध्यान :– स्वतंत्रता के पश्चात से ही देश के सुदूर पूर्वोत्तर राज्य अरुणाचल में एक हाईवे की आवश्यकता अनुभव की जा रही थी, पर देश की सरकारें उस ओर से आंखें बंद किये बैठी रहीं। फलस्वरूप वहां पर कोई हाईवे नहीं बन सका। जैसे ही श्री नरेन्द्र मोदी जी देश के प्रधानमंत्री बने तो उन्होंने इस ओर ध्यान दिया। मोदी सरकार ने एक वर्ष में ही हाईवे बना कर पूर्ण किया। इस पर चीन ने अपनी ओर से भरपूर आपत्ति की, पर यह श्री मोदी की '56 इंच की छाती' थी, जिसने पड़ोसी देश के हर प्रकार के विरोध को उपेक्षित कर दिया, और अपने काम में सफल होकर ही माने, और अरुणाचल प्रदेश को पूर्ण रूप से भारत से जोड़ दिया। इससे हमारे उन सैनिकों का भी मनोबल बढ़ा जो भारत–चीन सीमा पर खड़े होकर देश की सुरक्षा का दायित्व निभाते हैं, और जिन्हें अब से पहले अपने दायित्व की पूर्ति के लिए बड़ी

विषम परिस्थितियों का सामना करना पड़ता था। इस हाईवे के बनते ही हमारे सैनिकों की बांछें खिल गयीं, और पड़ोसी देश चीन को यह स्पष्ट संदेश मिल गया कि आज का भारत, नेहरूजी का भारत नहीं है अपितु यह नरेन्द्र मोदी जी का भारत है, जो शत्रु से आंख से आंख मिलाकर बात करना जानता है।

भारत का अपना नैवीगेशन सिस्टम :– आज भारत का अपना नैवीगेशन सिस्टम है। ये मोदी की अब तक की सबसे बड़ी उपलब्धि है, क्योंकि कारगिल युद्ध में अमेरिका ने भारत को जी.पी.एस. डाटा नहीं दिया था। आज भारत का अपना जी.पी.एस. लॉन्च हुआ है, जिसका नाम है आईआरएनएसएस। इसकी सहायता से हम शत्रु के विषय में और उसके सैन्य ठिकानों के विषय में बहुत कुछ पता लगा सकते हैं।

बिजली की बचत का अनोखा उपाय :– बिजली की बचत करने के क्षेत्र में भी मोदी सरकार ने एक निराला उपाय खोज निकाला है। अब तक 10,00,00,000 एल.ई.डी. बल्ब देश में वितरित किये गए हैं, जिनसे 21 प्रतिशत बिजली की बचत हो गयी है। इसका अभिप्राय है कि अब से पूर्व देश की 21 प्रतिशत बिजली व्यर्थ में ही जल रही थी जिसे थोड़ी–सी समझदारी के साथ बचा लिया गया।

प्रधानमंत्री श्री नरेन्द्र मोदी जी ने गांव के विद्युतीकरण की ओर भी महत्वपूर्ण कदम उठाये हैं। अब से पूर्व गांवों के लिए सरकारों की ओर से गंभीर प्रयास नहीं किये गये। प्रधानमंत्री श्री मोदी जी ने देश के उन गांवों का चिन्हीकरण कराया, जिनमें आज तक विद्युतीकरण का कार्य नहीं हो पाया था। फलस्वरूप श्री मोदी जी की त्वरित कार्यशैली के चलते अब तक 7500 से ज्यादा गांवों में बिजली पहुंचाई गयी है। इतना ही नहीं उनके प्रधानमंत्री रहते विद्युत निर्माण में 38 प्रतिशत की वृद्धि हुई है।

रेलवे और सड़क मार्ग पर दिया ध्यान :– प्रधानमंत्री श्री नरेन्द्र मोदी जी ने हर क्षेत्र और हर विभाग को बड़ी गंभीरता से देखना और समीक्षित करना प्रारंभ किया। देखा तो पता चला कि रेलवे ट्रैक बनाने का काम कांग्रेस शासन में 0.6 किलोमीटर प्रतिदिन होता था। अब मोदी सरकार का यह कार्य 3.4 किलोमीटर प्रतिदिन है।

सड़क निर्माण कांग्रेस के शासनकाल में 3.7 किलोमीटर प्रतिदिन के औसत से हो रहा था, परंतु मोदी सरकार ने इसे बढ़ाकर 10.3 किलोमीटर

प्रतिदिन करके दिखाया है। जिसे आप मोदी सरकार की एक अच्छी और गौरवपूर्ण उपलब्धि कह सकते हैं। इसी का परिणाम है कि केवल दो वर्ष के काल में ही 7063 किलोमीटर सड़क निर्माण हो चुका है।.

संजय गांधी निराधार योजना का बदल दिया स्वरूप :– कांग्रेस के शासनकाल में केन्द्र सरकार 'संजय गांधी निराधार योजना' के अंतर्गत निराधार लोगों को 100 रुपये प्रति महीना देती थी। इतनी राशि को आप कुछ भी नहीं कह सकते। श्री मोदी जी के परिश्रम का ही परिणाम है कि यह धनराशि आज बढक़र 600 रुपये प्रति महीना हो गयी है। 2014 तक ये धन केंद्र से राज्य सरकार को आता था और राज्य सरकार तीन महीने का अंतराल रखकर वह पोस्ट के द्वारा निराधार व्यक्ति तक पहुँचाती थी। तीन महीने के इस काल में कितना भ्रष्टाचार इस पैसे के साथ मचता होगा इसका सहज ही अनुमान लगाया जा सकता है।

मुस्लिम बुनकरों को पहुंचाया लाभ :– प्रधानमंत्री श्री नरेन्द्र मोदी जी ने मुस्लिम बुनकरों के लिए बनारस, कोलकाता, लखनऊ से एक यूनियन बनाई, उनके माल का एक ब्रांड बनाया गया और वह ब्रांड अभी अमेरिका या यूरोपियन देशों में काफी महंगे भाव में बिकता है। इसका लाभ बुनकरों को भी हुआ और देश को भी।

कैलास–मानसरोवर का यात्रा मार्ग खोला :– कैलास–मानसरोवर का यात्रा मार्ग भारत–चीन के मध्य हुए 1962 के युद्ध के समय से बंद था। मोदी जी के कूटनीतिक प्रयासों से यह रास्ता खोल दिया गया, जिससे जो यात्रा 93 घंटों में संपन्न होती थी, वह अब केवल 24 घंटों में पूर्ण होने लगी है। इससे लोगों को बहुत ही सुविधा अनुभव हुई है।

कोयला खदानों से कमाया लाभ :– कोयला घोटाला करते हुए कांग्रेस की भ्रष्ट मनमोहन सरकार ने 230 कोयला खदानें मात्र 1,80,000 करोड़ में बेची थीं। देश हितों के विरूद्ध किये गये ये सारे कॉन्ट्रैक्ट सुप्रीम कोर्ट ने निरस्त किये।.. श्री मोदी जी की सरकार ने केवल 24 खदानें 2,20,000 करोड़ में बेचीं। इतना बड़ा लाभ श्री मोदी जी जैसे प्रधानमंत्री के रहते ही देश को हो सका।

नारी सम्मान पर दिया ध्यान :– श्री मोदी देश के ऐसे पहले प्रधानमंत्री हैं, जिन्होंने पूरे देश के भीतर नारी के प्रति ऐसा भाव उत्पन्न किया कि ये हमारा सम्मान है। दृष्टि और दृष्टिकोण में आये इस परिवर्तन

के भी सकारात्मक परिणाम आए। लोगों ने नारियों के खुले में शौच जाने को अपने लिए अपमानजनक समझा और अब हम देख रहे हैं कि देश में पिछले दो वर्ष में बड़ी संख्या में शौचालय बन चुके हैं।

प्रधानमंत्री का स्वच्छता अभियान :– अपने स्वच्छता अभियान के अंतर्गत श्री मोदी जी ने देश के प्राथमिक विद्यालयों में बच्चियों के लिए अनिवार्य शौचालय बनाने की कार्ययोजना को सफलतापूर्वक संपन्न किया। पिछले दो वर्ष में देश के प्रधानमंत्री के द्वारा पहली बार देश को सुरक्षा परिषद में स्थाई सदस्यता दिलाने के लिए गंभीर प्रयास किये गये हैं। इससे पूर्व प्रधानमंत्री स्तर पर ऐसा कुछ नहीं हो रहा था और ऐसा मान लिया गया था कि सुरक्षा परिषद में स्थायी सदस्यता प्राप्त करना भारत के वश की बात नहीं है। प्रधानमंत्री श्री नरेन्द्र मोदी ने भारत को इस पराजित मानसिकता और अकर्मण्यता के भाव से ऊपर उठाया है।

कोई मंत्री भ्रष्ट नहीं :– भ्रष्टाचार के मुद्दे को लेकर प्रधानमंत्री मोदी अपने प्रधानमंत्री बनने से पूर्व से ही सजग रहे हैं। प्रधानमंत्री बनने के पश्चात उन्होंने अपने मंत्रियों को कठोर निर्देश दिये जिनका परिणाम यह आया है कि उनकी सरकार के किसी भी मंत्री पर भ्रष्टाचार का कोई दाग अभी तक नहीं लगा है।

देशभक्त क्रांतिकारियों को दिया सम्मान :– कांग्रेस के 60–65 वर्षों के शासनकाल में हमारे क्रांतिकारियों के साथ और देशभक्त स्वतंत्रता सेनानियों के साथ उपेक्षा का व्यवहार होता रहा, परंतु अब हम देख रहे हैं कि शहीद भगतसिंह, अशफाक उल्लाह खान, राजगुरु सुखदेव, रामप्रसाद बिस्मिल, चंद्रशेखर आजाद और उन जैसे अनेक क्रांतिकारियों को देश के गौरवपूर्ण इतिहास में स्थान दिया जा रहा है। इस कार्य के लिए मानव संसाधन विकास मंत्री श्रीमति स्मृति ईरानी भी धन्यवाद और बधाई की पात्र हैं जिन्होने इस ओर समुचित ध्यान दिया है।

गुड्स ट्रांसपोर्ट की व्यवस्था सुधारी :– दो वर्ष पूर्व तक देश के भीतर गुड्स ट्रांसपोर्ट सड़क से या रेलमार्ग से या हवाई जहाजों से होता था, परंतु अब पहली बार पब्लिक ट्रांसपोर्ट और गुड्स ट्रांसपोर्ट पानी के द्वारा भी हो रहा है। जिससे समय और धन की बचत हो रही है और कई स्थानों का अंतर भी कम हो गया है।

सम्पन्न वर्ग से गैस सब्सिडी छुड़वाई :– आज तक गैस सिलेंडर की सब्सिडी अम्बानी को और हमको समान थी। श्री मोदी जी देश के पहले प्रधानमंत्री हैं, जिन्होंने देश के संपन्न वर्ग से सब्सिडी यह कहकर छुटवाई है कि तुम्हें इस सब्सिडी की आवश्यकता नहीं है, इसे अपने उन बंधुओं के लिए और बहनों के लिए स्वेच्छा से छोड़ो, जिन्हें इसकी आवश्यकता है। देखते–देखते 1,32,00,000 लोगों ने सब्सिडी छोड़ दी।

भारत–पाक सीमा पर लेजर वाल :– भारत–पाक सीमा पर लेजर वाल बैठाए गए हैं। जिससे देश की सुरक्षा व्यवस्था चाक चौबंद करने में सहायता मिली है। अब पाकिस्तान को भारत में घुसना लगभग असंभव हो गया है। यही कारण है कि भारत में पाक प्रायोजित आतंकवाद में कमी आई है।

स्वच्छ गंगा अभियान :– श्री मोदी ने स्वच्छ गंगा के लिए विशेष रक्षोपाय किये हैं। जिससे केमिकल इंडस्ट्रीज का प्रदूषित जल अब गंगा में नहीं समाता है। जिससे नौ करोड़ लोगों को पीने हेतु और खेती के लिए जल उपलब्ध हो गया है। दलितों के ऊपर होनेवाले अत्याचारों का निर्णय 60 दिनों के अंदर हो, ऐसा कानून पहली बार बना। प्रधानमंत्री ने स्वयं रूचि लेकर भारत–बांग्लादेश सीमा समझौता संपन्न कराया।

पेट्रोल की स्थिति में आया सुधार :– भारत अब से पूर्व पेट्रोल अंतर्राष्ट्रीय बाजार से खरीदता था, जिसमें हमें दलाली देनी पड़ती थी। अब इंडिया 35 प्रतिशत से अधिक सऊदी अरब से सीधे पेट्रोल खरीदता है, और 19 देशों के साथ कच्चा तेल आयात करने का समझौता देश के विदेश मंत्री श्रीमती सुषमा स्वराज ने किया है।

'मेक इन इंडिया' के माध्यम से अब तक भारत में 9,00,000 करोड़ का निवेश आ चुका है। जिसमें संयुक्त अरब अमीरात का 4,00,000 करोड़ का निवेश है।

कांग्रेस सरकार में बीएसएनएल 10 वर्ष में 8000 करोड़ के घाटे में था। मोदी सरकार में बीएसएनएल दो वर्ष में 672 करोड़ के लाभ गें है।

इस प्रकार के सूझबूझ वाले निर्णय बताते हैं कि श्री मोदी जी की दृष्टि और दृष्टिकोण कितने व्यापक हैं। वास्तव में देश का प्रधानमंत्री ऐसा ही व्यक्ति होना चाहिए, जिसकी दृष्टि और जिसके दृष्टिकोण में व्यापकता हो।

झलकने लगे हैं मोदीजी की नीतियों के परिणाम

प्रधानमंत्री श्री नरेन्द्र मोदी जी की सरकार बनने के पश्चात नागर विमानन मंत्रालय जो कि उससे पूर्व 600 करोड़ प्रति माह के घाटे में था.., अब लाभ–हानि में बराबर की स्थिति में आ गया है। देश के रेलवे स्टेशनों की स्थिति बड़ी दयनीय थी। प्रधानमंत्री श्री मोदी जी देश के ऐसे पहले प्रधानमंत्री हैं, जिन्होंने देश के हर रेलवे स्टेशन की दशा सुधारकर उसे जनसाधारण के लिए उपयोगी और सुविधाओं से युक्त करने का संकल्प लिया। उनकी अपनी योजना के अंतर्गत अभी देश के ऐसे 17 रेलवे स्टेशन चयनित किये गये हैं, जिन्हें वाईफाई की सुविधा उपलब्ध कराई गयी है। इतना ही नहीं, श्री मोदी जी देश में पहली बुलेट ट्रेन ट्रैक बनवाने वाले पहले प्रधानमंत्री बन गये हैं। कई लोगों ने उनकी बुलेट ट्रेन योजना को लेकर यह कहकर आलोचना की है, कि इसकी कोई आवश्यकता देश में नहीं थी और यह पैसा कहीं, किसी और योजना पर व्यय किया जाता तो अच्छा रहता, परंतु ऐसे आलोचकों को यह ध्यान रखना चाहिए कि भारत में ही नहीं, विश्व में भी यात्रा का सर्वाधिक सुरक्षित साधन रेलवे ही है। यदि बुलेट ट्रेन के विस्तार में भारत अच्छी उपलब्धि प्राप्त करता है तो हमें उतने ही अनुपात में अपेक्षाकृत जोखिम भरी और महंगी हवाई यात्रा से मुक्ति मिल सकती है।

वाराणसी अस्सी घाट का स्वच्छता अभियान :– वाराणसी प्रधानमंत्री का निर्वाचन क्षेत्र है। यह भारत की आध्यात्मिक नगरी है, जिसका विशेष धार्मिक महत्व है। प्रधानमंत्री श्री नरेन्द्र मोदी जी भारत के आध्यात्मवादी चिंतन से पूर्णतः ओत–प्रोत प्रधानमंत्री हैं, उनकी वैदिक संस्कृति के प्रति गहन निष्ठा है। अतः उन्होंने वाराणसी अस्सी घाट का स्वच्छता अभियान चलवाया और अब हम देख रहे हैं कि वाराणसी का यह घाट पूर्णतः स्वच्छ हो गया है।

जम्मू–कश्मीर को लेकर विशेष योजना :– जम्मू कश्मीर के प्रति प्रधानमंत्री श्री नरेन्द्र मोदी जी ने विशेष ध्यान दिया है, उन्होंने बहुत सोच समझकर और दूर की कौडियों को निकट लाकर इस प्रदेश में भाजपा और पीडीपी की सरकार बनवाकर दूरदर्शिता का परिचय दिया है। अब यहां पर आतंकवादी बहुत सोच–समझकर किसी आतंकी घटना को अंजाम देते हैं। देश के रक्षामंत्री पर्रिकर ने देश की रक्षा सेनाओं को पूरी छूट प्रदान कर

दी है और यदि कहीं कोई आतंकवादी दिखायी देता है, तो सेना उससे अपने ढंग से निपट लेती है। यह कितनी अच्छी बात है कि प्रदेश की मुख्यमंत्री श्रीमती महबूबा मुफ्ती भी वही कर रही हैं, जो देश के प्रधानमंत्री और रक्षामंत्री चाहते हैं। परिणामस्वरूप जम्मू–कश्मीर में पहली सरकारों के शासनकाल की अपेक्षा शांति का परिवेश बनाने में सहायता मिली है।

इसके अतिरिक्त यह भी ध्यान देने योग्य तथ्य है कि प्रधानमंत्री श्री नरेन्द्र मोदी जी ने पर्यटन और धार्मिक महत्व के इस राज्य में सुरंग बनाकर रेलमार्ग फैलाने की महत्वाकांक्षी योजना पर भी कार्य करना आरंभ किया है। इसके लाभ हमें सामरिक और सैनिक रूप में भी मिल सकते हैं। जिसे समझने की आवश्यकता है। अब जम्मू से कश्मीर केवल दो घंटे में यात्रा की जा सकती है। हिमालय में सुरंग बनाकर रेल हिमालय के नीचे से जाएगी। सुरंग बनने का काम इंडियन रेलवे बोर्ड कर रहा है।

निर्धन वर्ग के लोगों के लिए बीमा योजना :– श्री मोदी ने अपने शासनकाल के बीते दो वर्ष में निर्धन वर्ग के लोगों का और किसानों का दो लाख रुपये का बीमा करने की योजना बनाकर इन वर्गों के लोगों को सीधा लाभ पहुंचाने का सराहनीय कार्य किया है। यह और भी अच्छी बात है कि यह बीमा केवल बीस रुपये में ही कर दिया गया है।

एलपीजी के साढ़े तीन करोड़ बोगस कनेक्शन किए गए निरस्त:– एलपीजी में संप्रग शासन काल में बड़ी धांधली मची हुई थी, लोगों ने करोड़ों फर्जी गैस कनेक्शन अपने लिए लिये हुए थे। इससे देश के राजकोष पर अनावश्यक भार पड़ रहा था और जरूरतमंद लोगों तक यह सुविधा नहीं पहुंच पा रही थी। प्रधानमंत्री के निर्देश पर फर्जी गैस कनेक्शन की समीक्षा करने का कार्य आरंभ हुआ, ज्ञात हुआ कि ऐसे साढ़े तीन करोड़ बोगस ग्राहक थे। इन सभी लोगों के गैस कनेक्शन निरस्त किये गये। इससे राजकोष को बड़ा भारी लाभ हुआ।

लातूर के लिए कराया गया पेयजल उपलब्ध :– अभी महाराष्ट्र के लातूर में भयंकर सूखे की स्थिति उत्पन्न हुई तो प्रधानमंत्री और उनकी सरकार ने सूखे से जूझते लोगों के प्रति गहन सहानुभूति और संवेदनशीलता का परिचय देते हुए वहां पर रेल से पानी पहुंचाने का सराहनीय कार्य किया। रेलमंत्री श्री सुरेश प्रभु ने इस विषय में बताया कि 6 करोड़ लीटर पानी रेल से लातूर के लिए भेजा गया। लोगों ने जो अपने प्रधानमंत्री की

इस संवेदनशीलता को देखा तो सभी को बड़ी प्रसन्नता हुई।

स्वरोजगार को बढ़ावा देने की योजना :– अभी तक निर्धन वर्ग के लोगों के लिए अपना रोजगार आरंभ करने के लिए सरकारी बैंक छोटी–से–छोटी धनराशि भी बिना गारंटी के नहीं देते थे। निर्धन वर्ग के लोगों को अपनी गारंटी देने वाला व्यक्ति मिलना कठिन हो जाता था। दूसरे लोग ऐसे निर्धन वर्ग के लोगों का शोषण करने के लिए उन्हें स्वयं कर्जा देते थे और उसे मनमाने ढंग से उससे वसूल करते थे। जिससे निर्धन व्यक्ति ऐसे लोगों का बंधुआ मजदूर होकर रह जाता था। अब प्रधानमंत्री श्री नरेन्द्र मोदी जी ने यह व्यवस्था करायी है कि 'स्किल इंडिया' में 50000 तक ऋण बिना किसी गारंटी के हो सकता है। 37,00,000 लोगों को अब तक प्रधानमंत्री की इस अच्छी पहल का लाभ मिल चुका है।

प्रधानमंत्री श्री नरेन्द्र मोदी जी के द्वारा अपनायी नीतियों के अंतर्गत 'प्रोविडेण्ट फण्ड ' का अकाउंट परमानेंट कर दिया गया है। इस योजना के अंतर्गत अब आप कितनी भी कंपनी बदलो, आपका 'प्रोविडेण्ट फण्ड ' अकाउंट एक ही रहेगा, बदलेगा नहीं।

डिजिटल इंडिया कार्यक्रम :– प्रधानमंत्री की पहल पर 'डिजिटल इंडिया' के अंतर्गत स्कूलों में 'डिजिटल क्लास रूम' का निर्माण कराया गया है। जिससे विद्यार्थियों को बहुत लाभ मिला है। अब तक 81,00,000 क्लास रूम डिजिटल हो चुके हैं। 2014 से पूर्व भारत सरकार किसानों को यूरिया सब्सिडी देती थी, लेकिन वह यूरिया किसानों तक पहुंचने के स्थान पर केमिकल फैक्ट्रीज में जाता था। मोदी जी ने उस का नीम कोटिंग करके उसे किसी काम का नहीं रखा, वह केवल खाद के रूप में ही प्रयोग हो सकता है। प्रधानमंत्री के ऐसा करने से भ्रष्टाचार की सभी संभावनाएं समाप्त हो गयी हैं। इससे सरकार को वार्षिक 10,000 करोड़ रुपया बचने लगा है। इससे अनुमान लगाया जा सकता है कि यूरिया से ही हमारे अधिकारियों और अन्य लोगों को कितनी मोटी कमाई हो रही थी।

इस प्रकार हम देखते हैं कि प्रधानमंत्री श्री नरेन्द्र मोदी जी ने बिना दिखावे के कितने अच्छे ढंग से देश की रूग्ण अवस्था का उपचार करना आरंभ कर दिया है? दो वर्ष में उनकी नीतियों के परिणाम झलकने लगे हैं।

विश्वास जगा रही हैं प्रधानमंत्री की नीतियां

प्रधानमंत्री श्री नरेन्द्र मोदी जी ने सत्ता में आने के पश्चात अपने दो वर्ष के कार्यकाल में ऐसा बहुत कुछ किया है, जो आशाओं को विश्वास में परिवर्तित करता जान पड़ रहा है। ऐसा नहीं है कि श्री मोदी जी से पूर्व के अन्य प्रधानमंत्रियों के शासनकाल में जनोन्मुखी विकास योजनाएं लागू नहीं की गयीं। निश्चित रूप से की गयीं, परंतु उन जनोन्मुखी योजनाओं और श्री मोदी जी की सरकार की जनोन्मुखी योजनाओं में मौलिक अंतर है। जहां अन्य प्रधानमंत्रियों की अधिकांश योजनाएं भ्रष्टाचार की भेंट चढ़कर काल कलवित हो गयीं या केवल सरकारी नारेबाजी और भाषणों में ही सुनाई पड़ीं, वहीं प्रधानमंत्री श्री मोदी जी की सरकार की सभी योजनाएं हमें वास्तविकता के धरातल पर कार्य करती दिखाई पड़ रही हैं। जिससे बदलते हुए भारत का अनुभव किया जा सकता है।

हम सर्वप्रथम 'मेक इन इंडिया' की बात करते हैं। इसे प्रधानमंत्री श्री मोदी जी ने सितंबर, 2014 में प्रारंभ किया। देश में 2015–16 में 51 अरब डॉलर की एफ.डी.आई. की स्थिति थी। 2014–15 में 44.29 अरब डॉलर से बढ़कर अगले ही वित्त वर्ष में एफ.डी.आई. का 15.1 प्रतिशत अधिक हो जाना निश्चय ही, श्री मोदी जी की सरकार की एक सराहनीय उपलब्धि मानी जाएगी।

गांधीजी के प्रति दृष्टिकोण :– कांग्रेसी सरकारों के काल में गांधीजी को केवल वोट प्राप्ति के लिए प्रयोग किया जाता था। चुनावी प्रचार के समय 'साबरमती के संत तूने कर दिया कमाल' वाला गाना सुनने को मिलता था, परंतु उसके पश्चात गांधीजी फाइलों में बंद हो जाते थे। परंतु श्री मोदी जी ने गांधीजी की स्मृतियों को भी स्थायित्व देने का प्रयास किया। उन्होंने 'स्वच्छ भारत अभियान' की घोषणा गांधी जयंती के अवसर पर अक्टूबर, 2014 में की। इस योजना के अंतर्गत 2019 तक देश में 11 करोड़ शौचालय बनाये जाने हैं। अभी तक यथार्थ के धरातल पर ठोस कार्य कर बड़ी उपलब्धि प्राप्त की गयी है। आंकड़े बताते हैं कि 7 करोड़ नये शौचालयों का निर्माण किया जा चुका है।

बेटी बचाओ–बेटी पढ़ाओ :– मोदी सरकार ने 'बेटी बचाओ–बेटी पढ़ाओ' योजना का शुभारंभ जनवरी, 2015 में किया। बड़ी–बड़ी सेमिनारों

पर या सरकारी नीतियों को लागू करने के नाम पर इससे पूर्व इस दिशा में जो कुछ भी किया जाता रहा था, उसके कोई ठोस परिणाम नहीं आये थे। अब लोगों की सोच में परिवर्तन आ रहा है। देश के दर्जनों जिलों में अप्रत्याशित रूप से लैंगिक अनुपात बढ़ने के संकेत मिलने लगे हैं। 'गिव इट अप' (मार्च 2015) की योजना को सिरे चढ़ाते हुए प्रधानमंत्री की सोच को लोगों ने मन से स्वीकार किया और लोगों ने बड़ी संख्या में (एक करोड़ से अधिक) एलपीजी सब्सिडी छोडक़र प्रधानमंत्री की योजनाओं के प्रति अपनी निष्ठा और प्रतिबद्धता का प्रदर्शन किया। जिससे 5178 करोड़ की बचत देश को हुई है।

गंगा स्वच्छता अभियान :– अप्रैल, 2015 में प्रधानमंत्री मोदी ने 'मुद्रा योजना' की घोषणा की थी, जिसके अंतर्गत 1.25 लाख करोड़ रुपया पिछले वर्ष में वितरित किया गया। इसके पश्चात आते हैं 'गंगा स्वच्छता अभियान' पर। इस अभियान को लेकर भी पिछली सरकारों के कार्यकाल में देश का बहुत बड़ा धन व्यय किया गया, पर परिणाम निराशाजनक ही रहे। नौकरशाही बड़ी धनराशि को गंगा स्वच्छता के लिए प्राप्त तो करती थी, पर वह उस धनराशि को बीच में ही चट कर जाती थी। 'पापियों के पाप धोते–धोते' तो गंगा मैली हो ही रही थी। अब भ्रष्टाचारियों के भ्रष्टाचार ने उसे और गंदा करना आरंभ कर दिया था। मई, 2015 तक शोधन क्षमता बढ़ाने को 7350.38 करोड़ की 93 योजनाओं को हरी झण्डी दी गयी। जिसके सकारात्मक परिणाम आये और लोगों के लिए तथा हमारी खेती के लिए स्वच्छ जल मिलना आरंभ हो गया। यद्यपि देश की अन्य दम तोड़ती नदियों की स्थिति भी बड़ी दयनीय है और आशा की जानी चाहिए कि प्रधानमंत्री श्री मोदी जी उस ओर भी ध्यान देंगे।

प्रधानमंत्री जीवन ज्योति बीमा योजना :– जून, 2015 में प्रधानमंत्री श्री मोदी ने 'प्रधानमंत्री जीवन ज्योति बीमा योजना' का शुभारंभ किया। जिसमें लगभग तीन करोड़ नामांकन अभी तक किये जा चुके हैं। 13 मई, 2016 तक 26.567 क्लेम इस योजना के अंतर्गत किये गये हैं। 'प्रधानमंत्री सुरक्षा बीमा' योजना के अंतर्गत लगभग साढ़े नौ करोड़ लोग नामांकित किये गये हैं। जिसमें पांच हजार से अधिक लोग क्लेम ले चुके हैं। मई, 2015 में ही प्रधानमंत्री की ओर से 'अटल पेंशन योजना' की घोषणा की गयी थी। जिसका लाभ लेने वालों के पंजीकरण मई, 2016 तक अर्थात एक

वर्ष में ही लगभग 27 लाख हो चुके हैं।

जून, 2015 में 'स्मार्ट सिटीज मिशन' की घोषणा की गयी। 25 मई, 2016 तक सौ स्मार्ट सिटीज में से 33 के लिए स्वीकृति मिल चुकी है। इसका एक महत्वपूर्ण लाभ यह होगा कि देश के विभिन्न प्रदेशों के विभिन्न शहरों में आधुनिकता का समावेशी परिवेश बनेगा। जिससे लोगों की किन्हीं विशेष शहरों की ओर भागने की प्रवृत्ति पर रोक लगेगी।

कौशल विकास और कौशल भारत :– जुलाई, 2015 में 'कौशल विकास और कौशल भारत' पर कार्य किया जाना आरंभ हुआ। इसके अंतर्गत 2022 तक 40.2 करोड़ लोगों को अपनी आजीविका स्वयं कमाने के लिए कुशल बना देना है। सरकारी नीतियों से रोजगार हर व्यक्ति को (सरकारी नौकरी के रूप में) दिया जाना संभव नहीं है। जबकि अब तक की सरकारें लोगों को रोजगार उपलब्ध कराने के नाम पर उन्हें नौकरियों का झांसा देती आ रही थीं, पर रोजगार अर्थात सरकारी नौकरी थी कि मिल ही नहीं रही थी। फलस्वरूप देश में बेरोजगारी बढ़ती जा रही थी। प्रधानमंत्री श्री नरेन्द्र मोदी जी की अद्‌भुत क्षमताएं हैं, उनका दृष्टिकोण व्यापक है, वह जानते हैं कि हर व्यक्ति को सरकारी नौकरी नहीं दी जा सकती। इसलिए श्री मोदी ने लोगों को और विशेषतः युवाओं को घर बैठे कुशल बनाने का निर्णय लिया।

चालीस करोड़ से अधिक लोगों को 2022 तक कुशल बना देने का लक्ष्य, सचमुच श्री मोदी जी के प्रति लोगों को यह विश्वास दिलाता है कि प्रधानमंत्री देश की नब्ज पर हाथ रखकर बात कर रहे हैं। वैसे भारत की 'वर्ण व्यवस्था' अनुसार प्राचीनकाल से ही लोगों का कौशल विकास परंपरागत रूप से किये जाते रहने की एक स्वाभाविक प्रक्रिया थी। जिसे काँग्रेसी सरकारों के काल में समाप्त करने का कुचक्र चलाया गया। अन्यथा इस देश का जनसाधारण सरकारी नौकरियों के फेर में कभी नहीं पड़ने का आदी रहा है। उसे अपना रोजगार अपने घर में बड़ों के सान्निध्य में रहकर स्वयं ही मिल जाता था।

यही कारण है कि इस देश का जनसाधारण संतुष्ट रहने वाला रहा है और उसने रोजगार प्राप्त करने के लिए कभी देश में बड़े आंदोलन नहीं किये। कौशल विकास योजना के अंतर्गत अक्टूबर 2015 तक ही 29 लाख लोगों को प्रशिक्षित किया गया। यद्यपि इसकी गति अभी धीमी है परंतु

लोगों में उत्साह है और उत्साह ही किसी योजना की सफलता की गारंटी हुआ करता है। जैसे कि हमने 'प्रधानमंत्री जनधन योजना' (अगस्त 2014) के प्रति लोगों के उत्साह का आंकलन किया था, जिसके अंतर्गत मई 2016 तक लगभग 22 करोड़ खाते खुले और 37.616 करोड़ रुपया देश के बैंकों में जमा हो गया।

दीनदयाल उपाध्याय ग्राम ज्योति योजना :– 'डिजिटल इंडिया' और 'दीनदयाल उपाध्याय ग्राम ज्योति योजना' को मोदी सरकार ने जुलाई 2015 में आरंभ किया। डिजिटल इंडिया के अंतर्गत 50,400 ग्राम पंचायतों को 14075 किमी. लंबी ऑप्टिकल फाइवर केबल से जोड़ा गया है। दीनदयाल उपाध्याय ग्राम ज्योति योजना का शुभारंभ 76 हजार करोड़ से किया गया है।

स्टार्ट अप इंडिया :– प्रधानमंत्री श्री मोदी की 'स्टार्ट अप इंडिया' जनवरी, 2016 योजना के अंतर्गत 30 कंपनियों के वित्तीय अनुरोध सरकार ने स्वीकार किये हैं। जिससे आशा की जाती है कि उक्त योजना के भी सकारात्मक परिणाम हमें मिलेंगे। अप्रैल 2016 में 'स्टैंड अप इंडिया' योजना का प्रारंभ किया गया है। इसके अंतर्गत देश में सवा लाख बैंक शाखाओं को निर्देशित किया गया है कि कम से कम एक अनुसूचित जाति उद्यमी या अनुसूचित जनजाति उद्यमी को और न्यूनतम एक महिला उद्यमी को दस लाख से एक करोड़ बैंक ऋण दिये जाएं। इस सरकारी सहायता से निश्चय ही लोगों के जीवन स्तर में सुधार होगा और सभी लोग एक विश्वासपूर्ण जीवन जीने के लिए प्रेरित होंगे।

मोदी जी आज भी देश के लिए प्रथम हैं

जब देश स्वतंत्र हुआ था तो देश के पहले प्रधानमंत्री पंडित जवाहरलाल नेहरू बनाये गये। उन्होंने देश पर सोलह वर्ष दो सौ छियासी दिन शासन किया। इसके पश्चात लालबहादुर शास्त्री जी के शासनकाल को अलग रखकर जब श्रीमती इंदिरा गांधी देश की प्रधानमंत्री बनीं तो उन्होंने प्रधानमंत्री के रूप में कुल मिलाकर 15 वर्ष 91 दिन शासन किया। उसके पश्चात उनके पुत्र राजीव गांधी ने देश पर पांच वर्ष 32 दिन शासन किया। संप्रग सरकार के मुखिया के रूप में यूं तो डा. मनमोहन सिंह देश के प्रधानमंत्री थे परंतु यह सभी जानते हैं कि उनकी सरकार की वास्तविक

बागडोर श्रीमती सोनिया गांधी के हाथों में थी। डा. मनमोहन सिंह ने प्रधानमंत्री के रूप में 10 वर्ष और 4 दिन शासन किया। इस प्रकार कुल मिलाकर स्वतंत्रता के बीते सात दशकों की कालावधि में 47 वर्ष 48 दिन का शासन कांग्रेस के नेहरू, गांधी परिवार के हाथों में सीधे या अप्रत्यक्ष रूप से रहा है। इतनी अवधि में देश के बहुत से सामाजिक और राजनीतिक मूल्यों का पतन हो गया या उन्हें जानबूझकर भुला दिया गया। इसी सारी प्रक्रिया के अंतर्गत देश में भ्रष्टाचार और घोटालों का बाजार गर्म होने लगा। परिण ाम यह निकला कि देश, घोटालेबाजों और भ्रष्टाचारियों का देश बनकर रह गया। इससे देश की साख विदेशों में गिरी, हमारी राजनीतिक विश्वसनीयता को ठेस भी पहुंची।

जब हो रहे थे घोटाले ही घोटाले :– यदि 2011 से पीछे 2005 तक के घोटालों को ही देखें तो भी हमें ज्ञात हो जाएगा कि देश को नष्ट करने के लिए उस समय के सत्ताधारी लोग किस सीमा तक चले गये थे?

2011: 2जी स्पेक्ट्रम घोटाला 1,76,000 करोड़, 2011 कॉमन वेल्थ घोटाला 70,000 करोड़, 2010 आदर्श घर घोटाला 900 करोड़, 2010 बैंड स्पेक्ट्रम घोटाला 2,00,000 करोड़, 2010 खाद्यान घोटाला 35,000 करोड़, 2009 चावल निर्यात घोटाला 2,500 करोड़, 2009 उड़ीसा खदान घोटाला 7,000 करोड़, 2009 झारखण्ड खदान घोटाला 4,000 करोड़, 2009 झारखण्ड मेडिकल उपकरण घोटाला 130 करोड़, 2008 हसन् अली हवाला घोटाला 39,120 करोड़, 2008 काला धन 2,10,000 करोड, 2008 स्टेट बैंक ऑफ़ सौराष्ट्र 95 करोड़, 2008 सैन्य राशन घोटाला 5,000 करोड़, 2008 सत्यम घोटाला 8,000 करोड़, 2006 पंजाब सिटी सेंटर घोटाला 1,500 करोड़, 2006 ताज कॉरिडोर घोटाला 175 करोड़, 2005 आईपीओ कॉरिडोर घोटाला 1,000 करोड़, 2005 बिहार बाढ़ आपदा घोटाला 17 करोड़, 2005 सौरपियन पनडुब्बी घोटाला 18,978 करोड़।

इन घोटालों को देखकर एक बात तो स्पष्ट है कि प्रधानमंत्री श्री नरेन्द्र मोदी जी ने यदि अपने दो वर्ष के कार्यकाल में एक पैसे का भी हेर–फेर नहीं होने दिया है तो भी उन्होंने देश की बहुत बड़ी सेवा कर दी है। एक भी घोटाला न होना यह बताता है कि 'देश का पैसा देश के विकास के लिए' लग रहा है।

सबका साथ और सबका विकास :– 'देश का पैसा देश के विकास के लिए' यही वह आदर्श स्थिति है जिसे प्रधानमंत्री श्री मोदी जी 'सबका साथ और सबका विकास' का नाम देते हैं। 'सबका साथ और सबका विकास' तभी संभव है जब 'देश का पैसा देश के विकास के लिए' लगे। घोटालों पर लगाम लगाकर प्रधानमंत्री ने सक्रिय सामाजिक, आर्थिक और राजनीतिक न्याय प्रदान करने का वह संवैधानिक संकल्प पूर्ण करने का प्रयास किया है, जो इस देश के लोकतंत्र की रीढ़ कही जा सकती है।

लाल बहादुर शास्त्री और नरेन्द्र मोदी :– श्री मोदी जी की यह निराली बात है कि वह लोगों को स्वेच्छा से देश सेवा करने के लिए प्रेरित करते हैं। उनके कहने का ढंग और उनके व्यक्तित्व का प्रभाव कुछ ऐसा होता है कि लोग उनकी बात पर विश्वास करते हैं, और जैसा वह चाहते हैं वैसा ही करने को तैयार हो जाते हैं। यह उनके आचरण की भाषा का प्रभाव भी हो सकता है। उनका अपना कोई स्वार्थ नहीं, अपना कोई निजी महत्व नहीं। वह जो कुछ करते हैं, वह राष्ट्र के लिए करते हैं। उनके लिए राष्ट्र सर्वप्रथम है, उनके 'मन की बात' को लोगों ने समझा है और उसका उचित मूल्य उन्हें देने का निर्णय ले लिया है। यही कारण है कि प्रधानमंत्री कुछ कहते जाते हैं और लोग उसे मानते जाते हैं। यह स्थिति कुछ–कुछ वैसी ही है जैसी कभी लालबहादुर शास्त्री जी के शासनकाल में उस समय देखने को मिली थी, जब उन्होंने लोगों से घरों की छतों पर भी गेंहू बोने और घर के आंगन में भी सब्जियां उगाने की अपील की थी, और लोगों ने उसे वैसे ही मान लिया था। सचमुच यह देश महान है, क्योंकि यह अपने महानायकों की महान बातों को मन से स्वीकार करता है, और उसे अपने लिए अनुकरणीय मानता है।

चिकित्सकों ने भी माना प्रधानमंत्री का सुझाव :– प्रधानमंत्री श्री नरेन्द्र मोदी जी ने अब देश के चिकित्सकों से कहा है कि यदि देश के निर्धन लोगों के परिवारों से आने वाली गर्भवती महिलाओं की देखभाल और निःशुल्क चिकित्सा के लिए यदि वह वर्ष में केवल 12 दिन देना स्वीकार करें तो, यह जनसेवा और राष्ट्रसेवा हमारे समाज की व्यवस्था और स्थिति में आमूलचूल परिवर्तन ला सकती है। यह सुखद आश्चर्य वाली बात है कि प्रधानमंत्री श्री मोदी जी की इस अपील को हमारे बहुत से चिकित्सकों ने स्वीकार कर लिया है। प्रधानमंत्री का कहना है कि हमारे चिकित्सकों को

निर्धन प्रसूता माताओं का आसरा या सहारा बनना चाहिए। उन्होंने देश के चिकित्सकों की सेवानिवृत्ति की अवस्था 62 वर्ष से बढ़ाकर 65 वर्ष कर दी है। इससे न केवल हमारे चिकित्सकों को लाभ होगा अपितु देश के लोगों को भी अनुभवी चिकित्सकों का उपचार मिलने में सुविधा होगी।

महिला शिक्षा पर बल :– प्रधानमंत्री श्री मोदी ने महिला शिक्षा पर बल देना प्रारंभ किया है। उनका कहना है कि जब तक देश की बेटी नहीं पढ़ेगी, तब तक देश आगे नहीं बढ़ेगा। उन्होंने देश की बेटी की शिक्षा को अनिवार्य कर उसे भावनात्मक स्वरूप दिया है। जिसके अच्छे परिणाम आने स्वाभाविक हैं।

कृषि और किसानों के विषय में :– कृषि और किसानों पर भी सरकार विशेष ध्यान दे रही है। जैविक खेती को बढ़ावा देने के साथ–साथ मिट्टी के रख–रखाव पर भी सरकारी स्तर पर ध्यान दिया जा रहा है। मिट्टी की उर्वरा शक्ति को उपजाऊ बनाये रखना देश की अर्थव्यवस्था और कृषि व्यवस्था दोनों के लिए ही आवश्यक होता है। प्रधानमंत्री ने इसके लिए मिट्टी स्वास्थ्य कार्ड योजना लागू की है। सरकार ऐसी फसल बीमा योजना भी लेकर आई है, जिससे किसान के खेत के भीतर काटकर रखी गयी फसल को हानि पहुंचने पर उसे उसकी भी बीमा राशि मिल सकेगी। चीनी मिलें, गन्ना किसानों को समय पर भुगतान करें, इस ओर भी सरकार ने विशेष ध्यान दिया है।

ऐसी परिस्थितियों में जब देश के लोग अपने देश के प्रधानमंत्री को 24 घंटे उन्हीं के लिए काम करता देख रहे हैं, तो उन्हें लग रहा है कि उनका प्रधानमंत्री उनके प्रति पूर्णतः समर्पित है। इसीलिए आज भी जब कोई सर्वे कंपनी या कोई संगठन प्रधानमंत्री की लोकप्रियता की जांच करता है तो हर सर्वेक्षण में प्रधानमंत्री श्री मोदी जी प्रथम स्थान पर आते हैं। जिनके लिए राष्ट्र प्रथम होता है, उन्हें राष्ट्र भी प्रथम ही मानता है, और हमारे मोदी जी सचमुच हमारे लिए प्रथम हैं।

प्रधानमंत्री का राजधर्म : 'सत्यम् धर्मम् चर'

हमारे प्रधानमंत्री श्री मोदी जी योग और भारतीय संस्कृति के प्रति समर्पित हैं। वे भारतीय सांस्कृतिक राष्ट्रवाद की अलख जगाकर उसे विश्वधर्म बना देना चाहते हैं। मैंने इस संदर्भ में 20–21 मार्च 2016 के अपने

संपादकियों में लिखा था :—

"योग भारतीय संस्कृति का प्राण है। योग का शाब्दिक अर्थ जोड़ना है। आत्मा का परमात्मा से मिलना योग की अंतिम अवस्था है। आत्मा का परमात्मा से मिलन हो जाना मोक्षावस्था है—मुक्ति की अवस्था है। धर्म, अर्थ, काम और मोक्ष में से अंतिम अवस्था मोक्ष की है, जिसे भारतीय संस्कृति में व्यक्ति के जीवन का अंतिम ध्येय माना गया है। यह मोक्ष या मुक्ति या स्वतंत्रता है क्या? अब यह जानना भी आवश्यक है।

मानव जीवन में स्वतंत्रता का प्रमुख स्थान है, पश्चिमी जगत के विद्वानों ने स्वतंत्रता को उतनी गहराई से नहीं जाना—समझा, जितना हमारे ऋषि—मुनियों ने जाना समझा था। बंधनों से मुक्त हो जाना अर्थात आवागमन के चक्र से छूट जाना मोक्ष है। हमारे ऋषियों ने मुक्ति की नींव खोदकर देखी तो पाया कि इसके साथ एक नकारात्मक ऊर्जा भी पहले दिन से कार्य कर रही थी। इस नकारात्मक ऊर्जा को उन्होंने 'बंधन' का नाम दिया। यह बंधन माया का था, ममता का था, मोह का था, संसार के भौतिक ऐश्वर्यों का था। इसी का नाम परतंत्रता हो गया—परतंत्रता अर्थात स्वतंत्रता की विपरीत अवस्था। ऋषियों ने चिंतन किया कि जीव अपनी स्वतंत्रता को बचाकर कैसे रखे? इसका उत्तर उन्होंने खोजा कि जीव को बंधनमुक्त किया जाए। इसके चारों ओर माया—मोह इत्यादि के पाशों को या बंधनों को काटा जाए और इसे मुक्ति का मार्ग दिखाया जाए। वास्तव में वह मुक्ति का मार्ग ही 'अष्टांग' योग है।

हमारे ऋषियों ने जीवन और जगत का और भी अधिक गहराई से अध्ययन किया तो उन्हें ज्ञात हुआ कि संसार का हर मनुष्य 'स्व' और 'स्वतंत्रता' की खोज और उनकी रक्षा के लिए संघर्ष कर रहा है। कहने का अभिप्राय है कि संसार का हर मनुष्य 'स्व' और 'स्वतंत्रता' की रक्षा को अपना मौलिक अधिकार मानता है। अब इस 'स्व' और 'स्वतंत्रता' की रक्षा कैसे हो यह प्रश्न था। देखा गया कि हर जीव अपने कर्मों में स्वतंत्र बना है परंतु फल पाने में सदा परतंत्र है। अतः फल प्राप्ति के इस बंधन को या परतंत्रता को कैसे मिटाया जाए? कैसे यह सुनिश्चित किया जाए कि किये हुए कर्म का फल तो मिले पर वह फल दुखदायक न होकर सुखदायी हो, कष्टप्रद न होकर आनंददायक हो, और बंधन की यातना न देकर स्वतंत्रता या मुक्ति की खुली हवाओं को दिलाने वाला हो। इसके लिए मनुष्य को वेद

के माध्यम से आज्ञा मिली कि संसार में रहकर तुझे 'सत्यम्वद धर्मम् चर' का अवलंब ग्रहण करना है। यदि तूने इस मर्यादापथ का ग्रहण कर लिया तो तुझे अपनी यात्रा में कोई कष्ट नहीं होगा और मार्ग की सारी बाधाओं को पार करता हुआ तू निष्कंटक अपने 'यात्राधाम' अर्थात मोक्ष पर पहुंच जाएगा, इसी यात्राधाम को लोगों ने अपने-अपने ढंग से हरिधाम, मुक्तिधाम, परमपद, स्वर्गलोक इत्यादि काल्पनिक नाम दिये हैं।

हमारा मानना है कि यदि व्यक्ति अपने जीवन में 'सत्यम्वद धर्मम् चर' की इन दो मर्यादाओं का पालन करना सीख ले तो यह संसार स्वयं ही मुक्तिधाम बन जाएगा। इसे मृत्युलोक तो हमने अपने निकृष्ट कार्यों से बना दिया, अन्यथा वास्तव में तो यह मुक्ति प्राप्ति का ही धाम है। उपरिलिखित मर्यादाओं को जब से अपने ऊपर व्यक्ति ने एक बंधन मान लिया, तब से यह संसार नरक बन गया है। इन मर्यादाओं को अपने लिए बंधन मानकर इनसे मुक्ति की प्राप्ति करने की मनुष्य की संघर्ष की भावना भी यही बताती है कि मनुष्य जन्मना स्वतंत्रता की खोज कर रहा है-यह अलग बात है कि मर्यादा से मुक्ति का उसका यह संघर्ष उसे विपरीत दिशा में ले गया। आज हम जहां जिस गर्त में डूबे पड़े हैं, या जिस कलह-कटुता से सारा संसार पीड़ित है, इसका कारण यही है कि सारा संसार मर्यादाओं से मुक्ति चाहता है। मर्यादाओं को अपने ऊपर एक बंधन मानता है। अब सारा संसार दलदल में फंसा खड़ा है, वह इस दलदल से जितना निकलना चाहता है उतना ही इसमें फंसता-धंसता जा रहा है। मर्यादा से मुक्ति चाहोगे तो यही दुर्गति होगी, और यदि मुक्ति के लिए मर्यादा की खोज करोगे या मर्यादा की स्थापना करोगे तो सद्गति प्राप्त होगी।

मेरे प्यारे देशवासियो! आपका मार्ग सद्गति का है, आपके सारे वेदादि सत्य शास्त्र आपको सद्गति का मार्ग बता रहे हैं। आपका मार्ग दुर्गति का नहीं है, पर आपको कुछ लोगों ने दुर्गति में फंसा अवश्य दिया है। ये वही लोग हैं जो भारत में पश्चिमी जगत के मूल्यों को स्थापित करने का प्रयास कर रहे हैं और साम्यवाद जैसी घातक विचारधारा के नाम पर भारत की सत्यम्वद और धर्मम् चर की मर्यादा को छिन्न-भिन्न कर समाप्त करने के षड्यंत्र रच रहे हैं। इनके अगवा इस देश में नास्तिकवाद फैलाकर बहुत बड़ा जनसंहार करने की योजना बना रहे हैं, क्योंकि इनका आदर्श स्टॉलिन है, चंगेज खान है, हलाकू है, तैमूर है, और अफजल खान है। इन सारी

योजनाओं से और षड्यंत्रों से देश को सावधान करने की आवश्यकता है। ये वही पश्चिमी संस्कृति के उपासक लोग हैं जिन्हें सद्गति का अर्थ तक भी ज्ञात नहीं है। जो नहीं जानते कि मोक्ष क्या है और मुक्ति या स्वतंत्रता क्या है? क्योंकि इन्होंने स्वतंत्रता के बाह्य स्वरूप की उपासना की है, इन्हें नहीं पता कि स्वतंत्रता भीतरी जगत की वस्तु है, और यह हमें भीतर से आनंद से भरकर सदा–सदा के लिए मुक्त करने वाली अमोघ औषधि है। यह क्रूरता दिखाने वाले किसी शासक, समाज या व्यक्ति से किसी व्यक्ति को या वर्ग को या समुदाय को आजाद कर लेने को ही स्वतंत्रता मानते हैं। ऐसा वर्ग या समुदाय जो दूसरों का दमन करता हो या दूसरों पर क्रूरतापूर्वक शासन करता हो, कभी समाप्त नहीं हो सकता जब तक उसे भीतर से परिवर्तन के लिए तैयार नहीं किया जाएगा और भीतरी परिवर्तन तभी आता है जब व्यक्ति 'सत्यम्वद धर्मम् चर' का उपासक बनता है।

पश्चिमी जगत के चिंतकों ने ना तो यह समझा और न उन्हें उनके पूर्वजों ने यह समझाया कि हमें वास्तविक स्वतंत्रता की प्राप्ति के लिए 'सत्यम्वद धर्मम् चर' का अनुगामी बनना है। उन लोगों ने स्वतंत्रता को बाहरी जगत की वस्तु मानकर यह नहीं समझा कि उसका संबंध आत्मा से है और जो आत्मा के अनुकूल हो उसे ही करते जाना मनुष्य का जीवन ध्येय है। पश्चिम के विद्वानों ने किसी देश की स्वतंत्रता के अपहरण और फिर अपहरण से मिली किसी की स्वतंत्रता को बलात् अपने अधीन किये रखने की कसरत करते रहना उचित माना।

ऐसा ही इस्लाम के मानने वालों ने किया। इन दोनों विचारधाराओं ने लोगों की स्वतंत्रता का अपहरण किया और विश्व इनकी इस अत्याचारपूर्ण नीति से मुक्ति के लिए आंदोलित हो उठा। भारत ने विश्व के अन्य देशों की अपेक्षा अपनी स्वतंत्रता की रक्षा के लिए देर तक संघर्ष किया, और जहां अनेक सभ्यताएं अपनी स्वतंत्रता को मिटाकर स्वयं मिट गयीं या जिन्होंने दूसरों के हाथों अपने आपको मिटाना अपना दुर्भाग्य मान लिया, वे सभ्यताएं आज संसार में नहीं हैं, या नामशेष रह गयी हैं। इस्लाम और ईसाइयत की इन दोनों विचारधाराओं के आने पर सारा संघर्ष स्वतंत्रता के अपहरण पर केन्द्रित हो गया और आज भी केन्द्रित है। संसार में जितना कोलाहल, कष्ट और क्लेश का वातावरण इस समय है, वह सब इसीलिए है कि मनुष्य आज भी वर्ग, संप्रदाय और मज़हब के नाम पर एक दूसरे को नीचा दिखाने

या मिटाने की योजनाएं या षडयंत्र बना रहा है। इसके उपरांत भी इस्लाम और ईसाइयत की इन दोनों विचारधाराओं को प्रगतिशील और स्वतंत्रता प्रेमी होने का पाखंडी प्रचार कुछ लोगों द्वारा किया जाता रहा है। यह दुर्भाग्यपूर्ण तथ्य है कि भारत में जेएनयू जैसी संस्था, स्वतंत्रता के पश्चात भारतीयता का प्रचार–प्रचार करने के स्थान पर उस कार्य को करने में लग गयी, जिससे देश की संस्कृति का विनाश हो सके और 'सत्यमूवद धर्मम् चर' की जीवनदायिनी शैली का अंत हो सके।

यदि यह संसार वास्तव में सुख शांति चाहता है तो इसे मानना पड़ेगा कि वह भारत जैसी मर्यादा को अपनाए और सत्य बोलने और धर्म आचरण करने को विश्व का कानून घोषित करे, विश्व की सर्वोत्तम मर्यादा घोषित करे। यदि ऐसा होता है तो विश्व के सारे कष्ट क्लेश मिट जाएंगे। हर व्यक्ति इस मर्यादा पथ का पथिक हो जाएगा तो संसार की गति सीधी हो जाएगी और सीधी गति ही तो सद्गति कहलाती है।

मेरा विचार है कि 'सत्यम्वद धर्मम् चर' को विश्व अपनी विरासत के रूप में मान्यता दे दे तो संसार के जितने भी कानून हैं, वे सबके सब स्वयं ही समाप्त हो जाएंगे। संसार में नित्य प्रति करोड़ों–अरबों रुपया का कागज कानूनी लिखा–पढ़ी में व्यय होता है, करोड़ों–अरबों रुपया हम कानून व्यवस्था पर व्यय करते हैं, करोड़ों–अरबों रुपया हम न्याय प्रणाली पर व्यय होता है। करोड़ों–अरबों रुपया हम कार्यपालिका पर और व्यवस्थापिका पर व्यय करते हैं–केवल इसीलिए कि 'सत्यम्वद धर्मम् चर' से मनुष्य ने मुंह फेर लिया। संसार के सभ्य लोग और चिंतनशील लोग संसार की वर्तमान व्यवस्था से दुखी हैं, पर उन्हें उपाय नहीं मिल पा रहा है कि इस दुर्गति से संसार को सद्गति की ओर कैसे ले चलें? इसका उपाय भारत की संस्कृति में है, इसका कानून और इसका मर्यादा पथ यही है कि 'सत्यम्वद धर्मम् चर' के हम उपासक बनें।

वेद ने हमें उपदेश दिया कि हमारी स्वतंत्रता योगक्षेमकारी हो। योग अर्थात जो मिला है उसकी रक्षक हो और क्षेम अर्थात जो अभी प्राप्त करना है उसकी प्राप्ति में सहायक हो। इसका अभिप्राय है कि हमारी स्वाधीनता किसी की स्वाधीनता का अपहरण करने वाली न हो, किसी को कष्ट पहुंचाने वाली न हो। भारत का दीर्घकालीन स्वतंत्रता संग्राम 'योगक्षेमकारी' स्वाधीनता की साधना का संघर्ष था, पर जब देश स्वाधीन हो गया तो

अंग्रेजों के मानस पुत्रों ने स्वतंत्रता के इन दोनों मूलभूत तत्वों की उपेक्षा कर दी। उल्टी हवा चला दी, जिन मूल्यों की प्राप्ति के लिए स्वतंत्रता का दीर्घकालीन संघर्ष किया गया था, उन मूल्यों को मिटा दिया गया, और पश्चिमी जगत के जिन मूल्यों से देश को, देश की संस्कृति को बचाना था उन्हें प्राप्त करा दिया गया। फलस्वरूप देश का धर्म, देश की संस्कृति और देश का इतिहास, विदेशी संस्कृति और विदेशी इतिहासकारों की काली छाया से मुक्त नहीं हो पाये। यही कारण है कि आज का हमारा सारा परिवेश दुखदायक बन चुका है और उसमें 'कन्हैया' जन्म ले रहे हैं जिनके लिए मोहनभागवत कह रहे हैं कि अब हमें बच्चों को भी 'भारत माता की जय' कहना सिखाना पड़ेगा। जो देश की संस्कृति की रक्षा के लिए संघर्ष कर रहे हैं या करते रहे हैं, उनके लिए कांग्रेस के गुलाम नबी आजाद कह रहे हैं कि इन लोगों में अर्थात आरएसएस और आईएस में कोई अंतर नहीं है। जबकि ओवैसी का कहना है कि वह भारतमाता की जय नहीं बोलेगा, चाहे उसके गले पर छुरी रख दी जाए। ये सारा चिंतन कहां से आ गया और क्यों आ गया? यदि इस पर चिंतन करें तो यही निष्कर्ष निकलेगा कि हमने भारत की 'सत्यम्वद धर्मम् चर' की परंपरा से और वेदाज्ञा से मुंह फेर लिया।

भारत के लिए कहा जाता है कि इसे कानून का पढ़ना–पढ़ाना अंग्रेजों ने सिखाया था। जो लोग ऐसा कहते हैं या ऐसा मानते हैं उन्हें भारत के विषय में समझना चाहिए कि भारत की वर्तमान दुर्गति अंग्रेज के कानून ने ही की है। यदि आज अंग्रेज, भारत के कानून के केवल इन चार शब्दों 'सत्यम्वद धर्मम् चर' को समझ लें तो उन्हें अपने कानून की निस्सारता को स्वयं ही बोध हो जाएगा। हमने किसी दुर्गतिदायक कानून के राज के लिए संघर्ष नहीं किया था, और न ही उसके लिए अपनी स्वतंत्रता की साधना की थी, हमने तो धर्म के शासन के लिए, मर्यादाओं की रक्षा के लिए और मर्यादाओं की स्थापना के लिए संघर्ष किया था। भारत के स्वतंत्रता संग्राम को लड़ते–लड़ते हमारी पीढियां गुजर गयीं, इतनी देर में हमारे भीतर अशिक्षा और अज्ञानता का शत्रु आ घुसा जिससे हम अपने अतीत से कट गये या काट दिये गये।

यह मानना पड़ेगा कि जब हमें स्वतंत्रता मिली तो हम अपने अतीत के उस गौरवमयी पक्ष से बहुत दूर हो गये थे, जिसके लिए हमने अपनी

लड़ाई का शुभारंभ किया था। कांग्रेस जो कि अंग्रेजों की चाटुकार संस्था थी और जिसने अपने कार्य का शुभारंभ ही अंग्रेजों के गुणगान से किया था, ने हमें अंग्रेजों के मूल्यों और उनकी शासनप्रणाली की ओर देखने के लिए प्रेरित किया, पर उसने हमें अपने अतीत से जोड़ने का प्रयास नहीं किया। इसलिए उसने जेएनयू जैसी संस्थाएं यहां खड़ी कर दीं। **आज प्रधानमंत्री मोदी जी इन सारी बाधाओं और समस्याओं से अकेले जूझ रहे हैं। हमें समझना होगा कि हमारे प्रधानमंत्री किस दशा में रहकर किस दिशा की ओर बढ़ रहे हैं। जब नायक की दिशा सही हो तो देश की जनता को उसके समर्थन के लिए आगे आना चाहिए। देश और संस्कृति को बचाने के लिए तो यह और भी आवश्यक होता है।**

प्रधानमंत्री श्री नरेन्द्र मोदी जी भारत को विश्वगुरु बनाने के लिए कृतसंकल्प हैं, जिसके लिए वह वेद की उपरोक्त परंपरा को लेकर आगे बढ़ रहे हैं। यह बहुत ही गौरव का विषय है कि प्रधानमंत्री श्री मोदी जी के विचारों को सारा विश्व बड़े ध्यान से सुन रहा है, जिससे सहज ही अनुमान लगाया जा सकता है कि श्री मोदी के नेतृत्व में भारत अवश्य ही विश्वगुरु बनेगा।

भारत की पंथनिरपेक्षता के प्रति समर्पित प्रधानमंत्री

हमने मई, 2014 के अपने 'उगता भारत' (साप्ताहिक) के अंक में अपने संपादकीय में लिखा था कि:– "भारत प्राचीन काल से ही पंथनिरपेक्ष देश रहा है, क्योंकि इसकी राज्य व्यवस्था का मूल आधार समग्र समाज की मंगलकामना रही है। राज्योत्पत्ति के लिए अथर्ववेद (19–41–1) में आया है:–

भद्रमिच्छन्त ऋषयः स्वर्विदस्तपा दीक्षां उपनिषेदुरग्रे।
ततो राष्ट्रं बलमोजश्च जातं तदस्मै देवा उपसंनमस्तु।।

अर्थात समग्र समाज के कल्याण की कामना करते हुए क्रांतिदर्शी (ऐसे राष्ट्रचिंतक लोग जो राजनेता कहे जाते हैं और जो देश के भविष्य को समुज्ज्वल बनाने के लिए सदा प्रयासरत रहते हैं) अपने ज्ञान और तप से राष्ट्रबल और राष्ट्रओज को उत्पन्न करते हैं। उस राष्ट्र की सेवा में देश के सब नागरिक (पंथीय वर्गीय या साम्प्रदायिक पूर्वाग्रहों को त्यागकर) सदा कटिबद्ध रहें।"

यह मंत्र राजा का राजधर्म और प्रजा का प्रजाधर्म दोनों को ही घोषित

कर रहा है। राजा का राजधर्म है –समग्र समाज की उन्नति के लिए अथवा कल्याण के लिए प्रयासरत रहना और प्रजा का धर्म है कि वह राजा के ऐसे कार्यों में अपने वर्गीय, पंथीय या साम्प्रदायिक पूर्वाग्रहों से ऊपर उठकर उसकी सहयोगी बने।

वर्तमान काल में हमारी प्रवृत्ति हो गयी है कि हम राज्य से अपने–अपने अधिकारों की मांग तो करते हैं, परंतु अपने–अपने कर्तव्यों का निर्वाह नहीं करते। इसलिए राज्य और प्रजा दोनों में एक संघर्ष चलता रहता है। राज्य समग्र समाज का कल्याण नहीं कर पाता और प्रजा समग्र समाज का कल्याण होने नहीं देती। सबको अपने–अपने वर्गीय, पंथीय या सांप्रदायिक हितों की चिंता है और उन्हीं के लिए लोग राज्य के प्रति सहयोगी या असहयोगी व्यवहार अपनाये रहते हैं। परिणामस्वरूप समाज के अधिकांश लोग राज्य की नीतियों से असंतुष्ट रहते हैं और उसके प्रति असहयोगी बनकर कार्य करते रहते हैं। समाज के अधिकांश लोग सत्ता विरोधी होते हैं, परंतु लोकतंत्र का चमत्कार देखिए कि इसमें अधिकांश सत्ता विरोधियों के लिए ही राजा का चुनाव होता है, अर्थात राजा अपने समर्थकों के लिए अपने विरोधियों पर शासन करता है – लोकतंत्र में।

भारत में बीते 67 वर्षों में किसी भी राजनीतिक दल या गठबंधन ने चुनाव में कभी भी 51 प्रतिशत मत पाकर बहुमत का समर्थन प्राप्त नहीं किया। अधिक से अधिक 30–35 प्रतिशत मत पाकर ही कोई न कोई दल अपनी सरकार बनाता रहा है। इस प्रकार 65–70 प्रतिशत लोग पहले दिन से ही सत्ता विरोधी रहे हैं। सत्ताविरोधी दल ऐसी परिस्थितियों में अपने पक्ष में मतदान करने वाले वर्गों, पंथों या सम्प्रदायों को प्रसन्न करने की युक्ति खोजते रहे हैं और इसीलिए जातीय आधार पर आरक्षण या और अन्य प्रकार की सुविधायें राजनीतिक दल अपने–अपने समर्थकों को देते रहे हैं, जिससे कि उनका वोट बैंक पक्का रहे। पिछले 67 वर्षों में समाज में तेजी से ऐसे लोग पनपे हैं, जो अपने–अपने वर्गों, पंथों या संप्रदायों के मतों की ठेकेदारी लेते हैं और किसी मनपसंद राजनीतिक दल को सत्ता दिलाकर उससे फिर मनमाफिक मुनाफा कमाते हैं। ये ठेकेदार सत्ता के वास्तविक दलाल हैं। ये नुक्कड़ सभाओं के माध्यम से या किसी अन्य प्रकार से अपने–अपने वर्गों या संप्रदायों को किसी एक दल के लिए काम करने के लिए प्रेरित करते रहते हैं।

ऐसे ठेकेदार समाज के लोगों से कहते हैं कि हम तुम्हारे लिए अमुक दल से या सत्ताधारी पार्टी से अमुक सुविधा दिलाते हैं, और उधर किसी राजनीतिक दल से कहते हैं कि हमारे लोगों को यदि आप अमुक–अमुक सुविधायें दे दें तो हम आपको चुनावों में इतना लाभ प्रदान करा सकते हैं। बड़ी चतुरता से ऐसे लोग राजनीतिक दलों को अथवा राज्य व्यवस्था को जनता से और जनता को अपनी राज्यव्यवस्था से मिलने नहीं देते हैं और बीच में बैठकर 'मुनाफाखोर दलाल' की भूमिका निभाते हैं। यह एक कड़वा सच है कि ऐसा कुसंस्कार भारतीय राजनीति और राजनीतिक व्यवस्था में एक कोढ़ बनकर फैल गया है। इस व्यवस्था से वेद की समग्र समाज के कल्याण की भावना का क्षरण हुआ है और हमारी सारी राजनीतिक व्यवस्था ही एक मृगतृष्णा का शिकार होकर रह गयी है। राष्ट्र, ओज और बल से हीन हो चुका है और बहुत से अनिर्णीत अन्तर्द्वंद्वों में हम फंसकर रह गये हैं।

इन्हीं अन्तर्द्वंद्वों में फंसी राजनीति ने अपना पथ धर्मनिरपेक्षता को बना लिया। जिससे राजनीति में सैक्यूलरिज्म का प्रचलन तेजी से बढ़ा, परंतु व्यवहार में राजनीति वर्गों, पंथों और संप्रदायों का तुष्टिकरण करती रही। जिससे राजनीति ही साम्प्रदायिक हो गयी। जिन चिंतनशील लोगों ने इस अवधि में पंथनिरपेक्षता और भारतीय राजनीति के इस अवैध संबंध पर शोध किया उन्होंने अपनी मान्यता स्थापित की कि चोरी–चोरी जो कुछ किया जा रहा है वह नितांत तुष्टिकरण है और वोटों की दूषित राजनीति के माध्यम से भारत की आत्मा के साथ छल है। इसलिए यह छल प्रपंचों का खेल अब समाप्त होना चाहिए। जो लोग ऐसा कह रहे थे उन्हें दक्षिणपंथी कहा गया, और साम्प्रदायिक कहा गया। इन्हें हिंदुत्ववादी शक्तियां कह कर अपमानित करने का प्रयास किया गया। ये प्रयास उन लोगों ने या दलों ने किये जो अपने–अपने स्वार्थों की पूर्ति के लिए राष्ट्र को लूट रहे थे अथवा उसका मूर्ख बना रहे थे। इस हिंदुत्व के प्रबल पैरोकार के रूप में श्री मोदी जी का आगमन हुआ है। इस आगमन को सत्ता के दलालों और वोटों के सौदागरों ने इतना कोसा है कि देश से बाहर ऐसा संदेश गया है कि जैसे अब भारत में प्रलय ही आने वाली है। इतने शोर को सुनकर सारे संसार के कान खड़े हो गये। सबने भारत में रुचि लेनी आरंभ की और इस बात पर शोध करना आरंभ किया कि श्री मोदी जी के आगमन से देश के अल्पसंख्यकों का क्या होगा?

पर श्री मोदी जी भी भारत की मिट्टी से बने हैं, इसलिए श्री मोदी ने हिंदुत्व का अल्पसंख्यक विरोधी अर्थ करने वालों को आड़े हाथों लेकर स्पष्ट कर दिया कि वह भारत की उसी सनातन परंपरा के शासक होंगे, जिसमें सर्व समाज के कल्याण की कामना की जाती रही है और जिसमें शासक के लिए प्रजा हिंदू, मुस्लिम, सिक्ख, ईसाई आदि ना होकर केवल प्रजा होती है। श्री मोदी जी ने अपना राजधर्म घोषित कर दिया है, कि हिंदू–मुस्लिम सब मेरे हैं और मैं सबका हूं। इसलिए समाज के सभी वर्गों से जुड़कर चलूंगा।

मोदी जी की यह घोषणा वीर सावरकर जी के विचारों के अनुकूल भी है। वीर सावरकर जी की मान्यता भी यही थी कि राज्य कभी भी और किसी भी कीमत पर तुष्टिकरण ना करे और जनता के लोग देश की इस पावन भूमि को अपनी पितृभूः और पुण्यभूः स्वीकार करें। उन्होंने 1937–38 में हिंदू महासभा के राष्ट्रीय अध्यक्ष के रूप में जो भाषण दिये थे, उन्हें पढ़ने–समझने और स्वीकार करने की आवश्यकता है। श्री मोदी जी मोती चुन रहे हैं–सावरकर जी के व्याख्यानों से। मोदी जी बात वही कह रहे हैं, जो सावरकर जी ने कही थी परंतु उसका अर्थ और संदर्भ भिन्न है। मोदी जी ने अभी एक टीवी साक्षात्कार में भी कहा है, कि उनसे कुछ ऐसे लोगों को तो (उनके सत्ता में आने पर) डरना ही पड़ेगा जो देश विरोधी कार्य कर रहे होंगे, परंतु जो देश की मुख्यधारा में जुड़कर चलने में विश्वास रखते हैं, उनको डरने की आवश्यकता नहीं है। कुछ ऐसा ही सावरकर जी का मानना था। उन्होंने 1937 में अपने अध्यक्षीय भाषण में कहा था–"हमें हिंदू–मुस्लिम एकता के लिए मुसलमानों के पीछे नहीं भागना चाहिए। बल्कि आओगे तो तुम्हारा स्वागत है, नहीं आओगे तो तुम्हारे बिना स्वराज्य तो हम लेंगे ही, यदि विरोध करोगे तो तुम्हारे खिलाफ भी डटकर मुकाबला किया जाएगा, किसी भी स्थिति में हिंदू राष्ट्र तो अपना भविष्य निर्माण करेगा ही।"

जिन लोगों को हिंदू शब्द से, हिंदू राष्ट्र से चिढ़ है, उन्हें 7 अप्रैल, 1989 को चुनाव याचिका संख्या 1988 पर दिये गये माननीय सर्वोच्च न्यायालय के आदेश का अवलोकन करना चाहिए। जिसमें माननीय न्यायालय ने स्पष्ट किया है कि वास्तव में (हिंदुत्व में) इस पर किसी संप्रदाय या मत के लिए पारंपरिक संकीर्ण लक्षण उतरते नहीं दिखाई देते। इसे मुख्य रूप से एक जीवन पद्धति ही कहा जा सकता है, इसके अतिरिक्त कुछ और नहीं।

इसके लिए एन्साईक्लोपीडिया ब्रिटानिका का कहना है—“सिद्धांततः हिंदुत्व समस्त विश्वासों, श्रद्धा रूपों और उपासना विधियों को समाविष्ट करता है, इसी कारण हिंदुत्व सभ्यता भी है और धार्मिक मतों का एक विराट संपुजन भी है।”

अब बीबीसी की ओर से एक लेख जारी किया गया है कि अब ‘हिंदुत्व की राजनीति का धर्मनिरपेक्षीकरण’ हो रहा है। लेखक ने यह मान्यता श्री मोदी जी के उपरोक्त स्पष्टीकरण के संदर्भ में बनायी है। सचमुच लेखक की बौद्धिक क्षमताओं पर तरस आता है, क्योंकि हिंदुत्व ही वह विचारधारा है जो अपने मौलिक स्वरूप में समग्र समाज के कल्याण के लिए कार्य करती है और वह ऐसी ही राज्यव्यवस्था का समर्थक है। भारत में जिस राज्य व्यवस्था को धर्मनिरपेक्ष माना गया है, वह धर्मनिरपेक्ष न होकर भारत की आत्मा के संदर्भ में तो ‘मर्मनिरपेक्ष व्यवस्था’ ही सिद्ध हुई है। अब मोदी जी भारत की वैदिक परंपरा और सावरकरवादी परंपरा के अनुसार यदि इस ‘मर्मनिरपेक्ष राज्यव्यवस्था’ को पंथनिरपेक्ष बनाने की बात कह रहे हैं तो इसमें नया कुछ नहीं है, अपितु पुरातन का नूतन संस्करण मात्र ही होगा। सचमुच हमें गर्व है अपनी भारतीय संस्कृति पर जिसके लिए सावरकर लिखते हैं :—

“यह भूमि वशिष्ठ, नामदेव आदि ऋषियों द्वारा अभिमंत्रित जल से पवित्र की गयी है, महर्षि व्यास की वाणी और कृष्ण की गीता का ज्ञान इसकी उत्कट गंध है। रामायण हमारा क्षीरसागर है। दमयंती, सावित्री, गार्गी, गीता इसी भूमि के उदर से हुईं। कणाद, कपिल सरीखे धर्मवेत्ता इस धरती की यज्ञशाला से दिग्विजयी धर्मसम्राट बने। चित्तौड़ के प्रताप, बुंदेल के छत्रसाल सभी मिलकर जिसका स्तोत्र गा रहे हैं, उस महान भूमि को हमारा वंदन है। शत—शत अभिनंदन है।”

“आज यह पावन वंदनीय अभिनंदनीय भारत भूमि अपना इतिहास लिखने को आतुर है, सारी मिथ्या मान्यताओं को बदल देना चाहती है। होली जलने से पहले बी.बी.सी. चुप रहे तो ही अच्छा है।”

बीते हुए दो वर्षों के अपने कार्यकाल में प्रधानमंत्री श्री नरेन्द्र मोदी ने हमारे इस आंकलन और मान्यता को अपनी कार्यशैली और नीतियों से स्पष्ट कर दिया है कि उनके भीतर किसी वर्ग विशेष के लिए घृणा का

भाव नहीं है और वह सावरकरवादी सोच के अनुसार देश निर्माण करना चाहते हैं। उनकी पंथनिरपेक्षता केवल पंथनिरपेक्षता है, उसका धर्मनिरपेक्षता से कोई दूर का भी संबंध नहीं है। प्रधानमंत्री की इस सोच और कार्यशैली को समझकर अब बहुत से मुस्लिम उनके निकट आने लगे हैं और उन पर विश्वास भी व्यक्त करने लगे हैं कि श्री मोदी जी के रहते भारत की पंथनिरपेक्षता को किसी प्रकार का संकट नहीं है। प्रधानमंत्री श्री मोदी जी के समक्ष मुस्लिम वर्ग का विश्वास जीतने की एक बहुत बड़ी चुनौती थी, जिसे उन्होंने पिछले दो वर्षों में काफी हद तक जीतने में सफलता प्राप्त की है। यद्यपि इस दिशा में उन्हें बहुत सोच–समझकर आगे बढ़ना होगा, क्योंकि अतिवादी लोग, उनके और मुस्लिम समाज के बीच दूरियाँ बनाए रखने में ही अपना लाभ देख रहे हैं।

परिश्रमी, तपस्वी परमात्म निष्ठ राष्ट्र के स्वप्न दृष्टा

''जिंदगी यह कहके दी रोजे अजल उसने मुझे।
यह हकीकत गम की ले और राहतों के ख्वाब देख।।''

इस जीवन का सत्यपूर्ण और तथ्यपूर्ण सार यही है कि इसमें गम की हकीकत लेकर राहतों के ख्वाब देखने होते हैं और यही राहतों के ख्वाब ही होते हैं जो हमारे जीवन में आशा का संचार किये रखते हैं। जिस जीवन से 'आशा' लुप्त हो जाती है उससे विश्वास का करण्ट अपने आप समाप्त हो जाता है। परिणाम चारों ओर गहन अंधकार छा जाता है।

जो ईश्वर भक्त होते हैं उनके जीवन में उत्साह और आशा का सदा संचार प्रवाहित रहता है। वह नितांत अकेले रहकर भी स्वयं को अकेला अनुभव नहीं करते। उन्हें अपने भीतर प्रज्ज्वलित हो रही ज्योति सदा ज्योतित और आलोकित रखती है। ऐतरेय ब्राह्मण 7/15 में बहुत सुंदर बात की गयी है :–

नाना श्रान्ताय श्रीरस्ति, पापो नृषद्वरोजनः।
इंद्र इच्चरतः सखा चरेवैति चरेवैति।।

''जो पूरी शक्ति से परिश्रम नहीं करते, उन्हें लक्ष्मी नहीं मिलती। आलसी मनुष्य पापी होता है। भगवान श्रम करने वालों का मित्र बनता है। इसलिए श्रम करो, श्रम करो।''

भावार्थ है कि परिश्रमी और उद्यमी व्यक्तियों को ही संसार में विजय मिला करती है।

हमारे देश के वर्तमान प्रधानमंत्री श्री नरेन्द्र मोदी का जीवन एक परिश्रमी, पुरुषार्थी और उद्यमशील राजनेता का रहा है। उन्होंने अपनी जीवन यात्रा जहां से प्रारंभ की वहां माता–पिता की ममता और वात्सल्य तो था पर उसके अतिरिक्त तो शून्य ही था। वह 'शून्य' भी ऐसा था कि भारत की राजनीति का शिखर पुरुष बनने का सपना वहां से खड़े होकर देखना, आकाश के तारे तोड़कर लाने के समान असंभव था। श्री मोदी जी आज 'मोदी' केवल इसलिए हैं कि उन्होंने असंभव को संभव कर दिखाया है। उन्होंने संकल्प लिया कि मुझे चलना है, और चल दिये। चल दिये तो फिर रूके नहीं। घर वालों ने पैरों में जंजीर डाल दी–विवाह कर दिया, पर यहां तो जंजीरों को तोडक़र आगे बढ़ने की परंपरा युगों पुरानी है। कृष्ण ने तो जन्म लेते ही जंजीरें तोड़ दी थीं। बुद्ध ने विवाह को और गृहस्थी को जंजीर माना तो विवेक (बोध) होते ही उसे तोड़ दिया। कितने ही बीतराग संन्यासी और योगियों ने यहां गृहस्थ की जंजीरें तोड़ी हैं और आगे बढ़े हैं।

महापुरुषों के मार्ग का अनुसरण करने वाले लोग स्वयं ही महानता के उपासक हो जाते हैं। श्री नरेन्द्र मोदी जी ने महानता की साधना करनी आरंभ की, परिवार को छोड़ा, अपने आपको छोड़ा और गहन साधना में चले गये। उस साधना से जो मोदी निकला, अब तपकर सोने से कुंदन बन चुका था। नरेन्द्र मोदी जी के व्यक्तित्व का यह गुण हर किसी को प्रभावित करता है। वह जानते हैं कि श्रम से ही मधु प्राप्त होता है। सूर्य की गरिमा अर्थात उसकी तेजस्विता उसके निरंतर गति करते रहने में है। श्री मोदी ने अपने ऋषियों की विचारशक्ति को अपने लिए पूंजी माना और उस पूंजी को अपनी संपत्ति समझकर उसी के बल पर आगे बढ़ना आरंभ किया। अब उनके पास साधना शक्ति के साथ–साथ विचारशक्ति भी आ जुड़ी है।

प्रधानमंत्री की साधनाशक्ति उनके धैर्य में झलकती है जबकि विचारशक्ति उनकी भाषण शैली में झलकती है। धारा प्रवाह निरंतर बोलना और सटीक बोलना यह केवल श्री मोदी जी के ही वश की बात है। उनकी इस विशेषता से ईर्ष्या करने वाले उनके राजनीतिक विरोधी उन पर बड़बोलेपन के या अनर्गल बोलने का आरोप लगाते हैं, पर यह श्री मोदी जी की विचारशक्ति ही है जो उन्हें लालकिले से भी धाराप्रवाह घंटे–डेढ़ घंटे बुलवाती है, और विदेशों में भी बड़ी–से–बड़ी सभा में या सम्मेलनों में बुलवाती है। जब उनके

भाषण के बीच में विदेशों में **'भारतमाता की जय'** के नारे लगते हैं, तो देश के भीतर बैठे हर भारतवासी का सीना गर्व से फूल उठता है। ये वे क्षण होते हैं जो श्री मोदी जी को 'जननायक' के श्रेष्ठ गुणों से सुभूषित एवं महान व्यक्तित्व सिद्ध करा देते हैं।

श्री नरेन्द्र मोदी की मान्यता है कि जो कार्य जिन उपायों से बन सकता है, उनका हमें अवलंबन करना चाहिए। राजनीति के महान विद्वान आचार्य चाणक्य ने 'कौटिलीय अर्थशास्त्र' में लिखा है :–

''नक्षत्रमपि पृच्छन्तं बालमर्थोऽति वर्तते।
अर्थो हयर्थस्य नक्षत्रं किं करिष्यन्ति तारकाः।।

अर्थात काम के समय नक्षत्र और मुहूर्त छंटवाने वाले बालक होते हैं। ऐसे अबोधों को सफलता नहीं मिला करती। जो काम जिन उपायों से बन सकता है उनका अवलंबन करना चाहिए। उस काम में ये आकाश के तारे क्या बनाएंगे तथा क्या बिगाड़ेंगे?

साधना शक्ति, विचारशक्ति से युक्त श्री मोदी के पास उद्यमशक्ति भी है, उसी के कारण वह मुहूर्तों के चक्कर में न पडक़र केवल कार्य पर ध्यान देते हैं। संसार के लोग सामान्यतया इनमें से किसी एक या दो के होने पर ही रास्ता भटक जाते हैं। उन्हें संसार का कोई न कोई विकार आ घेरता है और काम, क्रोध, मद, मोह लोभादि में से किसी एक के वशीभूत होकर वे पतित हो जाते हैं। पर श्री मोदी जी पतित नहीं हुए, क्योंकि उनकी विचारशक्ति में अहिंसा का समावेश है। अपने विरोधियों पर कटाक्ष करना उनका स्वभाव है, पर उन पर कोई ऐसा आरोप नहीं लगा है कि उन्होंने अपने किसी राजनीतिक विरोधी को सदा–सदा के लिए रास्ते से हटाने के लिए उसे मरवा दिया हो। गोधरा काण्ड में फंसे श्री मोदी जी को लपेटने के उनके विरोधियों ने हरसंभव प्रयास किये, पर श्री मोदी जी ने अपने धुर विरोधी को भी जीवित रखने में ही भलाई समझी। वास्तविक अहिंसा की साधना इसे ही कहते हैं, और इसी साधना ने श्री नरेन्द्र मोदी को अन्य गुणों के साथ–साथ राजशक्ति के गुण से भी अभिषिक्त कर दिया है। राजशक्ति को पाकर भी वह पूर्ण मनोयोग से राष्ट्र सेवा कर रहे हैं–यही उनकी सबसे बड़ी शक्ति है।

इतनी सारी शक्तियों को लेकर मैदान में युद्ध कर रहे महानायक मोदी को परास्त करने के लिए उनके विरोधी अपने–अपने बैर भुलाकर उन्हें

एक साथ मिलकर चित्त करने की युक्तियां खोज रहे हैं। ऐसे विरोधियों को हमने पहले बिहार में नीतीश बाबू के शपथग्रहण के साथ पटना में एकत्र होते देखा था, तो अब लगभग वे ही चेहरे पश्चिमी बंगाल में ममता बनर्जी के शपथग्रहण के समय एकत्र होते दिखाई दिये हैं। ये सारे के सारे चेहरे जानते हैं कि तुम्हारे दिन अब लद चुके हैं अर्थात 'खिचड़ी सरकारों' का समय अब समाप्त हो गया है–पर यदि ये फिर भी एकत्र हो रहे हैं, तो उसका एक ही कारण है कि ये गठबंधन कराके अगली लोकसभा में अपनी सीट बचे, केवल इतना प्रबंध कर लेना चाहते हैं। इस स्थिति को कुछ लोग 'मोदी भय' कह रहे हैं। हमारा मानना है कि विरोधियों में किसी भी शासक के व्यक्तित्व का इतना भय तो होना भी चाहिए, जिससे कि उनके भीतर संघर्षशीलता बनी रहे और साथ ही ऐसे शासक को चुनौती भी मिलती रहे।

श्री मोदी जी वैदिक संस्कृति के प्रति समर्पित हैं, यह बात सर्वमान्य है। इसलिए वह देशोत्थान के संदर्भ में वेद की इस आज्ञा को देश का मूलमंत्र बना देना चाहते हैं :–

श्रमेण तपसा ब्रह्मणा वित्तर्ते श्रिता। (अथर्वेद 12/5/1)

वेद की आज्ञा है कि सभी देशवासी परिश्रमी हों, कामचोर ना हों, किसी दूसरे के अधिकार का हनन करने वाले ना हों, परिश्रम से तथा धर्मपालन और संयम से संयुक्त हों, परमात्मविश्वास और विज्ञान से भी उन्नत होते हुए पक्षपात रहित न्यायपूर्वक धनादि भोग पदार्थों की प्राप्ति में सदा चलने वाले बने रहो। वेद की इस आज्ञा का पालन करते हुए प्रधानमंत्री श्री मोदी ने देश में श्रम की प्रतिष्ठा पर बल दिया है, भारतीय आयुर्वेद चिकित्सा के प्रति लोगों का झुकाव बढ़ाकर तथा योग प्राणायाम में उन्हें निष्णात कर वे सभी देशवासियों को तपस्वी बनाना चाहते हैं। तीसरे वह लोगों को आस्तिक (ब्रह्मणा) बनाना चाहते हैं अर्थात ईश्वरवादी, परमात्मनिष्ठ राष्ट्र का निर्माण उनका संकल्प है। ऐसी ऊर्जा और कर्तव्यपरायणता से ओत–प्रोत शुभचिंतन युक्त प्रधानमंत्री का मिलना सचमुच देश के लिए सुखद संयोग है।

संयुक्त राष्ट्र और प्रधानमंत्री की विदेश नीति

जिस समय संयुक्त राष्ट्र की स्थापना की गयी थी, तो उस समय उसकी उद्देश्यिका स्पष्ट करते हुए उसकी प्रस्तावना इस प्रकार लिखी गयी थीः– **''हम इकरार करने वाले पक्ष अंतर्राष्ट्रीय सहयोग की वृद्धि के लिए**

और अंतर्राष्ट्रीय शांति तथा सुरक्षा की स्थापना के प्रयोजन से यह आज्ञानुवर्तिका स्वीकार करके कि युद्ध का आश्रय नहीं लिया जाएगा, यह निर्धारण करके कि राज्यों में न्याय और सम्मानास्पद संबंध स्थापित किये जाएंगे। यह स्थापित करके कि सरकारों के पारस्परिक व्यवहार के लिए अंतर्राष्ट्रीय कानून समुचित आधार है, और यह मान करके कि राज्य के रूप में संगठित मनुष्यों को आपस के वर्ताव में सान्धियों का अविकल रूप से पालन तथा न्याय आवश्यक है, राष्ट्र संघ के इस इकरार को स्वीकार करते हैं।''

संयुक्त राष्ट्र के ये उद्देश्य स्पष्ट करते हैं कि इस वैश्विक संगठन का मूल उद्देश्य अंतर्राष्ट्रीय सहयोग की वृद्धि, शांति और सुरक्षा की स्थापना, किसी भी स्थिति में सहयोग की वृद्धि, शांति और सुरक्षा की स्थापना, किसी भी स्थिति में युद्ध का आश्रय न लेना, राज्यों में न्याय और सम्मानस्पद संबंधों को स्थापित करना है। जिस समय इस वैश्विक संगठन की स्थापना हुई थी उस समय विश्व के सभी देशों में परस्पर अविश्वास का भाव व्याप्त था, सर्वत्र अशांति और असुरक्षा व्याप्त थी। एक देश, दूसरे देश का विश्वास करने को तैयार नहीं था। यही कारण था कि विश्व को बीस वर्ष के अंतराल पर ही दो विश्व युद्धों की विभीषिका में उलझना पड़ा।

इस विश्व संगठन ने कुछ प्रशंसनीय कार्य भी किये हैं, परंतु अपनी स्थापना के पश्चात से अब तक इस वैश्विक संगठन को अपनी न्यायप्रियता और विश्वसनीयता का जिस स्तर पर परिचय देना चाहिए था, उस स्तर पर यह दे नहीं पाया है। जिससे इसका निरंतर क्षय होता गया है। अमेरिका ने इराक पर आक्रमण किया और उस आक्रमण में कई देशों ने उसका साथ दिया, संयुक्त राष्ट्र ने अमेरिका को ऐसा करने की अनुमति दी बस तब से संयुक्त राष्ट्र आभाहीन होता गया। दूसरी बात यह है कि संयुक्त राष्ट्र में अमेरिका, रूस, चीन, फ्रांस, ब्रिटेन, की दादागीरी चलती है। इनमें से प्रत्येक देश के पास अपनी वीटो पॉवर है, जिसका प्रयोग कर वह संयुक्त राष्ट्र को अपने अनुसार हांक सकता है। इस वीटो पावर ने इन देशों को न्यायशील न रहने दिया है।

अपनी बात मनवाने के लिए तथा संयुक्त राष्ट्र पर अपना वर्चस्व स्थापित करने के दृष्टिकोण से ये पांचों देश इस पवित्र वैश्विक संगठन के मंच पर भी अपनी कुटिल चाल चलते रहते हैं। जिससे इस संगठन के मंच पर भी

देशों के परस्पर कलह, कटुता और परस्पर ईर्ष्या भाव को स्पष्टतः देखा जा सकता है। फलस्वरूप यह संगठन ना तो विश्व में शांति स्थापित कर पाया है और ना ही अंतर्राष्ट्रीय सहयोग को प्रोत्साहित कर पाया है। इसने किसी देश की संप्रभुता पर हमला करने की अनुमति देकर अपनी इस पवित्र शपथ को भंग कर दिया है कि हम किसी भी स्थिति में युद्ध का आश्रय नहीं लेंगे।

भारत ने संयुक्त राष्ट्र की सुरक्षा परिषद में स्थायी सीट प्राप्त करने के लिए प्रधानमंत्री श्री नरेन्द्र मोदी जी को विशेष प्रयास करते हुए देखा है। संप्रग शासनकाल में इस दिशा में चर्चा तो होती थी, पर वह किसी सही दिशा में जाती जान नहीं पड़ती थी। देश का तत्कालीन नेतृत्व अनमने मन से अपनी सीट मांगता था। वह कभी भी यह नहीं कह पाया कि अंतर्राष्ट्रीय शांति का मूल मंत्र "ओ३म् द्यौः शांतिरन्तरिक्ष" तो हमारे पास है। जिसे हम अपने हर मांगलिक कार्य के यज्ञोपरांत बोलते हैं, और संपूर्ण विश्व में शांति की सकारात्मक ऊर्जा को और भी बलवती करने की प्रार्थना करते हैं। हमारे नेतृत्व की शिथिलता का परिणाम यह निकला कि हमारी बातों को अंतर्राष्ट्रीय मंचों पर उपेक्षित किया जाने लगा। इससे देश में आत्म विश्वास को ठेस लगी।

प्रधानमंत्री श्री नरेन्द्र मोदी जी ने यू.एन. की नब्ज को टटोला। उन्होंने अपनी स्थायी सीट की प्राप्ति के लिए मुहिम चलायी और पिछले दो वर्षों में हमने देखा कि देश का आत्मविश्वास धीरे–धीरे बढ़ने लगा। आज अमेरिका उस स्थिति में है कि वह पाकिस्तान को लताड़ रहा है और भारत को सुरक्षा परिषद में स्थायी सीट दिलाने की बात कह रहा है। हमारे प्रधानमंत्री श्री नरेन्द्र मोदी जी अप्रैल 2016 के प्रारंभ में यू.एन. को संबोधित करने पहुंचे। तब उन्होंने इस वैश्विक संगठन की निष्क्रियता और शिथिलता को ललकारते हुए इसके औचित्य पर ही प्रश्न चिह्न लगाने का साहसिक कार्य किया। जिसे कई देशों का समर्थन मिला। विश्व को पता चल गया कि जिस भारत को सुरक्षा परिषद की स्थायी सदस्यता से रोका जा रहा है वह उसको मिलनी ही चाहिए क्योंकि यह उसका अधिकार है।

प्रधानमंत्री श्री मोदी जी की सरकार से पूर्व हमारी सरकारें सुरक्षा परिषद में भारत की स्थायी सीट की मांग एक याची के रूप में कर दी थी। जबकि आज हम उसे अपने एक अधिकार के रूप में मांगते हैं। पिछली सरकार और वर्तमान सरकार की विदेशनीति का यह मौलिक अंतर है।

श्री मोदी जी जब अप्रैल में अपने संयुक्त राष्ट्र दौरे से लौटे थे, तब हमने लिखा था–' प्रधानमंत्री नरेन्द्र मोदी जी इस समय फिर विदेशी दौरे से लौटे हैं। उन्होंने संयुक्त राष्ट्र में खड़े होकर इस वैश्विक संगठन की निष्क्रियता को बड़े स्पष्ट शब्दों में ललकार कर इसे चेतावनी देने का अद्भुत और साहसिक कार्य किया है। इस संगठन ने अपनी निष्क्रियता दिखाकर या कुछ खास शक्तियों के हाथों की कठपुतली बनकर विश्व को तीसरे महायुद्ध की ओर धकेल दिया है। इसलिए भारत के प्रधानमंत्री मा. नरेन्द्र मोदी जी का यह कथन बहुत ही महत्वपूर्ण है कि–**''अगर आप आतंकवाद के बारे में पूछेंगे तो संयुक्त राष्ट्र को अभी तक नहीं पता कि आतंकवाद क्या है और उससे कैसे निपटा जाए? चूंकि उसका (संयुक्त राष्ट्र का) जन्म भीषण युद्धों के फलस्वरूप हुआ। इसीलिए वह इससे परे कुछ सोच नहीं पाता। ..आतंकवाद के नये युग और मानवता के लिए चुनौती होने के बावजूद इस खतरे से निपटने में दुनिया की प्रमुख संस्था अपने दायित्वों का निर्वाह नहीं कर पा रही है।''** इस प्रकार हमारे प्रधानमंत्री की हाल ही में हुई यह यात्रा स्पष्ट करती है कि वह एक विश्व राजनेता के रूप में मान्यता प्राप्त कर चुके हैं, कारण कि एक विश्व राजनेता ही विश्व संस्था को इस प्रकार आईना दिखाने का साहस कर सकता है।

प्रधानमंत्री नरेन्द्र मोदी जी की विदेश यात्राओं को लेकर विपक्ष प्रारंभ से ही काफी आक्रामक रहा है। विपक्ष की आलोचना समझ में नहीं आती–विशेषतः उस कांग्रेस की जिसके प्रधानमंत्री राजीव गांधी को निरर्थक विदेश यात्राओं का ऐसा चस्का लगा था कि लोग यह मानने लगे थे कि राजीव गांधी इस देश के प्रधानमंत्री न होकर विदेश के प्रधानमंत्री हैं। हमें इस विषय में किसी भी प्रकार की आवश्यक आलोचना के अतिरेक से बचना चाहिए। कारण कि प्रत्येक प्रधानमंत्री के विषय में यह सत्य होता है कि वह अपने देश का नेता तो होता ही है, साथ ही विदेशों में वह अपने देश की आवाज भी होता है। इसलिए उसे विदेशों में अपने मित्र ढूंढने पड़ते हैं। देश के हितों की सुरक्षा विदेशों में देश का प्रधानमंत्री ही करता है, इसलिए किसी भी देश की विदेश नीति के निर्धारण में उस देश के प्रधानमंत्री की विशेष भूमिका होती है। यदि प्रधानमंत्री कमजोर है और आत्मविश्वास से भरा नहीं है तो विदेशों में कूटनीति की शतरंजी चालों में वह अपने देश के

हितों की रक्षा नहीं कर पाएगा। विदेशी दौरों को दो उद्देश्यों से किया जाता है—प्रथम तो अपने देश के लिए विदेशों में मित्र खोजना, दूसरे कूटनीति के स्तर पर अपने शत्रुओं को झटका देना।

प्रधानमंत्री मोदी जी जब देश के प्रधानमंत्री बनने के लिए गुजरात से दिल्ली की ओर बढ़ रहे थे तो उनके विरोधी उन पर जिन आरोपों को लगाया करते थे, उनमें से एक यह भी था कि उनकी अंतर्राष्ट्रीय स्तर पर कोई पहचान नहीं है और उन्हें विश्व स्तर पर कोई जानता तक नहीं है। जब वह देश के प्रधानमंत्री बने तो उन्होंने देखा कि देश की सारी सीमाएं असुरक्षित हैं, गुजरात से लेकर कश्मीर तक पाकिस्तान सीमाओं का अतिक्रमण कर रहा था, तो कश्मीर से लेकर अरूणाचल प्रदेश की विस्तृत सीमा पर चीन उपद्रव मचाता रहता था। इतना ही नहीं बांग्लादेश भी भारत को आंखें दिखाता था।

मोदी जी के लिए यह एक चुनौती थी, कि इन सबको रास्ते पर कैसे लाया जाए। उनके विरोधी उन्हें केवल 'साम्प्रदायिक आग लगाने वाला' सिद्ध करना चाहते थे—जिसका अभिप्राय था कि वह 'विनाश' के प्रतीक हैं। उधर मोदी जी स्वयं को 'विकास' के साथ जुड़ा दिखाना चाहते थे जबकि सर्वत्र विनाश के काले बादल छाये थे। ऐसे में उनके लिए बड़ी चुनौती यही थी कि वह विनाश के बादलों को छांटें और बिना किसी युद्ध के छांटें। राजनीति में कूटनीति साथ—साथ चलती है। राजनीति जहां व्यक्ति को सीधा चलने के लिए और जनाधार को अपने साथ लगाये रखने के लिए प्रेरित करती है, वहीं कूटनीति व्यक्ति को छुपकर खेलने के लिए प्रेरित करती है। वास्तव में कूटनीति वह चीज है जो व्यक्ति को राजनीति में सफलता पर पहुंचाती है।

जो लोग कूटनीति को कपटनीति मानते हैं उनका शीघ्र ही पतन हो जाता है पर जो कूटनीति को अपने देशवासियों की सुरक्षा, शांति और विकास के लिए प्रयोग करते हैं, ऐसे लोग सफल राजनेता बन जाया करते हैं। यह मोदी जी हैं जिन्होंने पाकिस्तान में स्थित दुर्ग्याणा मंदिर को बनाने में वहां की सरकार को प्रेरित किया है, और 70 वर्ष में पहली बार पाकिस्तान में किसी मंदिर का विध्वंस न होकर निर्माण हो रहा है, सऊदी अरब में भव्य मंदिर बनाने के लिए वहां की सरकार ने बड़ी धनराशि इस पवित्र कार्य के लिए दी है, पाकिस्तान में रहने वाले हिंदुओं ने पहली बार होली का त्यौहार

मनाया है। जो लोग कहते हैं, मोदी जी देश की छवि खराब कर रहे हैं, वे बतायें कि इन कार्यों से देश की छवि बनी है या बिगड़ी है?

मोदी जी अपने देश की शांति–सुरक्षा और विकास के प्रति समर्पित हैं, इसलिए उन्होंने अपनी विदेश यात्राओं के संदर्भ में भी इसी मार्ग को अपनाया है। उन्होंने चीन को उसके शत्रुओं से और उसके पड़ोसी देशों से घेरने में सफलता प्राप्त की है। जिसका परिणाम यह आया है कि पिछले ड़ेढ़ वर्ष से अंतर्राष्ट्रीय मंचों पर चीन भारत को दूसरे नजरिये से देखने लगा है, यह ठीक है कि उसने अजहर मसूद के प्रकरण में फिर भारत को यूएन में घेरने की कोशिश की है, पर यह भी देखने लायक बात है कि भारत फिर उससे नजरें तरेर कर बात करने की स्थिति में है, और यह हमारे नेतृत्व का ही चमत्कार है कि हम इस स्थिति में हैं। चीन की सक्रियता अंतर्राष्ट्रीय मंचों पर घटी है और भारत की बढ़ी है। भारत ने लगभग दो सौ देशों को अपने पक्ष को लेकर 'अंतर्राष्ट्रीय योग दिवस' की घोषणा करायी, साथ ही वह चीन–पाक की नापाक दोस्ती को विश्व मंचों पर इस प्रकार स्पष्ट करने में सफल रहा है कि ये दोनों देश दक्षिण एशिया में सैन्य असंतुलन उत्पन्न कर इसे विनाशकारी युद्ध की भूमि बनाने के लिए सक्रिय हैं।

अपने इस मिशन में सफलता पाने के लिए प्रधानमंत्री जी ने अनेकों विदेश यात्राएं की। वह जहां भी गये वहीं उन्हें अभूतपूर्व सम्मान मिला। उनकी बातों को हर राष्ट्राध्यक्ष ने बड़े मनोयोग से सुना और हमने देखा कि उनकी यात्रा से हर वह देश भारत के साथ खड़ा होने के लिए स्वतः स्फूर्त प्रेरणा से प्रेरित होता दिखा, जिसकी वह यात्रा करके लौटे थे। इस प्रकार प्रधानमंत्री को अंतर्राष्ट्रीय मंचों पर न केवल मित्र मिले अपितु उन्हें कूटनीतिक सफलता भी मिली। कूटनीति का अभिप्राय ही यह है कि बंदूक की गोली पश्चिम दिशा में दागी जाए और उसका निशाना हो पूरब में खड़ा हमारा कोई शत्रु।

आज मोदी जी इसी की नीति का परिणाम है कि पाकिस्तान हमें आतंकी घटनाओं में सहयोग कर रहा है। चीन, नेपाल से अपने आपको दूर रख रहा है। चीन के सैनिकों से सीमा पर हमारा जवान अब आंख में आंख डालकर बात करता है। बांग्लादेश सीमा में रहकर मर्यादित भाषा बोलता है। बर्मा, नेपाल, मालदीव, श्रीलंका जैसे पड़ोसी देश भारत को अपना संरक्षक मान रहे हैं। दुनिया भारत को शांति के प्रति संकल्पबद्ध देश

मान रही है। भारत विकास की ओर बढ़ रहा है। अब जो विपक्ष मोदी जी को 'विनाश पुरुष' कहता था और मानता था कि उनके आने पर भारत को अपनी अंतर्राष्ट्रीय पहचान बनाने में कष्ट होगा–उसके पेट में दर्द होना स्वाभाविक है–क्योंकि विश्व में चारों ओर 'भारत माता की जय' बोली जा रही है, और विपक्ष इस बात पर राजनीति कर रहा है कि भारत में भारत माता की जय बोली जाए या न बोली जाए? कूटनीति की गोली कांग्रेस को भी लगी है–अब उसने ओवैसी का साथ न देकर देश का साथ दिया है और 'भारत माता की जय' बोलने को ही अच्छा माना है। इसे वर्तमान में दुर्दशाग्रस्त भारतीय राजनीति का एक शुभसंकेत माना जा सकता है कि कांग्रेस भारत माता की जय बोलने वालों के साथ है।'

सारा विश्व आज भारत की ओर देख रहा है

धृतराष्ट्र ने पूछा–''कणिक! साम, दान, दण्ड और भेद के द्वारा शत्रु का नाश कैसे किया जा सकता है'' यह मुझे बताइये।

कणिक ने कहा–"हे राजन इस विषय में नीतिशास्त्र के तत्व को जानने वाले एक वनवासी गीदड़ का वृतांत सुनाता हूं।

एक वन में कोई बड़ा बुद्धिमान और स्वार्थ साधन में कुशल गीदड़ अपने चार मित्रों–बाघ, चूहा, भेडिया और नेवले के साथ निवास करता था। एक दिन सबने हरिणों के एक सरदार को देख जो बड़ा बलवान था। उसे पकड़ने में जब वे सब सफल न हो सके, तब सबने मिलकर सलाह की। गीदड़ बोला–''भाई बाघ! तुमने इस हरिण को मारने का कई बार यत्न किया पर यह बड़े वेग से दौड़ने वाला युवा और बुद्धिमान होने से पकड़ में नहीं आ रहा। मेरी राय है कि जब यह हरिण सो रहा हो, उस समय यह चूहा इसके दोनों पैरों को काट खाये। तब यह तेज दौड़ नहीं पाएगा। इस हालत में बाघ उसे पकड़ ले। फिर तो हम सब प्रसन्नचित हो इसे खा सकेंगे।''

गीदड़ की यह बात सुनकर सबने सावधान हो ऐसा ही किया। चूहे द्वारा काटे हुए पैरों से लड़खड़ाते हुए मृग को बाघ ने तत्काल ही मार दिया। पृथ्वी पर हरिण के शरीर को निश्चेष्ट पड़ा देख गीदड़ ने कहा–''आप सबका कल्याण हो। आप सब स्नान करके आयें। तब तक मैं इसकी रखवाली करता हूं।''

गीदड़ के कहने पर चारों साथी नदी में स्नान करने के लिए चले गये। इधर यह गीदड़ किसी चिंता में निमग्न हो वहीं खड़ा रहा। इतने में महाबली बाघ स्नान करके सबसे पहले वहां आ पहुंचा। उसने देखा कि गीदड़ का चित्त चिंता से व्याकुल हो रहा है।

बाघ ने पूछा–''महामते! किस चिंता में पड़े हो? हम सब में तुम ही सबसे अधिक बुद्धिमान हो। आज इस हरिण का मांस खाकर हम सब मौज करेंगे।''

गीदड़ बोला–माहबाहो! चूहे ने तुम्हारे विषय में जो कुछ कहा है उसे तुम सुनो। वह कहता था–''मृगों के राजा बाघ के बल को धिक्कार है। इस मृग को तो मैंने मारा है। मेरे बाहुबल का आश्रय लेकर आज बाघ अपनी भूख मिटाएगा। चूहे ने इस प्रकार घमण्ड भरी बातें कहीं हैं। उसकी सहायता से प्राप्त इस भोजन को ग्रहण करना मुझे तो अच्छा नहीं लगा। बाघ ने कहा–''यदि वह ऐसी बात कहता है तब तो उसने मेरी आंखें खोल दीं–मुझे सचेत कर दिया है। आज से मैं अपने बाहुबल से ही वन जंतुओं का वध किया करूंगा और उन्हीं का मांस खाऊंगा।'' इस प्रकार कहकर बाघ वन में चला गया। इसी समय चूहा भी स्नान करके वहां आ पहुंचा। उसे देख गीदड़ ने कहा–''तुम्हारा भला हो नेवले ने जो बात कही है उसे सुन लो।'' वह कह रहा था कि बाघ के काटने से इस हरिण का मांस विषैला हो गया है, मैं तो इसे खाऊंगा नहीं। मुझे यह पसंद नहीं। यदि तुम्हारी अनुमति हो तो मैं चूहे को ही खा लूं।

यह बात सुनते ही चूहा अत्यंत भयभीत हो–बिल में घुस गया, तत्पश्चात भेडिय़ा भी स्नान करके वहां आ पहुंचा। उसके आने पर गीदड़ ने कहा–"भेडिय़ा भाई। आज बाघ तुम पर क्रोधित हो गया है। तुम्हारी अब खैर नहीं। वह अभी बाघिन को लेकर यहां आ रहा है। इसलिए अब तुम्हें जो उचित लगे, वह कर लो।" गीदड़ के ये शब्द सुनते ही कच्चा मांस खाने वाला भेडिय़ा दुम दबाकर वहां से भाग गया। इतने में नेवला भी आ गया।

गीदड़ ने उस नेवले से कहा–''ओ नेवले! मैंने अपने बाहुबल से उन तीनों को परास्त किया है। वह हार मानकर अन्यत्र चले गये हैं। यदि तुझमें साहस हो तो पहले मुझसे लड़ ले फिर इच्छानुसार मांस खाना।''

नेवले ने कहा–''जब बाघ, भेडिया और बुद्धिमान चूहा यह सभी वीर तुमसे परास्त हो गये तब तुम तो वीर शिरोमणि हो, मैं भी तुम्हारे साथ युद्ध

नहीं कर सकता। तब नेवला भी वहां से चला गया।''

कणिक ने कहा—इस प्रकार उन सबके चले जाने पर अपनी युक्ति में सफल होकर गीदड़ का हृदय हर्ष से खिल उठा। उसने अकेले ही सारा मांस खा लिया।

राजन! ऐसा ही आचरण करने वाला राजा सदा सुखी रहता है और उन्नति करता है। डरपोक को भय दिखाकर फोड़ ले और अपने से अधिक शूरवीर को हाथ जोड़ वश में कर ले। लोभी को धन देकर तथा बराबर वाले और कमजोर को पराक्रम से वश में कर ले।

किसी भी देश की विदेशनीति का यही आधार होता है। हर देश अपने चारों ओर के बाघ, नेवलों और चूहों या भेड़ियों से घिरा रहता है। अवसर पाते ही कौन किस पर घात लगा ले और क्या कर दे, कुछ नहीं कहा जा सकता। इन सबके साथ आप एक साथ युद्ध नहीं कर सकते और ना ही युद्ध किसी समस्या का समाधान है, इसलिए उसे जितना अधिक हो सके उतना टाला जाए। हम सूक्ष्मता से देखने का प्रयास करें कि हमारे पड़ोस में, हमारी मित्र मंडली में, संगी साथियों में कौन बाघ है? कौन नेवला है? कौन चूहा है और कौन भेड़िया है? जो जैसा है उसके साथ वैसा ही व्यवहार किया जाए।

जहां तक भारत की बात है, इसकी स्थिति तो और भी शोचनीय है। इसके शत्रु पाक और चीन हैं और उन दोनों के 'शुभचिंतक' हमारे देश के ही भीतर 'देशभक्त' बनकर रहते हैं। राजनीति भी करते हैं और व्यापार आदि में देश को जितना हो सकता है—चूस रहे हैं।

हमारे लिए यह भी सौभाग्य की बात है कि विदेशमंत्री के रूप में श्रीमती सुषमा स्वराज और रक्षामंत्री के रूप में श्री पार्रिकर का कार्य भी अभी तक सराहनीय रहा है। विदेशों से संबंध बिगाडने़ या सुधारने को लेकर किसी भी देश के विदेश मंत्री और रक्षामंत्री का भी विशेष योगदान रहता है। हमारे प्रधानमंत्री, विदेशमंत्री और रक्षामंत्री का समन्चय बहुत ही सुंदर है।

तीनों के सुर एक जैसे होते हैं। अपने राष्ट्रीय हितों पर सजग और सावधान रहते हैं और दूसरे के हितों को खाने का प्रयास नहीं करते हैं। संतुलित विदेशनीति की यह पहचान है। यदि आप अपने कलेजा को दूसरे को खाने दे रहे हैं और बचाव भी नहीं कर पा रहे हैं तो आप कायर हैं और यदि आप दूसरे के हितों की उपेक्षा कर रहे हैं और केवल

अपना–अपना स्वार्थ ही देख रहे हैं तो आप भेड़िया हैं। हमने स्वतंत्रता के पश्चात पाकिस्तान से कश्मीर में तथा चीन से अरूणांचल प्रदेश में अपनी 125000 वर्ग किमी की भूमि को कब्जा करवा के शत्रु को अपना 'कलेजा' खिलाया और उस विदेशनीति को 'नेहरू नीति' का नाम दिया। यह नीति सर्वथा त्याज्य थी।

अब देश की विदेश नीति परिवर्तन की ओर है। नया विश्वास बना रही है। प्रधानमंत्री अचानक पाकिस्तान पहुंचते हैं। सारा पाकिस्तान और सारा विश्व आश्चर्यचकित रह गया। भारत का प्रधानमंत्री दो–तीन घंटे में ही पाकिस्तान सहित विश्व को कई संदेश देकर आया। उसने स्पष्ट कर दिया कि उसका सीना 56 इंची है और वह बिना किसी सुरक्षा की चिंता किये पाकिस्तान की सेवा के हैलिकाप्टर में भी बैठ सकता है। भारत में रहने वाले पाक शुभचिंतकों को संदेश दिया कि मोदी पाकिस्तान से मित्रता चाहता है, चीन, अमेरिका, ब्रिटेन, फ्रांस आदि शक्तियों को संदेश दिया कि हम युद्ध की ओर नहीं बढ़ रहे हैं और पाकिस्तान से मित्रता चाहते हैं, पर पाकिस्तान है कि मान नहीं रहा है। वास्तव में उस समय तक भारत की विदेशनीति को लेकर लोगों में यह संशय था कि श्री मोदी जी पाकिस्तान के साथ मित्रता को आगे न बढाक़र, युद्ध की नीति का सहारा लेंगे। मोदी जी के लिए यह भ्रम तोड़ना अनिवार्य था। इसके अतिरिक्त पाक में जाकर श्री मोदी जी ने वहां की राजनीति में भूचाल ला दिया। वहां सेना और सरकार में एवं सरकार तथा विपक्ष में अविश्वास बढ़ा और इस प्रकार एक शत्रु को अपने ही जाल में फंसाने में भारत की विदेशनीति सफल रही।

बाघ, नेवले आदि के उक्त प्रसंग को थोड़ा और बढ़ाकर देखें तो श्री मोदी जी ने चीन सहित कई अन्य देशों को भी अपनी विदेशनीति को खंगालने पर विवश कर दिया है। श्री मोदी जी ने चीन को जापान, वियतनाम, मंगोलिया, रूस, नेपाल आदि उसके पड़ोसी देशों के साथ भारत की नीति में परिवर्तन कर चिंता में डाल दिया है। इसी प्रकार पाकिस्तान को भी अपने पड़ोसी अफगानिस्तान से दूर करने में सफलता प्राप्त की है। परिणामस्वरूप हर देश भारत की ओर देख रहा है, उसे 'उगता भारत' नमन और वंदन के योग्य जान पड़ रहा है। लगता है भारत का भाग्योदय हो रहा है। अपनी सरकार की अच्छी नीतियों को देश के लोगों का समर्थन मिलना ही चाहिए।

देश को अराजकता से उबारते नरेन्द्र मोदी

महाराज दशरथ की मृत्यु पर विद्वान मंत्रियों ने राजपुरोहित प्रधानमंत्री वशिष्ठ से जो कुछ कहा था, उससे एक अराजक राष्ट्र की स्थिति का वर्णन होता है। जिसे आज के भारत के संदर्भ में समझने की आवश्यकता है। विद्व ान मंत्रियों ने कहा–सम्राटहीन देश में बिजली की चमक सहित महागर्जन करने वाला विद्युन्माली नाम के मेघ अपने दिव्य जल से पृथ्वी को नहीं सींचता अर्थात ऐसे देश में अनावृष्टि का भय बना रहता है। अराजक राष्ट्र में कृषक बीज नहीं बोते, पुत्र–पिता के और स्त्री अपने पति के अधीन नहीं रहती। ये दोनों स्थितियां भी देश में बन रही हैं।

अराजक देश में धन नहीं रहने पाता–चोर डाकू लूट लेते हैं, स्त्रियां व्यभिचारिणी हो जाती हैं। सब ओर भय, और आतंक का साम्राज्य होता है। तब सत्य का व्यवहार कैसे हो सकता है? अराजक देश में लोग अपने कर्मों के लिए सभा नहीं करते हैं, रम्य उद्यान नहीं लगाते, यज्ञशाला आदि नहीं बनवाते। अराजक देश में शांत, दांत, व्रती और यज्ञ कराने वाले ब्राह्मण महायज्ञ नहीं करते करवाते। अराजक राज्य में विवादों के उपस्थित होने पर उनका निस्तारण नहीं हो पाता, वे दीर्घकालीन प्रक्रिया और नये–नये विवादों (एक मुकदमा चलते–चलते पक्षों में मारपीट या हत्याएं हो जाती हैं) में फंस जाते हैं।

मंत्रीगण कहते हैं कि अराजक राष्ट्र में अलंकृत होकर कुमारियां सायंकाल वाटिका में नहीं जातीं। अराजक राष्ट्र में विलासी लोग शीघ्रगामी वाहनों पर चढ़कर वन विहार के लिए नहीं जाते। अराजक राष्ट्र में कृषि और गोरक्षक धनवान सुरक्षित नहीं रहते। अपने घर के द्वार खोलकर सुख से सो नहीं सकते। अराजक राष्ट्र में लंबे दांतों वाले हाथी राजमार्ग पर इस भय से नहीं चल पाते कि कहीं अपराधी प्रवृत्ति के लोग उनके दांत न काट लें। अर्थात लूट का भय रहता है। अराजक देश में व्यापार करने वाले बहुतसा धन लेकर निर्भय हो यात्रा नहीं करते। मुनि संध्याकाल में यथेच्छ स्थान पर बैठे ध्यान नहीं लगा सकते। जैसे बिना जल की नदी, बिना घास का वन और बिना गोपाल के गौएं होती हैं, ऐसे ही राजा के बिना राष्ट्र हो जाता है। अराजक देश में स्वार्थ हावी हो जाता है, जिससे कोई किसी का नहीं होता। जैसे बड़ी मछली छोटी मछली को खा जाती है, वैसे ही धनी निर्धन को और सबल निर्बल को खाने की योजना बनाने लगता है।

वर्णाश्रम धर्म को तिलांजलि देने वाले नास्तिक लोग (कम्युनिस्ट) देश में राजदण्ड से निर्भय हो फलने–फूलने लगते हैं। शरीर रक्षा के लिए नेत्र के समान राजा सत्य और धर्म की रक्षा के लिए सदा तत्पर रहता है अर्थात जब ऐसी परिस्थितियां बन जाएं तो राजा को प्रजा के नैतिक उत्थान के लिए तथा प्रजा को विधि के द्वारा स्थापित राज्य और कानून के राज्य में विश्वास बनाये रखने के लिए सदा सचेष्ट रहना चाहिए। सत्य और धर्म दो मर्यादाएं हैं और वास्तविक अर्थों में इन मर्यादाओं का पालन करना अर्थात सत्य व्यवहार करना और धर्म नैतिक और कर्तव्य परायण बनाने वाली व्यवस्था के प्रति समर्पित रहना उसका पालन करना यही कानून का राज होता है। राजा ही धर्म के कुलाचार का प्रवर्तक और जनता के लिए माता–पिता सदृश पूर्ण हितकारी होता है।

अपने कर्त्तव्य का भलीभांति पालन करने वाला चरित्रवान राजा यम, कुबेर, इंद्र और वरुण से भी बड़ा हो जाता है। शिष्ट–अशिष्ट में भेद करने वाला चरित्र बल से संपूर्ण राष्ट्र को आलोकित करने वाला राजा न हो तो सर्वत्र अंधकार ही छाया रहे। हमारे प्रधानमंत्री श्री मोदी जी देश की शिक्षा व्यवस्था को संस्कृत की नैतिक शिक्षा के अनुकूल बनाकर उसे पूर्ण मानवीय बना देना चाहते हैं। शिक्षा का पश्चिमीकरण हमारे देश की वर्तमान अराजक व्यवस्था का एकमेव कारण है। अपनी सर्व समन्वयी और सर्वमंगलकारिणी संस्कृति व्यक्ति को अध्यात्म और भौतिकवाद के मध्य समन्वय करके चलना सिखाती है। यह सर्व समन्वयवाद व्यक्ति को सत्य और धर्म के प्रति समर्पित करता है और सत्य व धर्म मिलकर व्यक्ति को कानून के शासन के प्रति समर्पित करते हैं। जिसका फल आता है–अराजकता की समाप्ति हो जाना। मोदी जी इसी व्यवस्था के प्रति समर्पित होकर अपनी मानव संसाधन विकास मंत्री श्रीमती स्मृति ईरानी के माध्यम से शिक्षा में सुधार की बातें कर रहे हैं। उनका ध्येय शिक्षित व्यक्ति के निर्माण का न होकर संस्कारित मानव समाज का निर्माण करना है और यही वह स्थिति होगी जो हमारे वर्तमान के अंधकार से हमें उबार पाएगी। पिछले दो वर्ष में इस दिशा में परिवर्तन की लहर चली है।

राजा को अपनी प्रजा के हित चिंतन में कैसे लगे रहना चाहिए, इस पर श्रीराम अपने भाई भरत को चित्रकूट में हुए मिलाप के समय बातों बातों में समझाते हुए कहते हैं कि–हे तात! तुम विद्वान, रक्षक, नौकर, गुण, पितृतुल्य

वृद्धजन वैद्य और ब्राह्मण इनका सत्कार तो करते हो? तुम बाण और शस्त्र विद्या में निपुण और अर्थशास्त्रज्ञ धनुर्वेदाचार्य सुधन्वा का आदर तो करते हो? क्या तुमने अपने समान विश्वसनीय और नीति शास्त्रज्ञ, लोकरहित, उत्तम कुल उत्पन्न और संकेत समझने वाले व्यक्तियों को मंत्री बनाया है? क्योंकि मंत्रणा को धारण करने वाले नीति शास्त्र विशारद मंत्रियों द्वारा गुप्त रखी गयी मंत्रणा ही राजाओं के विजय का मूल होती है। तुम निद्रा के वशीभूत होकर अधिक तो नहीं सोते हो, अर्थात यथा समय उठ तो जाते हो? रात्रि के पिछले प्रहर में अर्थ की प्राप्ति के उपायों का चिंतन तो करते हो? तुम अकेले तो किसी बात का निर्णय नहीं कर लेते अथवा तुम बहुत सारे लोगों में बैठकर तो विचार–विमर्श नहीं करते? तुम्हारा विचार कार्यरूप में परिणत होने से पूर्व दूसरों को विदित तो नहीं हो जाता। मंत्रियों के साथ किये गये गुप्त निश्चयों को दूसरे लोग तर्क युक्ति से जान तो नहीं लेते? तुम और तुम्हारे मंत्री अन्यों के गुप्त रहस्यों को जान लेते हैं ना। अल्प प्रयास से सिद्ध होने वाले और महान फलप्रद कार्य को करने का निश्चय कर तुम उसे शीघ्र आरंभ कर देते हो ना? उसे पूर्ण करने में विलंब तो नहीं करते हो?

हमारे प्रधानमंत्री के अधिकांश निर्णयों की गोपनीयता बनी रहती है। उनके मंत्री इस बात से प्रसन्न हैं कि वे अकेले निर्णय नहीं करते हैं और ना ही बहुत भीड़ के बीच रहकर निर्णय करते हैं, वह आलसी नहीं है–देर तक नहीं सोते और यथासमय निद्रा त्यागकर राष्ट्र साधना में लग जाते हैं, उन्होंने ई वोटिंग, ई–रिक्शा जैसी कई ऐसी योजनाएं दी हैं जो अल्प प्रयास से सिद्ध हो चुकी हैं।

श्रीराम आगे अपने भ्राता भरत को समझाते हुए कहते हैं कि तुम हजार मूर्खों की अपेक्षा एक बुद्धिमान परामर्शदाता को अच्छा समझते हो ना? संकट के समय बुद्धिमान व्यक्ति महान कल्याण करता है। तुम उत्तम, मध्यम और साधारण भृत्यों को उनकी योग्यता के अनुसार ही कामों में लगाते हो ना? क्या तुम धर्म, अर्थ, काम में सुपरीक्षित कुल परंपरा से प्राप्त पवित्र और श्रेष्ठ व्यक्तियों को ही मंत्रीपद पर नियुक्त करते हो? तुम्हारे राज्य में उग्रदण्ड से उत्तेजित प्रजा तुम्हारा अथवा तुम्हारे मंत्रियों का अपमान तो नहीं करती। (यदि करती है तो माना जाएगा कि तुम राजधर्म निर्वाह में प्रमाद कर रहे हो) अधिक कर लेने से प्रजा तुम्हारा तिरस्कार तो नहीं करती है? उपाय

कुशल वैद्य को, कर्त्तव्य पालक भ्रत्य को, ऐश्वर्य अभिलाषी शूर को जो राजा मार देता है वह स्वयं मारा जाता है? क्या तुमने व्यवहारकुशल, शूर, बुद्धिमान, धीर, पवित्र, कुलीन, स्वामीभक्त और कर्मकुशल व्यक्ति को अपना सेनापति (रक्षामंत्री) बनाया है। तुम सैनिकों को उनके कार्यानुरूप भोजन और वेतन उचित परिणाम और उचित काल में यथासमय दे देते हो ना?

श्रीराम ने महात्मा भरत को ऐसी अनेक बातें बतायीं जो उन्हें राष्ट्रोन्नति के लिए उपयुक्त जान पड़ती थीं। जो लोग भारत में राष्ट्र के न होने की मूर्खता पूर्ण बातें करते हैं, उन्हें इस संवाद के सार को अवश्य समझना चाहिए जिसमें राष्ट्रधर्म (राजधर्म) भी इतने सरल शब्दों में बताया गया है कि ऐसा नहीं लगता जैसे श्रीराम कोई उपदेश दे रहे हैं। सहज वार्तालाप में ही सब कुछ बताया जाता है। प्रधानमंत्री श्री मोदी जी इसी राष्ट्रधर्म (राजधर्म) की संस्थापना कर विरासत में मिली अराजकता को मिटाने के लिए कार्य कर रहे हैं।

आतंकवाद पर भारत की स्पष्ट रणनीति

चीन, भारत के लिए पहले दिन से ही राष्ट्रीय सीमाओं पर ही नहीं अपितु अंतर्राष्ट्रीय मंचों पर भी समस्याएं खड़ी करता रहा है। अब इस बात को सारा विश्व भली प्रकार समझ गया है कि चीन, भारत के विरूद्ध पाकिस्तान को भड़काकर, भारत से अपनी परंपरागत शत्रुता को धार देने का काम करता रहता है। इधर पाकिस्तान भी यह जानता है कि भारत को डराने के लिए उसे चीन के साथ मित्रता बनाये रखनी चाहिए। इन दोनों शत्रु देशों ने मिलकर भारत के लिए बहुत सी ऐसी समस्याएं खड़ी की हैं, जिनसे भारत के विकास की गति अवरूद्ध हुई है। अभी तक हमारे देश के नेतृत्व का दृष्टिकोण चीन के प्रति अधिक आक्रामक नहीं रहता था। चीन हमें चाहे जैसे हो दुखी करता रहता था, परंतु हमारा नेतृत्व इसके विरुद्ध मुंह नहीं खोलता था। परंतु इसके उपरांत भी हमें अपने वर्तमान राष्ट्रपति प्रणव मुखर्जी महोदय के साहस की प्रशंसा करनी होगी कि जब वह देश के विदेश मंत्री के रूप में चीन गये थे, तो चीन की धरती से, चीन के नेताओं को यह बताकर आये थे कि वह किसी भ्रांति में न रहें क्योंकि आज का भारत 1962 का भारत नहीं है। वास्तव में देश को ऐसे ही साहसी नेतृत्व की आवश्यकता है।

यह अद्भुत संयोग है कि देश को इस समय साहसी राष्ट्रपति और साहसी प्रधानमंत्री मिले हैं। प्रधानमंत्री मोदी जी सैनिक क्षेत्र में भारत की जोरदार तैयारियों में जुटे हैं, वह युद्ध नहीं करने में विश्वास रखते हैं, परंतु युद्ध के लिए कोई ललकारे तो उससे पूरी तरह निबटने के लिए उन्होंने भारत की सीमाओं को पिछले दो वर्ष में पहले से कई गुना सुरक्षित करने की दिशा में ठोस कदम उठाये हैं। जैसे पाकिस्तान की ओर से आंतकवादियों की घुसपैठ को रोकने के लिए सुरक्षातंत्र के पांच जोन तैयार किये गये हैं। इसी प्रकार चीन से मिलने वाली सीमा पर सैनिक को साजो सामान भेजने और बॉर्डर पर मिसाइलें तैनात करने की दिशा में भी ठोस कार्य किया गया है। इससे चीन और पाकिस्तान दोनों भारत की इस प्रकार की आत्मविश्वास परक सुरक्षा तैयारियों से बौखलाये हुए हैं।

इसी बौखलाहट के चलते चीन, भारत से और भी अधिक शत्रुता मानने लगा है। उसी का परिणाम रहा है कि संयुक्त राष्ट्र में जैश–ए–मोहम्मद चीफ मसूद अजहर पर बैन के रास्ते में रोड़ा अटकाकर चीन ने भारत को इस वैश्विक मंच पर भी अपमानित करने का प्रयास किया है। पर अब भारत मोदी जी का भारत है, इसलिए आज का भारत किसी भी ताकतवर शत्रु की धौंस में या घेराव में आने वाला नहीं है। फलस्वरूप शत्रुभाव रखने वाले चीन को अब, भारत ने भी उसी की भाषा में करारा जवाब दिया है।

जानकारी के मुताबिक, भारत ने वर्ल्ड उइगुर कांग्रेस (डब्ल्यूयूसी) नेता डोलकुन ईसा को देश में आने की इजाजत दे दी है, जबकि चीन इस नेता को आतंकी मानता है। भारत ने ऐसा करके चीन को जैसे को तैसा जवाब दे दिया है कि हमसे मित्रता की बात करोगे तो हम आपके लिए फूल से कोमल हैं, और यदि हमसे शत्रुता की बात करोगे तो हम वीर शिवाजी, चंद्रशेखर और राणाप्रताप की परंपरा के पराक्रमी राष्ट्रभक्त लोग हैं जिनके लिए देश सर्वप्रथम है।

चीन का मानना है कि उसके मुस्लिम बहुल शिनजियांग क्षेत्र में आतंक के पीछे ईसा और उसके साथियों का हाथ है। ईसा 28 अप्रैल से 1 मई तक धर्मशाला में कॉन्फ्रेंस में शिरकत करेगा।

दलाई लामा को लेकर भारत के रुख पर चीन पहले से ही काफी सख्त रहा है लेकिन अब भारत के इस कदम से चीन की बौखलाहट साफ देखी

जा सकती है। चीन ने ईसा के भारत दौरे पर अपनी चिंता जाहिर की और कहा कि वह एक 'आतंकवादी' है जिसके खिलाफ इंटरपोल का रेड कॉर्नर नोटिस है और उसे न्याय के जद में लाना सभी देशों की जिम्मेदारी है।

चीनी विदेश मंत्रालय की प्रवक्ता हुआ चुनयिंग ने लिखित जवाब में कहा, 'मैं हालात से अवगत नहीं हूं।' उनसे उन खबरों के बारे में पूछा गया था कि डोलकुन सहित डब्ल्यूयूसी नेताओं को इस महीने के आखिर में दलाई लामा से मुलाकात करने के लिए इजाजत दी गई है। हुआ ने कहा, **मैं यह कहना चाहती हूं कि इंटरपोल और चीनी पुलिस की रेड नोटिस में डोलकुन एक आतंकवादी है। उसे न्याय के जद में लाना सभी संबंधित देशों की प्रतिबद्धता है।**

अब चीन को मालूम हुआ है कि दोहरे मानदण्डों का परिणाम क्या होता है? एक व्यक्ति को आप आतंकवादी मानने को तैयार नहीं हैं, क्योंकि वह भारत की बरबादी की बात करता है, भारत के लोगों के खिलाफ जेहाद की बात करता है, भारत में नरसंहार की बात करता है, पर उसी समय आप उस व्यक्ति को आतंकवादी घोषित कराना चाहते हैं, जिससे आपको अपने लिए खतरा है। चीन जब ऐसा करता है तो वह भूल जाता है कि संपूर्ण भूमंडल के लोगों का खून एक जैसा ही होता है, इसलिए मानवता के खिलाफ अपराध करने का वाला कोई भी व्यक्ति सबसे पहले आतंकवादी है। चीन को इसी बात को अपने विषय में ही नहीं अपितु भारत के विषय में भी समझना होगा। हमें अपने प्रधानमंत्री मोदी जी की साहसिक निर्णयशैली की प्रशंसा करनी ही चाहिए, जो अपने शत्रु पड़ोसी देशों के इरादों के प्रति पूरी तरह सावधान है और देश की रक्षा तैयारियों में किसी भी प्रकार की शिथिलता के प्रदर्शन को वह राष्ट्र के प्रति एक अपराध मानते हैं।

प्रधानमंत्री ने दी 'स्व'भाषा हिंदी को नई पहचान

यह एक शुभसंकेत है कि प्रधानमंत्री श्री नरेन्द्र मोदी दो वर्ष पश्चात भी अपनी लोकप्रियता के शिखर पर पूर्ववत टिके हुए हैं। हिंदू नववर्ष के अवसर पर उनके प्रति यही कामना की जा सकती है कि वे लोकप्रियता के इसी शिखर पर स्थापित रहते हुए सेवा करते रहें और देश की धमनियों में

चढ़ाये गये विषाक्तरक्त को चूस–चूसकर बाहर निकालने के अपने 'शिवव्रत' पर अडिग खड़े रहे।

प्रधानमंत्री मोदी जी ने पिछले दो वर्षों में भारत की जन–जन की भाषा हिंदी को नई ऊँचाईयां प्रदान की हैं। उन्होंने स्वयं सुसंस्कृत, समृद्ध और संस्कृतनिष्ठ हिंदी के शब्दों को अपने भाषणों में अपनाया है। इससे राजनीतिज्ञों और नौकरशाहों की हिंदी भी अच्छी बनती जा रही है, और प्रथम प्रधानमंत्री पंडित नेहरूजी की 'हिंदुस्तानी' को इससे झटका लगा है। जब राजनेता अपने देश की भाषा का गर्व के साथ प्रयोग करने लगते हैं और न केवल प्रयोग करते हैं अपितु उसकी व्याकरण की त्रुटियों का भी ध्यान रखते हैं, तो उससे देश की अपनी भाषा का विकास होना स्वाभाविक है। मोदी जी ने 'हिंदी' को अपनाकर उसकी गरिमा का सम्मान किया है।

हिन्दी और हिंदी राजभाषा आयोग :– वैसे तो हमारे संविधान के निर्माण के समय जब हिंदी को राजभाषा बनाने का निर्णय लिया गया था तो भारत की कुल 1652 ऐसी भाषाओं को चिन्हित किया गया था जो इस देश में कहीं न कहीं बोली जाती थीं। दुर्भाग्य रहा इस देश का कि 1652 भाषाओं वाले देश के लोगों के ऊपर 'अंग्रेजी' शासन करती रही, और तो और 1987 तक तो हमारा संविधान भी हिंदी में उपलब्ध नहीं था, कहने का अभिप्राय है कि देश 1947 से लेकर 1987 तक जिस भाषा के माध्यम से शासित होता रहा था, वह उन विदेशी शासकों की भाषा थी जिनको निकाल बाहर भगाने के लिए हमने देर तक संघर्ष किया था। स्वतंत्रता मिलते ही लोगों ने अपनी–अपनी क्षेत्रीय भाषाओं को भी संविधान की आठवीं अनुसूची में सम्मिलित कराने के प्रयास आरंभ किये। इसके लिए देश के विभिन्न भागों में राजनीतिक आंदोलन भी हुए हैं। वास्तव में इन आंदोलनों के उद्देश्य राजनीतिक ही थे। कुछ लोगों ने अपनी राजनीति चमकाने के लिए लोगों की भावनाओं का दुरुपयोग किया। वास्तव में हर भाषा को आठवीं अनुसूची में डालना पूर्णतया निरर्थक और असंवैधानिक है। असंवैधानिक इसलिए कि 1652 भाषाओं का चिन्हींकरण करने के उपरांत भी हमारे संविधान निर्माताओं ने हिंदी राजभाषा आयोग का गठन किया था। जिसका उद्देश्य हिंदी को प्रोत्साहित करना था, आयोग सुनिश्चित करेगा कि (क) संघ के शासकीय प्रयोजनों के लिए हिंदी का अधिकाधिक प्रयोग किया जाए। (ख) संघ के सभी या किन्हीं शासकीय प्रयोजनों के लिए अंग्रेजी भाषा के

प्रयोग पर निर्बंधन, (ग) मा. उच्चतम न्यायालय और मा. उच्च न्यायालय की कार्यवाहियों में और संघ की और राज्य की अधिनियमितताओं के तथा उनके अधीन बनाये गये अधीनस्थ विधान के पाठों में प्रयोग की जाने वाली भाषा, (घ) संघ के किसी एक या अधिक विनिर्दिष्ट प्रयोजनों के लिए किये जाने वाले अंकों के रूप (ड़) कोई अन्य विषय जो निम्नलिखित के संबंध में आयोग द्वारा राष्ट्रपति को निर्दिष्ट किया जाए–(1) संघ की राजभाषा और (2) संघ और किसी राज्य के बीच या एक राज्य और दूसरे राज्य के बीच पत्रादि की भाषा के बारे में। इस संवैधानिक प्राविधान का अभिप्राय है कि देश में धीरे–धीरे भाषायी समरूपता स्थापित की जाए और विदेशी भाषा अंग्रेजी की स्थिति को उसी अनुपात में धीरे–धीरे समाप्त किया जाए। परंतु बीते 69 वर्षों में हमने देखा कि हिंदी और संस्कृत की स्थिति निरंतर दुर्बल करते जाने का प्रयास किया गया। इसमें ऐसी राष्ट्रद्रोही शक्तियों की विशेष भूमिका रही, जो भारत को निरंतर दुर्बलताओं और विसंगतियों की कारा बनाने के लिए सचेष्ट रहे हैं।

सांस्कृतिक एकता के लिए हिंदी महत्वपूर्ण :– प्रधानमंत्री मोदी जी ने देश की सामाजिक विसंगतियों को दूर करने के लिए बड़ी गहराई से समझा है कि देश में सांस्कृतिक एकता की भावना को लाने में हिंदी महत्वपूर्ण भूमिका निभा सकती है। इसलिए उन्होंने तात्विक–दर्शन की शैली को अपनाकर बिना किसी शोर शराबे और दिखावे के बड़े शांत भाव से हिंदी को अपना लिया। अब तक की राजनीति और राजनेता 'विभिन्नताओं में एकता' स्थापित कर रहे थे जो कि अतार्किक बात थी, विभिन्नताओं की पूजा करते–करते कभी भी एकता स्थापित नहीं हो सकती। एकता 'एक' को बलवती कर शेष को उसका अनुव्रती बना देने से होती है। इसलिए मोदी जी ने इसी दूसरे मार्ग को अपनाया है, और हम देख रहे हैं, कि उनकी सभाओं में हर व्यक्ति हिंदी में भाषण देता है। देश की संसद में भी हिंदी को सम्मान दिया जा रहा है। प्रधानमंत्री मोदी जी के द्वारा भारत में ही नहीं विदेशों में भी हर मंच पर हिंदी को ही सम्मान दिया गया है। उन्होंने बड़े गर्व से विदेशों में रहने वाले भारतीयों को तो हिंदी में संबोधित किया ही है, साथ ही यू.एन. को भी हिंदी में ही संबोधित किया है। जिससे हिंदी को विश्व स्तर पर भी सम्मान मिला है।

समय की धारा को नई दिशा दी :– अब तक हमारे राजनीतिज्ञ

हिंदी को बोलने में आत्महीनता अनुभव करते रहते थे। अटलजी जैसे लोग राजनीति में थे तो सही पर वह अपवाद स्वरूप ही थे, पर अब माननीय मोदी जी ने समय की धारा को नई दिशा दी है। वैसे किसी भी देश के शासनाध्यक्ष को स्वभाषा के प्रति ऐसी ही भक्ति का प्रदर्शन करना भी चाहिए। यदि ऐसी स्वभाषा भक्ति का प्रदर्शन भारत में प्रारंभ से ही किया जाता तो हिंदी अब तक बहुत आगे बढ़ गयी होती। पर चलिए अब भी कुछ नहीं बिगड़ा है, 'देर आये दुरूस्त आये' वाली बात है। वैसे जहां तक मोदी जी की बात है तो वे सबसे हटकर चलने वाले प्रधानमंत्री सिद्ध हो रहे हैं। उन्हें भारतीयता से प्यार है, पर किसी विदेशी भाषा के प्रति किसी प्रकार की घृणा का प्रदर्शन भी नहीं करते हैं। उनकी यह शैली भी अनुकरणीय ही कही जाएगी, क्योंकि हिंदी प्रेम का अभिप्राय कुछ लोग अंग्रेजी विरोध से आरंभ करते रहे थे। जिससे बात बनने के स्थान पर बिगड़ जाती थी। अब हमें आशा करनी चाहिए कि हिंदी दिनानुदिन उन्नति और प्रगति के पथ पर अग्रसर होती जाएगी। उसका इस सम्मानित पद पर पहुंचाने में मोदी जी का योगदान निश्चय ही राजभाषा हिंदी के इतिहास की अमूल्य धरोहर बनेगी।

–राकेश कुमार आर्य

पताः– T-2, Flat-404, आम्रपाली ग्रांड सोसाइटी
जीटा–1, ग्रेटर नोएडा, गौतम बुद्ध नगर
उत्तर प्रदेश - 201306
चलभाषः– 9911169917

जून 30, 2014

'दोहन' का उपाय 'शोधन' है

मोदी सरकार ने एन.जी.ओ. के विरुद्ध कठोरता का संदेश देकर उचित किया है या अनुचित, इस पर देश में बहस चल रही है। इसके लिए एक गैर सरकारी संगठन के विषय में यह जानना आवश्यक है कि वास्तव में यह होता क्या है? इसके लिए विद्वानों का मानना है कि समाज का चेहरा बदल देने की आत्मिक आकांक्षा से विभिन्न कार्यक्रमों और सुव्यवस्थित परियोजनाओं को संचालित संपादित करने वाला ऐसा जनसंगठन जो नागरिकों की स्वतःस्फूर्त भावना और कामना से प्रेरित होकर संगठित किया गया हो, गैर सरकारी संगठन कहा जाता है।

ये संगठन सामाजिक चेतना को जागृत करने का कार्य करते हैं और जो चीजें सरकार के या सरकारी अधिकारियों के संज्ञान में ना हों, लेकिन सामाजिक प्रगति के लिए और सामाजिक व्यवस्था को सुव्यवस्थित बनाये रखने के लिए आवश्यक हों, उसे ये सरकार के संज्ञान में लाने का विशेष कार्य करते हैं। जब तक इन संगठनों की ऐसी भावना होती है तब तक ये सरकार और समाज के लिए बहुत ही उपयोगी होते हैं।

एक लोकतांत्रिक समाज में समाज के लोकतांत्रिक स्वरूप को बचाये व बनाये रखने के लिए इन संगठनों की आवश्यकता होती है। इसलिए भारत ने भी इन गैर सरकारी संगठनों को अपने समाज में सम्मानपूर्ण स्थान दिया, पर अब गैर सरकारी संगठनों पर लगाम कसने की अचानक सरकार को आवश्यकता आन पड़ी है। वास्तव में कुछ ऐसी बातें हैं कि जिन पर ये संगठन खरे नहीं उतर रहे। विदेशी अनुदान से ये अपनी मौजमस्ती ही नहीं कर रहे हैं, अपितु अब तो चर्चा ये भी है कि देश की सरकारी योजनाओं का विरोध करने या उनके विरूद्ध माहौल बनाने और अपना उल्लू सीधा

करने की राष्ट्रविरोधी गतिविधियों में भी ये सम्मिलित मिल रहे हैं। देश की सरकारों को विदेशी चंदे से अस्थिर करना सीधे–सीधे राष्ट्रद्रोह है।

राजेन्द्र चंद्रकांत राय की पुस्तक **'गैर सरकारी संगठन स्थापना, प्रबंधन और परियोजनाएं'** से हमें ज्ञात होता है कि 1968 में भारतीय गैर सरकारी संगठनों को केवल 24 करोड़ रुपया विदेशी अनुदान के रूप में मिला था। जो कि 2003–4 के दौरान 14700 संगठनों को बढक़र 4856 करोड़ रुपया हो गया। 2000–01 के दौरान धार्मिक गतिविधियों के लिए 284 करोड़ रुपया प्राप्त किया गया। जबकि 2001–02 में यही राशि बढक़र 391 करोड़ हो गयी। केन्द्रीय गृह मंत्रालय के अनुसार सन 2001–02 की अवधियों में इन संगठनों को 15168 करोड़ रुपया विदेशी अनुदान मिला। जबकि 2000–01 में 14598 करोड़ रूपये उपलब्ध हुए थे।

आंध्र प्रदेश का **'श्री सत्य सांई ट्रस्ट'** सर्वाधिक विदेशी अनुदान प्राप्त करने वाला गैर सरकारी भारतीय संगठन है। इसने 88.18 करोड़ रूपये हासिल किये। तमिलनाडु के **'वर्ल्ड विजन ऑफ इंडिया'** ने 85.42 करोड़ रूपये और महाराष्ट्र स्थिति **'वाच टॉवर ऑफ बाइबिल एण्ड ट्रैक्ट'** को 74.88 करोड़ रुपया मिले। दिल्ली ने सबसे ज्यादा 794.5 करोड़ रुपया विदेशी धन के रूप में प्राप्त किया। यह रकम 839 संगठनों के बीच बांटी गयी। इसके बाद तमिलनाडु ने 649.45 करोड़ तथा आंध्र प्रदेश ने 589.52 करोड़ की धनराशि प्राप्त की।

सूचनाएं ऐसी भी हैं कि विदेशी ईसाई मिशनरियों ने भारत का ईसाईकरण करने के लिए भारत में कार्यरत कुछ गैर सरकारी संगठनों का सहारा लिया हुआ है। इसके लिए सारे भारत को सात जोनों में विभाजित कर दिया गया है। इन जोनों की अलग अलग जिम्मेदारी अमेरिका व ब्रिटेन जैसे कई देश निभा रहे हैं। बड़े आराम से देश की नसों में जहर का इंजेक्शन दिया जाता रहा है, और हमारी सरकारें चैन की नींद सोती रही हैं। कभी गैर सरकारी संगठनों की कार्य प्रणाली की समीक्षा करने की भी आवश्यकता नहीं समझी गयी और ना ही ये उचित समझा गया कि आखिर इन गैर सरकारी संगठनों को मिलने वाली धनराशि का प्रयोग कहां और किसलिए किया जा रहा है?

गैर सरकारी संगठनों में से कितने ही संगठन धन के चक्कर में सरकारों को अस्थिर करने का काम अपने विदेशी आकाओं के इशारे पर करते हैं। इससे विदेशी शत्रु देशों को देश को अस्थिर करने के लिए देशी चेहरे

उपलब्ध हो जाते हैं। इससे बढ़िया कोई बात नहीं हो सकती कि चेहरा आपका और साधन उनके। इसलिए बड़ी सहजता से 'बड़े–बड़े काम' हो जाते हैं। एक प्रकार से देखा जाए तो विदेशी गुप्तचर एजेंसियों के इशारे पर सारा कार्य होता रहता है। ये विदेशी गुप्तचर एजेंसियां इन विदेशी चेहरों के रूप में देश के सत्ता प्रतिष्ठानों की अति महत्वपूर्ण सूचना तक उपलब्ध कर लेते हैं, और अपने देशों को उन्हें भेज देते हैं। इस प्रकार कठपुतलियों के सामने देश की सरकार भी कठपुतली बन जाती है। जो स्वयं किसी के इशारे पर नाचते हैं, वे ही दूसरों को नचाने लगते हैं। ये कीटाणु देश के ह्रदय तक पहुंच रहे हैं। जिससे पूरा देश छटपटा रहा है।

अब केन्द्र की मोदी सरकार ने इन कीटाणुओं की रोकथाम के लिए कमर कसी है। ऐसी गतिविधियों पर रोक लगाने के लिए तो मोदी सरकार की सोच एकदम उचित ही मानी जानी चाहिए। परंतु यह भी ध्यान रखना होगा कि कहीं सख्ती बरतते–बरतते कोई सच्चा राष्ट्रवादी संगठन भी इस सख्ती की चक्की में न पिस जाए। जो गैर सरकारी संगठन देश के सामाजिक परिवेश को धर्मांतरण के माध्यम से विषाक्त बनाने का कार्य करते पाए जायें या विदेशी अनुदान का अन्यथा दुरुपयोग करते पाए जाएं, उनके विरूद्ध कठोर कानूनी कार्यवाही होनी चाहिए।

वैसे सरकार के लिए उचित यही होगा कि वह गैर सरकारी संगठनों को हतोत्साहित करने के लिए कुछ ऐसे उपाय करे कि जिससे लोगों को जनसेवा के कार्यों के लिए दान करने का मौका तो मिले पर उस दान का लाभ कोई एन.जी.ओ. न उठा पाए, बल्कि सरकार के माध्यम से जनसाधारण उठाए। क्योंकि गैर सरकारी संगठन लोगों की दानशील प्रवृत्ति का ही अनुचित लाभ उठाते हैं। दूसरे कार्य 80 जी के अंतर्गत सरकार कुछ ऐसे ठोस उपाय करे कि यदि कोई व्यक्ति जन परियोजनाओं के लिए या लोक कल्याण के लिए प्रधानमंत्री कोष में सीधे सीधे कुछ धन डालता है तो उसका लाभ उसे आयकर रिटर्न में मिले। लोगों को प्रोत्साहित किया जाए कि वे राष्ट्रनिर्माण के लिए आगे आयें, और प्रधानमंत्री कोष में अपना दान दें। उस दानराशि से फटाफट विकास कार्य किये जाएं। मैं समझता हूं कि करों की चोरी के लिए भी जो लोग जाने पहचाने जा रहे हैं, वे भी देश निर्माण के लिए फटाफट धन दान करेंगे। जिस देश में 'भूदान यज्ञ' सफल हो सकता है उसमें 'धन दान' यज्ञ क्यों नहीं सफल हो सकता?

गैर सरकारी संगठनों ने यदि लोगों की दान प्रवृत्ति का दोहन किया है, तो सरकार उसका शोधन कर सकती है। 'दोहन' को 'शोधन' ही रोक सकता है। वर्तमान में देश निर्माण के लिए यह शोधन कार्य एक अच्छा उपचार हो सकता है। इसके लिए सत्ता पक्ष और विपक्ष यदि एक सांझी रणनीति बनायें तो भारत की राजनीति के लिए यह उपचार बहुत ही कारगर सिद्ध हो सकते हैं।

अप्रैल 13, 2014

'महाभारत' के युद्ध का आंखों देखा हाल

भारत में लोकसभा चुनावों का 'महाभारत' अपने चरमोत्कर्ष पर है। धृतराष्ट्र बने डा. मनमोहन सिंह अपने राजभवन में आराम फरमा रहे हैं। उनके पास वक्त तो खूब है, पर उनकी अपना 'वक्त' समाप्त हो चुका है। फुरसत में बैठे मनमोहन, चुनावी समर की सूचना लेने का प्रयास कर रहे हैं, तब उन्हें आज का टी.वी. महाभारत के संजय की शैली में संवाद सुनाता है।

संजय कहता है –"महाराज! भारतीय राजनीति के लिए 16वीं लोकसभा के चुनाव विराट नरेश के सुपुत्र उत्तर कुमार के उस दृश्य को दोहरा रहे हैं, जिसमें उत्तर कुमार गो–हरण करके ले जा रहे दुर्योधन के सैन्य दल का सामना करने तो चला गया था, परंतु जब उसने दुर्योधन के विशाल सैन्य दल को देखा तो उसका सामना न करके उल्टे पैरों भागने लगा था। उसका सारथी उस समय अर्जुन था, जब अर्जुन ने राजुकमार उत्तर का वापिस लौटने का आग्रह नहीं माना तो वह उतरकर रथ से भाग लिया। भागते हुए राजकुमार को सारथी अर्जुन ने रथ से उतरकर दौड़कर पकड़ा और रथ पर लाकर फिर बैठाकर युद्ध करने व पीठ न दिखाने का आग्रह राजकुमार उत्तर कुमार से करने लगा। "

महाराज! अर्जुन को उस समय पता नहीं था–

छोटे दिल से कोई बड़ा नहीं होता,
टूटे दिल से कोई खड़ा नहीं होता।

जब यह दृश्य दुर्योधन की सेना ने देखा तो महाराज, हमारी सेना में उस समय उपहास के फव्वारे फूटने लगे थे।

यही स्थिति महाराज! इस समय हमारे दल कांग्रेस की हो रही है। राजकुमार राहुल गांधी, उत्तर कुमार की तरह अनमने मन से युद्ध कर रहे हैं। उनके साथी उन्हें छोड़ छोड़कर भाग रहे हैं। हस्तिनापुर के निकट स्थित गौतमबुद्ध नगर नामक जनपद में हमारे प्रत्याशी रमेश चंद्र तोमर ने तो गद्दारी की सारी सीमायें ही तोड़ दी हैं, और आराम से वह अर्जुन बने मोदी की गोदी में जाकर बैठ गये हैं। महाराज! हमारे कई मंत्री, अमात्य, महामात्य चुनाव लडने को तैयार नहीं हैं।

महाराज! आपकी ही तरह किसी भी मंत्री को हमारा कोई भी प्रत्याशी चुनावी सभाओं में नहीं बुला रहा है। **'हर–हर मोदी'** का नारा चाहे हटवा दिया गया है, पर अपना जादुई असर वह फिर भी दिखा गया है। हमारी सेना में चारों ओर निराशा और हताशा छायी हुई है। ऐसी निराशा और हताशा हमारे शिविर में अब से पहले कभी नहीं देखी गयी।

अब कहा जा रहा है कि श्रीमती सोनिया गांधी चुनावों के बाद स्वैच्छिक अवकाश लेने जा रही हैं। कुशल शिल्पकारों को राजाज्ञा जारी कर दी गयी है, कि वे आपके लिए आपके अवकाश उपरांत भवन निर्माण का कार्य संपन्न करें। क्योंकि हम निर्णायक युद्ध की ओर बढ़ रहे हैं, और हमारी सेनायें निरंतर पराजित होती जा रही हैं। सचमुच हमारे शिविर में वैसी ही भगदड़ मच रही है, जैसी किसी बिल्ली को देखकर चूहों में मच जाती है। सारा देश हमारे कमीशनखोर मंत्रियों की हास्यास्पद स्थिति देखकर खूब मजे ले रहा है। कौरवदल के रूप में उतरी कांग्रेस निरंतर घिसटती जा रही है और जैसे–तैसे अपनी प्रतिष्ठा कुछ सीटों पर बचाये रखने के लिए अपनी अंतिम लड़ाई लड़ रही है।

महाराज! अभी दिल्ली सहित देश के पांच प्रांतों में हुए चुनावों में दिल्ली में भाजपा के अश्वमेध घोड़े को रोकने का काम हमारी सहायता से 'आप' ने किया था। परंतु उसे सत्ता का ऐसा मद चढ़ा कि वह सत्ता संचालन का सूत्र ही भूल गयी और जनता को ही अराजकता का पहाड़ा पढ़ाने लगी। उसके अधिराज महामहिम केजरीवाल ने शीघ्रता दिखाते हुए अपने पद से त्याग पत्र दे दिया। तब अधिराज को लगता था कि वह अर्जुन के रथ को रोककर महायुद्ध में हमें सहायता पहुंचा सकेगा। कूटनीति के अर्थों को समझकर तब हमने भी अधिराज की पीठ थपथपाने का कार्य किया था। परंतु अब 'आप' की स्थिति भी अच्छी नहीं रही है। एक गुप्तचर की सूचना

के अनुसार अधिराज को दिल्ली में भी अब कठिनाई का सामना करना पड़ रहा है और उनका सैन्य दल एक दो सीटों से आगे बढ़ता नहीं दीख रहा है। उसके नेताओं ने 'जूतों में दाल' बांटने का परिणाम क्या होता है, ये भली भांति समझ लिया है। बड़बोले अधिराज केजरीवाल और उनके वेदव्यास बने कुमार विस्वास की हवा धीरे–धीरे निकलती जा रही है और दिल्ली अधिराज के हाथों से छूटती जा रही है। अधिराज की यह स्थिति हमारे लिए भी भयावह साबित हो सकती है। दिल्ली के युवा वर्ग में इस पार्टी के प्रति रोष बढ़ रहा है और यह रोष 'अर्जुन' के प्रति लोगों के विश्वास में दिनानुदिन वृद्धि ही करता जा रहा है। घटती लोकप्रियता को देखकर दिल्ली के पूर्व अधिराज के होश उड़ गये हैं, और वह सिमटते जनाधार को देखकर महाराज लगभग मूर्च्छित हो गये हैं।

महाराज! भाजपा के मोदी दिन पर दिन हम पर कस–कसकर वार कर रहे हैं। उन्होंने हमारे पक्ष को ही नहीं अपितु सारे पक्षों को रक्षात्मक मुद्रा में ला दिया है, और पहली बार है कि जब विपक्ष के कई दल और सत्ता पक्ष भी मिलकर एक विपक्षी महारथी को कैसे भी चक्रव्यूह में फंसाने के असफल प्रयास कर रहे हैं। पर यह महारथी महाराज, अभिमन्यु नहीं लगता। सचमुच यह महारथी अर्जुन ही है, जिसे हमारे पक्ष ने अभिमन्यु समझ लिया है। यह महारथी चक्रव्यूह में घुसना ही नहीं बल्कि निकलना भी जानता है।

कांग्रेस और 'आप' की तरह ही अन्य गैर भाजपाई दलों की स्थिति है। मायावती और ममता बनर्जी अपने बड़बोलेपन के लिए जानी जाती रही हैं, लेकिन चुनाव बाद के परिदृश्य को अपने अनुकूल न देखकर उनकी जबान की कमान बड़ी सधी–सधाई चल रही है। जो कि बहुत ही आश्चर्य पैदा कर रही है। चीन के शल्य के उत्तराधिकारी साम्यवादी दलों की ओर भी यदि दृष्टि डाली जाये तो इनका 'विदेशी बाजा' भी जहां बज रहा है वहां उपस्थित लोगों का मनोरंजन भी नहीं कर पा रहा है। महाराज! इनकी वीणा के तार टूट रहे हैं और लोग ढीली वीणा से निकले सुरों को सुनने को तैयार नहीं हैं। उन्हें देशी वीणा लेकर चल रहा अर्जुन इस समय अच्छा लग रहा है।

महाराज! कश्यप भूमि (कश्मीर) की स्थिति भी हमारे अनुकूल नहीं है। यहां के शासक परंपरा से हमारे अनुकूल रहे हैं, पर इतिहास यह भी बताता है कि समय आने पर वह पाला भी बदलते रहे हैं। 'अर्जुन' के अश्वमेध

के घोड़े को रोकने में वह असमर्थता दिखा रहे हैं और स्पष्ट संकेत वहां से मिल रहे हैं कि समय आने पर ये फिर पाला बदल सकते हैं। जबकि पंजाब की गुरुभूमि, जिससे महाराज आपका भी संबंध है, इस समय भगवे रंग में रंग चुकी है। जिससे हमारे शिविर में वहां निराशा छायी हुई है। कुरुक्षेत्र और उससे लगते संपूर्ण क्षेत्र में 'अर्जुन' की जय–जयकार के स्वर गूंज रहे हैं।

महाराज! पूर्वोत्तर में हमारी 'विदेशी विधवा महारानी' ने कुछ अपने विचार के लोगों को बसाने का और बढ़ाने का काम किया है और दक्षिण भारत ने भी कुछ आशा की किरण पैदा की है, परंतु मध्य भारत, पश्चिम और उत्तर भारत में 'अर्जुन' का घोड़ा निरंतर दौड़ रहा है, जिससे हमारी सत्ता में लौटने की संभावनाएं क्षीण होती जा रही हैं।

संजय के द्वारा युद्ध के मैदान का ऐसा वर्णन सुनकर महाराज धृतराष्ट्र को जोर का झटका लगा। पड़ोस के कक्ष से राजवैद्य दौड़कर उनके कक्ष में आया, और उन्हें गहन मूर्च्छा अवस्था में उठाकर चिकित्सा कक्ष में ले गया। खबर लिखे जाने तक 'महाराज धृतराष्ट्र' चिकित्साधीन थे। उनके राजवैद्य ने बताया कि महाराज की स्थिति 'तनावपर्ण लेकिन नियंत्रण' में है।

जून 5, 2014

'योग भूमि' बनाओ कश्मीर को

जो कश्मीर कभी जीवन मुक्त होने के लिए हमारे ज्ञानी महात्माओं की 'योगभूमि' हुआ करती थी, विडंबना देखिए कि वही कश्मीर मुगल काल में बादशाहों के लिए सैर सपाटे का स्थान बन कर 'भोगभूमि' बन गयी और इसी परंपरा को अंग्रेजों ने भी अपने शासन काल में यथावत बनाये रखा।

पर स्वतंत्र भारत में कश्मीर ने एक दूसरा ही दर्दनाक इतिहास बनते देखा है। 'कश्मीर समस्या' के नाम से हम सब इस 'रोग' को जानते हैं। योगभूमि, भोगभूमि से आगे चलकर आज 'रोगभूमि' बनी खड़ी है। यह गुल खिलाया है धारा 370 ने।

सचमुच इस धारा के समूलोच्छेदन का समय अब आ गया है। इस धारा को भारत के संविधान में डालने के आग्रह के साथ शेख अब्दुल्ला जब डा. बी.आर. अंबेडकर से मिला था तो उस राष्ट्रवादी महापुरूष ने इसे संविधान में डालने से यह कहकर इंकार कर दिया था कि–**"मैं भारत का विधि मंत्री हूं, तुम्हारी बातें मानना भारत से द्रोह करना होगा। इसलिए मैं संविधान में ऐसी कोई धारा डालने के पक्ष में नहीं हूं।"**

तब पं. नेहरू की शह पर गोपाल स्वामी अयंगर अब्दुल्ला के आग्रह पर इस धारा का प्रस्ताव बनाकर लाये। परंतु फिर भी इस धारा को **'अस्थायी और बदली जाने वाली धारा'** के रूप में संविधान में रखने की अनुमति संविधान सभा ने दी।

यह धारा देश के लिए घातक न बन जाए, इसके लिए इसे यथाशीघ्र समाप्त करने की इच्छा संविधान सभा ने की थी। तभी तो इसे हटाने के लिए राज्य की संविधान सभा (तब जम्मू कश्मीर की संविधान सभा अलग थी) से सलाह लेने का प्रावधान इसमें था। जाहिर है कि संविधान सभा

दशकों या सदियों तक तो रहनी नहीं थी, इसलिए जितनी देर में एक संविधान सभा संविधान बना सकती है, उतनी देर की उम्र इस धारा की कल्पित की जा सकती थी। परंतु परिस्थितियां ऐसी बनायी गयीं और ऐसे षडयंत्र रचे गये कि इस संविधान विरोधी अस्थायी धारा को बदलने ही नहीं दिया गया, और हमने देखा कि संविधान की एक अस्थायी धारा हमारे लिए कितनी स्थायी बन गयी है।

इस धारा की **उपधारा (3) में इसे बदलने की व्यवस्था** दी गयी है। जिसमें राष्ट्रपति को अधिकार दिया गया है कि वे सार्वजनिक विज्ञप्ति से इस धारा के किसी अंश को या इसके मूल स्वरूप को ही अप्रभावी करने की घोषणा कर सकते हैं। 1956 में कश्मीर की संविधान सभा के समाप्त हो जाने के पश्चात तो कश्मीर की संविधान सभा से इसकी समाप्ति संबंधी व्यवस्था की भी आवश्यकता नहीं रही है।

इस धारा की उपधारा (3) इस धारा की बाबत राष्ट्रपति को बहुत शक्ति संपन्न बनाती है, साथ ही इस धारा को उतना ही कमजोर भी सिद्ध करती है। पर इसे व्यवहार में हमने इतना मजबूत बना दिया है कि ऐसा लगता है जैसे हमारे संविधान में सबसे कठोर और अपरिवर्तनीय धारा यदि कोई है तो **वह 370 है**। 1952 के प्रथम चुनाव के पश्चात से ही डा. श्यामा प्रसाद मुखर्जी जैसे नेता और हिंदू महासभा, रामराज्य परिषद, अकाली दल, गणतंत्र परिषद और अन्य राष्ट्रवादी दल या संगठन इस धारा को हटाने की मांग करते आ रहे हैं। जिस कारण पं. नेहरू की कश्मीर संबंधी नीति का संसद में खुलकर विरोध आरंभ से ही होता आ रहा है।

अब प्रधानमंत्री श्री मोदी की सरकार को धारा 370 को लेकर दो बिंदुओं पर काम करना चाहिए–एक तो ये कि महाराजा हरिसिंह के विलय प्रस्ताव को अन्य देशी राजाओं के विलय प्रस्तावों की तरह अंतिम मानकर कश्मीर में किसी भी प्रकार के जनमत संग्रह की मांग को ठुकराना चाहिए। दूसरे धारा 370 को मंत्रिमंडल के एक सर्वसम्मत प्रस्ताव के माध्यम से राष्ट्रपति से ही हटवा दिया जाए। इसके अतिरिक्त भारत के सैन्याधिकारियों की देखरेख में कश्मीरी पंडितों का पुनर्वास कराया जाए। उनके पुनर्वास के लिए दिये गये धन का वितरण राज्य सरकार से न कराकर केन्द्र सरकार अपने विश्वसनीय लोगों से कराये। कश्मीर घाटी में सेना के सेवानिवृत्त अधिकारियों और कर्मियों को हथियार उपलब्ध कराते हुए बसाया जाए,

जिससे कश्मीरी पंडितों के पुनर्वास का काम सुचारू रूप से संपन्न हो सके। साम्प्रदायिक आधार पर कश्मीर का विभाजन न करके सामाजिक आधार पर इसका समायोजन किया जाए। जो देश कश्मीर संबंधी हमारी नीति का समर्थन करें, उनके साथ देश के व्यापारिक संबंधों को बढ़ाया जाए और जो विरोध करते हों, उनसे अपने सभी प्रकार के संबंधों की समीक्षा की जाए।

इसके अतिरिक्त जम्मू कश्मीर राज्य की सीमायें वहां तक मानी जायें जहां तक 26 अक्टूबर 1947 तक (विलय के समय तक) महाराजा हरिसिंह शासन कर रहे थे। कश्मीरी पंडितों के पुनर्वास में जो कश्मीरी मुसलमान सहयोग करें उनका सहयोग लिया जाए और उन्हें इस अच्छे कार्य के लिए प्रोत्साहित भी किया जाए, पर जो लोग इस प्रकार के पुनर्वास का विरोध करें, उनके विरोध का प्रतिरोध कड़ाई से किया जाए।

कश्मीर हमारी आन–बान–शान का प्रतीक है, इसे अब 'भोगभूमि' से 'योगभूमि' की दिव्यता की ओर लेकर चलने के लिए इसके 'रोग' का सही उपचार करना हम सबका राष्ट्रीय कर्तव्य है। मोदी सरकार से पूरी सावधानी, समझदारी और राष्ट्रवादी निर्णयों की उम्मीद पूरा देश कर रहा है।

अप्रैल 8, 2014

'वायसराय' नहीं जननेता चुनने का समय है

भारत के एक अधिकार विहीन लेकिन अपनी सादगी के भीतर छिपे अधिकार संपन्न प्रधानमंत्री के अवसान का समय आ गया है। प्रधानमंत्री मनमोहन सिंह जा रहे हैं, लेकिन शिकन उनके चेहरे पर न होकर सोनिया गांधी के चेहरे पर हैं। डॉ. मनमोहन सिंह को राजनीतिक अधिकार विहीन करके बैठाया गया और 'सोनिया कीर्तन मंडली' ने उनके हर गीत पर नजर रखी। यदि मनमोहन सिंह ने कहीं कोई शब्द भी गलत बोल दिया तो उसकी शिकायत बढ़ा–चढ़ाकर 'सोनिया दरबार' में की गयी। वह संभावनाओं और संदेहों के झूले में झूलते रहे और मजेदार बात यह रही कि झूला झूलते–झूलते ही वह अपना कार्यकाल 10 वर्ष तक बढ़ाकर ले गये। जिस व्यक्ति के लिए देश दस माह देने को भी तैयार नहीं था वह व्यक्ति देश पर दस वर्ष तक शासन कर गया। भारत के लोकतंत्र की 'महानता' की इससे बड़ी मिसाल और क्या हो सकती है? वह एक 'जुगाड़ की गाड़ी' थे और यह 'जुगाड़ की गाड़ी' जनता की छाती पर बिना उसकी स्वीकृति के निरंतर दस वर्ष तक दौड़ती रही। लोकतंत्र का इससे बड़ा अन्याय और क्या हो सकता है कि देश की जनता को जहां जनार्दन कहा जाता हो वहीं एक 'अयोग्य व्यक्ति' उस पर 'जनार्दन' बनकर शासन करता रहे? क्या यह सामन्ती व्यवस्था थी या देश की जनता के लिए बिना मर्जी के भेजे गये 'वायसराय' की ब्रिटिश परंपरा का यह भारत के लिए एक 'विदेशी महिला' द्वारा अपनाया गया ऐसा ओछा हथकंडा था, जो उसे एक विदेशी शक्ति ने अपनाने के लिए विवश किया।

कुछ भी हो अब डॉ. मनमोहन सिंह एक **'इतिहास'** बनने जा रहे हैं, इतिहास की कब्र में वह जाने ही वाले हैं और उनके विषय में यह सत्य है कि वे वहां भी नेहरू, इंदिरा और राजीव गांधी से नजरें मिलाकर बात नहीं कर पाएंगे, क्योंकि वह एक परिवार के **'चाकर'** बनकर रहे। इसलिए उस परिवार के बड़ों की चाकरी करना उनके स्वभाव में सम्मिलित हो गया है। अतः इतिहास की कब्र में भी वह अपनी 'आका के आकाओं' के प्रति वफादारी का प्रदर्शन ही करेंगे। इंदिरा गांधी के समक्ष तो वह बोल भी नहीं पाएंगे कि, मैं उसी कुर्सी पर बैठकर आया हूं जिस पर कभी आप बैठा करती थीं। इस प्रकार जो व्यक्ति अपने बॉस से यहां दस वर्ष तक डरता ही रहा और भीगी बिल्ली की तरह समय काटता रहा, वह इतिहास की कब्र में भी चैन से नहीं रह पाएगा।

डॉ. मनमोहन सिंह जब रिजर्व बैंक के गवर्नर थे, तब से ही वह अमेरिकापरस्त रहे हैं, इसलिए पी.वी. नरसिम्हाराव ने उन्हें अपने मंत्रिमंडल में देश का वित्तमंत्री अमेरिका के कहने पर बनाया। उन्होंने 'डंकल प्रस्तावों' की वकालत की और देश को 'गैट' जैसे राष्ट्रविरोधी अनुबंध पर हस्ताक्षर करने के लिए विवश कर दिया। इसी के पुरस्कारस्वरूप अमेरिका उन्हें देश का पी.एम. बनाने के लिए षडयंत्र और जुगाड़ ढूंढने लगा।

देश का दुर्भाग्य देखिए कि देश की जनता पर हुकूमत करने वाले व्यक्ति का चयन सात समंदर पार देश विरोधी ताकतें कर रही थीं और 2004 में हो रहे चुनावों में देश की जनता को बताया जा रहा था कि तुम अपने नेता का चुनाव करो। यह लोकतंत्र का मजाक नहीं तो और क्या था? देश की भोली जनता ने अपना मत दिया और 2004 के चुनाव में कांग्रेस सबसे बड़ी पार्टी के रूप में उभरकर आयी। जब 'राजा' के चुनाव की बारी आयी तो अमेरिका से पत्ते हिलने लगे। कांग्रेस के 'राजभवन' की नजरें उधर उठीं, देखा तो साफ संकेत आ रहा था कि मनमोहन को पी.एम. बनाओ। सोनिया गांधी को संकेत को पढने़ में देर नहीं लगी, यदि ऐसा नहीं किया गया तो उन्हें ये भी समझ आ गया कि परिणाम क्या होगा? इसलिए आका को खुश करने के लिए तुरंत निर्णय ले लिया कि–"ठीक है हम आपके निर्देश के सामने शीश झुकाते हैं।" देश के लोगों ने समझा था कि सोनिया तत्कालीन राष्ट्रपति ए.पी.जे कलाम से अपने प्रधानमंत्री बनने की संभावनाओं पर विचार करने हेतु तब राष्ट्रपति भवन गयीं थी, परंतु सच ये था कि वह

उस समय अपने आका अमेरिका के निर्देशों का पालन करने हेतु अपने द्वारा लिए गये निर्णय से अवगत कराने के लिए राष्ट्रपति भवन गयीं थी। बाहर आकर सोनिया ने पत्रकारों के सामने ऐसे संकेत दिये कि जैसे उन्होंने एक 'बहुत बड़ी कुर्बानी' दे दी हो। इस कुर्बानी पर सारे कांग्रेसियों ने ढोल नगाड़े बजाने आरंभ कर दिये। देश के स्वाभिमान की हत्या हुई और 'अश्वत्थामा' मारा गया की तर्ज पर उत्सव मनाने का क्रम कांग्रेसियों ने आरंभ कर दिया। किसी ने ना तो देखा और ना देखने दिया कि राष्ट्रपति भवन में कितना बड़ा अपघात हो चुका है। इससे सोनिया की ताकत कम हुई और मनमोहन सिंह रातों–रात ताकतवर बन गये, परंतु दिखाया ये गया कि मनमोहन सिंह वही हैं, जो पी.एम. बनने से एक दिन पहले थे। परंतु सच यह था कि मनमोहन वह नहीं थे, जो पी.एम. बनने से एक दिन पहले थे। हां, उन्होंने अपनी जड़ों को समझते हुए तथा यह जानते हुए कि नेहरू परिवार के प्रति वफादारी के प्रदर्शन से ही वह देर तक पी.एम. रह सकते हैं, इतना शानदार अभिनय किया कि इस परिवार की मुखिया सोनिया गांधी की चाटुकारिता में कोई कमी नहीं छोड़ी। वह सोनिया को अपने राजभवन में विनम्रतापूर्वक बांधने में सफल रहे और राहुल गांधी को ऐसे हाथों में खेलने दिया जहां से उन्हें कोई राजनीतिक प्रशिक्षण नहीं मिल सकता था। इसलिए सोनिया उनकी कायल होती चली गयीं और सोनिया पुत्र राहुल अपने ही उल्टे–सीधे बाणों से 'घायल' होते गये।

समय बीतता गया और एक षड्यंत्र पूर्ण सपने को सच करते–करते मनमोहन सिंह देश पर शासन करते चले गये। पिछले दो–तीन वर्ष से सोनिया गांधी और राहुल का मोहभंग मनमोहन से हुआ है, और उधर अमेरिका भी उनसे जितने काम ले सकता था, वह ले चुका है। इसलिए सोनिया, राहुल और अमेरिका अब तीनों ही मनमोहन से मुक्ति चाहते थे। इस सत्य को मनमोहन सिंह भी जान गये, इसलिए कई बार उन्होंने राहुल गांधी के लिए कुर्सी छोडने की सार्वजनिक इच्छा व्यक्त की। इसे उनकी 'सादगी' समझा गया, परंतु उनकी इसी सादगी में ही उनकी सफल राजनीति छिपी हुई थी। वह यह जानते थे कि उनके बोये बीजों को काटने के लिए इस समय राहुल गांधी कतई भी पी.एम. बनना नहीं चाहेंगे। इसलिए कहते रहो पर निस्संकोच शासन भी करते रहो। यही कारण था कि उन्होंने कभी भी पद छोड़ने की इच्छा सार्वजनिक नहीं की। अब वह जा रहे हैं

और अमेरिका की नजरों में मोदी आ रहे हैं। मोदी देश की मिट्टी से तैयार हुए नेता हैं, इसलिए अमेरिका की इच्छा उन्हें पी.एम. बनने से रोकने की है। सोनिया गांधी, राहुल और सारे छद्म धर्मनिरपेक्षतावादी बृहन्नला फिर अमेरिका के संकेत पर नाच सकते हैं और यदि मोदी अपेक्षित बहुमत नहीं ले पाये तो मनमोहन सिंह का तो कब्र में जाना तय है परंतु 2004 के वर्ष की भांति फिर देश के स्वाभिमान की हत्या करने के लिए देश के राष्ट्रपति भवन को प्रयोग किया जा सकता है। यद्यपि यह भी सत्य है कि इस समय देश का राष्ट्रपति एक तपा–तपाया राजनेता है, जो किसी छोटी और घटिया राजनीति पर पूरी पकड़ और समझ रखता है।

भारत की जनता अब समझदार हो चुकी है अब वह 'आयातित वायसरायों' के लिए वोट नहीं दे रही है, अपितु अपना जननेता चुनने के लिए वोट दे रही है। सारे षड्यंत्रों और षड्यंत्रकारियों का भण्डाफोड़ का समय है, देश की अस्मिता का प्रश्न है, जरा संभल कर।

जून 8, 2013

आडवाणी को भी अटल बनना होगा

भाजपा नेता आडवाणी का समय संन्यास का है, पर मन की अभिलाषा पूरी न होते देख इस वृद्धावस्था में आकर 'खिसियायी बिल्ली खम्भा नोंचे' वाली कहावत को चरितार्थ कर रहे हैं। समय उनके हाथ से निकल चुका है, और उसने अपना फोकस भाजपा में श्री मोदी जी को बना लिया है। आडवाणी इस तथ्य को समझ भी गये हैं, परंतु 'लागी छूटे ना' वाली स्थिति भाजपा के इस वयोवृद्ध नेता की हो रही है। सत्ता का मोह छूटे नहीं छूट रहा। अब देश के जनमानस को तो अपनी ओर मोड़ नहीं सकते, तो यही सही कि मोदी जी के सामने लाने हेतु पार्टी के एक अन्य मुख्यमंत्री (मध्य प्रदेश के शिवराज सिंह चौहान) की ही पीठ थपथपा दी। समाचार पत्रों ने आडवाणी की इस पीठ थपथपाने की कार्रवाई को उन्हीं अर्थों में छापा जिन अर्थों में आडवाणी जी ने कहा था। भाजपा अपने नेता के बयान से सकते में आ गयी। पार्टी के राष्ट्रीय अध्यक्ष राजनाथ सिंह, मोदी जी के विषय में प्रारंभ से ही स्पष्ट हैं, उन्होंने साहस किया और पुनः स्पष्ट कर दिया कि भाजपा में मोदी जी लोकप्रियता में सबसे आगे हैं। आडवाणी को अपनी बात का संयत भाषा में सटीक जवाब मिल गया। उधर सी.एम. शिवराज सिंह चौहान ने भी कह दिया कि भाजपा मुख्यमंत्रियों में उनका स्थान तीसरा है। पहले पर मोदी जी हैं तो दूसरे पर रमन साहब हैं।

वैसे आडवाणी के दर्द की दास्तां लम्बी है। 1947 में वह पाक से उजड़कर भारत में आए, सीने का दर्द वहीं से शुरू हुआ। भारत ने उन्हें इज्जत दी, शोहरत दी, मान दिया, सम्मान दिया। पर पाक से यहां आने में जो दर्द हुआ था या दर्द झेला था, उसकी चुभन बनी रही। दूसरा काम उन्होंने रामरथ यात्रा का किया और राममंदिर निर्माण के नाम पर भाजपा

को सत्ता के लिए लम्बी छलांग लगवाई, लेकिन सत्ता में आने पर उनके भीतर का आडवाणी जाग गया और उन्होंने कह दिया कि राममंदिर निर्माण हमारे एजेण्डा में नहीं है। दूसरी खाल ओढ़े आडवाणी को जब देश की रामभक्त जनता ने असली रूप में देखा तो उन्हें दिल की गद्दी से उतार कर फेंक दिया। गंगा–यमुना में पानी बहता रहा और समय गुजरता रहा, पर रामरथ यात्रा में मिले सम्मान को आडवाणी वैसे ही पकड़े रहे जैसे 1947 के संस्मरणों को पकड़े रहे हैं। उन्हें फीलगुड का फीवर हो गया और वह मानने लगे कि देश की जनता तेरे लिए आज भी रामरथ सजाए खड़ी है, जबकि जनता के रामरथ से तो उतर कर वह खुद ही भाग गये थे। अब वह मारे दर्द के चीखते हैं और कहते हैं कि कोई मुझे मेरे बीते दिन लौटा दे।

इस दौरान देश की जनता का ध्यान गुजरात ने अपनी ओर खींचा और देश की जनता ने उसकी ओर देखना आरंभ किया। गुजरात ने जनता का ध्यान अपनी ओर इस कदर केन्द्रित किया कि 'गुजरात का मोदी' को 'देश का मोदी' बनाकर रख दिया। अब मोदी जी कल–परसों के नेता हैं, और आडवाणी ठहरे 90 वर्ष के राजनीति के कुशल खिलाड़ी। इसलिए एक पुराने खिलाड़ी को आउट होते–होते भी नये खिलाड़ी का खेल इसलिए पसंद नहीं आ रहा है क्योंकि इस नये खिलाड़ी की वजह से ही वह आउट हो रहे हैं, और अपने पी.एम. बनने के सपने से उभरने वाले तीसरे दर्द को सीने में छुपाकर उन्हें राजनीति से ही नहीं अपितु दुनिया से भी गमगीन रूखसत लेनी पड़ रही है। सचमुच राजनीति की दुनिया बड़ी बेरहम है। इसमें जो चेला कभी गुरु के पांव दबाता था, वक्त आने पर गुरु से अपने पैर दबवाने लगता है। वक्त की हर शै गुलाम। मोदी जी, आडवाणी के प्रति ऐसे भाव तो नहीं रखते पर वक्त ने साबित कर दिया है कि अब पैर दबाने की बारी किसकी है? अब राजनीति के शिष्य, बेटा तो होते नहीं कि जो सदा ही बेटा रहेंगे, वो तो स्वार्थी परिवेश से पैदा हुए स्वार्थी चेले होते हैं, इसलिए वक्त आने पर फटाफट गुरु के सामने अपने पैर कर देते हैं कि दबाओ। आडवाणी जैसे लोग इसीलिए दुखी होते हैं कि यह क्या हो रहा है, दूसरों के पैर दबा नहीं सकते और अपने कोई दबा नहीं रहा। अब मोदी जी तो पैर आगे नहीं कर रहे पर जनता उन्हें अपनी ओर से लोकप्रियता के अंक फटाफट ज्यादा दिये जा रही है। बस मोदी जी की लोकप्रियता के ये बढ़ते अंक ही आडवाणी को ऐसे लगते हैं कि जैसे मोदी जी ने मेरे सामने अपने

पैर कर दिये हैं। जब ऐसी अनुभूतियां होने लगती हैं तो कैसी पीड़ा होती है, उसे केवल आडवाणी जी ही बेहतर जानते होंगे। अब वह मोदी जी का विकल्प तलाश रहे हैं, और सोच रहे हैं कि जाते–जाते मोदी जी की थाली में तो लात मारता ही चलूं। पर उन्हें यह पता नहीं है कि तू जो कुछ भी कर रहा है, वह पार्टी हित में तो है ही नहीं साथ ही राष्ट्रहित में भी नहीं है। क्योंकि जब पार्टी का कार्यकर्ता मोदी जी के पीछे लामबंद होता जा रहा है, तो देश का मतदाता भी उनके पीछे आता जा रहा है। अतः यदि अगली सरकार मोदी जी या भाजपा बनाते–बनाते रह गये और देश को फिर कोई 'मनमोहन' या 'एच.डी. देवेगौड़ा' मिल गया तो उसके लिए जिम्मेदारी आडवाणी की होगी। इससे वह निश्चय ही अपयश के भागी होंगे और यह अपयश का दर्द उनके दिल को दुनिया से जाने के बाद भी सालता रहेगा।

इसलिए आडवाणी जी के लिए उचित है कि वो पार्टी हित और देशहित को निजी हित से ऊपर देखें। पार्टी और देश ने उन्हें बहुत कुछ दिया है, वह कांग्रेस के गांधी से और 1977 के जे.पी. नारायण से शिक्षा ले सकते हैं। इन दोनों महानुभावों ने समय आने पर किसी अन्य को आगे कर दिया और स्वयं पीछे खड़े हो गये, परंतु देश की कृतज्ञ जनता ने उन दोनों के बलिदान को व्यर्थ नहीं जाने दिया, आज भी ये दोनों महानुभाव देश की जनता के दिल में जिंदा हैं और देश उनके प्रति कृतज्ञता का ज्ञापन करता है। अतः आडवाणी जी को भी बलिदान की इसी परंपरा को आगे बढ़ाना होगा। क्योंकि पी.एम. तो रोज पैदा होते हैं पर 'गांधी और जे.पी.' तो कभी कभी ही पैदा होते हैं। वह मनमोहन सिंह को देश का अब तक का सबसे कमजोर पी.एम. मानते हैं, इस बात को उन्होंने कई बार दोहराया है। पर वह भूल जाते हैं कि सत्ता मोह के चक्कर में फंसे मनमोहन को तो वह कोस रहे हैं, पर वह स्वयं भी तो सत्ता मोह के कारण ही अपनी दुर्बलता का प्रकटन कर रहे हैं। वह कमजोरी दिखा रहे हैं और देश की जनता सब कुछ जान रही है। देश की जनता जब जिन्ना की मजार पर झुके आडवाणी को कभी माफ नहीं कर पाई तो सत्ता के लिए हाथ–पांव मारते आडवाणी को भी कैसे माफ करेगी? आडवाणी जी राजनीति के कुशल खिलाड़ी हैं। उन्हें देश की जनता की नब्ज पहचाननी चाहिए। समय उनसे यही कह रहा है, देश भी कह रहा है, उनकी पार्टी भी कह रही है, और उनकी आत्मा भी कह रही है। कह नहीं रहा तो वह उनका अहम है। इसी अहम के बहम में

वह भाजपा के बनते खेल को बिगाड़ रहे हैं। सचमुच राजनीति में भी बड़ा बनने के लिए बड़ी साधना की आवश्यकता होती है। 1984 की बात है, अटल जी आम चुनावों में ग्वालियर से चुनाव लड़ रहे थे। राजीव गांधी के प्रति बनी सहानुभूति लहर विपक्ष के बड़े–बड़े गढ़ गिरा रही थी। विपक्ष के अच्छे–अच्छे नेता अंधड़ में बड़े–बड़े दरख्तों की तरह भूमिसात हो रहे थे। चुनाव में कई लोग मुंह की खा चुके थे। अटल जी भी चुनाव का नतीजा समझ गये थे। जब एक लाख से अधिक मतों से पीछे हुए तो उन्होंने यह कहकर अपनी हार स्वीकार कर ली थी कि मुझे ग्वालियर की जनता का फैसला स्वीकार है। देश की जनता ने जब अटल जी का फैसला सुना तो हर किसी को ग्वालियर की जनता के फैसले पर अफसोस हुआ, पर अटल जी का कद इससे बढ़ गया। आडवाणी जी के लिए यह अफसोस की बात है कि वह अपने देश की जनता के, अपनी आत्मा के और अपनी पार्टी के फैसले को नजरअंदाज कर रहे हैं। आडवाणी जी को भी अटल बनना होगा।

सितम्बर 1, 2014

उठो! स्वाभिमानी भारत के निर्माण के लिए

पाकिस्तान ने अपने जन्म के पहले दिन से ही भारत के लिए समस्याएं खड़ी करने का रास्ता अपनाया। पराजित मानसिकता के इतिहास बोध से ग्रसित भारत के शासक वर्ग ने पाकिस्तान द्वारा देश में और देश के बाहर बोयी गयी समस्याओं के काटने पर तो ध्यान दिया, पर कभी इन समस्याओं के जनक को ललकारने या उसे पाठ पढ़ाने का साहस नहीं दिखाया। फलस्वरूप हम पर पाकिस्तान प्रभावी होता चला गया। उसने हमारी मानवता को हमारी दुर्बलता समझा। हमने जितना अधिक अपने आपको समेटने और सीमित रखने का प्रयास किया, पाकिस्तान उतना ही हमारे सिर पर चढ़ता गया। हमने जम्मू–कश्मीर से अपने ही लोगों का पलायन होने दिया, हमने 26/11 को होने दिया, हमने संसद पर हमला होने दिया और कारगिल में शत्रु को अपनी चालें चलने दीं। हम शत्रु से बचने का एक ही उपाय खोजते रहे कि अपनी 'सीमा' पर कांटेदार बाड़ लगा लो। 'चीन की दीवार' ने चीन को विदेशी आक्रमणों से चाहे सुरक्षा प्रदान कर दी थी, परंतु इस दीवार का निर्माण क्यों किया गया? जब यह प्रश्न आज भी पूछा जाता है, तो अध्यापक यही बताता है कि उस समय चीन एक दुर्बल राष्ट्र था, और नित्यप्रति के होने वाले आक्रमणों से अपने बचाव के लिए उसने दीवार बनाने का यह सरल रास्ता अपना लिया। वैसे ही हमने अपनी सीमा पर कंटीले तार लगा दिये, उन पर कितना व्यय हुआ? यह हममें से कितनों ने सोचा है। सचमुच इतना भारी व्यय हुआ कि इतने से पाकिस्तान को सदियों के लिए पाठ पढ़ाया जा सकता था।

अब नरेन्द्र मोदी जी ने पाकिस्तान के निकट जाकर उसे छद्म युद्ध लड़ने के लिए बड़ी साहसपूर्ण लताड़ लगायी। उन्होंने पाकिस्तान को एक प्रकार से खुले युद्ध का खुला निमंत्रण ही दे डाला और कह दिया कि पाकिस्तान में भारत से सीधा युद्ध लड़ने का साहस नहीं है। सारे देश ने अपने नेता के साहस को 'दाद' दी। भारत में 'जिहादी' उन्माद फैलाकर भारत को इस्लामिक झण्डे के नीचे लाने के लिए पाकिस्तान ही नहीं अपितु बांग्लादेश भी सक्रिय रहा है। एक अध्ययन से स्पष्ट होता है कि पश्चिम बंगाल में अठारह प्रतिशत और आसाम में 32 प्रतिशत विधानसभा क्षेत्रों में बंगलादेशी प्रवासी चुनाव परिणाम को प्रभावित करने की स्थिति में है। बिहार के किशनगंज में 96 प्रतिशत बंगलादेशी प्रवासियों ने मतदान में भाग लिया। बात स्पष्ट है कि अपने चहेते जनप्रतिनिधियों को देश की संसद या विधानसभाओं में भेजकर अपने लिए अनुकूल नियत या कानून बनवाना इन घुसपैठियों का मुख्य उद्देश्य है। वोटों के लालची गिद्ध प्रवृत्ति के भारतीय राजनीतिक अपने देशवासियों के भाग को या अधिकार को छीनकर इन घुसपैठिए शत्रुओं को देने में तनिक भी नहीं लजाते, जिससे देश की स्थिति बहुत ही हास्यास्पद होती जा रही है।

आसाम की लगभग 85 सीटों पर (कुल सीट 126) बांगलादेशी घुसपैठिए निर्णायक भूमिका निभाते हैं। आसाम और उसके पड़ोसी भारतीय राज्यों के हिंदू अपनी स्थिति के लिए आंसू बहा रहे हैं और उन्हें अपने देश में ही अपने अस्तित्व के लिए संघर्ष करना पड़ रहा है जो कि किसी भी स्वाभिमानी देश के लिए लज्जाजनक है।

इतना ही नहीं त्रिपुरा में एन.एल.एफ.टी. व ए.टी.टी.एफ. आसाम में उल्फा व एन.डी.एफ.बी. मेघालय में एच.एन.एल.सी. व ए.एन.वी.सी. नागालैंड में ए.एस.सी.एन. व आई.एम. मणिपुर में पी.एल.ए. व यू.एन.एल.एफ. जैसे जो अलगाववादी संगठन सक्रिय है, उन सबको भोजन–पानी की व्यवस्था बांग्लादेश से होती है। बांग्लादेश के लगभग दस करोड़ लोग भारत में घुसपैठिए बन चुके हैं, जो उत्तर भारत तक फैल गये हैं। इन घुसपैठियों के छोटे–छोटे बच्चे रेलवे स्टेशनों पर जेबतराशी का काम करते हैं और इससे अलग भी कई प्रकार के जघन्य अपराध करते हैं। बांग्लादेश के बंदरबन, रंगामारी, चितरगोंग, खगराचरी, मौलवी बाजार, हबीबगंज, स्लीट मेमनसिंग, कुरीग्राम को मिला और ढाका में पूर्वोत्तर भारत में सक्रिय आतंकी तैयार

होकर आते हैं, और भारत के विकास को विनाश में परिवर्तित करने के लिए कार्य करते हैं। दक्षेस जैसे क्षेत्रीय सहयोग संगठन में पाकिस्तान और बांग्लादेश यद्यपि महत्वपूर्ण सहयोगी देश हैं, परन्तु इनकी मित्रता में भी विष है और इनके सहयोग में भी विनाश की योजनाएं हैं। इसलिए इन जैसे देशों को भूलकर भी भारत को अपना मित्र नहीं मानना चाहिए।

'मूर्खों का स्वर्ग' सचमुच धर्मनिरपेक्ष भारत है। इसी भारत में बहुत से ऐसे बुद्धिजीवी निवास करते हैं, जो वास्तव में तो बुद्धि के शत्रु ही हैं, ये लोग आज तक पाकिस्तान का उल्लेख आते ही कहने लगते हैं कि भारत–पाक की विरासत सांझा है, इतिहास सांझा है। पर पिछले 67 वर्ष में पाकिस्तान ने अपने मदरसों और कॉलेजों के माध्यम से 'इतिहास बदलो' का जो विशेष अभियान चलाया है, उसी का परिणाम है कि आज पाकिस्तान की तीसरी पीढ़ी पाकिस्तान का जन्म 14 अगस्त, 1947 को नहीं अपितु सन 712 ई. में मौहम्मद बिन कासिम के पहले आक्रमण से मानने लगी है। वहां यह बताया जा रहा है कि पाकिस्तान को उसी समय एक स्थिर आधार प्राप्त हो गया था। गांधी जी और उनकी कांग्रेस धर्मनिरपेक्षता के जिन आदर्शों, को अपने सामने रखकर चलते रहे और 'हिंदू मुस्लिम' भाई–भाई का नारा लगा–लगाकर दिन में सपने देखते रहे। उन्हीं गांधीजी और उनकी कांग्रेस को पाकिस्तान में हिंदू नेता और हिंदू पार्टी कहा जाता है, जिन्होंने मुसलमानों पर अत्याचार ढहाने में प्रमुख भूमिका निभाई थी। इस 'मानसिकता का बीजारोहण' पाकिस्तान के संस्थापक जिन्ना ने ही कर दिया था। जब 30 जनवरी, 1948 को गांधीजी की हत्या की गयी थी तो उस समय पाकिस्तान के इस संस्थापक और गांधी जी के 'कायदे आजम' ने गांधी जी को एक 'महान हिन्दू–नेता' कहकर श्रद्धांजलि दी थी। जब उन्हें इस प्रकार की शब्दावली के लिए टोका गया तो उन्होंने कह दिया था कि मैंने जो कुछ भी लिखा है वह सोच–समझकर लिखा है, इसलिए परिवर्तन की आवश्यकता नहीं है।

1998 के अपने अंक में 'द हेराल्ड' ने लश्कर–ए–तैय्यबा के अमीर मौहम्मद खान का साक्षात्कार प्रकाशित किया था, जिससे पता चलता है कि भारत के संदर्भ में 'जिहाद' में क्या अर्थ है। उसने कहा था–''हमारा जिहाद अपरिहार्य रूप से गैर मुस्लिमों, विशेषकर हिंदओं और यहूदियों, जो मुस्लिमों के दो प्रमुख शत्रु हैं, तक ही सीमित है। कुरान में भी यह कहा

गया है कि ये दोनों इस्लाम के शत्रु हो सकते हैं। ये दोनों शक्तियां मुस्लिमों और पाकिस्तान के लिए परेशानियां उत्पन्न करती हैं। मेरा मानना कि जैसा कुरान में कहा गया है हिंदू मुशरिक हैं, और हिंदूवाद, शिव का बदतर रूप है, जहां तीस करोड़ देवताओं की पूजा होती है, यहीं से सिर्फ अन्य देशों में फैल रहा है। इस तरह हिंदू प्रत्यक्ष रूप से हमारे लिए परेशानियां पैदा कर रहे हैं। यदि अल्लाह हमें ताकत दे, तो यहूदियों के खिलाफ भी जेहाद चलाएंगे, जो मुस्लिमों के कट्टर शत्रु हैं। अमीर की इस घोषणा को केवल किसी संगठन या किसी संगठन के एक मुखिया की सोच नहीं माना जाना चाहिए, विशेषतः तब जब इस सोच को कुरानी आदेशों के नाम पर फैलाया जा रहा है। निस्संदेह यही वह सोच है जिसने कश्मीर से कश्मीरी पंडितों को निकलवाया है और यही वह सोच है जिसने पाकिस्तान को पहले दिन से ही भारत का शत्रु राष्ट्र बनने में सहायता की है। जम्मू–कश्मीर में 1989 से 2006 तक के सत्रह वर्षों में 13,500 से अधिक आम नागरिक और 5300 से अधिक सुरक्षाकर्मी आतंकवादियों द्वारा मारे जा चुके हैं। जबकि इस अवधि में राज्य में केवल 62 व्यक्तियों की पहचान आतंकवादी के रूप में की गयी। 1987 से 2006 तक के बीस वर्षों में लगभग 64000 लोग आतंकवादी हिंसा में अपनी जान गंवा चुके हैं। इनमें से सभी भारत के सीमा क्षेत्र में मारे गये हैं। सन 2004 तक देश के 40–45 प्रतिशत क्षेत्रफल में बसे 220 जिले किसी न किसी रूप में हिंसात्मक विद्रोह की चपेट में थे।

पाकिस्तान द्वारा प्रायोजित आतंकवाद की तस्वीर भारत के लिए और भी अधिक भयानक है। हमने यहां केवल कुछ संकेत मात्र दिये हैं। कहने का अभिप्राय यह है कि जिस पाकिस्तान की शिक्षा प्रणाली में भी भारत विरोध और भारत के प्रति शत्रुता की भावना भरी हो, उस देश से मानवतावादी होने या भारत का कभी परमहितैषी होने की अपेक्षा नहीं की जा सकती। ऐसी परिस्थितियों में भारत के प्रधानमंत्री श्री नरेन्द्र मोदी जी ने पाक के नापाक इरादों को भली प्रकार समझकर उसे सही समय पर सही उत्तर दिया है। प्रधानमंत्री श्री मोदी जी अपने देश को बचाव की मुद्रा में नहीं अपितु आक्रामकता की भावभंगिमा में देखना चाहते हैं। इसे आप अतिवादी राष्ट्रवादी नहीं कह सकते। शत्रु को युद्ध का खुला निमंत्रण देना भी कूटनीति का उस समय एक आवश्यक अंग बन जाया करता है, जब देश छद्मयुद्ध से भारी क्षति उठा चुका हो, भारत अपनी अस्मिता के

लिए पिछले 1300 वर्षों से लड़ रहा है, मित्र के लिए वह फूल से अधिक कोमल है, तो शत्रु के लिए वह फौलादी होना भी जानता है। बस भारत की इसी परंपरा का व वीरोचित शैली का परिचय पाकिस्तान को भारत के पी.एम. श्री मोदी जी ने दिया है। 'मोदी युग' का शुभारंभ हो चुका है और हम पहले से अधिक समृद्ध और स्वाभिमानी भारत के निर्माण की ओर बढ़ रहे हैं। जब वीरांगनाओं के जौहर रचते हैं, तो जिहाद उसकी आग से सदा डरकर भागा है। आज का समय फिर हमें कुछ करने के लिए प्रेरित कर रहा है। नरेन्द्र मोदी जी उसका आगाज दे चुके हैं, एक स्वाभिमानी भारत के निर्माण का संकल्प लेकर।

सितम्बर 3, 2014

कश्मीर में 'तीन सौ सत्तर' बाधाएं

मोदी सरकार बड़ी सावधानी से फूंक–फूंक कर कदम आगे बढ़ा रही है। मोदी जी ने अपनी सरकार की छवि 'बातें कम–काम अधिक' वाली बनाने का प्रयास किया है। उनकी सोच 'चुपचाप काम में लगे रहो और परिणामों पर जनता की प्रतिक्रिया की प्रतीक्षा करो' वाली है। वह सही समय पर नपा–तुला बोलना पसंद करते हैं। अभी तक भी उनकी कार्यशैली सचमुच 'प्रधान सेवक' वाली ही है।

बात यदि कश्मीर की करें तो मोदी जी इस बार कश्मीर में हिंदू मुख्यमंत्री देखना चाहते हैं। इसके लिए उनके पास वहां की विधानसभा के आगामी चुनावों में कम से कम 44 विधायक होने आवश्यक हैं। यदि लोकसभा चुनावों की स्थिति पर नजर डालें तो उस समय भाजपा ने 29 सीटों पर बढ़त प्राप्त की थी। अब भाजपा ने कुलगाम, अनंतनाग, गंदरबल, हब्बाकदल, तराल, खनयार, अमीर कदल जैसी कुछ सीटों की पहचान की है, जिन पर वह अच्छी बढ़त ले सकती है।

विधानसभा चुनावों के दृष्टिगत जम्मू–कश्मीर के मुख्यमंत्री उमर अब्दुल्ला और उनकी पार्टी की 'पराजित मानसिकता' दिखने लगी है। नैकां और कांग्रेस का गठबंधन टूट गया है। अब भारत–पाक सीमा पर पाकिस्तानी हरकतों के कारण जो तनाव पैदा हुआ और पाक ने आतंकी संगठनों से मिलते रहने की अपनी पुरानी आदत पर काम किया तो भारत को सख्ती के साथ पाकिस्तान से किसी भी प्रकार की वार्ता करने को तब तक के लिए बेतुका करार दिया है, जब तक कि सीमा पर 'गोले और गोलियां' दागे जाते रहेंगे। भारत के प्रधानमंत्री श्री नरेन्द्र मोदी जी ने अपने शपथग्रहण समारोह के समय ही पाक के अपने समकक्ष नवाज शरीफ को यह स्पष्ट कर दिया था

कि बम धमाकों के शोर में बातचीत नहीं हो पाएगी। चुनावों के समय मोदी जी ने उमर अब्दुल्ला और उनके पिता को कठोर शब्दों में सावधान किया था और उन्हें बताया था कि साम्प्रदायिकता क्या होती है? अभी पिछले दिनों पी.एम. ने कश्मीर की पवित्र धरती पर खड़े होकर ही पड़ोसी पाक को सावधान किया था कि वह 'छद्म युद्ध' छोड़े और सीधे–सीधे दो–दो हाथ करे। इन सब बातों का प्रभाव कश्मीर के विस्थापित पंडितों पर पड़ना स्वाभाविक ही है। इसलिए मोदी सरकार का 'कश्मीर मिशन' इन सब बातों की पड़ताल करने पर ही साफ होता है कि वह चाहते क्या हैं और उनकी योजना क्या हो सकती है?

निश्चित रूप से कोई भी प्रधानमंत्री किसी भी प्रांत में अपनी पार्टी की सरकार देखना चाहता है, तो यह उसका लोकतांत्रिक अधिकार भी है, और अपनी पार्टी को आगे बढ़ता देखने का उसका एक सपना भी होता है। यदि श्री मोदी जी ऐसी कोई संरचना बुन रहे हैं तो इसमें बुरा कुछ भी नहीं है। कुछ समय पहले बिहार में मुस्लिम मुख्यमंत्री बनने को धर्मनिरपेक्षता की सही परिभाषा रामविलास पासवान ने माना था। तब कुछ लोगों ने उनके कथन की आलोचना करते हुए तर्क दिया था कि कश्मीर में हिंदू मुख्यमंत्री होना धर्मनिरपेक्षता नहीं है, तो बिहार में मुस्लिम मुख्यमंत्री होना धर्मनिरपेक्षता कैसे है? बात तो सही थी, पर अब पासवान भी मोदी के साथ हैं। अब कई चीजों की परिभाषा अपना सही स्वरूप और सही अर्थ ले रही है। इसलिए पहली बार एक सशक्त योजना जम्मू–कश्मीर को एक हिंदू के हाथ में देने की बन रही है। इन सब संभावनाओं के बीच कश्मीरी विस्थापित पंडितों को अपने घर लौटने की उम्मीदें पैदा होती जा रही हैं। तस्वीर पर अभी हालांकि बहुत कुछ धुंधलका है पर इतना गहरा भी धुंधलका नहीं है कि कुछ भी ना दिख सके। बहुत कुछ होने की उम्मीदें बनती बढ़ती जा रही हैं और अभी मोदी सरकार के लिए इतनी संभावनाएं पैदा कर देना भी एक बड़ी उपलब्धि है। इससे आगे हमें आने वाले कश्मीरी विधानसभा चुनावों का जनादेश रास्ता बताएगा कि हम धारा 370 की तीन सौ सत्तर रस्सियों की बाधाओं में उलझ कर रह जाएंगे, या कुछ आगे भी कर पाएंगे, संकेत कुछ अच्छे हैं, उम्मीद करें कि हम होंगे कामयाब एक दिन।

नवम्बर 20, 2013

कांग्रेस : प्रायश्चित बोध भी आवश्यक है

भाजपा के पी.एम. पद के प्रत्याशी नरेन्द्र मोदी जी को कांग्रेस के रणनीतिकार और केन्द्रीय मंत्री पी. चिदंबरम् ने पहली बार कांग्रेस के लिए 'चुनौती' माना है। पी. चिदंबरम् ने कांग्रेस के उपाध्यक्ष राहुल गांधी के राष्ट्रीय मुद्दों पर चर्चा से बचने की प्रवृत्ति को भी पार्टी के लिए चिंताजनक कहा है। उन्होंने कहा है कि राजनीतिक दल के तौर पर हम यह मानते हैं कि मोदी जी कांग्रेस के लिए बड़ी चुनौती हैं। वह मुख्य विपक्षी पार्टी के प्रधानमंत्री पद के उम्मीदवार हैं। हमें उन पर ध्यान केन्द्रित करना ही होगा।

यह अच्छी बात है कि कांग्रेस ने मोदी जी को एक चुनौती माना है। स्वस्थ लोकतंत्र के लिए यह आवश्यक भी है कि देश में सशक्त और सक्षम विपक्ष होना ही चाहिए। कल को प्रधानमंत्री कौन बनता है–यह एक अलग विषय है, परंतु देश में सक्षम विपक्ष के होने की बहुत ही अधिक आवश्यकता होती है। इससे सत्तारूढ़ पार्टी 'सावधान' होकर कार्य करती है और देश के समक्ष चुनौतियों के प्रति राष्ट्रीय नेतृत्व गंभीर होता है। क्योंकि उसे पता होता है कि यदि 'प्रमाद' बरता गया तो परिणाम गंभीर होंगे। कांग्रेस ने विपक्ष को सक्षम के स्थान पर सदा 'अक्षम' बनाये रखने का जंजाल बुने रखा और सत्ता की थाली का स्वाद चखती रही। विपक्ष अक्षम और अकर्मण्य बना रहा, यह उसकी अक्षमता और अकर्मण्यता (निकम्मेपन) का ही परिणाम है कि देश में तीसरे मोर्चे (भानुमति का कुनबा) के कंधों पर सवार होकर वह सत्ता का सुखोपभोग सस्ते ढंग से करने को लालायित रहने लगा है। वास्तव में तीसरा मोर्चा, विपक्ष को सत्ता के श्मशानों तक पहुंचाने वाला

ताबूत है। अतीत बताता है कि इसी ताबूत पर उठाकर इन तीसरे मोर्चे वालों ने कई सरकारों का अंतिम संस्कार किया है। ऐसी परिस्थितियों को कांग्रेस ने अपने हित में भुनाया है और वह देश की जनता में यह विश्वास स्थापित करने में सफल रही है कि विपक्ष देश को स्थायी सरकार नहीं दे सकता। तब मोदी जी का राष्ट्रीय राजनीति में सुदृढ़ता के साथ स्थापित होना, देश के लोकतंत्र के लिए सुखदायक अनुभूति है। कुछ लोग उन पर फासिस्ट होने के आरोप लगाते हैं, उनका यह कहना केवल 'विरोध के लिए विरोध' की श्रेणी में आता है। क्योंकि उनकी कार्यशैली ने गुजरात में स्पष्ट कर दिया है कि वह अपने विरोधियों को मिटाते नहीं हैं और ना ही उनकी आलोचनाओं से विचलित होते हैं, अपितु उनकी आलोचनाओं का अपने कार्य और वाणी से करारा जवाब देते हैं। यदि आप लचीले हैं तो आपको मूर्ख बनाने वालों की दृष्टि में आपका कोई मूल्य नहीं रहेगा और आपकी लचीली नीतियों का अनुचित लाभ उठाकर वही लोग आपको अपयश का भागी बना देंगे जो आपसे लाभ उठाते रहे हैं। इसलिए नेता को 'अपेक्षित' कठोरता का प्रदर्शन करना ही चाहिए। मोदी जी वैसे नहीं हैं जैसे कि स्व. इंदिरा गांधी के काल में श्रीमति गांधी पर अपने विरोधियों को 'ठिकाने लगाने' के आरोप लगते रहे थे।

मोदी जी एक विचाराधारा को लेकर उठ रहे हैं, जिस पर उन्हें जन समर्थन मिलता देखकर कांग्रेस की नींद उड़ गयी है। कांग्रेस के नेता अपने नेता राहुल गांधी से आशा रखने लगे हैं कि वे हर सप्ताह विदेश भागने के स्थान पर विपक्षी दल भाजपा के पी.एम. पद के प्रत्याशी मोदी जी का सामना करें और राष्ट्रीय मुद्दों पर अपने और पार्टी के विचार स्पष्टता के साथ प्रस्तुत करें। सारा देश भी यही चाहता है कि कांग्रेस अपनी छद्म धर्मनिरपेक्षता व तुष्टिकरण की नीतियों से देश को और देश के अल्पसंख्यकों को हुए लाभों को स्पष्ट करें और मोदी जी इन नीतियों से होने वाले अन्यायों और हानियों का लेखा–जोखा देश की जनता के सामने प्रस्तुत करें। यह सत्य है कि कांग्रेस की इन नीतियों से देश के अल्पसंख्यकों का कोई हित नहीं हो पाया है। देश के समाज की सर्वांगीण उन्नति और उसका समूहनिष्ठ विकास तो सर्व संप्रदाय समभाव और विधि के समक्ष समानता की संवैधानिक गारंटी में ही निहित है। श्री नरेन्द्र मोदी जी ने अपनी कार्यशैली से स्पष्ट किया है कि वह अल्पसंख्यकों के अनुचित

तुष्टिकरण को तो उचित नहीं मानते पर, वो विकास की दौड़ में पीछे रह जाएं, ऐसी किसी व्यवस्था के भी समर्थक नहीं हैं। वस्तुतः ऐसा ही चिंतन वीर सावरकर का भी था और किन्हीं अर्थों तक सरदार पटेल भी यही चाहते थे। इस देश का दुर्भाग्य ही यह है कि जो व्यक्ति शुद्ध न्यायिक और तार्किक बात कहता है उसे ही साम्प्रदायिक कहकर अपमानित किया जाता रहा है। नमो ने अब मन बना लिया है कि साम्प्रदायिकता यदि शुद्ध न्यायिक और तार्किक बात के कहने में ही अंतर्निहित है तो वह यह गलती बार–बार करेंगे और जिसे इस विषय में कोई संदेह हो वह उससे खुली बहस से भी पीछे नहीं हटेंगे।

लोकतंत्र में चुनावी मौसम में जनता का दरबार ही संसद का रूप ले लेता है। इसीलिए लोकतंत्र में संसद से बड़ी शक्ति जनता जनार्दन में निहित मानी गयी है। अब जनता जनार्दन की संसद का 'महत्वपूर्ण सत्र' चल रहा है और सारा देश इसे अपनी नग्न आंखों से देख रहा है। अतः इस 'सर्वोच्च सदन' से किसी नेता का अनुपस्थित रहना या किसी नेता के तार्किक बाणों का उचित प्रतिकार न करना भी इस सर्वोच्च संसद का अपमान ही है। लोकतंत्र की सबसे बड़ी विशेषता ही यह है कि ये राज दरबारों के सत्ता के षड्यंत्रों में व्यस्त रहने वाले नेताओं को जनता के दरबार में भी प्रस्तुत करता है और उनके कार्य व्यवहार की औचित्यता या अनौचित्यता का परीक्षण जनता से अवश्य कराता है। अतः यह अनिवार्य हो जाता है कि ऐसे समय पर कोई नेता मुंह छुपाने का प्रयास ना करे। जनता को भी सावधान रहना चाहिए कि उसे दो लोगों की लड़ाई का आनंद लेते देखकर सत्ता सुंदरी के डोले को कहीं फिर श्मशानों में जाकर उसका अंतिम संस्कार करने में सिद्ध हस्त कुछ 'परंपरागत सौदागर' न उठा ले जायें।

कांग्रेस ने पिछले 66 वर्षों में सबसे अधिक कुरूपित धर्म को किया है। इस पार्टी के चिंतन पर विदेशी लेखकों और विचारकों का रंग चढ़ा रहा है। ये ऐसे लेखक और विचारक रहे हैं जो धर्म को कभी जाने ही नहीं। सके, क्योंकि उनके देश और परिवेश में भी धर्म को कभी जाना–पहचाना नहीं गया था। जबकि मनुस्मृति के स्मृतिकार मनु महाराज ने बहुत पहले ही लिख दिया था–

धृतिः क्षमा दमोअस्तेयं शौचमिन्द्रिय निग्रहः।
धीर्विद्या सत्यमक्रोधो दशकम् धर्म् लक्षणम् ।।

यहां पर धर्म के दस लक्षणों पर विचार करते हुए महर्षि मनु कहते हैं कि जहां क्षमा, धैर्य, सत्य, अहिंसा, इन्द्रियनिग्रह, विद्या, अक्रोध जैसे मानवीय गुण होते हैं, वहां धर्म होता है। वहां मानवता होती है। धर्म की यह परिभाषा नहीं है, अपितु केवल धर्म के लक्षणों पर प्रस्तुत किया गया एक गूढ़ विचार है। इस विचार से या धर्म के इन लक्षणों से निरपेक्ष रहना किसी भी सभ्य समाज के लिए असंभव है, इसलिए धर्मनिरपेक्षता की अवधारणा ही अनौचित्यता से परिपूर्ण है। हां, सम्प्रदायनिरपेक्षता समाज के लिए आवश्यक है। परंतु कांग्रेस ने सम्प्रदायनिरपेक्षता को न अपनाकर धर्मनिरपेक्षता को अपनाया। इसलिए आज के कांग्रेसी नेता राहुल गांधी के लिए यह आवश्यक है कि यह अपने विचार इस विषय में अवश्य प्रस्तुत करें। समय पुकार रहा है—एक चुनौती बनकर, और जब समय स्वयं चुनौती बन जाता है तो उसे उपेक्षित नहीं किया जा सकता है, क्योंकि समय को काल भी कहते हैं, और 'काल' किसी को छोड़ता नहीं है। अब इस देश में पिछले 66 वर्षों में जिन राजनीतिक मूल्यों या मान्यताओं को कांग्रेस ने स्थापित किया है, वे सभी काल चक्र में पिसने लगी हैं, जिनसे कांग्रेस को अपना बचाव करना ही चाहिए।

पी. चिदंबरम् को चाहिए कि वे कांग्रेस की ओर से पाप प्रक्षालन का पुण्य कार्य भी करें। वे देश के सामने कांग्रेस के पापबोध और प्रायिश्चत बोध के रूप में कांग्रेस को उतारें तो कांग्रेस के बिगड़ते स्वास्थ्य में लाभ हो सकता है। पी. चिदंबरम् तनिक देखें, कि देश में उनकी सरकारों के रहते रहते क्या क्या हो गया—

—हिंदी को मरोड़ा गया, अरबी को उसमें जोड़ा गया। हिंदुस्तानी की खिचड़ी पकाकर हंस से उतारकर वीणा पाणि शारदा को मुरगे की पीठ पर खींचकर बिठाये जाने का कुचक्र चल रहा है। बादशाह दशरथ 'शहजादा राम' कहकर वशिष्ठ को मौलवी बताने की तैयारी हो रही है। —देवी जानकी को 'वीर' बेगम कहा जा रहा है। —महाकवि स्वामी रामचंद्र वीर महाराज की ये पंक्तियां बड़ी मार्मिक हैं। जिनमें अंत में कवि कहता है कि (यदि सब ऐसा हो गया तो) जब तुलसी से संत यहां कैसे फिर आएंगे?

'तुलसी' की पूजा का हमारे यहां विशेष विधान है और तुलसी हमारे सम्मान के भी पात्र हैं। क्योंकि तुलसी में हमारी संस्कृति का पूरा ताना

बाना छिपा है। आज 'तुलसी' पर हो रहा आक्रमण मानो संस्कृति पर किया जा रहा आक्रमण है। इसलिए लड़ाई एक राजनीतिक दल के राजनीतिक चिंतन या राजनीतिक विचारों से नहीं है, अपितु देश की संस्कृति पर किये जा रहे हैं आक्रमण का प्रतिरोध करने की है। उस पर राहुल के क्या विचार हैं? क्या उनके द्वारा लाया जा रहा **'साम्प्रदायिक हिंसा निषेध विधेयक'** देश की समस्याओं का कोई उपचार है या उन्हें और बढ़ाएगा? इस पर दो दो हाथ यदि श्री मोदी जी और राहुल गांधी में हो जाएं तो बुराई क्या है? मोदी जी की इस बात में बल है कि कांग्रेस ने ही देश का भूगोल बदला है और उसी ने इतिहास बदला है। नेहरू–गांधी परिवार का यशोगान कर देश के लाखों स्वतंत्रता सेनानियों को उपेक्षा की भट्टी में झोंक दिया है। अंततः ऐसा क्यों? कांग्रेस से देश उत्तर चाहता है, कांग्रेस या तो उत्तर दे, या फिर पाप और प्रायश्चित बोध करे। यह प्रश्न मोदी जी का नहीं अपितु देश का है, देखते हैं कांग्रेस क्या कहती है?

जून 28, 2012

मोदी को देखकर भागते नीतीश

नीतीश राजग क्यों छोड़ना चाहते हैं? यह बात आज की तारीख में बड़ी अहम हो गयी है कि इस प्रश्न का उत्तर खोजा जाये। ऊपरी तौर पर वह नरेन्द्र मोदी जी से खिन्न और उनके जातीय विरोधी नजर आते हैं, लेकिन भीतर ही भीतर उनके दिल में भी एक नई महत्वाकांक्षा जन्म ले चुकी है। 2010 में उन्हें बिहार की जनता ने दुबारा गद्दी सौंपी तो उनके भीतर एक नया नीतीश पलने लगा। वह उसे जितना ही शांत करते हैं, उतना ही वह उन्हें बिहार से निकलकर दिल्ली चलने के लिए प्रेरित करता है। यह बात अलग है कि पटना से नई दिल्ली की दूरी तय करना उनके लिए आसान नहीं है। लेकिन वह राजनीति भी क्या जिसने सपने नहीं दिखाये? हर व्यक्ति को सपने लेने का अधिकार है, पर जहां तक नरेन्द्र मोदी जी और नीतीश के सपनों का सवाल है तो इनमें जमीन आसमान का अंतर है। श्री नरेन्द्र मोदी जी अपने बलबूते सारे विघ्नों को दूर कर भाजपा को बहुमत दिलाकर केन्द्र में सरकार बनाने की दिशा में बढ़ना चाहते हैं। जबकि श्री नीतीश केन्द्र के लिए गठबंधन की राजनीति को अपना आधार बनाकर चलना चाहते हैं। जाहिर है कि नीतीश के मुकाबले श्री नरेन्द्र मोदी जी अधिक जोखिम लेने को तैयार हैं, पर नीतीश राजनीति में गठबंधन की पुरानी परंपरा को अपने लिये आसान समझते हैं। वह कांग्रेस, भाजपा से अलग तीसरे मोर्चे की तलाश में है, और यदि कोई स्थिति ऐसी बनी कि कांग्रेस को सत्ता से हटना पड़ा और तीसरा मोर्चा ताकतवर होकर उभरा तो उस समय के लिए अब श्री नरेन्द्र मोदी जी का जितना तीखा विरोध कर लिया जाएगा उतना ही लाभदायक रहेगा। इस प्रकार वह श्री नरेन्द्र मोदी जी का विरोध करके मानो ब्याज पर पैसा बांट रहे हैं। कांग्रेस ने भी स्थिति को समझा है

और उसने भी राजग के भीतर ही फूट डालकर नरेन्द्र मोदी जी का जवाब तलाशने की कोशिश की है। इसलिए नीतीश को कांग्रेस राष्ट्रपति पद के चुनावों के दृष्टिगत अपने साथ ले आयी है। दोनों की कूटनीति की शतरंजी चालें हैं और भविष्य में ये चालें कुछ गुल खिला सकती हैं।

इस वर्ष के अंत में गुजरात, हिमाचल प्रदेश, छत्तीसगढ़ और मध्य प्रदेश सहित कुछ प्रांतों में चुनाव होने हैं, पर इन चारों राज्यों में भाजपा सत्तारूढ़ है। कांग्रेस राजग को तोड़कर इन राज्यों में भाजपा को पटकनी देना चाहती है। दूसरे कांग्रेस तृणमूल नेता ममता बैनर्जी की रोज–रोज की हठ से परेशान आ चुकी है और मुलायम व मायावती पर उसे भरोसा नहीं है। इस प्रकार कांग्रेस की 'म' यानी डॉ. मनमोहन सिंह के लिए तीन म (मायावती, मुलायम सिंह यादव और ममता) भारी पड़ रही हैं, या पड़ सकती हैं। इसलिए भविष्य के साथी के रूप में नीतीश को साथ लेने में कांग्रेस लाभ देख रही है, लेकिन ये सारी चीजें श्री नरेन्द्र मोदी जी के लिए खास परेशानी वाली नहीं लगती। वास्तव में नरेन्द्र मोदी के प्रति कांग्रेस और नीतीश की यह शतरंजी चाल आक्रामक नहीं बल्कि बचाव की मुद्रा की दीख पड़ती है। ये दोनों ही श्री नरेन्द्र मोदी जी के वामन से विराट बनते व्यक्तित्व से भयभीत हैं, इसलिए वह भयातुर होकर शोर कर रहे हैं। नीतीश का ये सोचना कि हिंदुत्ववादी का प्रधानमंत्री बनना ठीक नहीं है, और तत्संबंधी उनकी घोषणा के दो अर्थ हैं। एक तो यह कि वह श्री नरेन्द्र मोदी जी से खासे भयभीत हैं और दूसरे यह कि धर्मनिरपेक्ष प्रधानमंत्री के रूप में स्वयं को पेश करना चाहते हैं। यदि वह, नरेन्द्र मोदी से भयभीत हैं तो उन्हें रोकने के लिए उन्हें स्वयं को श्री नरेन्द्र मोदी जी से ऊपर सिद्ध करना होगा और यदि वह स्वयं को धर्मनिरपेक्ष प्रधानमंत्री के रूप में स्थापित करना चाहते हैं, तो पहले उन्हें यह बताना होगा और देश की जनता को समझाना होगा कि 85 प्रतिशत हिंदुओं की जनसंख्या वाले इस देश में हिंदुत्ववादी व्यक्ति प्रधानमंत्री क्यों नहीं बन सकता? देश की जनता के लिए यह चर्चा खासी रोचक सिद्ध हो सकती है। श्री नरेन्द्र मोदी जी यह सिद्ध करें कि हिंदुत्ववादी व्यक्ति ही प्रधानमंत्री होना चाहिए और नीतीश कुमार यह सिद्ध करें कि वह नहीं होना चाहिए।

लेकिन आर.एस.एस. के सरसंघ चालक मोहन भागवत ने लातूर में जब से नीतीश से पूछा है कि देश का प्रधानमंत्री हिंदुत्ववादी व्यक्ति क्यों नहीं हो

सकता? तब से उनके तेवर ढीले पड़ गये लगते हैं। नीतीश मुस्लिमपरस्त राजनीति करते हैं और इसी कारण उन्होंने फतवे के अंदाज में यह कह दिया कि भारत का प्रधानमंत्री धर्मनिरपेक्ष विचारधारा का व्यक्ति होना चाहिए। मानो वह देश की 85 प्रतिशत हिंदू जनता के प्रवक्ता हों। लेकिन उन्हें ज्ञात होना चाहिए कि देश की जनता अपना प्रवक्ता स्वयं होती है। प्रवक्ता पार्टियों में होते हैं, जनता के नहीं। जनता पांच साल तक केवल देखती है और सुनती है पर बोलती केवल एक बार है। उसका एक बार का बोलना ही जनादेश बन जाता है।

नीतीश कुमार चाहते हैं कि जयललिता, मुलायम सिंह यादव, नवीन पटनायक और चंद्रबाबू नायडू जैसे लोग उनके साथ जुडें और उन्हें अपना नेता मानें। इनमें से मुलायम सिंह यादव स्वयं महत्वाकांक्षा पाले हुए हैं, और वह प्रधानमंत्री से कम पर इस बार राजी होने वाले नहीं हैं। उत्तर प्रदेश को अपने बेटे के हाथों में सौंपकर अब वह निश्चिंत हैं और अब केन्द्र में प्रधानमंत्री की तैयारी कर रहे हैं। जबकि चंद्रबाबू नायडू की स्थिति अभी हाल ही में आंध्र प्रदेश में हुए उपचुनावों में हम सबने देख ली है। उनकी फजीहत हुई है और वह केवल नीतीश के साथ किसी मंच पर भीड़ बढ़ाने के अलावा और किसी काम के नहीं हो सकते। लेकिन नीतीश को यह बात ध्यान रखनी होगी कि 1977 में केन्द्र में गठबंधन सरकार जनता पार्टी के नेतृत्व में बनी तो क्या हुआ? 1989 में वी.पी. सिंह ने बनाई तो क्या हुआ? उन्हें कांग्रेस की चाल में नहीं फंसना चाहिए, अपितु केन्द्र में एक दलीय सरकार बनाने के लिए प्रयास करना चाहिए, अन्यथा कहना पड़ेगा कि वह केन्द्र में सरकार बनाने के लिए अपेक्षित प्रयासों से जी चुरा रहे हैं और नरेन्द्र मोदी जी परिश्रम के लिए लंगर कस चुके हैं। वह लंगर कसे श्री मोदी से भाग रहे हैं, निश्चित रूप से उन्हें इस समय सिद्धांतों की चिंता नहीं है बल्कि राजनीति के खेल में पिटती अपनी गोटियों की चिंता है।

मर्च 24, 2013

गुजरातः सूर्य उदय होना चाहता है

गांधीजी ने एक बार कहा था–**'गांधीवाद नाम की कोई वस्तु नहीं है और मैं अपने बाद कोई संप्रदाय छोड़ना नहीं चाहता। मैं किसी नये वाद, सिद्धांत या मत को चलाने का दावा नहीं करता। मैंने तो केवल अपने ढंग से आधारभूत सच्चाईयों को अपने नित्यप्रति के जीवन एवं समस्याओं पर लागू करने का प्रयत्न किया है। आप इसे गांधीवाद न कहें। इसमें कोई वाद नहीं है।'**

गांधीवाद के प्रति गांधीजी के ये विचार थे। स्पष्ट है कि वे अपने पीछे कोई गांधीवाद छोड़ना नहीं चाहते थे, वह अपनी मान्यताओं के अनुरूप अपने जीवन के लिए तथा प्राणीमात्र के जीवन के लिए जिन आधारभूत सच्चाईयों को भारतीय संस्कृति में, जीवन में जीवन खोज रहे थे, और उस पर अपना कोई दावा नहीं जता रहे थे। लेकिन गांधीजी ने अपने ऊपर गांधीवाद की जबरन लादी गयी चादर को जितना ही फेंकने का प्रयास किया हमने उन्हें उस चादर में उतना ही लपेटा। पी.एस. रमैया का कहना है–गांधीवाद नीतियों, सिद्धांतों, नियमों आदेशों और निषेधों का ही नहीं, अपितु जीवन का एक रास्ता है। इसके द्वारा जीवन की समस्याओं के प्रति एक नवीन दृष्टिकोण प्रतिपादन या पुरातन दृष्टिकोण की पुनर्व्याख्या करते हुए आधुनिक समस्याओं के लिए पुरातन हल प्रस्तुत किये हैं।

रमैया का यह कथन उन लाखों लोगों की मानसिकता का प्रतीक है जो गांधीवाद को गांधी पर जबरन लादे रखना चाहते हैं और समस्याओं का और सामाजिक विसंगतियों का हल केवल गांधीवाद में तलाशते हैं। पीछे जाकर वैदिक वांग्मय में उतरना ही नहीं चाहते। इस प्रकार पूरा देश आनंद के स्रोत से काटकर रख दिया गया है। गांधीवाद की जय में ही सब

कुछ समेटकर लाने का प्रयास किया गया है। यहां तक कि गीता जिसे कि गांधीजी अपनी माता कहा करते थे और ऐसी कामधेनु माना करते थे जो कि संपूर्ण इच्छाओं की पूर्ति करती है एवं मन में आत्मविश्वास भरती है, से भी हमने प्रेरणा लेनी बंद कर दी। क्योंकि उससे हम साम्प्रदायिक कहे जा सकते हैं।

अब ढोंगी कौन हुआ? स्वयं गांधीजी का गांधीवाद। इनमें से एक ढोंगी अवश्य है, या तो गांधीजी थे जो संपूर्ण इच्छाओं और समस्याओं के समाधान के लिए गीता को अपनी माता मानते थे या वे गांधीवादी हैं जो सैक्युलरिज्म के नाम पर गीता को हाथ लगाना 'पाप' समझते हैं। वैसे हमारा मानना है कि पापियों के हाथों से गीता दूर ही रहे तो अच्छा है। सर्वधर्म समभाव का पाखण्ड रचते–रचते लोग यदि अपनी चाल ही भूल जाएं तो इसे ढोंग के अतिरिक्त कुछ नहीं कहा जा सकता।

अब दूसरा उदाहरण गांधीजी के परम शिष्य और देश के पहले प्रधानमंत्री पं. जवाहर लाल नेहरू का है। उनके नाम पर देश में, विदेश नीति गढ़ी गयी। इस पर स्वयं नेहरू जी ने एक बार कहा था–''हमारी विदेश नीति को नेहरू नीति कहना बिल्कुल गलत है, इसे मैंने जन्म नहीं दिया है। यह नीति भारत की परिस्थिति में भारत के अतीत की सोच में, भारत के संपूर्ण दृष्टिकोण में निहित है, यह निहित है भारतीय मानस के उस अनुकूलन में जो स्वाधीनता संग्राम के दौरान हुआ था और यह आज की दुनिया के हालात में भी निहित है।'' इस प्रकार नेहरू जी ने भी अपने नाम से किसी विदेश नीति के चलाने की बात का विरोध किया और इसे केवल देश, काल और परिस्थिति के अनुसार और अनुकूल रखने पर बल दिया। उनका स्पष्ट मत था कि विदेश नीति के संदर्भ में अपने दिमाग को खुला रखो। लेकिन हमारी उदारता तो देखिए कि नेहरू जी जिस चीज से पीछा छुटा रहे थे, हमने वह चीज मरे हुए सांप की तरह उन्हीं के गले में डाल दी और आज तक 14 नवंबर को हर वर्ष अपने बच्चों को भी बताते हैं कि बच्चो! नेहरू जी के गले में लटके सांप पर फूल चढ़ाओ और नेहरू जी को बताओ कि चाचा ये सांप नहीं है अपितु फूलों का हार है, तुम डरो मत वरन हमारे साथ खुशियां मनाओ हम, तुम्हारी विदेश नीति को बड़े होकर ऐसे ही जारी रखेंगे।

4 दिसंबर, 1947 को नेहरूजी ने संविधान सभा में कहा था–**''हम चाहे**

किसी भी नीति का निर्धारण करें, किसी देश के विदेशी मामलों के संचालन की कला यह पता लगाने में निहित होती है कि देश के लिए सबसे लाभकारी क्या है? हम अंतर्राष्ट्रीय सदभाव की बात कर सकते हैं और उसका वही अर्थ भी हो सकता है लेकिन अंतिम विश्लेषण में सरकार देश के भले के लिए काम करती है और कोई सरकार ऐसा कुछ करने का साहस नहीं कर सकती जो लंबे या छोटे समय में देश के लिए साफ तौर पर हानिकारक हो।''

आज नेहरू जी के परिवार का परोक्ष शासन देश पर मनमोहन सिंह के माध्यम से है। अमेरिका के हित में अपने देश के हितों की बलि चढ़ाकर हमने नेहरूवादी विदेश नीति के माध्यम से कई बार देश का अहित किया है। यहां भी ढोंगी कौन है–नेहरू जी या कथित नेहरूवादी विदेश नीति के पैरोकार। जैसे कोई गांधीवाद नहीं था और ना है वैसे ही कोई नेहरूवादी विदेशनीति ना तो थी और ना है।

विदेश नीति के क्षेत्र में प्रतिक्षण भूकंप के झटके आते रहते हैं, 'रियेक्टर स्केल' पर उन्हें समझदार लोग हर क्षण अनुभव करते हैं, इसलिए ऐसे संवेदनात्मक क्षेत्र के लिए आप किसी व्यक्ति या उसके विचार से हमेशा के लिए बंधकर नहीं चल सकते और यदि आप ऐसे व्यक्ति या उसके विचारों से स्वयं को बांधते हो तो इसका परिणाम मौत के अतिरिक्त और कुछ नहीं हो सकता। नेहरू, गांधी हमें स्वतंत्र छोड़ गये लेकिन हमने अपने आप को उनसे बांध लिया। कितनी अजब बात है कि खूंटी हमें बंधन मुक्त कर रही है और हम खूंटी से चिपट–लिपट रहे हैं। सचमुच हम उस देश के वासी है–जिसमें पत्थर भी पूजे जाते हैं। नेहरू जी ने राष्ट्रवाद के संदर्भ में कहा था–**'तार्किक दृष्टि से राष्ट्रवाद अतीत की उपलब्धियों परंपराओं और अनुभवों की सामूहिक स्मृति है। जब कभी कोई संकट आया है, राष्ट्रवादी भावना का उत्थान हुआ है और जनता ने अपनी प्राचीन परंपराओं में शक्ति व सांत्वना प्राप्त करने का प्रयास किया है।'** नेहरूवाद के व्याख्याकारों ने राष्ट्रवाद को देश के लिए अभिशाप सिद्ध किया है। पत्थर पूजते–पूजते इनकी बुद्धि पर ही पत्थर पड़ गये। यही स्थिति इन व्याख्याकारों ने नेहरू के पंथनिरपेक्ष राज्य के संदर्भ में व्यक्त विचारों के विपरीत आचरण करके उत्पन्न की है।

नेहरू जी का कहना था–**'हम देश में किसी साम्प्रदायिकता को**

सहन नहीं करेंगे। हम एक स्वतंत्र धर्मनिरपेक्ष राज्य का निर्माण कर रहे हैं। जिसमें प्रत्येक धर्म तथा मत को पूरी स्वतंत्रता तथा समान आदर भाव प्राप्त होगा और प्रत्येक नागरिक को समान स्वतंत्रता तथा समान अवसर की सुविधा उपलब्ध होगी।' नेहरू जी का कथन इस्लामिक तुष्टिकरण और हिंदू विरोध की नकारात्मक कांग्रेसी राजनीति की भेंट चढ़ गया है। अब आइए इंदिरा जी पर। इंदिरा गांधी ने अपने प्रधानमंत्रित्व काल में बांग्लादेश को अलग राष्ट्र की मान्यता दी और उसे अपने द्वारा की गयी सैनिक कार्यवाही से पाकिस्तान की गुलामी से मुक्त कराया। तब कहा जाता है कि प्रधानमंत्री को विपक्ष के प्रमुख नेता अटल बिहारी वाजपेयी ने 'चण्डी देवी' कहकर महिमामंडित किया था। यद्यपि अटल जी ने अपने ऐसे महिमामण्डन को कई बार नकारा है। लेकिन हम तो उदार ठहरे ना। इसलिए इस महिमामंडन की चादर को अटल जी पर बार–बार फेंक देते हैं। वह जितना ही मना करते हैं, हम इसे उतना ही प्रेम और सत्कार से उनकी ओर फेंक देते हैं।

लगता है इसमें आत्मबोध और राष्ट्रबोध का अभाव है। हम अपने आप को नहीं समझ पा रहे हैं। हम अपने आप पर थोपी गयी मान्यताओं का बोझा ढोने के आदी हैं, इसलिए आरोपित मान्यताओं, सिद्धांतों और वादों की समीक्षा के लिए भी सहज रूप से तैयार नहीं होते हैं। हम कदमताल करते रहते हैं और जब हमारा पी.टी.आई. बदलता है तो वह भी हमसे हमारी पोजीशन को 'स्टाप' या 'चेंज' नहीं कराता बल्कि पहले वाली कदमताल को ही और तेज करने को कह देता है। देश इसीलिए यथास्थितिवाद में उछल– कूद करता रहता है और पी.टी.आई लिखते हैं कि मैंने देश को इतना आगे बढ़ा दिया।

मूर्ख लोग पसीना निकाल रहे हैं और निकलवा रहे हैं लेकिन सारा पसीना और सारा पुरुषार्थ व्यर्थ जा रहा है। सारी गंगा नेहरू–गांधी की जटाओं में उलझी पड़ी है, सब उधर को ही देखते हैं, कोई भी ऐसा नहीं है जो गंगा को जमीन पर लाने का प्रयास करें। आज कदमताल कर रहे पसीने से तरबतर देश को रोक कर नई एक्सरसाइज देने की आवश्यकता है। मरे सांपों को गले से फेंक कर रूद्राक्ष की माला पहने हुए राष्ट्रचिंतन की साधना करने का समय आ गया है। गांधी–नेहरू जिन चीजों के लिए स्वयं कहकर गये कि ये उनकी नहीं है उन्हें उनके गले से निकाल कर

जबरन इन दोनों महापुरुषों को बोझ तले मारने से बाज आयें और इन्हें इतिहास की गोद में आराम से सोने दें। साथ ही देश, काल, परिस्थिति के अनुसार स्वयं व्यवस्था परिवर्तन के लिए उठ खड़े हों। बीते हुए लोगों को इतिहास काल को सौंप चुका है, वे बहुत पीछे छूट चुके हैं। अब इतिहास करवट ले रहा है–गुजरात की ओर देखो शायद सूर्य अब वहीं से उदय होना चाहता है।

सांस्कृतिक राष्ट्रवाद भारत की पूंजी है, और यही भविष्य की कुंजी भी है। यह हमारी गलत सोच है कि सांस्कृतिक राष्ट्रवाद साम्प्रदायिक लोगों को आगे बढ़ाता है। वास्तव में सांस्कृतिक राष्ट्रवाद पर ऐसा आरोप लगाने वाले लोग वही हैं जो भारत में झूठी मान्यताओं को लादकर चलने में ही देश का भला देखते हैं। इन लोगों के कारण ही देश में नई–नई विसंगतियों ने जन्म लिया है। अब समय आ गया है कि इन विसंगतियों को चुन–चुनकर दूर किया जाए। श्री नरेन्द्र मोदी जी एक नई आशा के रूप में देखे जा रहे हैं, बशर्ते कि सत्ता में आने के बाद वह भाजपा के पुराने इतिहास को न दोहराएं।

जुलाई 13, 2013

ग्रामीण भारत : बड़ी चुनौती

1932 के बाद देश में पहली बार सामाजिक, आर्थिक और जातिगत आधार पर जनगणना संपन्न हुई है। जिससे प्राप्त आंकड़ों ने हमारे ग्रामीण विकास की सारी कलई खोलकर रख दी है। जो तस्वीर उभर कर सामने आयी है, उससे पता चलता है कि देश में गरीबी और फटेहाली आजादी से पूर्व की स्थिति से भी बदतर रूप में है। हमने सड़कों के विस्तार, रेलवे और हवाई जहाजों के निर्माण करने या देश की शहरी आबादी को तेजी से पश्चिमी जीवन प्रणाली में ढालकर संतोष कर लिया कि संभवतः विकास इसी का नाम है। जबकि भारत का ग्रामीण आंचल, जिसमें लगभग 18 करोड़ परिवार रहते हैं आज भी विकास की बाट जोह रहे हैं।

भारत और इंडिया के बीच की बढ़ती खाई को दर्शाने वाली यह रिपोर्ट बताती है कि कांग्रेस सहित किसी भी पार्टी ने देश को कभी उसकी वास्तविकता से परिचित नहीं कराया। देश में लगभग 24.39 करोड़ कुल परिवार हैं जिनमें से 18 करोड़ के लगभग परिवार गांवों में रहते हैं। इन ग्रामीण परिवारों में से 5.37 करोड़ परिवारों को भूमिहीन के रूप में चिन्हित किया गया है।

ग्रामीण परिवारों के विषय में स्पष्ट किया गया है कि 23.52 प्रतिशत ग्रामीण परिवारों के 25 वर्ष से अधिक आयु के लोग आज भी अशिक्षित हैं। इससे स्पष्ट है कि लगभग चौथाई युवा पीढ़ी ऐसी है जो पढ़–लिखकर 'बड़ा आदमी' बनने या 'बड़ा काम' करने का सपना तक नहीं ले सकती। सामाजिक न्याय के नाम पर शिक्षा पर सबका अधिकार बताने वाले हमारे नेता पिछले 68 वर्ष से देश को मूर्ख बना रहे थे, क्योंकि आंकड़े तो बता रहे हैं कि आजादी के 68 वर्ष बीत जाने के पश्चात भी देश के युवा को

सामाजिक न्याय नहीं मिला है।

इस सामाजिक न्याय की प्राप्ति से किसी जाति विशेष के लोग ही वंचित रहे हों, यह बात नहीं है, अपितु इससे वंचित रहने वाले सभी वर्गों के लोग हैं और सभी जाति बिरादरियों के युवा हैं। शहर का युवा इन वंचित ग्रामीण युवाओं से घृणा करता है। वह इन्हें साथ लगाने या साथ बैठाने को भी तैयार नहीं है। अंग्रेजी की 'किटपिट' ने ग्रामीण और शहरी भारत के बीच की खाई को बहुत चौड़ा कर दिया है। फलस्वरूप देश में आर्थिक और राजनीतिक न्याय को प्राप्त करने से भी देश के ग्रामीण आंचल का युवा वंचित रह गया है, या रहता जा रहा है।

शहरों में और विशेषतः किन्हीं पॉश कालोनियों में रहने वाले लोग अपने से छोटों के प्रति तनिक भी लगाव नहीं दिखाते हैं। यदि कोई व्यक्ति किसी सोसाइटी में किराये पर रहता है तो उसे लोग अपने समारोहों में नहीं बुलाते हैं, इसी प्रकार यदि कोई व्यक्ति 2000 वर्ग गज के मकान में रहता है तो वह 1000 वर्ग गज में मकान बनाकर रहने वाले व्यक्ति को अपने साथ लगाने या अपने पास बैठाने या अपने किसी कार्यक्रम में आमंत्रित करने में शर्म महसूस करता है। मानव की मरती संवेदनशीलता को यह समाज आधुनिकता या प्रगतिशील सोच कहकर महिमांडित करता है। जबकि यह सोच उस शिक्षा नीति की देन है जिसमें ग्रामीण भारत और शहरी विकास के बीच की खाई को चौड़ा करने की पूरी योजना है।

हमारे किसानों के विकास की बाबत सरकारों ने कुछ नहीं सोचा और जो सोचा गया वह विपरीत दिशा में सोचा गया। परिणाम यह आया है कि 10.69 करोड़ परिवार ऐसे हैं जो ग्रामीण आंचलों में रहते हैं और जिनको 'वंचित परिवार' की श्रेणी में रखा गया है। 13.25 प्रतिशत ग्रामीण परिवारों के लोग ऐसे हैं, जो आज भी एक कमरे में कच्चे मकान में या झोपड़ी में जीवन व्यतीत करने के लिए अभिशप्त हैं। इनसे अलग ऐसे परिवार भी हैं कि जिनके पास कोई घर नहीं है। उनका आंकड़ा 5.37 प्रतिशत बताया गया है। जो लोग झोपडियों में अपना जीवन व्यतीत कर रहे हैं, या झोपडियों से भी वंचित हैं, उनकी अपनी कोई 'यूनियन' नहीं होती, अपना कोई संगठन नहीं होता और देश का 'गूंगा–बहरा' लोकतंत्र उसी की बात सुनने का अभ्यासी है, जिसकी कोई न कोई 'यूनियन' होती है या अपना कोई संगठन होता है।

देश के ग्रामीण भारत में आज भी 45 प्रतिशत कच्चे मकानों की भागीदारी है। 78 प्रतिशत लोग ऐसे हैं, जिसका जीवनयापन 5000 रूपये से कम की आय से होता है। देश ने यह विकास किया है–पिछले 68 वर्ष में 'राजपथ' पर हम चाहे जितने गणतंत्र मना लें और चाहे जितने 'योग दिवस' मना लें, हमारा राजपथ तब तक ओजहीन और तेजहीन ही रहेगा जब तक कि देश का 'ग्राम्यपथ' मुरझाया पड़ा रहेगा। ग्राम्य पथ की चमक से ही राजपथ रोशन होते हैं, कभी भी ग्राम्य पथ को उजाड़कर राजपथ अपना भला नहीं कर सकता। यह कितना दुर्भाग्यपूर्ण है कि देश में 8 प्रतिशत लोग ही ऐसे हैं तो जो 10 हजार से अधिक की अपनी मासिक आय रखते हैं। इसका अभिप्राय है कि 92 प्रतिशत भारत आज भी अपनी रोटी के लिए लड़ रहा है। कैसे बनेगा विश्वगुरू भारत? मोदी जी के लिए चुनौती कड़ी है। भागीरथ प्रयास की आवश्यकता है।

दिसम्बर 27, 2012

चलो नरेन्द्रः दिल्ली तुमको बुला रही

गुजरात के नये क्षितिज पर नवभारत की आशाएं कुछ डोल रहीं।
चलो नरश्रेष्ठ, चलो नरेन्द्र! भारत माता की दिल्ली तुमको बोल रही।।
पर दिल्ली जाने से पहले, भारत मां के पूत वेदों का ये संदेश कण्ठस्थ करो।
मनुर्भवः जनया दैव्यं जनम और साथ में कृण्वन्तो विश्वमार्य्यम ह्रदयस्थ करो।।
राजसूय अभी शेष है महाभारत विशेष है पूर्ण कराने हेतु मां को आश्वस्त करो।
धर्मराज बन धर्मराज्य की, हे धर्म धुरीण। धर्म शिला पर पुनः धर्म का श्रृंगार करो।।
धर्म की विकृत परिभाषा को गढ़ा शिखंडियों ने,
उसे शुद्ध कराने हेतु दिल्ली बुला रही
चलो नरेन्द्र! नरेन्द्र धर्म धनुर्धर!! धर्म के उदभटप्रस्तोता!!!
वह समय आ गया है माता जिसके लिए जनती है वीर।
भारत मां के माथे के चंदन बने हो नंदन,
करते अभिनंदन कामरूप और कश्मीर।।
सगर के 60 हजार पुत्रों की आत्मा की शांति हेतु,
पृथ्वी पर राजा भगीरथ लाए थे गंगा नीर।
47 के भारत मां के दस लाख बलिदानी पुत्रों की
हे धीर वीर और नायक! हरनी है तुमको पीर।।

जिनके लिए न दीप जले न पुष्प चढ़े।
उनकी व्यथा कथा सुनाने को दिल्ली बुला रही।३.2
मनु मांधाता दशरथ नंदन राम और युधिष्ठिर की इस पावन भूमि पर।
इतिहास को करवट दिलवा दो और आततायी देशद्रोहियों को चढ़वा दो शूली पर।।
शास्त्र–शस्त्र का उचित समन्वय है भारत का राजधर्म,
ऐसी तान चढ़ा दो इतिहास की हर एक तूली पर।
एक नया गीत और नया संगीत सुनाओ,
पुराने गीत प्रभाव नहीं डालेंगे अपनी प्यारी देहली पर।।
पुण्य भू: और पितृ भू: मेरी भारत माता है,
सचमुच तेरे आने से हर दिल की धड़कन बोल रही।
चलो नरेन्द्र दिग दिगंत से आवाहन गुंजित है बस एक यही,
युग युगांत से भारत विश्वगुरु था और आज बने।
एक नरेन्द्र नरश्रेष्ठ नररत्न को खोज रहा ये देश।
जो हर मां को मां माने और हर बहन की लाज बने।।
तुम में वो प्रतिभा दीख रही दीप जलाओ आभा का।
जिससे ये पावन भारतवर्ष पुनः विश्व का सरताज बने।।
हर कोने से छद्मवाद छूमंतर हो और अविद्या भागे।
भारत के मूल्यों से भूमंडल में हमारा राज बने।।
हे लोकनायक ! आओ भारत के लोकसेवक।
'आर्य' तुमको इंद्रप्रस्थ की दिल्ली फाटक खोल रही।।

मई 20, 2014

चुनाव परिणामों के निहित अर्थ

इतिहास में नया अध्याय पलटना बड़ा सरल है, परंतु नया इतिहास लिखना बड़ा कठिन है। वैसे इतिहास की भी यह प्रकृति और प्रवृति है कि वह कदमताल करते काल को धक्का देकर उसकी गति बढ़ाने के लिए समकालीन समाज को प्रेरित भी करता है और आंदोलित भी ।

... और यही हुआ है भारत के साथ, इन 2014 के आम चुनावों में। देश का नेतृत्व कालपटल पर पिछले 30 वर्ष से जिस प्रकार कदमताल कर रहा था, उस प्रमादी, आलसी और संघर्ष के प्रति पूर्णतः उदासीन नेतृत्व के विरुद्ध भारतीय समाज को स्वयं इतिहास ने प्रेरित और आंदोलित किया कि यदि मेरा नया अध्याय देखना चाहते हो तो बदल दो निज़ाम को ।

इतिहास की इस अकुलाहट को श्री नरेन्द्र मोदी जी ने समझा और जनता की अपेक्षाओं व इतिहास के यक्ष प्रश्न के उत्तर के रूप में स्वंय को उन्होने प्रस्तुत किया। अग्निपरीक्षा में मोदी जी सफल हुए और इतिहास ने अपना नया अध्याय लिखना आरंभ कर दिया ।

भाजपा के राष्ट्रीय अध्यक्ष राजनाथ सिंह ने नया इतिहास लिखने की बात कही है। उनकी यह बात आज सटीक लगती है क्योंकि नया इतिहास लिखने के लिए अपेक्षित अग्निपरीक्षा की प्रक्रिया से सफलतापूर्वक मोदी जी बाहर निकल आए हैं, पर बात तो यह है कि इस अग्निपरीक्षा से मोदी जी और भारतीय नेतृत्व को गुजरने के लिए इतिहास को बाध्य किसने किया? किसने लहर बनाई श्री मोदी जी की? और किसने उसे लहर से सूनामी में बदल दिया? इस पर यदि ध्यान दें तो ऐसा करने में यू०पी०ए० शासन के घोटालों ने तात्कालिक आधार पर अपना विशेष योगदान दिया। इन घोटालों में प्रमुख हैः–

एक लाख 78 हजार करोड़ का 2जी स्पेक्ट्रम घोटाला, सत्तर हज़ार करोड़ का कॉमन वैल्थ घोटाला, आदर्श सोसाइटी घोटाला, एस बैंड/देवास एंट्रिक्स घोटाला, के जी बेसिन घोटाला, 22.5 लाख रुपए स्विस बैंक घोटाला, चावल निर्यात घोटाला, सत्यम घोटाला, पी.डी.एस. राशन घोटाला, टेलीकॉम जुर्माना घोटाला, रक्षा सौदों में घोटाला, आई.पी.एल. घोटाला, कोयला खदान आवंटन घोटाला । ये नाम महाघोटालों के हैं, छोटे–मोटे घोटाले तो इस देश में वैसे ही नहीं पकड़े जाते जैसे कोई थानाध्यक्ष किसी गरीब लड़की के बलात्कार तक की रपट को दर्ज नहीं करता। जैसे गरीब के खिलाफ अमीर को अत्याचार करने का "खुला लाइसेन्स" इस देश में प्राप्त हो गया मान लिया गया था वैसे ही दस–बीस, सौ–पचास करोड़ के घोटालों का तो उल्लेख करना भी घोटालों का अपमान दिखने लगा था–यू.पी.ए. के शासन में। इसलिए काँग्रेस के नेता कमलनाथ का यह कहना बहुत ही उचित है कि देश के लोग यू.पी.ए. के शासन से थक चुके थे। इसे थोड़ा और सुधारा जा सकता है कि लोग यू.पी.ए. के शासन से ही नहीं थक गए थे बल्कि रोज–रोज के घोटालों ने उन्हे निज़ाम बदलने के लिए अंदर तक मथ डाला था। इस मंथन से ही मोदी जी नाम का अमृत लोगों को इन चुनावों में मिला है।

हर कदम पर घोटाला, हर कदम पर घालमेल, कहीं किसी का यकीन नहीं, कहीं किसी पर भरोसा नहीं। इस स्थिति से देश उकता गया था। भाजपा ने चाहे बेशक विकास के नाम पर वोट मांग कर इस चुनाव में मिली अभूतपूर्व सफलता को भी विकास के अपने नारे के साथ नत्थी कर दिया हो, परंतु सच यह है कि चुनाव में विकास का नारा भी पीछे छूट गया, और लोगों ने "विनाश" के तांडव नृत्य के विरुद्ध वोट देकर भाजपा को सफलता प्रदान की। यह विनाश आर्थिक क्षेत्र में ही नहीं था, सामाजिक और राजनीतिक क्षेत्रों में भी था। देश में हिन्दू विरोध की राजनीति का नाम धर्मनिरपेक्षता कर दिया गया था। राजनीति के सारे मठाधीश इसी अतार्किक और अन्यायपरक राजनीति को अपनाकर आगे बढ़ रहे थे, परिणामस्वरूप देश के बहुसंख्यक समाज ने ध्रुवीकरण की राजनीति का सहारा लिया। अभी तक मुस्लिम मतों के ध्रुवीकरण ने कई बार सत्ता परिवर्तन किया था, परंतु पहली बार देश में बहुसंख्यक हिन्दू समाज ने मतों का ध्रुवीकरण कर इतिहास बनाया है। वैसे हमारे दृष्टिकोण में यह ध्रुवीकरण सज्जन शक्ति का ध्रुवीकरण था, जो इतिहास में बिरले अवसरों पर ही देखने को मिला करता है।

यह दुःखद तथ्य है, कि मोदी लहर या सुनामी के नाम पर भाजपा भी सज्जन शक्ति के इस अनोखे ध्रुवीकरण के प्रामाणिक तथ्य की उपेक्षा कर रही है। जबकि यह तथ्य घातक है और इसे आगे आने वाली पीढ़ियों के लिए एक नजीर के रूप में महिमामंडन से लोकचेतना को उपेक्षित करने या मरने का खेल पूर्व में हमने कई बार खेल खेल कर देख लिया है, उसके परिणाम हमारे लिए अच्छे नहीं आए हैं।

मोदी जी निस्संदेह हमारी लोकचेतना के प्रतिनिधि हैं। परंतु यह भी अभी निश्चित हो जाना चाहिए कि हमारी लोकचेतना क्या है, और उसकी पुष्टि क्यों और किसलिए आवश्यक है? यदि मोदी जी लोकचेतना की संपुष्टि करने के अपने इस कार्य में सफल हो गए तो वह "राम–राज्य" की स्थापना के मर्म को समझ जाएंगे और लोगों के लिए वह महामानव से भी ऊपर हो जाएंगे। इस देश ने लोकचेतना की संपुष्टि करने वालों को ही भगवान माना है और उन्हे अपना आदर्श माना है। जिन लोगों ने लोकचेतना अर्थात सज्जनशक्ति के ध्रुवीकरण से उद्‌भूत परिणामों को अपने नाम लिखाने के लिए इतिहास को बाध्य किया है, उन्हे एक बार तो चाहे भले ही सम्मान मिल गया हो परंतु कुछ काल उपरांत उन्हे इस प्रकार मिले सम्मान से हाथ धोना पड़ा है।

आज कँाग्रेस के कई आदर्श पुरुषों को अपना सम्मान बचाना कठिन हो रहा है। कँाग्रेस के इन आदर्श पुरुषों के स्मारकों को भी लोग सम्मान से नहीं देख रहे हैं। गांधी, नेहरू, इन्दिरा गांधी, राजीव गांधी के प्रति लोगों के मन–मस्तिस्क में निश्चय ही सम्मान भाव कम हुआ है। इसका कारण यही है कि भारत की लोकचेतना के और भारत माँ के वीर प्रस्विनी होने के युग–युग पुराने आदर्श को झुठलाकर कँाग्रेस ने अपने इन आदर्श पुरुषों को बलात देश पर थोपने का प्रयास किया है। महापुरुषों का सम्मान किया जाना एक अलग बात है और महापुरुषों पर देश की लोकचेतना को पूर्णतः नकार देना एक अलग बात है।

इस चुनाव के परिणामों ने देश के नेताओं को यही शिक्षा दी है कि झूठे मिथक मत गढ़ना अपितु राष्ट्रदेव की मूर्ति गढ़ना और राष्ट्रदेव की मूर्ति के महंत बनकर सम्मान पाना, सचमुच अमर हो जाओगे। कोई मिथ्याचार न हो, कोई छल, छद्‌मवाद न हो और कोई पाखंड न हो। इन चुनावों के परिणामों के इस निहित अर्थ को समझने की आवश्यकता है ।

मार्च 9, 2016

जे.एन.यू. और भारत की 'सत्यमेव जयते' की परंपरा

बात 1984 की है जब पंजाब में स्वर्ण मंदिर में छिपे आतंकियों को बाहर निकालने के लिए ऑप्रेशन ब्लू स्टार कर के इंदिरा गाँधी अपने हाथ बुरी तरह जला चुकी थीं । सिख समुदाय उन्हें अपने सबसे पवित्र धर्म स्थल की बेअदबी का दोषी मानता था, जबकि असली दोषी वो थे जो हथियार ले के एक पवित्र स्थल को अड्डा बनाए बैठे थे । इसके कुछ समय पश्चात कुछ सिख आतंकवादियों ने भारत की प्रधानमंत्री इंदिरा गांधी की हत्या करा दी। उनकी हत्या के चार वर्ष पश्चात 1988 में सिख आतंकवादी फिर स्वर्ण मंदिर परिसर में घुस गए ।

इस बार सरकार ने स्वर्णमंदिर में सेना भेजने की अपनी पुरानी गलती नहीं दोहराई। सरकार ने सैनिकों के माध्यम से स्वर्ण मंदिर परिसर घेर लिया और वहाँ से दूरदर्शन का सीधा प्रसारण करना आरंभ कर दिया। पुलिस ध्वनि विस्तारक से परिसर में घुसे आतंकियों से घोषणा कर रही थी कि आपको कोई कुछ नहीं कहेगा। आपसे हाथ जोडक़र विनती है कि आप कृपया बाहर आ जाइये। पुलिस ने एक भी गोली नहीं चलाई पर पानी की आपूर्ति काट दी और परिसर के सभी शौचालयों पर कब्जा कर लिया। पुलिस ने आतंकियों को गोली नहीं मारी। परंतु उनका पानी बंद कर दिया और शौच आदि की निवृत्ति पर पूर्ण प्रतिबंध लगा दिया। इससे आतंकियों के लिए बहुत बड़ी परेशानी खड़ी हो गयी।

400 लोगों को शौचालय नहीं जाने दिया। विवश होकर उन्हें उन बर्तनों में 10 दिन शौच आदि करना पड़ा जिनमें कल तक प्रसाद बनता था, और

जब 10 दिन बाद आतंकियों ने आत्मसमर्पण किया और जब पुलिस अन्दर घुसी तो अपने साथ दूरदर्शन की टीम भी ले गयी। दूरदर्शन ने हमको दिखाया कि पवित्र स्थल में कितनी बदबू है और कितना मल मूत्र भरा है बर्तनों में, उन बर्तनों में जिनमें कल तक प्रसाद बनता था। सिख गुस्से से आग बबूला हो गए। उन्होंने देखा कि उनके पवित्र स्थल को किस तरह अपवित्र किया इन आतंकियों ने।

बस वहीं से शुरू हुई आतंकवाद की उल्टी गिनती। लोगों ने आतंक और आतंकियों को समर्थन देना बंद कर दिया ।

लोगों ने खालिस्तान आंदोलन को समर्थन देना बंद कर दिया। सिर्फ 10 दिन के सीधे प्रसारण ने पूरे आंदोलन की पोल खोल दी और साथ ही कमर तोड़ दी। यह ऑप्रेशन ब्लैक थंडर जानते हैं किसके दिमाग की उपज थी? अजीत डोभाल की।

अब आइये जे.एन.यू. पर। प्रधानमंत्री मोदी जी ने इन्हीं डोभाल को अपने प्रधानमंत्री बनते ही महत्वपूर्ण जिम्मेदारी दी। इनकी कार्यशैली पूर्णतः एक राष्ट्रभक्त अधिकारी की है। जे.एन.यू. में जो कुछ भी 9 फरवरी को हुआ था, वैसा वहां बहुत पहले से होता आ रहा था। देश घातकों के रूप में यहां राष्ट्रद्रोहियों को दूध पिलाया जा रहा था। यह कितने दुख की बात है कि जिस देश में ऐसे करोड़ों बच्चे हों, जिनके लिए दो जून की रोटी भी उपलब्ध न हो, और उस देश की एक यूनिवर्सिटी में सरकार, एक बच्चे पर लाखों रुपया वार्षिक व्यय करे, और जब ये बाहर निकलकर आयें तो पता चले कि ये सब राष्ट्रद्रोही बनकर बाहर आए हैं, तो भारत माता के दिल पर क्या बीतती होगी? यह वही जानती है।

भारत ही नहीं अपितु सारे विश्व ने देखा है कि जे.एन.यू. क्या है? वहाँ कौन लोग रहते हैं? क्या–क्या होता है वहाँ? कैसे कैसे नारे लगते है? जे.एन.यू. तो हमेशा से ही ऐसी थी। पर इसका यह देश घातक स्वरूप लोगों ने और विश्व ने पहली बार देखा है। यह ठीक है कि जो कुछ हुआ है और जितना उसे प्रचार मिल गया है उससे कन्हैया एक नेता बनने की डगर पर चल पड़ा है, परंतु जे.एन.यू. का यह स्वरूप सामने आना ही चाहिए था, जिससे कि राष्टद्रोहियों के बारे में लोगों की स्पष्ट धारणा बने और उन्हें पता चले कि भाषण और अभिव्यक्ति की स्वतंत्रता के नाम पर देश को तोड़ने की कैसी–कैसी घातक नीतियां चल रही हैं?

आज भी हम देख रहे हैं कि पाँच देशद्रोही, भारत की बर्बादी का नारा लगाने वाले देशद्रोही, हर घर से अफज़ल निकालने वाले देशद्रोही, जे.एन.यू. में बैठे हैं ।

अजीत डोभाल ने जो पंजाब में आतंकवादियों के विरूद्ध माहौल बनाने में सफलता प्राप्त की थी, वही सफलता उन्हें जे.एन.यू. को नंगा करके दिखाने में मिली है। कोई भी देश अपने पुरातन स्वरूप को मिटाकर या अपने टुकड़े–टुकड़े कराने की अनुमति अपने किसी भी वर्ग, संप्रदाय अथवा समुदाय को नहीं दे सकता। लेकिन जे.एन.यू. में ऐसी गतिविधियां चल रही थीं, और उन्हें मोदी जी व अजीत डोभाल की जोड़ी सहन नहीं कर सकती थी। भारत की बर्बादी का नारा लगाने वाले दिखने में बेशक पांच हों, लेकिन देश को समझना चाहिए कि उनके पीछे 50 और 50 के पीछे 500 उसके पश्चात पांच हजार की एक लंबी श्रृंखला है। जे.एन.यू. का भंडाफोड़ होने पर हमें पांच, पचास या पांच सौ तक नहीं रूकना चाहिए। आज यह केवल सरकार की जिम्मेदारी नहीं है कि हम देश विरोधी और देशद्रोही लोगों की पड़ताल करने का दायित्व केवल सरकार पर डालकर अपने आपको पीछे कर लें, अपितु हर देशवासी का यह पुनीत कर्तव्य है कि वह स्वयं भी सरकार का सहयोगी बने। प्रश्न इस समय देश के अस्तित्व का है, जिन लोगों को देश के भीतर आजादी चाहिए, वह वास्तव में देश का अस्तित्व मिटाने के षड्यंत्रकारी हैं, जो विदेशी शक्तियों के संकेतों पर भारत में नाच रहे हैं।

ऑप्रेशन ब्लैक थंडर के परिणाम आने में दो से चार वर्ष का समय लगा था, हमें यह मानकर चलना होगा कि जे.एन.यू. में भी जो कुछ हुआ है, और उस पर सरकार जिस प्रकार सक्रिय हुई है उसके परिणाम आने में भी समय लगेगा। वामपंथियों ने साठ वर्ष से जहां कब्जा कर रखा था उसकी सफाई साठ घंटों में नहीं हो सकती। कन्हैया को पता होना चाहिए कि मोदी जी ने 'सत्यमेव जयते' के शब्द ऐसे ही नहीं बोले थे, उन्होंने अपना सफाई अभियान प्रारंभ किया है, उसके परिणाम निश्चित ही 'सत्यमेव जयते' की भारत की परंपरा को ही दोहराएंगे। हमें समय की प्रतीक्षा करनी चाहिए।

मार्च 3, 2016

जेटली का सराहनीय बजट

नरेन्द्र मोदी सरकार में वित्तमंत्री अरूण जेटली ने अपना दूसरा आम बजट संसद में पेश किया है। जिसकी कुल मिलाकर सराहना की जा रही है। वैसे इस बजट को गंभीरता से पढ़ा व समझा जाए तो यह वास्तव में गांव–गरीब की चिंता करने वाला और उनके लिए कुछ करके दिखाने का संकल्प व्यक्त करने वाला बजट है। जिसमें प्रधानमंत्री का वह चुनावी नारा मूर्तरूप लेता दिखाई दे रहा है–जिसमें **'सबका साथ और सबका विकास'** करने की बात कही गयी थी। लोगों को इस बजट की प्रतीक्षा थी। इस बजट ने भविष्य के लिए देश को उम्मीदों की डोर से बांधने का कार्य किया है और समीक्षकों को लग रहा है कि हमने शुभारंभ कर दिया है–अपने नये भारत के राजपथ के निर्माण का। यह राजपथ ही भारत को 'अच्छे दिनों' की ओर ले जाएगा।

वित्तमंत्री अरूण जेटली को इस बात के लिए भी बधाई दी जाएगी कि उन्होंने बजट पेश करते समय ऐसी शब्दावली का प्रयोग किया कि अपनी सारी बातें कहकर भी विपक्ष को शोर मचाने का अवसर नहीं दिया। सारा विपक्ष टकटकी लगाकर उन्हें सुनता रहा, जबकि सत्तापक्ष अपने वित्तमंत्री के समर्थन में तालियां बजाता रहा। इस प्रकार विपक्ष के नेताओं ने भी इस अवसर पर अपनी गंभीरता का परिचय दिया। जिसे देखकर लगा कि हम वास्तव में लोकतांत्रिक मर्यादाओं का ध्यान रखने वाले लोग हैं।

वित्तमंत्री अरूण जेटली ने नये भारत के निर्माण के लिए नौ आधार चिन्हित किये हैं। इसमें पहला है किसानों की आय को पांच वर्ष में दोगुणा किया जाएगा। किसानों की स्थिति देश में सचमुच दयनीय है और उन्हें इस दयनीय स्थिति से उभारना सरकार का दायित्व है। यद्यपि पूर्व में भी

किसानों के कल्याण को लेकर बजट में प्राविधान किये जाते रहे हैं, परंतु इस बार मोदी ने किसानों के उत्थान के लिए जैविक खेती को आधार बनाने की सोच को इस बजट में परिलक्षित कराना चाहा है। यदि यह योजना क्रियान्वित होती है तो सचमुच हम एक युगान्तरकारी योजना के साक्षी बनेंगे। हमारे किसानों के द्वारा नित्य आत्महत्याएं की जा रही हैं। उसके पीछे कारण है कि उनकी खेती महंगी कर दी गयी है। पानी, खाद, निराई, गुड़ाई, कटाई, निकासी आदि सभी को उसे पैसों से खरीदना या कराना पड़ रहा है। जिससे फसल के आने के समय जब वह अपना सारा हिसाब लगाता है तो ज्ञात होता है कि उसे बचा कुछ नहीं उल्टा कर्जा हो गया है। तब वह दुखी होकर आत्महत्या की ओर बढ़ जाता है।

यदि आजकल किसानों को जैविक खादों से और पशुधन विकास कराके उनके गोबर से खेती कराने की पुरानी परंपरा को लागू करा दिया जाए तो हमारा किसान खुशहाल हो सकता है। जो किसान इस पद्धति से खेती करने लगे हैं–उन्हें अच्छे परिणाम मिल भी रहे हैं। इसलिए किसानों के लिए इस बजट में विशेष व्यवस्था करके प्रधानमंत्री श्री मोदी जी ने देश के अन्नदाता की शुभकामनाएं अर्जित की हैं। जिसके लिए वित्तमंत्री अरूण जेटली भी बधाई के पात्र हैं।

गांव, गरीब और किसान की चिंता को मिटाने के लिए कृत संकल्प इस बजट को गांव के विकास के पथप्रदर्शक के रूप में प्रस्तुत किया गया है। जिसमें अगले प्रमुख आधार के रूप में मनरेगा पर ध्यान देते हुए वित्तमंत्री ने इस योजना के लिए स्पष्ट किया है कि इसकी सफलता के लिए धन की कमी नहीं आने दी जाएगी। जब वैश्विक मंदी का दौर चल रहा हो तब किसानों पर सबसे अधिक ध्यान देकर वित्तमंत्री ने देश की समस्याओं को मिटाने के लिए उनके मूल पर कठोर प्रहार किया है। यह सच है कि इस आम बजट की मूल आत्मा आर्थिक और सामाजिक संतुलन के बीच रची–बसी दिखाई देती है, जबकि उद्देश्य जनसाधारण के जीवन स्तर को ऊंचा करना लगता है। जिससे देश के जनसाधारण में इस बजट से उम्मीदों का संचार हुआ है। वित्तमंत्री ने देश को आर्थिक और सामाजिक रूप से सुदृढ़ करने के लिए लोगों को सामाजिक, आर्थिक व राजनीतिक न्याय देने के संवैधानिक संकल्प को पूर्ण करने का संकल्प इस बजट के माध्यम से किया है। इसलिए कुछ समीक्षक ने इस बजट को स्वतंत्र भारत में इतना अच्छा आने वाला देश का पहला बजट कहा है।

बजट की अगली विशेषता है–हर गरीब को एक लाख का बीमा देने की

योजना की घोषणा। हमारा मानना है कि देश के हर व्यक्ति को या युवा को रोजगार देने के लिए उसे आर्थिक सहायता सरकार उपलब्ध कराये और उसका कोई भी रोजगार स्थापित कराके उसे आत्मनिर्भर बनाने का कार्य तो अवश्य ही करे। देश की कोई भी सरकार सारे देशवासियों के लिए नौकरी नहीं दे सकती। हां, हर व्यक्ति को जीविकोपार्जन का कोई साधन अवश्य दे सकती है, और देना भी चाहिए। सभी लोगों का शिक्षित किया जाना भी महाकठिन है, पर सभी को संस्कारित किया जा सकता है, जिसके लिए हमें विशेष योजनाएं बनानी पड़ेंगी। देश के धर्म और संस्कृति की रक्षार्थ जो सामाजिक संगठन पहले से कार्य कर रहे हैं, या करना चाहते हैं–उन्हें यह कार्य दिया जा सकता है।

बजट में सडक़ों का नेटवर्क तेजी से बढ़ाने की योजना पर कार्य करने का संकल्प भी व्यक्त किया गया है। देश के संतुलित, सुनियोजित और समुचित विकास के लिए इस योजना को क्रियान्वित करने के लिए सडक़ परिवहन मंत्री श्री नितिन गडकरी भी बधाई के पात्र हैं। वह स्वयं ऐसा कार्य करना चाहते हैं, जिससे हर गांव–कस्बा देश की अन्य प्रमुख सडक़ों से जुड़ जाएं। हर युवा को रोजगार देने के लिए भागीरथ प्रयास करने की आवश्यकता है। जिसके लिए वित्तमंत्री विशेष चिंतित दिखाई दे रहे हैं।

अब सब्सिडी भी गरीब या पात्र लोगों को सीधे दिये जाने की तैयारी की जा रही है। जिसे अब कानूनी जामा पहनाया जाएगा। इसे भी इस बजट की विशेषता कहना पड़ेगा। मोदी सरकार ने कॉरपोरेट जगत में भी टैक्स में विशेष बदलाव करने का निर्णय लिया है। सरकार ने पांच लाख की आय रखने वालों को 3000 रूपये की राहत दी है। नये कर्मचारियों का पीएफ तीन साल तक सरकार अपनी ओर से देगी। 50 लाख तक के घर पर ब्याज में पचास हजार की छूट दी जाएगी। हर कर योग सर्विस पर कृषि कल्याण टैक्स लगेगा। इनकम टैक्स स्लैब ज्यों का त्यों बना रहेगा। गृहमंत्रालय में बजट के 24.56 प्रतिशत वृद्धि कर दी गयी है। मनरेगा के लिए सरकार 38,500 करोड़ रूपये देगी। सिंचाई के लिए पांच वर्ष में 86,500 करोड़ रुपये दिये जाएंगे। जबकि 55,000 करोड़ रुपये सडक़ व हाईवे के लिए दिये जाएंगे।

इस प्रकार बजट हर क्षेत्र में समृद्धि की विस्तृत योजना को मूर्त रूप देने का प्रयास करता जान पड़ता है। जिसके लिए हमारे वित्तमंत्री धन्यवाद के पात्र हैं। गांव–गरीब एवं किसान की सेवा से ही देश आगे बढ़ेगा। प्रधानमंत्री मोदी के चिंतन को स्पष्ट करने वाले इस बजट के माध्यम से देश का चतुर्दिश विकास हो, ऐसी हमारी शुभकामनाएं हैं।

जनवरी 15, 2016

तनाव कम करती एक पहल

पठानकोट की घटना के पश्चात प्रधानमंत्री श्री नरेन्द्र मोदी जी अपेक्षाकृत शांत थे, उनका मौन कुछ बोल रहा था। पाकिस्तान के प्रधानमंत्री नवाज शरीफ इस घटना के पश्चात सक्रिय थे, उनकी सक्रियता कुछ बोल रही थी। इसी समय अमेरिका के राष्ट्रपति बराक ओबामा स्पष्ट कह रहे थे कि पाकिस्तान आतंकियों के लिए एक 'जन्नत' बन चुका है। इन तीनों राष्ट्र प्रमुखों के इन तेवरों का परिणाम यह रहा कि आतंकी संगठन जैश–ए–मौहम्मद के प्रमुख मसूद अजहर को पाकिस्तान में गिरफ्तार कर लिया गया।

प्रधानमंत्री मोदी जी का शांत रहना और नवाज शरीफ का सक्रिय होना स्पष्ट कर रहा था कि दोनों नेताओं में पारस्परिक समझ–बूझ बढ़ी है, दोनों का एक दूसरे पर विश्वास बढ़ा है। यह स्थिति दोनों देशों के लिए ही नहीं विश्वशांति के लिए भी आवश्यक है, जिसे प्रधानमंत्री श्री नरेन्द्र मोदी जी की पिछले वर्ष के अंत में हुई पाकिस्तान यात्रा का शुभ परिणाम माना जा सकता है। नवाज शरीफ और उनके अपने साथी यह भलीभांति जानते थे कि भारत अब आतंकवादी गतिविधियों को सहन करने की स्थिति में नहीं है, और यदि इस बार उन्होंने भारत को भ्रमित करने का प्रयास किया तो भयंकर युद्ध की स्थिति दोनों देशों के मध्य आ सकती है। वह यह भी जानते थे कि युद्ध में यदि पाकिस्तान ने परमाणु बम का प्रयोग कर दिया तो पाकिस्तान चाहे एक बार भारत को 'बड़ी चोट' पहुंचाने में सफल हो जाए, पर उसके पश्चात उसका तो अस्तित्व ही मिट जाएगा। इसलिए शांति की चाह में नवाज शरीफ आगे बढ़े। उनको पसीना आ रहा था, और उनकी इस बात के लिए प्रशंसा करनी पड़ेगी कि वह एक अनचाहे युद्ध से भारतीय

उपमहाद्वीप को बचाने में वर्तमान परिस्थितियों में तो सफल हो ही गये हैं। मसूद अजहर को पाकिस्तानी सेना का वरदहस्त प्राप्त रहा है, इसलिए वह भारत के विरूद्ध अघोषित युद्ध का मुखिया बन चुका था। उसके हौसले बढ़ते ही जा रहे थे, और उसे लगने लगा था कि उस पर हाथ डालना किसी के वश की बात नहीं है। पाकिस्तान में सेना की मजबूत स्थिति से सभी परिचित हैं, उसकी सहमति के बिना वहां की सरकार भी कोई निर्णय नहीं ले सकती। ऐसी परिस्थितियों में मसूद अजहर पर हाथ डालना हर किसी के वश की बात नहीं थी। यह वही अजहर है जिसे अटल सरकार के समय 1999 में कंधार विमान अपहरण काण्ड के बाद भारत को रिहा करना पड़ा था। तब से वह भारत के प्रति शत्रुतापूर्ण कार्यवाहियों में व्यस्त रहा है। इस प्रकार के आतंकवादी पर हाथ डालकर नवाज शरीफ ने वर्तमान में तो दिखाया ही है कि वह दिल से युद्ध के पक्षधर नहीं हैं, और दक्षिण एशिया में स्थायी शांति की दिशा में कुछ करना चाहते हैं।

वैसे प्रधानमंत्री नवाज शरीफ के लिए पाकिस्तान के सेनाध्यक्ष राहिल शरीफ का बढ़ता कद भी चिंता का कारण बनता जा रहा था। राहिल पाकिस्तान में 'भारत विरोधी' के रूप में लोकप्रिय होते जा रहे थे। उनकी लोकप्रियता शरीफ के लिए कोई भी गुल खिला सकती थी। भारत–पाकिस्तान में एक चुनी हुई लोकतांत्रिक सरकार का पक्षधर है। भारत में मोदी जी के प्रधानमंत्री रहते राहिल 'सत्ता पलट' की कार्यवाही को बहुत शीघ्र नहीं कर सकते हैं। वह ऐसा करने से पहले कई बार सोचेंगे। विशेषतः तब जबकि अमेरिका के राष्ट्रपति बराक ओबामा भी पाकिस्तान को आतंकियों के लिए 'जन्नत' बता रहे हों।

ओबामा की यह भाषा श्री मोदी जी की दोस्ती के पश्चात परिवर्तित हुई है और ऐसी ही भाषा विश्व के अन्य देशों के राष्ट्राध्यक्षों या शासन प्रमुखों की बनी है। इस प्रकार भारत के सक्षम नेतृत्व ने दक्षिण एशिया में किसी नये तानाशाह के उभरने या पनपने की परिस्थितियों पर रोक लगा दी है। इसलिए पाकिस्तान में नवाज शरीफ को खुलकर कार्य करने की परिस्थितियां उपलब्ध हुई हैं। यह मोदी जी की विदेश नीति की सफलता का सुखद परिणाम है कि बिना युद्ध किये ही एक युद्ध जीत लिया गया है। पाकिस्तान अंतर्राष्ट्रीय मंचों पर पहली बार स्वयं ही नंगा हो गया है और मसूद को गिरफ्तार करके उसने एक प्रकार से यह मान लिया है कि उसकी

ओर से गलती हुई है। यह आवश्यक नहीं है कि युद्ध ही किसी समस्या का समाधान है। आपकी दृढ़ इच्छाशक्ति और सक्षम नेतृत्व के गुण ही समस्याओं के समाधान दिया करते हैं। मोदी जी की उपस्थिति ने ही स्पष्ट कर दिया है कि भारत के नेतृत्व में ये सभी गुण हैं। उनके पठानकोट की घटना पर मौन साधने की प्रक्रिया ने समस्या का समाधान दिया है। अमेरिका की ओर से पूर्व से ही यह संकेत दिये जा रहे थे कि यदि पाकिस्तान ने अबकी बार कोई आतंकी घटना भारत के विरुद्ध की तो भारत इस बार प्रतिशोध की कार्यवाही करेगा।

पाकिस्तान ने जो कुछ किया है, उस पर यह मान लेना कि युद्ध अब बीते दिनों की बात हो गया है, या अब भारत को किसी प्रकार की चुनौतियों का सामना भविष्य में नहीं करना पड़ेगा—एक भूल ही होगी। पर विश्व इस समय जिस प्रकार की उमस और तपिश भरी परिस्थितियों में जी रहा है, उनमें युद्ध को चार कदम पीछे धकेल देना भी अच्छा ही कहा जाएगा। युद्ध से पूर्व शांति के हर उपाय पर विचार करना चाहिए। क्योंकि युद्ध केवल उन्मादी मानसिकता में ही उपजा करता है। हमारा यह भी मानना है कि जब विश्व बारूद के महाविनाशकारी ढेर पर बैठा हो तब इस बात की बहुत संभावना है कि उस बारूद का प्रयोग भी कभी न कभी होगा ही। जिससे यह हंसती खेलती दुनिया महाविनाश के अंधकार में विलीन हो जाएगी। बड़ी समझबूझ से इस समय वैश्विक तनाव को एक–एक कदम दूर करने में कुछ विश्व नेता लगे हुए हैं। यह सौभाग्य की बात है कि भारत अपने पीएम के माध्यम से इस दिशा में विशेष कार्य कर रहा है।

प्रधानमंत्री श्री मोदी जी को चाहिए कि वह 'विश्व नेता' के रूप में आगे बढने् की नेहरू परंपरा का निर्वाह तो भले ही करें पर नेहरू जी की भांति कहीं भी राष्ट्रहितों को उपेक्षित न कर दें। हम 1962 को दोहराने के लिए तैयार नहीं हैं। हां, मोदी 1965, 1971 और 1999 को चाहे जितनी बार दोहराएं।

हमें सावधान रहना होगा। नवाज शरीफ को असफल करने के लिए उनके ही देश में चालें चली जाएंगी। उनके लिए प्राणों का संकट भी आ सकता है। ऐसी परिस्थितियों में वह अजहर को या

तो मुक्त कर सकते हैं, या उसे शाही मेहमान के रूप में अपनी जेल में रख सकते हैं। इसलिए इस ओर भी ध्यान देने की आवश्यकता है। हमें याद रखना होगा कि 'सावधानी हटी और दुर्घटना घटी' वाली कहावत कभी भी चरितार्थ हो सकती है। अतः प्रधानमंत्री नवाज शरीफ का नैतिक समर्थन करते हुए उनके मनोबल को बढ़ाये रखकर अपने हितों की रक्षा करने की आवश्यकता है। पठानकोट के शहीदों को नमन!

नवम्बर 22, 2013

देश का पी.एम. चाय बेचने वाला नहीं हो सकता

हमारे देश का संविधान हमारे जनप्रतिनिधियों को चुनने के लिए केवल इतनी व्यवस्था करता है कि ऐसा व्यक्ति (1) भारत का नागरिक हो (2) सजायाफ्ता मुजरिम ना हो (3) पागल या दिवालिया न हो इत्यादि।

जिस देश के जनप्रतिनिधियों के भीतर जनप्रतिनिधि बनने के लिए केवल इतनी ही योग्यता रखी गयी हो, उस देश में सुशिक्षित और सुसंस्कारित सभ्य समाज के बनाये जाने का सपना कैसे फलीभूत होगा? यह बात विचारणीय है। जनप्रतिनिधियों के चारित्रिक पक्ष की प्रबलता, उच्च शैक्षणिक योग्यता, अपने विषय की विशेषज्ञता, संसदीय शासन प्रणाली की अच्छी समझ, राष्ट्रीय सोच, देश के सांस्कृतिक और राजनीतिक मूल्यों की अच्छी समझ, लोकतंत्र के प्रति पूर्णतः समर्पण का भाव इत्यादि गुणों को हमारे जनप्रतिनिधियों के लिए संवैधानिक रूप से अनिवार्य नहीं माना गया है।

लोकतंत्र के प्रति इस अन्याय को नेताओं ने अपने प्रति न्याय माना और धीरे–धीरे संसद में ऐसे अपात्र और अयोग्य लोग पहुंचने लगे जिनका लोकतंत्र और लोकतांत्रिक मूल्यों में तनिक भी विश्वास नहीं था। राजनीति को इन लोगों ने व्यापार बना लिया और देश को कुछ परिवारों ने (नेहरू, गांधी परिवार की तर्ज पर) अपनी जागीर बना लिया। सारे 'जागीरदार' लोकतंत्र को देश में लाठी से हांक रहे हैं और उनका न्यूनतम सांझा कार्यक्रम केवल इतना ही है कि वे सभी एक दूसरे के लिए कभी कुछ नहीं कहते हैं। सत्ता का स्वाद तुम भी चखो और हम भी चखें, मौज करें, पर एक दूसरे के रंग में भंग ना करें।

देश को भांग पिला दी गयी है और सारा देश कह रहा है कि देश में लोकतंत्र मजबूत हो रहा है, पर जिन पर इस भांग का नशा नहीं हुआ है वो जान रहे हैं कि देश में लोकतंत्र मजबूत नहीं हुआ है अपितु लोकतंत्र की 'अंतिम यात्रा' ही निकाल दी गयी है। अंतिम यात्रा में 'ओम नाम सत्य' है, नहीं कहा जा सकता है अपितु मेरे नेता का नाम सत्य है—बाकी सब असत्य है—का राग अलापा जा रहा है। इसे लोकतंत्र नहीं कहा जा सकता यह लोकतंत्र के लिए देश की आत्मा का विलाप है।

राजनीति में कुसंस्कारित लोगों की भर्ती खोलना लोकतंत्र की पहली हार थी। देश के राजनीतिक मूल्यों के प्रति समर्पण का अभाव दूसरी हार थी। देश की संस्कृति, और इतिहास के प्रति अज्ञानता का होना तीसरी हार थी। हार का सिलसिला अनंत इसलिए गलतियों का सिलसिला भी अनंत।

फलतः पहली, दूसरी, तीसरी या चौथी पंक्ति के नेताओं के हाथ में नहीं अपितु अब तो देश 8वीं और 10वीं पंक्ति के नेताओं के हाथों में है। जिन लोगों ने कभी सोचा भी नहीं था वे भी इस देश के पी.एम. बन गये। पूंछ हिलाती गर्दनों की जमीर बिक गयी और उधर देश का सौदा हो गया। जमीर ने शमशीर बेच दी और शमशीर ने तकदीर बेच दी। सारा लोकतंत्र तार–तार होकर रह गया। शर्म भी मारे शर्म के 'वैश्याओं के बाजार' से दबे पांवों कूच कर गयी। अब सीबीआई इस शहर में और चाहे जो कुछ ढूंढ लें, पर उसे शर्म नहीं मिल सकती। ऐसे ही परिवेश में भाजपा के नरेन्द्र मोदी जी को एक पार्टी के नेता ने कह दिया है कि देश का पी.एम. चाय बेचने वाला नहीं बन सकता।

इस वाक्य को लोगों ने गंभीरता से लिया है। कहने वाले की बहुत छीछालेदार की गयी है। लेकिन सपा के 'नरेश' ने जो कुछ कहा है वह गलत ही क्या है? जिस देश में पिछले 67 वर्ष से केवल प्रबंध ही यह किया जा रहा हो कि एक 'चाय बेचने वाला' देश का पी.एम. नहीं बन सकता, उस देश के राजनीतिक परिवेश और राजनीतिक संस्कारों को अपने वाक्य से कहकर उस नरेश ने कोई गलती नहीं की है। नरेश के सच को अब शोर से दबा दिया जाएगा, जबकि होना यह चाहिए कि व्यवस्था की पड़ताल हो, और देखा जाए कि क्या वास्तव में ही देश की स्थिति ऐसी बन चुकी है कि एक चाय बेचने वाला देश का पी.एम. नहीं बन सकता? यदि हां, तो क्यों और यह स्थिति कब तक बनी रहेगी?

एक बार स्वामी रामतीर्थ जापान गये हुए थे। एक लंबी रेल यात्रा के बीच उनका फल खाने का मन हुआ। गाड़ी एक स्टेशन पर रूकी, पर उन्हें वहां कोई फल या फल वाला दिखाई नहीं दिया। उनके मुंह से अनायास ये शब्द निकल गये कि संभवतः इस देश में फल नहीं मिलते हैं। स्वामी जी इन शब्दों को एक जापानी सहयात्री ने समझ व सुन लिया। वह अगले स्टेशन पर गाड़ी के रूकते ही शीघ्रता से नीचे उतरा और स्वामी जी के लिए वहां से अच्छे फलों की एक टोकरी ले आया। उसने वे फल स्वामी जी के सामने लाकर रख दिये और उनसे खाने का निवेदन करने लगा। तब स्वामी जी ने उस सहयात्री को फलवाला मान कर उसे उस टोकरी के फलों का मूल्य देना चाहा। परंतु उस सहयात्री ने अपने फलों का मूल्य लेने से यह कहकर मना कर दिया कि इन फलों का मूल्य केवल इतना ही है कि आप मेरे देश के विषय में अपने देश में जाकर यह ना कहना कि जापान में अच्छे फल नहीं मिलते। स्वामी जी उस सहयात्री की देशभक्ति से अति प्रभावित हुए।

इधर हमारे राजनीतिज्ञ हैं जिनके विषय में दशकों से कहा जा रहा है कि इनमें नैतिकता, शर्म और लोकतंत्र के प्रति निष्ठा नहीं रही है। इन्हें भगाओ, अथवा हटाओ। लेकिन ये हैं कि हटते ही नहीं हैं और ना सुधरते हैं। एक से बढ़कर एक घटिया और निम्न स्तरीय वक्तव्य हमें इन चुनावों में सुनने को मिल रहा है। **अब इनमें से वह डॉ. राधाकृष्णन ढूंढ़ना कठिन है, जिन्होंने एक ब्रिटिश मंत्री के यह कहने पर कि पश्चिमी देशों ने जो उन्नति की है यह भारत ने क्यों नहीं की? उसे यह जवाब दिया था–यह सही है कि पश्चिम के लोगों ने चिड़ियों की भांति उड़ना सीख लिया है और मछलियों की तरह तैरना सीख लिया है वह दूसरे ग्रहों पर जाकर बसने की भी सोच रहे हैं, लेकिन मानव की तरह धरती पर प्रेम से रहना वे नहीं सीख सके हैं। जिसे केवल भारत ने ही सीखा है और सिखाया है, अपना भौतिक वैभव लुट जाने के बावजूद भी प्रेम, करूणा और मानवता जैसे सदगुण केवल भारत से ही सीखे जा सकते हैं।**

यह अच्छा है कि जनता के दरबार में आकर नेता घटिया बातें कर रहे हैं। इसलिए जनता अब इन 'नरेशों' को सबक सिखाये और सफाई अभियान के लिए 'झाड़ू वालों' के पीछे झाड़ू लेकर ही पड़ जाए। जिससे कि उन्हें पता चल जाए कि झाड़ू दूसरों का ही सफाया नहीं करती है अपितु यह झाड़ू संभालने वालों का भी सफाया करना जानती है।

अक्टूबर 3, 2013

देश का युवा मोदी के साथ

भाजपा के प्रधानमंत्री पद के उम्मीदवार श्री नरेन्द्र मोदी जी की राजधानी नई दिल्ली में आयोजित रैली ने उनकी अब तक की पूर्व की रैलियों के अनुसार एक बार फिर सिद्ध कर दिया है कि देश का युवा कांग्रेस के युवा नेता राहुल गांधी की ओर आकर्षित न होकर मोदी जी की ओर आकर्षित हो रहा है। श्री नरेन्द्र मोदी की इस रैली से कांग्रेस की शीला दीक्षित की कुर्सी की चूलें हिल गयीं और मनमोहन सिंह सरकार के लिए भी संदेश चला गया है कि देश की राजधानी के लोगों ने मोदी जी के लिए मन बना लिया है। मोदी जी के बारे में कोई यह नहीं कह सकता कि उनकी रैलियों में आ रही भीड़ किराये की है। लोग उन्हें सुनने आ रहे हैं और जो उनकी रैली में नहीं आ पाते हैं वे उन्हें टीवी आदि पर सुन रहे हैं। उन्हें किसी फिल्म स्टार, या फिल्मी हीरोइन को मंच पर लाकर बैठाने की आवश्यकता नहीं है, जैसा कि हम पिछले लंबे समय से देखते आ रहे थे कि नेता अपनी सभाओं को सफल करने के लिए फिल्मी स्टार या हीराइनों की सहायता लिया करते थे। निश्चित रूप से उनकी यह सभा सफल तो हो जाती थी लेकिन सभा में आयी भीड़ वोटों में नहीं बदल पाती थी, परंतु लंबे समय के बाद देश की राजनीति से इस ब्लैकमेलिंग की राजनीति को हम विदा होते देख रहे हैं।

दुनिया का सबसे अधिक जवान भारत में बसता है और यह अब एक नई इबारत लिखने जा रहा है। भारत का युवा, अधेड़ उम्र के प्रौढ़, मोदी जी के साथ जुड़कर यह बता रहा है कि उसे निर्णय लेना आता है और वह इतिहास बदलना जानता है।

राहुल गांधी के पिता राजीव गांधी ने मतदाताओं की आयु 21 वर्ष से घटाकर 18 वर्ष की थी और तब उस नये मतदाता ने युवा प्रधानमंत्री

का साथ दिया था। लेकिन अब आज का युवा कुछ दूसरी बात सोच रहा लगता है। नई दिल्ली में मोदी जी की रैली में गांधी टोपीधारी बुजुर्ग और सफेद सिर वालों का अभाव था। सारा हुजूम युवाओं का था। मोदी जी ने युवा की नब्ज को पहचाना है और उन्होंने भारत के परिपक्व युवा को संतुलित किंतु जोशीले अंदाज में आगे बढ़ने का संदेश दिया है। मोदी जी ने मुजफ्फर नगर दंगों पर सावधानी से चुप्पी साधी है और उनकी सावधानी ने ही मुजफ्फरनगर दंगों के दोषियों को दोषी सिद्ध कर दिया है। यह उनके व्यक्तित्व का ही चमत्कार है कि जो 'चक्रव्यूह' उन्हें फंसाने के लिए रचा गया था, उसमें वह बड़ी चतुराई से दूर से ही बचकर निकल गये हैं। वह ऐसे योद्धा सिद्ध हो चुके हैं जो चक्रव्यूह को तोड़ना भी जानते हैं और अपने शत्रुओं को ही उसमें फंसाकर आगे बढ़ जाते हैं।

मोदी जी ने दिल्ली की रैली में कांग्रेस के दो महारथी–प्रधानमंत्री मनमोहन सिंह और राहुल गांधी को बिना तीर छोड़े पराजित योद्धा बना दिया है। उन्होंने पी.एम. डॉ. मनमोहन सिंह को पाकिस्तानी पी.एम. नवाज शरीफ द्वारा 'देहाती महिला' कहने पर जिस अच्छी भाषा का प्रयोग किया है उसमें उनकी देशभक्ति, जिम्मेदारी की भावना और देश के संवैधानिक संस्थानों के प्रति सम्मान भाव तो झलकता ही है, साथ ही उनका रणनीतिक चातुर्य भी झलकता है कि वह अपने श्रोताओं को अपने प्रति किस प्रकार मंत्रमुग्ध किये रख सकते हैं। उनके विचारों को और उनकी अभिव्यक्ति की शैली को लोगों ने सुना और सराहा, यही उनकी उपलब्धि है।

जहां तक कांग्रेस का प्रश्न है तो उसकी स्थिति कुछ–कुछ वैसी ही हो रही है जैसी राजा विराट की गौहरण के समय विराट पुत्र उत्तर कुमार की भीष्म पितामह के सैन्यदल को देखकर हो गयी थी। कांग्रेस के युवराज ने 2014 के चुनाव की तैयारी नहीं की है। वह चुनाव की ओर नहीं बढ़ रहे हैं, बल्कि चुनाव उनकी ओर बढ़ रहे हैं। जबकि मोदी स्वयं चुनावों की ओर बढ़ रहे हैं। डॉ. मनमोहन सिंह चाहे कितने ही अपमानित किये जाएं पर अब उनकी चुप्पी भी कुछ बता रही है। वह नरसिंहाराव की तरह ढीठ तो नहीं हैं, परंतु उनकी शालीनता भी अब कुंठित है, और वह अपने ऊपर गांधी परिवार के उपकार के उपरांत शांत रहकर ही कांग्रेस को समाप्त होते देखना चाहते हैं। उन पर भार है– उपकारों का और वह उन उपकारों से मुक्त होना चाहते हैं, परंतु अपनी शालीनता के साथ। श्री मोदी जी की सफल चुनावी रणनीति के कारण कांग्रेस इस समय बचाव की मुद्रा में है

और वह चुनाव के लिए कुछ बैसाखियों की खोज कर रही है। राष्ट्रव्यापी संगठन को लेकर चलने वाली भारत की सबसे बड़ी पार्टी के लिए इस समय सचमुच संकट का काल है। पार्टी के पास नेता हैं, पर फिर भी नेताविहीन पार्टी के संकट से कांग्रेस गुजर रही है।

भाजपा ने समय को पहचान लिया है, और वह अपने नेता के पीछे लग गयी है। इसके लिए पार्टी के अध्यक्ष राजनाथ सिंह की रणनीति ही उत्तरदायी है, वह अपने बुजुर्ग नेता आडवाणी को भी साथ लाने में और समझाने में सफल रहे हैं। उन्हें 'मोदी' नाम का मुद्दा मिल गया है। मोदी जी अब पार्टी के लिए एक मुद्दा भी हैं और एक चेहरा भी। जब तक वह चुनाव प्रचार समिति के अध्यक्ष थे, तब तक वह केवल एक मुद्दा थे, पर अब पीएम पद के भाजपा के उम्मीदवार घोषित होने पर एक चेहरा भी बन गये हैं।

देश का युवा परिवर्तन की बाट जोह रहा है, और वह परिवर्तन के लिए राष्ट्रवादी आंदोलन चलाने के मूड में है। सचमुच ऐसी चाह रखने वाले युवाओं को एक चेहरे की तलाश थी और संयोग से मोदी जी ने युवा की इस चाह को पूरा करने की आशा बंधाई है। जबकि कांग्रेस के राहुल गांधी ने स्पष्ट कर दिया है कि वह सवा सौ वर्ष पुरानी बूढ़ी कांग्रेस के वारिस हैं। वह उसकी मान्यताओं से बाहर आने को तैयार नहीं हैं, जबकि नरेन्द्र मोदी 33 वर्ष पुरानी जवान भाजपा में भी परिवर्तन की आशा बनकर उभरे हैं। बस इन्हीं दोनों बिंदुओं को भारत के युवा ने समझा और परखा है, और उसी का परिणाम है कि देश में परिवर्तन की लहर चल गयी लगती है। जब देश का युवा जाग जाता है तो परिवर्तन अवश्यम्भावी हो जाया करता है। पुरानी व्यवस्था जलती है और उसी के अवशेषों पर नई व्यवस्था जन्मती है। भारत 2014 में नई व्यवस्था के लिए अंगड़ाई ले रहा है। 2014 का आम चुनाव परिवर्तनकारी होगा। यह कई चीजें तय करने जा रहा है और हर देशवासी को उम्मीद करनी चाहिए कि यह परिवर्तन इस बार स्थायी होगा। जिसके लाभ इस देश को सदियों तक मिलेंगे। चूंकि भारत हम सबका है, इसलिए हम सब मिलकर ही नये भारत का निर्माण करें तो ही अच्छा है। साम्प्रदायिक आधार पर नहीं बल्कि राष्ट्रीय दृष्टिकोण से उचित निर्णय लें और देश को सक्षम नेतृत्व प्रदान करें। दिल्ली की रैली का संदेश तो यही है।

फरवरी 18, 2016

देश मोदी के साथ है

जे.एन.यू. के पश्चात अलगाव की बयार को सुभाषचंद्र बोस की भूमि बंगाल में अनुभव किया गया है। जिसे देखकर हर देशवासी की चिंताएं बढ़ी हैं। ये घटनाएं कुछ बोल रही हैं, पर हम उनको समझने में चूक कर रहे हैं। जिस पड़ोसी देश चीन की इस समय भारत की मोदी सरकार ने बोलती बंद कर दी है, और पाकिस्तान को अंतर्राष्ट्रीय मंचों पर जिस सरकार की सफल विदेशनीति के कारण इस समय मुंह दिखाना कठिन हो रहा है। वे दोनों पड़ोसी शत्रु देश भारत के विकास पथ पर आरूढ़ रथ को भला कैसे सहन कर सकते हैं? इन दोनों देशों की ही बात नहीं है–अमेरिका, ब्रिटेन जैसे देश भी नहीं चाहते कि भारत शांतिपूर्वक विकास करें और आगे बढ़े। इसलिए भारत में अलगाववाद की जहां–जहां बातें हो रही हैं, उनके पीछे के षड्यंत्र को इस समय समझने की आवश्यकता है।

पी.एम. श्री मोदी जी के विषय में जहां यह सत्य है कि उनकी भाषा के शब्दबाण विपक्ष के लिए अपेक्षा से अधिक कठोर रहे हैं, वही यह भी सत्य है कि वह आज तक सभी को साथ लेकर चलने के अपने दिये गये वचन का निर्वाह करने में ईमानदारी से प्रयास करते दिख रहे हैं। उनकी दृष्टि में देश का विकास ही एक एजेंडा के रूप में झलकता है। विपक्ष उन्हें 'हिटलर' जैसे शब्दों से संबोधित कर उनके धैर्य की परीक्षा लेना चाहता है, जिससे देश का राजनीतिक परिदृश्य इस समय बहुत ही निकृष्टतम स्वरूप धारण कर गया है।

इस समय देश को विकास की ही आवश्यकता है। देश के भीतर लगने वाली साम्प्रदायिकता की आग को या जातिवादी दृष्टिकोण को या क्षेत्रीय प्रांतीय मुद्दों पर उभरने वाले प्रांतवाद को या क्षेत्रवाद को हमें देश से विदा ही करना पड़ेगा। मोदी जी इसी दिशा में कार्य कर रहे हैं, उनकी दिशा

और मानसिक दशा को समझने–समझाने की इस समय आवश्यकता है।

यह दुर्भाग्यपूर्ण है कि देश के सृजनशील लोगों से पहले देश के प्रधानमंत्री की दिशा और मानसिक दशा को विध्वंसकारी शक्तियों ने पहचाना है। इसलिए ये शक्तियां बड़ी सावधानी से अपने कार्यों में लग गयी हैं, कन्हैया या उसके साथी इन विध्वंसकारी शक्तियों के मोहरे हो सकते हैं। इसलिए इन मोहरों के पीछे के षड्यंत्रकारी मस्तिष्क को समझने की आवश्यकता है।

इस समय तक देश में हर आतंकवादी मुस्लिम मिलता था, जिससे यह कहा जा रहा था कि देश में आतंकवाद केवल मुसलमान फैला रहे हैं, जो शक्तियां इस कथन को झुठलाना चाहती हैं उन्हें किसी 'कन्हैया' की ही आवश्यकता थी। दुर्भाग्य से 'कन्हैया' को उस विश्वविद्यालय में पढ़ने का अवसर मिला जहां आज के 'कन्हैया' को भारत के 'कन्हैया' कृष्ण को मारने की पूरी तैयारी की जाती है। यदि ऐसा ना होता तो यह 'कन्हैया' भी किसी अन्य विश्वविद्यालय में पढ़ते हुए यही कहता कि–**'परित्राणाय साधूनाम् विनाशाय च दुष्कृताम' अर्थात साधुओं का, सृजनशील लोगों का कल्याण करना और दुष्टों का अर्थात विध्वंसकारी लोगों का विनाश करना मेरा जीवनोद्देश्य है।** जो लोग भारतीयता से प्रेम करते हैं उनको ही एक विचारधारा विशेष के लोग इस जे.एन.यू. में आतंकी बता रहे हैं और उन्हें ही समाप्त करना अर्थात देश के टुकड़े–टुकड़े करके विभिन्न देशों की स्थापना करना उनका एक लक्ष्य है। इसलिए आज के 'कन्हैया' को बताया जा रहा है कि ये जो साधु–सज्जन–शांतिप्रेमी लोग हैं ना–ये ही इस देश से समाप्त करने हैं। इसके लिए विदेशों से पैसा आ रहा है और देश के शत्रु देश के तोड़ने की हर संभव कोशिश कर रहे हैं।

हम सभी देशवासियों को शांतमना होकर सोचने की आवश्यकता है कि जिस वैदिक धर्म को यह देश 'हिंदुत्व' के नाम से अपनी मूल विचारधारा मानता है और जिसको अपनाकर यह संपूर्ण विश्व में शांति की स्थापना करने के लिए कृतसंकल्प है उसकी प्राचीनता के समक्ष तथा उसके उच्च मानवीय आदर्शों के समक्ष विश्व के सभी देशों और विचारधाराओं के विचारकों की बोलती बंद हो जाती है। वह अपनी विचारधाराओं को इस भारतीय विचारधारा के समक्ष बहुत ही तुच्छ और छोटी मानने के लिए बाध्य हो जाते हैं। ज्यों–ज्यों विज्ञान अपना विकास कर रहा है, त्यों–त्यों लोगों को पता चल रहा है कि विज्ञान की समर्थक भी यदि कोई विचारधारा है तो वह भी हिंदुत्व ही है।

वेद का सारा ज्ञान, विज्ञान के अटल सिद्धांतों पर ही आधारित है। जैसे–जैसे भारत के विषय में बाहरी देशों के लोगों को वास्तविकता का पता चल रहा है वैसे–वैसे ही भारतीय धर्म के प्रति विदेशों में आस्था बढ़ती जा रही है। पता चल रहा है कि भौतिक विज्ञान के नशे में चूर अमेरिका का हर तीसरा व्यक्ति भारतीय धर्म के प्रति आकर्षित हो रहा है। वह समझ गया है कि विकास का नाम केवल भौतिक विज्ञान में उन्नति कर लेना नहीं है इसके लिए भारतीय अध्यात्मवाद को भी अपनाना अनिवार्य है। इसलिए वे लोग भारत की ओर झुक रहे हैं। उनके झुकाव को उनके धार्मिक जगत के मुखिया कतई पसंद नहीं कर पा रहे हैं। यही कारण है कि ये लोग अपनी पोल खुलने से पहले भारत को बर्बाद करा देना चाहते हैं। जिसके लिए उन्हें भारत में किसी मंच की आवश्यकता है। दुर्भाग्य से जेएनयू ने अपने आपको इन विदेशी कुचक्रधारियों के लिए एक मंच के रूप में प्रस्तुत कर दिया है, और 'कन्हैया' ने इन विदेशी कुचक्रधारियों का एक 'मुख' बनना स्वीकार कर लिया है।

अब से पहले भारत की सरकारों ने प्रगतिशीलता और आधुनिकता के नाम पर विदेशियों को अपनी भारतभूमि पर खुलकर खेलने दिया था। जिससे इन विदेशियों को भारत में खुलकर अपना जाल फैलाने में कोई कठिनाई पेश नहीं आयी, जो भारत को तार–तार कर देना चाहते थे। अब जैसे–जैसे देश की सरकार अपने देश के धर्म और संस्कृति की रक्षार्थ कुछ कदम उठाने लगी है या भारत की मानवतावादी शांतिप्रेमी विचारधारा पर काम करते हुए उसे विश्वजनीन बनाने के लिए कार्य करने की दिशा में आगे बढने़ लगी है तो उनके पेट में दर्द होने लगा है। यह पेट–दर्द होना स्वाभाविक है। इसे समझा जा सकता है।

हमारा अपने सभी देशवासियों से विनम्र अनुरोध है कि वे शांति और धैर्य से काम लें। एक बीमार देश की बीमारी दूर करने के लिए कुछ कठिनाईयां पेश आने लगी हैं, यदि हमने रोगी की छटपटाहट पर ध्यान देकर अपना धैर्य खो दिया तो रोगी की मृत्यु हो सकती है और तब हमारी चिकित्सकीय योग्यता पर भी प्रश्नचिह्न लग जाएगा। विदेशी विध्वंसकारी शक्तियां यही चाहती हैं कि रोगी मर जाए और चिकित्सक को मनोरोगी सिद्ध कर दिया जाए। हम यदि अब न संभले तो फिर कभी न संभल पाएंगे। **मोदी जी एक चिकित्सक बन शांत रहकर उपचार करें–देश उनके साथ है।**

मई 30, 2014

नरेन्द्र मोदी : सभी दिशाएं अभिनंदन कर रही हैं

भारत के राजनीतिक क्षितिज पर नया सवेरा हो रहा है। इतिहास ने अपना नया अध्याय लिखना आरंभ कर दिया है, लगता है देश में फिर से मधुमास आ गया है। आज समय है स्वतंत्रता, स्वराज्य और व्यक्ति के सर्वांगीण विकास की प्रचलित परिभाषाओं की समीक्षा करने का और इन प्रचलित परिभाषाओं की ओट में इन शब्दों की वास्तविक परिभाषाओं पर छाये कुहासे को साफ करने का।

मोदी जी को देश ने गौरवमयी सफलता देकर उन्हें भारत के गौरवमयी इतिहास की उस महान परंपरा में सम्मिलित करने का अभिनंदनीय कार्य किया है, जिसके लिए मार्ग प्रशस्त करते हुए इस देश की पीढियां व्यतीत हो गयीं। इस पावन बेला में आज मोदी जी को उन सभी राष्ट्रभक्त महान आत्माओं का स्मरण करना चाहिए, जिन्होंने अपने व्यक्तित्व और कृतित्व से इस देश के लिए स्वतंत्रता, स्वराज्य और व्यक्ति के सर्वांगीण विकास की सुंदरतम और उत्कृष्टतम या तो परिभाषायें गढ़ीं या फिर उन्हें गढने के लिए आजीवन संघर्ष किया। ऐसे हजारों–लाखों क्रांतिकारियों की आत्माएं आज तक भटक रही हैं, जिनके कार्यों का उचित मूल्यांकन तो दूर उनके नामों का स्मरण मात्र तक कांग्रेसी छद्मवादी नेताओं ने नहीं होने दिया है और सारा इतिहास मिथ्या और भ्रामक वंदन व अभिनंदन से भरकर प्रस्तुत कर दिया गया है।

महर्षि दयानंद सरस्वती जी महाराज, स्वामी विवेकानंद, हेडगेवार, स्वातंत्र्य वीर सावरकर प्रभृति दिव्यात्मायें हमारे उन लाखों स्वतंत्रता

सैनानियों या राष्ट्रचिंतकों की आत्माओं की प्रतिनिधि आत्मा हो सकती हैं, जिन्होंने अपनी गर्दन का ना तो मोल लिया और ना ही अपने वंदन की कभी अपेक्षा की। लगता है कि भारत के राजनीतिक क्षितिज पर आज वे सभी राष्ट्रभक्त हुतात्माएं पुष्प वर्षा कर उसकी जनता के साहसिक और सामयिक निर्णय पर प्रसन्नता व्यक्त करते हुए उसका अभिनंदन कर रही है।

मोदी जी निश्चित रूप से इस देश की सवा अरब जनता की अपेक्षाओं का प्रतीक बनकर उभरे हैं, पर उन्हें स्मरण रखना होगा कि इस सफलता में उनका अपना कम और दूसरी चीजों का अधिक योगदान है। सर्वप्रथम तो मां भारती ने पुनः सिद्ध किया है कि उसकी गोद जब–जब खाली होती है तब–तब वह अपनी कोख से कोई न कोई अमूल्य हीरा प्रस्तुत कर हमें कृतार्थ करती है। यदि मोदी जी को मां ने आज सेवा के योग्य समझा है, तो सबसे पहली कृतज्ञता उन्हें उसी के प्रति ज्ञापित करनी चाहिए। इसके पश्चात जिन लोगों ने अपनी गर्दन का बिना मोल लिये अपना सर्वोत्कृष्ट बलिदान दिया उनकी भावनाओं को समझकर उनके सपनों का भारत बनाने का संकल्प लेना चाहिए और उनके प्रति भी अपनी श्रद्धा व्यक्त करनी चाहिए, क्योंकि उनका बलिदान और आशीर्वाद आज लंबे काल के पश्चात फलीभूत हो रहा है और उस आशीर्वाद का फलितार्थ मोदी जी बन गये हैं। जब सवेरे का प्रकाश आता है, तो सारी रात अंधेरे से संघर्ष करने वाले दीपक को भी हाथ जोड़कर नमस्कार करते हुए विदा करने की परंपरा भारत में रही है। हेलेन केलर ने कहा है कि जीवन को अहम बनाने के लिए आवश्यक है कि हम विश्वास करें कि इस अनिश्चय का, इस अंधेरे का, जिसमें हम संघर्षरत हैं, किसी दिन प्रकाशपूर्ण हल प्राप्त हो जाएगा और इस क्षण भी हमारे पास उस ज्ञान के ऐसे छोटे मोटे चिन्ह हैं जो प्रकाश से आंखें चार होने पर हमें मिलेंगा।

मोदी जी का सपना नवभारत के निर्माण का संकल्प हैं। उन्हें अपने कार्य का शुभारंभ एक साधारण राजनीतिज्ञ की भांति अपने चुनावी वायदों को पूरा करने की प्रचलित परंपरा के अनुसार लैपटॉप बांटकर नहीं करना चाहिए, अपितु उन्हें हर क्षण केवल एक ही बात स्मरण रखनी चाहिए कि वह एक राजनेता हैं और उन्होंने मां भारती को जो वचन दिया है वह उसे निभाने का आजीवन प्रयास करेंगे और उनका यह वचन देश के प्रत्येक नागरिक को समृद्धि और विकास की पंक्ति में ला खड़ा करता है। जहां तक

विकास की बात है तो यह विकास मानसिक शक्तियों का भी होगा, बौद्धिक शक्तियों का भी होगा, और आत्मिक शक्तियों का भी होगा। भौतिक विकास को मनुष्य का अंतिम लक्ष्य बनाकर हमने पिछले 67 वर्षों में उस राह पर चलकर देख लिया है, जिसका परिणाम यह आया है कि भारतीय समाज के एक वर्ग ने अपना भौतिक विकास तो कर लिया, परंतु उसके भीतर से मानव का सबसे कीमती हीरा अर्थात मानवता कहीं लुप्त हो गयी। जिससे भारतीय समाज में कई विसंगतियों ने जन्म लिया है। देश में जाति, पंथ, लिंग के आधार पर पक्षपात बढ़ा है, आर्थिक विषमता बढ़ी है, और सबसे भयंकर बात यह है कि इन्हीं बिंदुओं पर समाज में लोगों की ध्रुवीकरण की प्रक्रिया बढ़ी है। जो दीवारें हमें नीची करते–करते अंत में समाप्त ही कर देनी अभीष्ट थीं, वही दीवारें हमारे विनाश का कारण बन रही हैं, क्योंकि हमने उन्हें नीची करने के स्थान पर ऊंची करना आरंभ कर दिया। इन्हीं दीवारों के बीच आज भारत का जनसाधारण कैद है, उसकी मानवता कैद है और उसके मानस का मोती उससे कहीं खो गया है।

इस स्थिति के लिए हमारी शिक्षा नीति भी उत्तरदायी है। यह शिक्षा ही है जो व्यक्ति को रोजगार पाने की एक मशीन बना रही है और उसे संस्कारित बनाकर ईशभक्त और देशभक्त बनाने के अपने महती दायित्व से मुंह फेर चुकी है। शिक्षा देश में लोगों को साम्प्रदायिक सोच दे रही है और उस साम्प्रदायिक शिक्षा को पाकर लोग अपने ही साथियों पर चाकू छुरा चलाने की घृणित नीतियों पर चल रहे हैं। जिससे देश का सामाजिक परिवेश दिनानुदिन विषाक्त होता जा रहा है। जबकि शिक्षा का उद्देश्य मानव निर्माण होता है। इसलिए मानव के निर्माण के सत्संकल्प को मोदी जी मां भारती के प्रति अपना दिया गया वचन घोषित करें और उसी के लिए कार्य करें। इस देश को ही नहीं इस विश्व को भी ईशभक्त और देशभक्त (ईशभक्ति का विराट स्वरूप प्राणिमात्र के प्रति सहृदयता का भाव है तो देशभक्ति का विराट स्वरूप संपूर्ण वसुधा को ही अपना घर मानना है, क्योंकि मानव का देश ही संपूर्ण वसुधा है, जो देश हमें भूमण्डल में दिखाई देते हैं वो तो मानवता की संकीर्ण परिभाषा के द्योतक हैं) लोगों की आवश्यकता है।

मोदी जी यदि देश की शिक्षा–नीति में इस क्रांतिकारी परिवर्तन को लाने में सफल हो गये तो भारत पुनः विश्वगुरू बनने के मार्ग पर आरूढ़ हो सकता है। शिक्षा–नीति ही वह पेंच होती है, जिसे खींचने से देश की अन्य व्यवस्थायें स्वतः ठीक होने लगती हैं। संस्कारित व्यक्ति कभी अपने अधिकारों

के लिए नहीं लड़ता है, अपितु वह अपने कर्तव्यों पर ध्यान देता है और सदा उन्हीं के प्रति समर्पित रहता है। इसलिए ऐसे संस्कारित व्यक्ति के रहते दूसरे व्यक्ति के अधिकारों की स्वयं रक्षा होती है और समाज में विसंगतियों या अंतर्विरोधों के लिए कहीं कोई स्थान नहीं होता है। ऐसे मानव समाज का निर्माण करना ही सभ्य समाज का निर्माण करना माना जा सकता है। वर्तमान शिक्षा नीति ने व्यक्ति को अपने–अपने अधिकारों के लिए लड़ना सिखाया है और व्यक्ति अपने अधिकारों के लिए समाज में विभिन्न प्रकार के दबाव गुट, सभा, सोसायटी, सामाजिक संगठन, जातीय, साम्प्रदायिक या क्षेत्रीय अथवा कर्मचारी अधिकारी एसोसिएशन बना–बनाकर संघर्ष कर रहा है। इससे किसी का भला हो रहा है तो किसी को हानि हो रही है। जिस व्यक्ति की या व्यक्ति समाज की कोई सभा सोसायटी नहीं है या कोई संगठन नहीं है उसके अधिकार छीने जा रहे हैं और जिसके पास ये चीजें हैं उन्हें ये अधिकार दिये जा रहे हैं। क्या कभी किसी ने गरीबी रेखा से नीचे रहने वालों की कोई सभा सोसायटी या संगठन देखा है? उनके पास कोई संगठन नहीं है इसलिए उनकी चिंता भी किसी को नहीं है।

शिक्षा–नीति वर्तमान में अनीति का प्रतीक बन चुकी है। जिससे समाज में अन्याय, शोषण और अत्याचार का बोलबाला बढ़ा है। नेहरू के काल से ही शासन की नीतियां ऐसी रहीं कि हमने अपना भारतीयकरण करने के स्थान पर विदेशीकरण करना आरंभ कर दिया और आज परिणाम देख रहे हैं कि देश के भीतर तैयार किये उत्पादनों को हम हेयदृष्टि से देखते हैं और चाइना, ब्रिटेन या अमेरिका में बने उत्पादों को खरीदते हैं। फलस्वरूप देश का उद्योग व्यापार मरता–मिटता जा रहा है और विदेशी यहां आनंद मना रहे हैं। जबकि विदेशियों को तो हमने निकालकर बाहर करने का लंबा संघर्ष किया था। पर हम स्वयं ही अपना विदेशीकरण करने पर लग गये। ऐसी परिस्थितियों में देश 'सोने की चिड़िया' कैसे बन सकता था?

हम आजाद ही नहीं हुए थे या हम आजाद होकर भी गुलामी के मकड़जाल में खुद ही जा फंसे, आज श्री नरेन्द्र मोदी जी को इसी यक्ष प्रश्न का उत्तर खोजना होगा। मां भारती का आशीर्वाद और इस देश के सवा अरब लोगों के मजबूत हाथ उनके साथ हैं। हम आगे बढ़ें और वास्तविक भारत बनाने के लिए संघर्ष करें, सभी दिशायें मोदी जी का अभिनंदन करने के लिए बांहें फैलाए खड़ी हैं।

जनवरी 2, 2016

नौकरियों से साक्षात्कार समाप्त

प्रधानमंत्री श्री नरेन्द्र मोदी नोएडा आये और कुछ रचनात्मक कार्यों का शुभारंभ करके चले गये। प्रधानमंत्री के भाषण में वही पुरानी शैली थी, उनका उत्साह देखते ही बनता था। नोएडावासियों ने भी अपने प्रधानमंत्री के आतिथ्य सत्कार में कोई कमी नहीं छोड़ी।

प्रधानमंत्री के साथ प्रदेश के राज्यपाल रामनाईक और केन्द्रीय सड़क परिवहन राजमार्ग एवं जहाजरानी मंत्री नितिन गडकरी भी उपस्थित रहे। प्रधानमंत्री मोदी ने यूपी गेट से लेकर डासना तक एन.एच. 24 को 14 लेन चौड़ा करने के कार्य को हरी झंडी दी। जबकि श्री गडकरी ने एन.एच. 58 के मेरठ से देहरादून तक के हिस्से तथा एन.एच. 24 के हापुड़ से लखनऊ के हिस्से को भी शीघ्र चौड़ा करने का वायदा किया है।

प्रधानमंत्री श्री मोदी ने तृतीय और चतुर्थ श्रेणी की केन्द्र सरकार की नौकरियों में एक जनवरी से साक्षात्कार की अनिवार्यता को समाप्त करने की भी घोषणा की। उन्होंने प्रदेश की अखिलेश सरकार से भी ऐसा ही करने का आग्रह किया है। प्रधानमंत्री के भाषण को और उनकी नोएडा में आकर की गयी घोषणाओं को लोगों ने 2017 में होने वाले विधानसभा चुनावों के दृष्टिगत भाजपा की ओर से बिगुल फूंकने के रूप में भी देखा है। प्रदेश सरकार ने इस कार्यक्रम से लगभग किनारा किया है। इसलिए मुख्यमंत्री श्री अखिलेश यादव इस कार्यक्रम से अनुपस्थित रहे।

प्रधानमंत्री के द्वारा केन्द्र सरकार के तृतीय और चतुर्थ श्रेणी कर्मियों के लिए नौकरी पाते समय साक्षात्कार समाप्त करने की घोषणा का जहां तक प्रश्न है तो इस घोषणा के लागू होने से इन नौकरियों को पाने वालों की नियुक्ति में पारदर्शिता तथा ईमानदारी को बढ़ावा मिलेगा। इस तथ्य से सभी लोग भलीभांति परिचित हैं कि साक्षात्कार के नाम पर मोटी धनराशि आवेदकों

से ली जाती रही है। यदि नौकरी 25–30 हजार वेतन वाली मिलती है और रिश्वत के नाम पर 7–8 लाख आवेदक से ले लिये जाते हैं, तो देखने में ये आया है कि ऐसे कर्मचारी उस रिश्वत के पैसे के ब्याज को चुकाने में नौकरी पार कर लेते हैं, पर नौकरी के लिए लिये गये कर्जा को चुका नहीं पाते, क्योंकि गांव देहात में तीन–चार प्रतिशत पर साधारणतया कर्जा मिलता है। अब 8 लाख का मासिक ब्याज 24 से 32 हजार हुआ। नौकरी कहां गयी? पता चला कि जिसने 8 लाख रुपया नौकरी के लिए दिया था, उसने एक 'बंधुआ मजदूर' उस व्यक्ति को बना लिया, जिसने तृतीय या चतुर्थ श्रेणी की नौकरी पाने के लिए उससे कर्जा लिया था। इस प्रकार दिखने के लिए तो व्यक्ति को नौकरी मिल गयी, पर वास्तव में वह एक 'बंधुआ मजदूर' हो गया।

तब ऐसे 'बंधुआ मजदूर' बने सरकारी कर्मचारी नौकरी पर रहते भ्रष्टाचार फैलाते हैं। ये लोग कई बार अपने बड़े अधिकारी के लिए अनैतिक कार्य करते देखे जाते हैं। उनके लिए बाहर से 'मुर्गे' ढूंढ़–ढूंढक़र लाते हैं। उस 'मुर्गे' की 'टांग पूंछ' इन्हें भी मिल जाती है, जिससे ये लोग अपना काम चलाते हैं। 'बड़े साहब' की दलाली करना इनकी बाध्यता बन जाती है। कहने का अभिप्राय है कि यदि इन नौकरियों पर नियुक्ति के समय पूर्ण पारदर्शिता अपनायी जाए तो व्यवस्था में बड़ा परिवर्तन आ सकता है। इस दिशा में प्रधानमंत्री की यह घोषणा मील का पत्थर सिद्ध होगी–ऐसी आशा की जानी अपेक्षित है। नौकरशाही में व्याप्त भ्रष्टाचार को मिटाने के लिए केन्द्र सरकार को या किसी भी प्रधानमंत्री को अब से पूर्व ऐसी घोषणा कर देनी चाहिए थी। परन्तु चलिए यदि प्रधानमंत्री श्री मोदी जी ने ही इस ओर देखने का समय निकाला है तो इससे उनके विषय में यही कहा जा सकता है कि श्री मोदी जी छोटी–छोटी बातों पर भी ध्यान देते हैं और उन्हें ज्ञात है कि व्यवस्था का कौन सा पेंच कहां से कितना ढीला है या व्यवस्था के पेंचों को कहां–कहां से कसने की आवश्यकता है?

अब दूसरी बात पर आते हैं। प्रधानमंत्री मोदी जी के आई.ए.एस. अधिकारियों को हटाने के लिए प्रधानमंत्री के अनुमोदन को आवश्यक बनाने के निर्णय की दिल्ली के मुख्यमंत्री केजरीवाल ने यह कहकर आलोचना की है कि इससे आई.ए.एस. अधिकारी भाजपा की 'बी'टीम बन जाएंगे। हमारा विचार है कि आई.ए.एस. की परीक्षाएं अखिल भारतीय स्तर की होती हैं, इसलिए उनके इस स्तर को बनाये रखने के लिए प्रधानमंत्री जी का यह निर्णय भी उचित ही है। शासन–प्रशासन की एक रूपता और समरूपता किसी भी लोकतांत्रिक देश के लिए आवश्यक और अपेक्षित होती है। यह

तभी बन सकता है जब आई.ए.एस. अधिकारी किसी एक संवैधानिक पद के प्रति निष्ठावान है। इससे कोई प्रधानमंत्री स्वेच्छाचारी या निरंकुश नहीं बन जाता है, इसके विपरीत ऐसे निर्णय से भारत के संघीय स्वरूप को सुदृढ़ करने में सहायता मिलेगी। साथ ही आई.ए.एस. अधिकारियों को दलीय राजनीति का शिकार बनने से रोका जा सकेगा, वह किसी मुख्यमंत्री के हाथ की कठपुतली न होकर राष्ट्रीय दृष्टिकोण के समक्ष उचित विवेक का शत–प्रतिशत प्रदर्शन करने के लिए स्वतंत्र होगा। वैसे आई.ए.एस. अधिकारियों के विषय में यह बात ध्यान देने की है कि देश के प्रधानमंत्री की जैसी बौद्धिक क्षमताएं और विवेकशक्ति होगी ये लोग उसी के अनुरूप कार्य करेंगे। यदि कोई प्रधानमंत्री बौद्धिक रूप से पंगु है तो उसकी इस अवस्था का ये लोग लाभ उठाएंगे और यदि कोई प्रधानमंत्री बौद्धिक संपदा से संपन्न है और देश को एक दिशा देने की क्षमता और सामर्थ्य रखता है तो उसके साथ ये अपनी बौद्धिक क्षमताओं का चुपचाप विलीनीकरण या समायोजन कर लेंगे। हमें आशा करनी चाहिए कि हम भविष्य में बौद्धिक क्षमताओं से परिपूर्ण प्रधानमंत्रियों को ही देश की बागडोर अपने हाथ में लेते देखेंगे, जिनके साथ आई. ए.एस. अधिकारी अपना उत्तम समायोजन बनाकर चलेंगे। प्रधानमंत्री
के इस निर्णय का व्यावहारिक और रचनात्मक पक्ष यही है।

अब आते हैं इस आरोप पर कि प्रधानमंत्री ने नोएडा में आकर उत्तर प्रदेश विधानसभा चुनाव 2017 का बिगुल फूंका है तो यह आलोचना भी बलहीन है। उत्तर प्रदेश के 70 से अधिक जिलों के लिए इस प्रदेश के प्रवेश द्वार पर एक कार्यक्रम के आयोजन से पूरे प्रदेश की जनता प्रभावित और प्रसन्न होगी, यह मानना भूल होगी। कार्य करने हैं तो उनके लिए आयोजन भी होंगे ही और यदि उन आयोजनों को केवल चुनावी सभाएं सिद्ध करने का प्रयास किया गया तो अनुचित होगा। वैसे यदि किसी लोकतांत्रिक देश में जनमत को अपने अनुकूल बनाये रखने का प्रयास कोई पी.एम. करता है तो इसमें भी कोई दोष नहीं है, उसे अपना कार्य करके दिखाना है, तो कुछ प्रदर्शन भी करना ही पड़ेगा। संवैधानिक मान्यताओं के विपरीत कुछ हुआ है तो केवल यह कि उत्तर प्रदेश में आये पी.एम. की सभा में मुख्यमंत्री अखिलेश यादव अनुपस्थित रहे। इससे यह सभा केवल भाजपा के पी.एम. की बनकर रह गयी, भारत के पी.एम. की सभा यह तब बनती जब मुख्यमंत्री भी होते।

जून 13, 2013

पी.एम. पद के प्रत्याशी की घोषणा और संविधान

भारत का संविधान कहीं भी यह घोषणा नहीं करता कि जब आम चुनाव हों तो किसी भी राजनीतिक दल या गठबंधन को अपना भावी पी.एम. पहले ही घोषित कर देना चाहिए। संविधान इस विषय में यही व्यवस्था देता है कि देश का प्रधानमंत्री वही होगा जिसे देश की संसद के निचले सदन में निर्वाचित सदस्यों का बहुमत प्राप्त हो। संविधान के इस प्रावधान की आड़ में भाजपा इंदिरा गांधी के काल में कांग्रेस को इस बात के लिए कोसती रही कि कांग्रेस देश में खानदानी शासन को बढ़ावा दे रही है और पहले से ही पी.एम. की घोषणा करके वह संविधान की व्यवस्था का उपहास उड़ा रही है। अब भाजपा के नरेन्द्र मोदी को पहले पी.एम. पद का प्रत्याशी घोषित किया जाए या नहीं–इस पर पार्टी में ही नहीं अपितु देश के बुद्धिजीवी वर्ग में भी बहस छिड़ी हुई है। लोगों के अपने अपने तर्क हैं।

भाजपा के पूर्व थिंक टैंक रह चुके के.एन. गोविंदाचार्य ने मोदी और राहुल गांधी दोनों को ही पी.एम. पद के लिए अयोग्य माना है, उनका कहना है कि श्री मोदी जी अभी नये हैं और राहुल अभी नौसिखिए हैं। लेकिन उन्होंने यह स्पष्ट नहीं किया है कि यदि ये दोनों नहीं तो फिर कौन? हां, उन्होंने भाजपा को यह नसीहत अवश्य दी है कि वह अपने वयोवृद्ध नेता आडवाणी की स्थिति को और भी सम्मानजनक बनाए, परंतु उन्होंने आडवाणी को भी पी.एम. पद का प्रत्याशी नहीं कहा है। स्पष्ट है कि गोविंदाचार्य ने कोई समाधान नहीं दिया है बल्कि समस्या को और भी पेचीदा और शोचनीय बनाया है। वैसे आज पी.एम. संबंधी संविधान के प्रावधानों, और राजनीति की

कुछ पड़ गयीं अच्छी परंपराओं पर विचार करते हुए इस विषय पर गंभीरता से और निष्पक्षता से विचार करने की आवश्यकता है। जब हम इस प्रकार निष्पक्षता से विचार करेंगे तो पहला प्रश्न यह आता है कि क्या विश्व के इस सबसे बड़े लोकतंत्र की जनता को अपने भावी प्रधानमंत्री के विषय में जानने का हक नहीं है, और क्या संविधान इस हक का कहीं विरोधी है? और यह भी कि जनता इस विषय में क्या सोचती है?

इस प्रश्न का उत्तर यही है कि देश की जनता अपने भावी प्रधानमंत्री के विषय में जानने का हक रखती है और संविधान देश की जनता के इस हक में कहीं भी बाधक नहीं है। संविधान की मंशा है कि जो व्यक्ति देश की जनता के बीच से आ रहा है उसे लोकसभा में बहुमत दल का नेता भी होना चाहिए। बात साफ है कि लोकसभा में वे जनप्रतिनिधि पहुंचते हैं जिन्हें जनता सीधे–सीधे चुनती है, अब चुने हुए प्रतिनिधियों में जनता किसी एक नेता का अक्स देखती है और उन्हें इसी उम्मीद से अपना मत देती है कि लोकसभा में पहुंचकर अमुक व्यक्ति को देश का नेता बनाना। जैसे नेहरू के काल में हुआ, बाद में इंदिरा गांधी के काल में हुआ। ये दोनों नेता कांग्रेस के घोषित भावी पी.एम. होते थे, इसलिए इनके नाम पर लोग अपना मत देते थे और कांग्रेस के उम्मीदवारों को जिताकर भेजते थे। इस स्थिति में देश की जनता अपने भावी प्रधानमंत्री से तो परिचित रहती ही थी साथ ही उसे स्थायित्व देने वाला शासन भी मिलता था। जो लोग इस स्थिति को इंदिरा की तानाशाही का कारण मानते हैं, वह भूल जाते हैं कि तब भी अंतिम सत्ता जनता के हाथ में ही रहती है, और जनता ने 1977 में इंदिरा को सत्ता से चलता कर अपनी शक्ति का परिचय भी दिया था। बाद में इंदिरा जब पुनः सत्ता में आयीं तो पहले वाली इंदिरा और बाद वाली इंदिरा में जमीन आसमान का अंतर था। इंदिरा को जनमत के अनुसार शासन चलाना आ गया था। कांग्रेस ने 1980 का चुनाव इंदिरा जी को ही पुनः पी.एम. पद का प्रत्याशी घोषित करके लड़ा और जनता ने उन्हें इस नसीहत के साथ सत्ता सौंपी कि सावधान रहना और फिर कोई गलती मत कर बैठना। इंदिरा जी ने इस बात को समझा।

अब जिस देश की जनता पी.एम. को सावधान कर सकती है, उसके साथ ऐसा अलोकतांत्रिक उपहास क्यों किया जाए कि तेरे भावी पी.एम. को हम गुपचुप की पुड़िया में रखेंगे, और उसे तभी खोलेंगे जब तू अपना निर्णय

सुना चुकी होगी।

असमंजस की स्थिति में जनता को संविधान के नाम पर और उसकी व्यवस्था की गलत व्याख्या करके सबसे पहले 1977 में डाला गया। पांच दल फटाफट मिलकर एक हुए और बिना नेता के चुनाव में कूद गये। जीतकर आये तो मोरारजी को अपना नेता बना लिया। मोरारजी कट्टर सिद्धांतवादी थे इसमें दो मत नहीं, परंतु उनके नाम पर जनता की राय नहीं ली गयी थी इसलिए नेताओं ने ही उन्हें 'जननायक' नहीं माना और पहली बार संसद में एक निर्वाचित पी.एम. को सांसदों के सिरों की गिनती के आधार पर हटा दिया गया। असमंजस की स्थिति में जनता ने असमंजस पूर्ण जनादेश दिया था तो उसका नेताओं ने क्या अर्थ निकाला? देश को नया पी.एम. सिरों की गिनती के आधार पर चौ. चरण सिंह के रूप में मिले। पर उनके लिए सिरों की गिनती भी नहीं होने दी गयी और हवा में बनी सरकार हवा में ही गिर गयी, और इतिहास में दर्ज हो गयी? अब सवाल तो यह भी है कि इस प्रकार की सरकार को संवैधानिक माना जाएगा या असंवैधानिक माना जाए, जो बन भी गयी व गिर भी गयी। संविधान में ऐसी सरकार के बनाने का और गिराने का प्रावधान भी नहीं है। पर यहां से एक परंपरा चल गयी और उस परंपरा ने आगे चलकर कई गुल खिलाए–वीपी सिंह चंद्रशेखर, इंद्रकुमार गुजराल, एचडी देवेगौड़ा, इसी रास्ते से आए और चले गये।

जिन प्रधानमंत्रियों को देश ने कुछ–कुछ जनमत के बहुमत से चुना उन्होंने देश को स्थायी सरकार दी। इनमें नेहरू जी, इंदिरा जी, राजीव गांधी, अटल जी का नाम उल्लेखनीय है। जबकि जिन्हें सिरों की गिनती से चुना गया उन्हें काम नहीं करने दिया गया और रही–सही राजनीति गंदी होती चली गयी। संविधान के प्रावधान की ओट में छिपकर पाप किये गये–क्या संविधान ने उन पापों की कहीं इजाजत दी थी? अब आते हैं, पीवी नरसिम्हा राव और डॉ. मनमोहन सिंह पर। नरसिम्हाराव और मनमोहन सिंह देश की जनता की पसंद नहीं रहे, पर इन्होंने भी नेहरू जी व श्रीमती इंदिरा गांधी के बाद देर तक शासन किया। हमें इन दोनों विषय में याद रखना चाहिए कि इनमें से पहला परिस्थितियों की पसंद था, जिसने परिस्थितियों को अपने राजनैतिक चातुर्य से अपने अनुकूल रखा और उसे यह भी पता था कि तू दुबारा पीएम नहीं बनेगा, इसलिए वह

बिना मुस्कुराए पी.एम. बना और बिना मुस्कुराए ही पी.एम. पद से हट गया। उसके काल में कुछ लोगों को खुश रखने के लिए शासन की ओर से ढील दी गयी, फलस्वरूप देश में भ्रष्टाचार बढ़ा और जनता का पी.एम. ना होने के कारण पी.एम. उन भ्रष्टाचारियों के खिलाफ कोई कठोर कार्यवाही नहीं कर पाये, जिनके खिलाफ जनता कार्यवाही चाहती थी कमोबेश यही स्थिति डॉ. मनमोहन सिंह के लिए बनी है। यह परिस्थितियों के साथ–साथ एक महिला की पसंद भी रहे हैं। चोर दरवाजे से संसद में पहुंचने वाले मनमोहन कतई भी जननायक नहीं हैं। वह ईमानदार होकर भी इसीलिए सर्वाधिक भ्रष्ट सरकार के मुखिया हैं। यदि इनके साथ देश की जनता का बहुमत होता और ये जननायक होते तो इनकी कार्यशैली 'भीगी बिल्ली' की सी नहीं होती।

इसलिए एक निष्कर्ष यही निकल कर आता है कि जनता को अपने भावी पी.एम. का नाम जानने का अधिकार है। भारत में गलती विपक्ष की रही है कि उसने विदेशों की तरह कभी देशवासियों को 'छाया मंत्रिमंडल' देने का प्रयास नहीं किया। विपक्ष की दाल सदा जूतों में बंटी और ये कांग्रेस को या सत्तारूढ़ दल को कोसने मात्र को ही विपक्ष की राजनीति मानता रहा, जबकि यह राजनीति विपक्ष की तो हो सकती थी परंतु इस राजनीति का 'राष्ट्रधर्म' से कहीं दूर–दूर तक का भी संबंध नहीं था।

जहां तक भारत में कुछ राजनीतिक परंपराओं का प्रश्न है, तो उन पर भी विचार किया जाना उचित होगा। इनमें विचारणीय हैं–राष्ट्रपति द्व ारा प्रधानमंत्री के मनोनयन की परंपरा। दूसरे, हमारे देश का राष्ट्रपति सामान्यतः एक कार्यकाल के लिए ही चुना जाता है, ऐसी राजनीतिक परंपरा पड़ गयी है। किसी प्रधानमंत्री के हटने पर या मरने पर देश का राष्ट्रपति इतना शक्तिशाली हो जाता है कि वह जिसे चाहे पी.एम. बना सकता है, लेकिन देश में स्वस्थ राजनीतिक परंपरा बनी है कि लोकसभा में बहुमत प्राप्त व्यक्ति को ही राष्ट्रपति पी.एम. बनाएंगे। जिसके कि देश को अनावश्यक किसी प्रकार के राजनीतिक संकट में डालने से बचाया जा सके। देश में सभी राजनीतिक दल अलग–अलग चुनावी घोषणा पत्रों पर चुनाव लड़ते हैं और बाद में किसी विशेष राजनीतिक दल को सत्ता से दूर रखने के लिए एक बेतुका राजनीतिक गठबंधन बनाते हैं और सत्ता में भागीदारी तय करके देश को लूटने लगते हैं।

सत्ता में भागीदारी के माध्यम से लूट की यह परंपरा भला कौन से संवैधानिक प्रावधान की देन है? कुल मिलाकर कहना यह है कि जब देश में ऐसी अलोकतांत्रिक परंपराएं चल सकती हैं तो एक स्वस्थ लोकतांत्रिक परंपरा देश के भावी पी.एम. को पहले ही घोषित करने के बारे में क्यों नहीं स्थापित की जा सकती? यह परंपरा स्थापित होनी चाहिए–जनमत को नेता प्रभावित करता है और लोकतंत्र किसी एक ऐसे नेता को बनने का स्वस्थ अवसर देता है जो संपूर्ण देश को प्रभावित कर सकता हो। संपूर्ण देश को प्रभावित करने वाला व्यक्ति ही देश को एक रख सकता है। उसका चिंतन व्यापक हो सकता है उसकी सोच बड़ी हो सकती है–लड़ाई व्यापक चिंतन और बड़ी सोच के लिए होनी चाहिए हमें और 'देवगौड़ा' नहीं चाहिए। इसलिए हर स्थिति परिस्थिति में देश के आम चुनाव भावी पी.एम. को पहले ही घोषित करके ही लड़े जाने चाहिए–यह जनता का हक है और इस हक के साथ किसी प्रकार के छल छद्म की आवश्यकता नहीं है।

हमारा मानना है कि श्री नरेन्द्र मोदी जी को भाजपा एक स्थिर सरकार देश को देने के उद्देश्य से चुनाव पूर्व ही अपना भावी पी. एम. घोषित करे।

दिसम्बर 29, 2015

पी.एम. मोदी का नोएडा आगमन

देश में यूं तो चारों ओर ही सड़कों की और राष्ट्रीय राजमार्गों की स्थिति में दिन–प्रतिदिन सुधार होता जा रहा है, क्योंकि पिछले पंद्रह–सोलह वर्ष में सरकारों ने इस ओर विशेष ध्यान दिया है। भाजपा के अटल बिहारी वाजपेयी जब पहली बार प्रधानमंत्री बने थे, तो उन्होंने स्वर्णिम चतुर्भुज सड़क परियोजना का एक स्वर्णिम सपना देखा और उसे व्यवहार में उतारने के लिए प्रशंसनीय कार्य किया। एक अच्छी योजना खोजी गयी और टोलटैक्स के माध्यम से ऐसे आर्थिक संसाधन तैयार किये गये जिनसे सडक़ों पर प्रतिदिन एक भारी भरकम धनराशि खर्च करने में देश समर्थ हो गया। तब से लेकर अब तक हम सडक़ों के बारे में और राष्ट्रीय राजमार्गों को लेकर काफी गंभीर दिखाई दिये हैं।

देश की सबसे पहली और सबसे पुरानी सड़क जी.टी. रोड है, इसकी स्थिति बड़ी दयनीय थी, अटलजी एक बार चुनाव के समय यूपी में चुनावी सभाओं को संबोधित करते घूम रहे थे, तो उन्होंने उत्तर प्रदेश की सड़कों और विशेषतः जी.टी. रोड को लेकर चुटकी ली थी, कि **उत्तर प्रदेश में आकर यह पता नहीं चलता कि सड़क में गड्ढे हैं या गड्ढों में सड़क है।** ऐसा ही एक और मजाक उस समय चलता था कि जब आप दिल्ली से यूपी के लिए चलें और आपको दिल्ली या हरियाणा की सड़कों पर नींद आ जाए तो यह नींद आपकी गाड़ी की अचानक बढ़ी खनखनाहट के कारण जहां टूट जाए वहीं से समझो कि उत्तर प्रदेश की सीमाएं प्रारंभ हो गयीं हैं।

पिछले कुछ समय में उत्तर प्रदेश की सड़कों और विशेषतः यहां से निकलने वाले राजमार्गों की स्थिति में भारी परिवर्तन आया है। एन.एच. –24 को लेकर राजनीतिज्ञों ने अपनी चिंता अधिक दिखाई क्योंकि यह

मार्ग उत्तर प्रदेश की राजधानी लखनऊ को देश की राजधानी दिल्ली से जोड़ता है। इसलिए इस मार्ग का ऊंचीकरण और चौड़ीकरण का अभियान बड़ी तेजी से चला और अब यह बहुत अच्छी स्थिति में आ गया है। **अब देश के प्रधानमंत्री श्री नरेन्द्र मोदी जी 31 दिसंबर को अर्थात ईसाई नववर्ष 2016 की पूर्व संध्या पर प्रदेश को एक नया उपहार देने नोएडा पधार रहे हैं। नोएडावासी और जनपदवासी अपने प्रधानमंत्री की मेहमाननवाजी के लिए पलक पावड़े बिछाकर उनकी प्रतीक्षा कर रहे हैं। प्रधानमंत्री मोदी जी राष्ट्रीय राजमार्ग (एन.एच.) 24 के चौड़ीकरण के अभियान को हरी झंडी देंगे।**

ऐसे समय में क्षेत्र की जनता की ओर से हमारा, प्रधानमंत्री मोदी जी से विनम्र निवेदन रहेगा कि (एन.एच.) 24 के चौड़ीकरण के साथ–साथ इसके दोनों ओर हुए अतिक्रमण को स्थाई रूप से समाप्त कराने के लिए भी विशेष प्रयास किये जाएं। यह ठीक है कि चौड़ीकरण के समय अतिक्रमण अपने आप हटेगा, पर यह भी सच है कि जैसे ही सडक़ बनकर तैयार हो जाएगी तो जहां जैसे जिसका दाव लगेगा वह फिर अतिक्रमण करेगा। अतः इसके लिए बहुत आवश्यक है कि ऐसी स्थाई व्यवस्था कर दी जाए कि जिससे अतिक्रमण करने वाले लोगों को ऐसा अवैधानिक कृत्य करने का अवसर ही न मिले। अतिक्रमण करने वाले लोग अपने आप तो मौज लेते हैं पर दूसरे लोगों को परेशान करते हैं, कई बार तो अतिक्रमण से सडक़ों पर स्थाई निर्माण हो जाता है और फिर सरकार उन्हें हटा नहीं पाती हैं, इससे सरकारों को नगर, कस्बों के बीच से सडक़ का चौड़ीकरण करना कठिन हो जाता है। तब बाईपास निकालकर उसपर मोटी रकग खर्च की जाती है। जिससे राष्ट्र की क्षति होती है। ऐसा हमने जी.टी. रोड के चौड़ीकरण और ऊंचीकरण के समय देखा है।

प्रधानमंत्री मोदी जिस स्थान पर आ रहे हैं, यहां बेशक चाहे विकास ने कितनी ही इबारतें क्यों न लिख दीं हों, पर यहां के विषय में यह भी सत्य है कि यहां का मूल निवासी जो काश्तकार था, पूरी तरह उजाड़ दिया गया है। अधिकांश लोगों की स्थिति ऐसी बन गयी है कि जो इस आधुनिकतम शहर में अपनी संतान का पालन पोषण करने में अपने आपको असमर्थ पा रहे हैं। उनकी समस्याओं को सुनने के लिए किसी ऐसे संस्थान या आयोग का गठन किया जाना चाहिए जो पूर्णतः अराजनीतिक हो और जिस पर

नोएडा विकास प्राधिकरण के किसी अधिकारी या स्थानीय अथवा प्रांतीय स्तर के किसी नेता का प्रभाव न हो। यदि ऐसी योजना और ऐसे किसी आयोग या संस्थान की घोषणा प्रधानमंत्री श्री मोदी जी अपनी नोएडा की सभा में करते हैं तो नोएडावासियों के लिए और यहां के मूल निवासियों के लिए उनकी यह यात्रा यादगार बन जाएगी।

मार्च 22, 2016

इतिहास पर हो ठोस अनुसंधान

भारत का इतिहास लिखा जाना मानो फिर से गंगा को धरती पर लाने के समान है। 'भागीरथ प्रयास' करना होगा इस महान कार्य के निष्पादन के लिए। मैं यह इसलिए कह रहा हूं कि भारत का इतिहास भारत का ही इतिहास नहीं है, यदि वह सही रूप में लिखा जाए तो ज्ञात होगा कि भारत का इतिहास संपूर्ण मानव जाति का इतिहास है। वैसे इस भूमंडल पर केवल एक भारत ही ऐसा देश है जो यह कहता है कि इस विश्व को बने लगभग दो अरब वर्ष हो गये हैं। विश्व का सर्वाधिक प्राचीन संवत यदि किसी जाति का है तो वह आर्यजाति या हिंदुओं का है। इनका लगभग दो अरब वर्ष (1 अरब 96 करोड़ 8 लाख 53 हजार 114 वर्ष) प्राचीन संवत इस बात का प्रमाण है कि भारत का इतिहास भी इतना ही पुराना होगा।

जब मैंने अपनी 'भारत के 1235 वर्षीय स्वतंत्रता संग्राम का इतिहास' नामक श्रृंखला लिखनी आरंभ की तो उसे लिखते–लिखते छह खण्ड तैयार हो गये। तब मैं स्वयं आश्चर्यचकित था कि यदि भारत के इतिहास को लिखते समय 1235 वर्ष के कालखण्ड की थोड़ी बहुत चर्चा करने से ही छह खण्डों की पुस्तकें बन सकती हैं, तो दो अरब वर्ष का इतिहास लिखने में कितने खण्ड बनेंगे? तनिक कल्पना कीजिए। दो अरब वर्ष के विस्तृत कालखण्ड के सामने 1235 वर्ष का कालखण्ड तो कुछ भी नहीं है।

मैं यह भी मानता हूं कि मैंने जिन 1235 वर्षों के इस कालखण्ड के इतिहास को एक साथ–एक स्थान पर प्रस्तुत करने का प्रयास किया है। इसमें मेरी तो मात्र प्रस्तुति है, परिश्रम तो मुझसे पूर्व कितने ही विद्वानों ने किया है, जिनके तथ्यों के मोतियों को मैंने इस श्रृंखला की माला में लाकर मात्र पिरोने का कार्य किया है। यह कार्य भी अपूर्ण है। क्योंकि

इसमें अभी भी बहुत सारे संशोधनों की और ऐसे तथ्यों को समाहित करने की आवश्यकता है जो मेरी ना जानकारी में रहे हो सकते हैं। मैं यह बात इसलिए भी कह रहा हूं कि जिन 1235 वर्षों के इतिहास पर इस ग्रंथमाला में हम प्रकाश डाल रहे हैं, उसमें भारत का एक चुना हुआ क्षेत्र और उसकी घटनाएं ही अधिक सम्मिलित हैं। जैसे उत्तर भारत और कुछ मध्य भारत का ही वर्णन अधिक है, उनकी अपेक्षा पश्चिमी भारत, पूर्वी भारत और दक्षिणी भारत का उल्लेख अपेक्षित रूप में उल्लेखित नहीं किया जा सका है।

यह ठीक है कि संपूर्ण भारत के कुछ घटनाक्रमों को इस ग्रंथमाला में पिरोने का प्रयास हमारी ओर से किया गया है, पर फिर भी देश के बहुत से आंचल और क्षेत्र ऐसे हैं जिन पर और भी शोध की आवश्यकता है। जैसे बीते 1300 वर्षों में भारत में ईरान, अफगानिस्तान, पाकिस्तान, नेपाल, तिब्बत, भूटान, बर्मा, श्रीलंका, मालदीप, जावा, सुमात्रा आदि भी सम्मिलित थे। हमारा स्वतंत्रता संग्राम का इतिहास तभी पूर्ण होगा, जब इस विशाल क्षेत्र के इन्हीं वर्षों का इतिहास भी समीक्षित किया जाएगा। उसे भी देखा जाएगा कि इन देशों में उस समय क्या घटनाएं घटित हो रही थीं? क्या वे शांत थे या वे भी हिंदुत्व अथवा वैदिक संस्कृति की रक्षार्थ किसी प्रकार आंदोलित थे? निश्चय ही वहां भी आंदोलन हुए होंगे। पर हम आज उन्हें ढूंढ़ नहीं पा रहे हैं। जितना भारत हमें दिखाई दे रहा है–हम उसके विषय में ही तथ्य जुटा सकते हैं और उसी पर प्रकाश डाल सकते हैं। यह भी तो इतिहास की एक विडंबना ही है कि इतिहास का इतिहास ही विलुप्त है। प्रश्न अपने आप में प्रश्न तो है ही उसका उत्तर भी प्रश्न ही बन गया है। "**सारी बीच नारी है कि नारी बीच सारी है**" यह भेद ही समझ नहीं आ रहा।

जब भारत के दो अरब पुराने इतिहास को इस दृष्टिकोण से देखता हूं कि इसका तो अभी हजारवां लाखवां भाग भी नहीं लिखा गया है तो मेरा मन अपने प्रयास को अति लघु मानने को स्वयं ही तैयार हो जाता है। तब गर्व का तो प्रश्न ही नहीं उठता।

भारत सरकार को चाहिए कि भारत का वास्तविक इतिहास खोजने की दिशा में ठोस कार्य किया जाए। मानव जाति के इतिहास को खोजने के लिए भारत के इतिहास के शोधार्थियों की एक विशाल टीम खड़ी की

जाए जो तथ्यों के आधार पर भारत का लगभग दो अरब वर्ष का इतिहास तैयार करे।

हमें यह मानना चाहिए कि भारत का इतिहास भौतिकपरक विजयों का इतिहास नहीं है। इसका इतिहास रक्तरंजित कहानियों से बना इतिहास भी नहीं है। इसका इतिहास तो घावों पर मरहम लगाने वालों का इतिहास है। ऋषियों के उत्कृष्टतम चिंतन, उत्कृष्टतम अनुसंधानों, आविष्कारों और शोधों का इतिहास है। भारत को उसी ओर कार्य करने के लिए जागना होगा। भारत के वर्तमान प्रधानमंत्री श्री नरेन्द्र मोदी जी की सरकार जिस सांस्कृतिक राष्ट्रवाद की समर्थक सरकार है, उसके लिए इस दिशा में कार्य करने की अपार संभावनाएं हैं।

भारत का इतिहास धर्म का इतिहास है। संसार के शेष मजहब धर्म की परिभाषा में नहीं आते। यद्यपि वे भी कह सकते हैं कि उनका इतिहास भी मजहबी इतिहास है, पर भारत के धर्म के इतिहास और उनके मजहबी इतिहास में आकाश–पाताल का अंतर है। भारत का धर्म अभ्युदय की प्राप्ति अर्थात इस संसार में रहकर संपूर्ण ऐश्वर्य की प्राप्ति करना और निःश्रेयस की सिद्धि अर्थात मोक्ष की प्राप्ति करने पर आधारित है। यही 'भद्र' की उपासना है। भद्र का अर्थ भी इहलोक और परलोक को सुधारना है। **इस प्रकार भारत का धर्म मौलिक रूप में व्यक्ति की मौलिक स्वतंत्रता का समर्थक है। इसी आधार पर भारत ने विश्व को एक 'मर्यादा पथ' अर्थात जीवनशैली प्रदान की, लोगों को उस मर्यादा पथ पर चलने की प्रेरणा दी और युग–युगों तक इस संसार को उस पथ पर चलाया भी, परंतु संसार के अन्य मजहबों ने ऐसा नहीं किया। उन्होंने संसार के मर्यादा पथ को छिन्न–भिन्न किया, उसे तार–तार किया। जिन लोगों ने उसके इस अनैतिक कार्यों का विरोध किया उन्हें उन लोगों ने 'काफिर' घोषित किया और काफिरों के जनसंहार को अपना सबसे पवित्र 'दीनी करतब' घोषित किया।**

स्पष्ट है कि विदेशी मजहबों के मर्यादा पथ को छिन्न–भिन्न करने के कार्य का विश्व में सबसे प्रबल विरोध केवल भारतवासियों ने ही किया। इसलिए इन विदेशी मजहबों के आक्रांताओं के सबसे बड़े शत्रु भी भारतवासी हिंदू ही बने। **ये आक्रांता रुके नहीं और हम अपने मर्यादा पथ पर झुके नहीं। संघर्ष चला, 'घोड़ों पर घोड़े टूट पड़े और तलवार**

लड़ी तलवारों से। बिना मनुष्य के तलवार से तलवारों की लड़ाई देखकर विदेशी आश्चर्यचकित रह गये थे। यह केवल भारत ही था, जिसके महाराणा संग्राम सिंह ने जब अपने योद्धाओं से बाबर की तोपों के सामने सामूहिक रूप से टूट पडने का आवाह्न किया तो उसके योद्धाओं ने बड़ी संख्या में तोपों के सामने सामूहिक रूप से टूटकर अपना बलिदान दिया और अंत में तोपची को ही गिरफ्तार करने में सफल हो गये थे। वीरता, देशभक्ति और देश के मूल्यों के लिए समर्पण का यह उत्कृष्टतम उदाहरण है। ऐसे अनेक उदाहरण हैं जिन्हें देखकर या पढ़कर हमारा हृदय अपने देशभक्त पूर्वजों के प्रति अनायास ही श्रद्धा से भर जाता है। भारत जीवित रहे और भारत की आर्य संस्कृति अर्थात हिंदुत्व के रूप में संसार के लिए पुनः मर्यादित पथ का निर्माण करे, इसके लिए भारत के संपूर्ण इतिहास को लिखा जाना और इसके एक–एक मोती को बच्चों के हृदय मंदिर में सजाना हमारा राष्ट्रीय कर्त्तव्य है। हमारे देश की संस्कृति और धर्म का मर्यादा–पथ सनातन है वह कभी पुरातन नहीं होता, उसमें सदा नवीनता बनी रहती है। यही उसकी सनातनता है।

यह प्रसन्नता की बात है कि श्री मोदी की सरकार में मानव संसाधन विकास मंत्री श्रीमती स्मृति ईरानी का ध्यान भारतीय इतिहास के पुनर्लेखन की ओर है।

सितम्बर 11, 2014

भारत को मिटाने की जवाहिरी की धमकी

भारत वर्ष के विषय में फ्रेंच तत्वज्ञ विक्टर कजिन ने कहा है–''**इसमें संदेह नहीं कि प्राचीन हिंदुओं को वास्तविक ईश्वर का पूर्ण ज्ञान था। उनके विचार, उनका तत्वज्ञान इतना श्रेष्ठ उदात्त तथा सत्य है कि उनके मुकाबले में यूरोपीय तत्वज्ञान दोपहर के सूर्य के सामने चमकने वाले जुगनू की भांति फीका है।**''

मार्क ट्वेन ने भी इस महान देश के विषय में ऐसा ही कुछ कहा है–''**यह भारतवर्ष मानव जाति का उद्‌गम स्थल है, हमारी अभिव्यक्ति का जन्म स्थान, इतिहास की मां तथा युगपुरूषों का पितामह है।**''

इस देश की महान सांस्कृतिक विरासत को विश्व–विरासत मानते हुए तथा उसे विश्व समाज के लिए अत्यंत उपयोगी जानते हुए अंग्रेज इतिहासकार आर्नोल्ड टॉयनबी ने कहा था–''**सारा विश्व विनष्ट होने के कगार पर है। ऐसे में केवल भारतीय समाज ही कोई मार्ग दिखा सकता है।**''

इस महान देश के उज्ज्वल भविष्य के प्रति पूर्णतः आश्वस्त होते हुए एडिनवर्ग के दीक्षांत भाषण में टॉयनबी ने एक बार पुनः कहा था–''**21वीं शताब्दी में भारत विश्व का अग्रणी नेता होगा। भारत प्रत्येक क्षेत्र में महान प्रगति करेगा। इस पर भी बड़ी बात यह है कि वह विज्ञान एवं धर्म में समन्वय स्थापित करेगा।**''

नोबेल पुरस्कार विजेता रोमांरोला ने कहा था–''**मनुष्य ने जब से अस्तित्व का स्वप्न देखा है, उस आदिकाल से लेकर आज तक**

मानव ने जितने भी स्वप्न देखे हैं उन सब स्वपनों को पृथ्वी के किसी एक स्थान पर यदि आश्रय मिला है तो वह भारत वर्ष है।"

आज उसी भारत की युगों पुरानी सांस्कृतिक आत्मा को नष्ट करने की धमकी अलकायदा के प्रमुख अलजवाहिरी ने दी है। अलजवाहिरी ने इस्लमी राज्य की वापसी का दावा करते हुए कहा है कि वह इस लड़ाई को बांग्लादेश और म्यांमार तक ले जाएगा। इस आशय की वीडियो की जानकारी होते ही गृह मंत्रालय ने राज्यों को एलर्ट जारी कर दिया है।

अलकायदा ने धमकी दी है, पर उसे अब ज्ञात हो जाना चाहिए कि उसके जैसी प्रतिज्ञा ही कभी महमूद गजनवी ने भी की थी कि इस देश को मिटाकर ही दम लूंगा। उसके बाद सदियां गुजर गयीं और इसी धार्मिक मदांधता में जीने वाले कितने ही गजनवी, गौरी, बाबर, औरंगजेब और नादिरशाह आए और चले गये। 1235 वर्ष तक इस देश की हिंदू जनता ने उनके अत्याचारों का सामना किया और अपनी तथा अपने देश–धर्म की रक्षा की। उसकी आत्मा की चेतना सदा जागृत रही और अपने स्वाभिमान के लिए संघर्ष करती रही, और आज भी कर रही है।

आज भारत चेतना का पुंज है। इसकी चेतना सर्वत्र मुखर हो रही है, यहां तक कि मुस्लिमों का एक बड़ा वर्ग भी धर्म के वैज्ञानिक अर्थ को ग्रहण कर रहा है और वह भी राष्ट्रीय एकता के लिए काम करना चाहता है। वह अपनी धार्मिक आस्थाओं को बनाये रखकर भी देश की आस्था को अपने सर्वांगीण विकास के लिए आवश्यक मानता है, क्योंकि वह जानता है कि विश्व में भारत ही एक ऐसा गैर इस्लामिक देश है जहां विश्व की सर्वाधिक मुस्लिम आबादी रहती है, परंतु उन्हें आत्मविकास के वे सारे अधिकार प्राप्त हैं जो एक समुदाय या व्यक्ति के पास होने चाहिए। इसलिए देश का बड़ा मुस्लिम समाज 1947 को दोहराने की मूर्खता नहीं करेगा।

भारत का युवा अब समझ रहा है कि भारत का वर्तमान इतिहास झूठ का पुलिंदा है, जो हमारे एक हजार वर्ष तक गुलाम रहने की घोषणा करता है। आज का युवा इस तथ्य को समझ गया है कि संपूर्ण भारत कभी गुलाम नहीं रहा और पिछले 1300 वर्ष का इतिहास हिंदुओं की विजय, वीरता और वैभव का इतिहास है। उसी विजय, वीरता और वैभव ने कारगिल में अपना स्वर्णिम अध्याय पूर्ण किया। अगला अध्याय और भी स्वर्णिम है, जब देश

की बागडोर देश की संस्कृति, धर्म और इतिहास की सुरक्षा गारंटी की शर्त के साथ लोगों ने मोदी जी जैसे ओजस्वी नेता के हाथों में सौंप दी है। आज जिन हाथों को अलकायदा काट देना चाहता है, उन हाथों के साथ देश के ढाई करोड़ हाथ मुट्ठी बंद किये खड़े हैं। देश के प्रधानमंत्री श्री नरेन्द्र मोदी जी के नेतृत्व में देशवासियों का सबका निशाना एक है–**'राष्ट्र निर्माण, सबका साथ–सबका विकास।'** उस सोच को मिटाने से पहले चेतनित भारत की आत्मा से यदि अलजवाहिरी ने पूछ लिया कि देश के सवा अरब लोगों के हाथों की मुट्ठी बंद का अर्थ क्या है तो उसे ज्ञात हो जाएगा कि हम अपने भाग्य के निर्माता स्वयं हैं, और यदि हम पर किसी ने उंगली उठायी तो उस उंगली को घूंसे से तोड़ दिया जाएगा। सचमुच महमूद गजनवी के भारत से आज का भारत काफी संभला हुआ मजबूत भारत है। जवाहिरी जरा देखकर...।

फरवरी 10, 2014

मेरठ, महर्षि दयानंद और मोदी

मेरठ का भारत के इतिहास में महत्वपूर्ण स्थान रहा है। यह क्षेत्र कुरूवंशी राजधानी हस्तिनापुर से ध्वंसावशेषों के पास ही बसा है। महाभारत की साक्षी है कि जब अर्जुन और कृष्णजी ने खाण्डव वन का दहन किया तो उन्होंने मय नामक शिल्पकार से मित्रता कर युधिष्ठिर के राजभवनों का इंद्रप्रस्थ में निर्माण कराया। जिनके अवशेष दिल्ली के पुराने किलों में आज तक पड़े हैं। उसी मय नामक शिल्पी को पुरस्कृत करते हुए राजा युधिष्ठिर ने उसके नाम से मय राष्ट्र नामक नगर बसाया। यही मयराष्ट्र आज हमारे सामने मेरठ के नाम से सीना ताने खड़ा है।

1191 ई. में इसे पहली बार मौहम्मद गौरी के सेनापति कुतुबुद्दीन ऐबक ने जीता और कहा जाता है कि उसने यहां की सल्तनत अपने विश्वासपात्र एक सरदार को सौंप दी। **जिस समय दिल्ली पर तोमर वंश का शासन था लगभग उसी का समकालीन राजा हरदत्त था, जिसने हापुड़ (हरिपुर) की स्थापना की थी और उसे अपनी राजधानी बनाया था। इसी हरदत्त ने अपने शासनकाल में मेरठ पर भी चढ़ाई की और उसे अपने राज्य में मिलाकर वहां एक किले का निर्माण भी कराया था।** यूं तो महमूद गजनवी ने भी 1019 ई. में इस शहर पर चढ़ाई की थी, परंतु वह यहां अपनी हुकूमत स्थापित नहीं कर पाया। यहां मुस्लिम शासकों द्वारा निर्मित कई इमारतें हैं, जो बताती हैं कि मुस्लिम हुकूमतों ने इस शहर पर देर तक शासन किया। यह सौभाग्य केवल मेरठ के माथे पर ही शोभता है कि इस शहर ने निरंतर कई शताब्दियों तक विदेशी शासकों से शासित रहकर भी अपनी 'भारतीय आत्मा' की चेतना को सदा ही चेतनित रखा और जब 1857 का वर्ष आया तो महाभारत कालीन इस

गौरवपूर्ण नगरी पर कृष्ण के 'पांचजन्य' और 'अर्जुन के गांडीव' की टंकार गूंज उठी। समर यहीं सजा और आततायियों एवं विधर्मियों को मार भगाने के शिवसंकल्प से संकल्पित राष्ट्र ने क्रांतिकारी अंगड़ाई ली। हां, इस बार राष्ट्र को 'परित्राणाय साधूनाम् विनाशाय च दुष्कृताम्' का उपदेश देने वाले महर्षि दयानंद थे और उस वैदिक ज्ञान के 'शस्त्रमेव जयते' के सुदर्शन चक्रधारी के 'कृण्वन्तो विश्वमार्य्यम्' का उपदेश सुनने वाला गांडीवधारी अर्जुन था –कोतवाल धनसिंह।

यह इतिहास की विडंबना है कि कोतवाल धनसिंह का वह आज तक महिमामंडन नहीं कर सका है, अन्यथा उसका बलिदान वह बलिदान था जिसने हमें सोते से जगाया और हमने जागते ही अपनी हजारों वर्ष पुरानी बलिदानी परंपरा का ऐसा साज सजाया कि फिरंगियों को एक दिन भागना ही पड़ा। भारत ने 'सत्यमेव जयते' तो कहा है और उसकी साधना भी की है, परंतु इसे हमने अपने लिए आध्यात्मिक क्षेत्र की उपलब्धियों तथा उस क्षेत्र की मान्यताओं तक ही सीमित रखा है। सत्य की रक्षा के लिए शस्त्र की आवश्यकता होती है। इसलिए हमने 'सत्यमेव जयते' को सदा 'शस्त्रमेव जयते' से ही सिद्ध किया है। सत्य हमारी आध्यात्मिक परंपरा है तो शस्त्र उसकी रक्षक परंपरा है। महाभारत में कृष्ण सत्य के रूप में खड़े थे तो अर्जुन शस्त्र के रूप में खड़े थे। सत्य को हथियार नहीं उठाना था, इसलिए नहीं उठाया, परंतु तब नहीं उठाया जब ये पता था कि गांडीवधारी अर्जुन उसके साथ है। बस, यही बात 1857 के लिए कही जा सकती है। महर्षि दयानंद ने 'सत्य' का कार्य किया तो कोतवाल धनसिंह ने शस्त्र का कार्य किया। पर किसी ने दयानंद की इस गीता को लिपिबद्ध नहीं किया। जिस गीत ने बाद में जाकर 'वंदेमातरम', 'विजयी विश्व तिरंगा प्यारा', और 'सारे जहां से अच्छा' जैसे रोमांच पैदा करने वाले गीतों के लिए पृष्ठभूमि तैयार की, उसे 1857 में पहले यहीं गाया गया था, और उसके बोल थे–

हम हैं इसके मालिक यह हिंदोस्तान हमारा।
पाक वतन है कौम का, जन्नत से भी प्यारा।।
यह है हमारी मिल्कियत हिंदुस्तान हमारा।
इसकी रूहानियत से रोशन है जग सारा।।
कितनी कदीम कितना नईम सब दुनिया से न्यारा।
करती है जर्खोज जिसे गंगो जमन की धारा।।

ऊपर बर्फीला पर्वत है पहरेदार हमारा।
नीचे साहिल पर बजता सागर का नक्कारा।।
इसकी खानें उगल रही हैं सोना हीरा पारा।
इसकी शानोशौकत का दुनिया में जयकारा।।
आया फिरंगी दूर से ऐसा मंतर मारा।
लूटा दोनों हाथों से प्यारा वतन हमारा।।
आज शहीदों ने तुमको ए अहले वतन पुकारा।
तोड़ गुलामी की जंजीरें बरसाओ अंगारा।।
हिंदू मुस्लिम सिख हमारा भाई प्यारा–प्यारा।
यह है आजादी का झण्डा इसे सलाम हमारा।।
1857 की क्रांति का गीत (गीता) था ये।

1857 में स्वाधीनता आंदोलन के समय स्वामी दयानंद ने मेरठ प्रवास किया था। अपनी पुस्तक 'स्वाधीनता आंदोलन और मेरठ' के लेखक आचार्य दीपंकर हमें बताते हैं कि **"मेरठ में स्वामी जी ने करीब 150 साधुओं की ऐसी टोलियां संगठित कीं जो गांव–गांव और शहरों में गली मोहल्लों में घूम–घूमकर धर्म का उपदेश करते थे एवं धर्मद्रोही के कुकृत्यों के विरुद्ध जनता में आक्रोश उत्पन्न करते थे, 1857 की क्रांति के उपरांत जब उन्होंने राष्ट्र निर्माण के लिए आर्य समाज की स्थापना की थी, उसकी पूर्व कल्पना उन्होंने मेरठ में रहते समय 1859–60 में जब वे स्वामी बिरजानंद जी के पास मथुरा पहुंचे उस समय उनके विचारों में चमत्कार पूर्ण परिपक्वता और निखार देखने को मिलता है।"**

1857 की क्रांति के समय वह औघड़ नाथ (33 वर्षीय) बाबा के नाम से क्रांतिकारियों के मध्य प्रसिद्ध थे। क्रांति के प्रचार–प्रसार के लिए उस समय रोटी और कमल को प्रतीक चिन्ह माना गया था। आज भाजपा के पी.एम. पद के प्रत्याशी श्री नरेन्द्र मोदी ने दो फरवरी को स्वामी श्रद्धानंद (महर्षि दयानंद जी के परम शिष्य) के जन्मदिवस के अवसर पर मेरठ की पुण्यभूमि से क्रांति रैली का आयोजन किया और उस पर उन्होंने महर्षि दयानंद को जिस प्रकार अपनी भावांजलि अर्पित की उसे सुनकर प्रत्येक देशभक्त का सीना चौड़ा हो गया। महर्षि दयानंद जी महाराज समग्र क्रांति के अग्रदूत थे। श्यामजी कृष्ण वर्मा यद्यपि मार्क्सवादी थे तो भी वे महर्षि के

'स्वराज्य चिंतन' से बहुत प्रभावित थे और उन्होंने ही महर्षि के स्वराज्य चिंतन को हमारे क्रांतिकारियों के अंतर्मन में उतारकर उसे 'वंदेमातरम' का समानार्थक बना दिया।

श्री नरेन्द्र मोदी जी ने जिस प्रकार कांग्रेस से बातों–बातों में ही सरदार पटेल को छीन लिया और कांग्रेस कुछ भी नहीं कर पायी (क्योंकि वह स्वयं सरदार पटेल की उपेक्षा करने के 'पापबोध' से ग्रस्त थी) उसी प्रकार उन्होंने महर्षि दयानंद को भी अपनी झोली में ले लिया है। महर्षि दयानंद जी महाराज जैसे क्रांतिकारी महापुरुषों पर बोलने में कांग्रेस को सदा लज्जा आती रही। वह अपनी 'सैकुलर इमेज' को बचाने के लिए क्रांतिकारी महापुरुषों की परछाईं तक से भी बचकर निकलती रही।

नरेन्द्र मोदी जी आज बस इतना ही कर रहे हैं कि भारत के राजनीतिक, सामाजिक और धार्मिक क्षेत्र की कई नामचीन विभूतियों की स्मृतियों की मूर्तियां गढ़ रहे हैं और उन पर अपने श्रद्धा सुमन अर्पित कर रहे हैं। इतना करने से ही मानो उन्होंने प्यासी धरती के लिए गंगा ही बहा दी है। देश के युवा वर्ग को उनका यह राष्ट्रवादी चिंतन बेहद पसंद आ रहा है, इसलिए जितना ही वह किसी महान विभूति को अपने संस्मरणों में, भाषणों में या व्याख्यानों में लाते हैं तो देश का युवा वर्ग बल्लियों उछलने लगता है। मेरठ में मोदी जी ने महर्षि दयानंद को स्मरण कर राष्ट्रभक्तों को नई प्रेरणा दी है। वास्तव में मोदी जी का भारतीय राजनीति में ये नया प्रयोग है।

अब तक हमारे राजनीतिज्ञ अपनी–अपनी विचारधाराओं को तथा अपने अपने किन्हीं आदर्श समकालीन पुरुषों को ही अपने भाषणों में स्थान देते रहे हैं, और देश की जनता का मूर्ख बनाते रहे हैं, परंतु मोदी 1947 से पूर्व जाकर इतिहास के पन्नों को उघाड़कर उनका सामंजस्य वर्तमान के साथ बैठा रहे हैं। इससे देश में नया उत्साह पैदा हो रहा है और राजनीति में कहीं लोहिया, कहीं नेहरू, कहीं गांधी, कहीं मार्क्स तो कहीं ऐसे ही किसी राजनीतिक आदर्श को अपना आधार बनाकर चलने वालों को पीछे देखने के लिए विवश होना पड़ रहा है।

हम किसी महापुरूष के अच्छे कार्यों की उपेक्षा या अवहेलना नहीं कर रहे हैं, अपितु हम तो केवल ये बताना चाहते हैं कि भारत एक प्राचीन राष्ट्र है और इसके शिल्पकारों को खोजने के लिए इतिहास का गंभीर चिंतन किया जाना आवश्यक है। निस्संदेह महर्षि दयानंद भारत के कुशल

शिल्पकार हैं। मेरठ ने मोदी का साथ देने का संकल्प ले लिया है, क्योंकि मेरठ की भूमि उन छली–छद्मी **'जयचंदों'** के घावों से लहूलुहान है जिन्होंने यहां के लोगों को कई बार साम्प्रदायिकता की भट्टी में झोंकने का पाप किया है। यह पावन भूमि अब इन पापों से मुक्त होना चाहती है। मुजफ्फरनगर के दंगों को लोकतंत्र और धर्मनिरपेक्षता के नाम पर कराया गया और उनके हाथ किसी पाक दामन पर पोंछकर उसे कलंकित करने का अपराध किया गया। यह अपराध गाय की चर्बी लगे कारतूस को किसी हिंदू को मुंह से खोलने के लिए वैसे ही बाध्य करने जैसा है, जैसा कि 1857 की क्रांति के समय अंग्रेज करा रहे थे। निश्चय ही उस समय क्रांति से मेरठ मचल उठा था और उसने सारे देश को मचलने के लिए प्रेरित किया था। एक दिशा दी थी और एक संदेश दिया था।

आज फिर मोदी ने मेरठ की नब्ज पर हाथ रखकर बीमारी को पकड़ने का प्रयास किया है। मेरठ की जनता ने उनकी योग्यता को समझने का प्रयास किया है। इसीलिए लोग अपेक्षानुरूप उनकी सभा में उपस्थित रहे हैं। लगता है क्रांति का बिगुल बज चुका है और मेरठ ने फिर एक गीता की रचना के लिए 'कृष्ण और अर्जुन' को तैयार करना आरंभ कर दिया है। समय नमो नमो का है।

मार्च 7, 2016

नरेन्द्र मोदी का राष्ट्रवाद क्या है?

प्रसिद्ध क्रांतिकारी रामनाथ पाण्डेय की अवस्था जब 15–16 वर्ष की ही थी, तब **'काकोरी षड्यंत्र केस'** में अंग्रेज सरकार ने उन्हें गिरफ्तार कर लिया था। चूंकि इनके पिता बचपन में ही मर गये थे, इसलिए इनके पूरे परिवार के भरण–पोषण का दायित्व भी इन्हीं के ऊपर था। जेल में इन्होंने पंद्रह दिन का अनशन भी किया। एक बार एक और क्रांतिकारी ने उनसे पूछा कि अपनी मां का एकमात्र सहारा होते हुए तुमने जेल का वरण क्यों किया? इस पर पाण्डेय ने उत्तर दिया–

'मैं एक और बड़ी मां के प्रति अपने कर्त्तव्य का पालन कर रहा हूं, फिर चिंता किस बात की?'

इस केस में क्रांतिकारी पाण्डेय ने पांच वर्ष की कैद की सजा काटी थी।

हमारा भारतीय राष्ट्रवाद हमें यही शिक्षा देता है, वह हमें राष्ट्रभक्त बनाता है–अपने धर्म के प्रति आस्थावान, अपने इतिहास के प्रति निष्ठावान और अपनी संस्कृति के प्रति कृतज्ञ बनाता है, पर जिन लोगों ने 'कन्हैया' की पीठ थपथपाकर उसे भारत के धर्म, इतिहास और संस्कृति के प्रति 'विद्रोही' बनाया है उनके लिए भारत का धर्म, भारत का इतिहास और भारत की संस्कृति ये तीनों ही अमान्य हैं। इसलिए उनके राष्ट्रवाद में दोगलापन है। इस देश की जनता को यह तथ्य समझना होगा कि रामनाथ पाण्डेय जैसे क्रांतिकारियों को क्यों भुला दिया गया और क्यों उन्हें उठाकर रद्दी की टोकरी में डाल दिया गया?

आज प्रधानमंत्री श्री मोदी जी के लिए जन्म देने वाली मां से बढ़कर 'बड़ी मां' महत्वपूर्ण है, इसलिए उन्होंने जननी मां के प्रति परम आस्थावान रहकर भी 'बड़ी मां' के प्रति अपनी पूर्ण निष्ठा समर्पित कर दी है। स्पष्ट

है कि उनके लिए रामनाथ पाण्डेय की राष्ट्रवादी परम्परा ही अनुकरणीय है। उनके इस कार्य से हमारा धर्म, हमारा इतिहास और हमारी संस्कृति नवस्फूर्ति और नई ऊर्जा से भरते जा रहे हैं।

हमने पहली बार बहराइच के राजा सुहेलदेव को लेकर एक बड़े कार्यक्रम का आयोजन होते देखा, जिसमें भाजपा के राष्ट्रीय अध्यक्ष अमित शाह उपस्थित हुए। यह वही सुहेलदेव थे जिन्होंने जून 1034 में महमूद गजनवी के भांजे सालारमसूद की ग्यारह लाख की सेना को नष्ट करने हेतु **17 राजाओं का एक राष्ट्रवादी संघ** बनाकर उससे युद्ध किया था और इस युद्ध में शत्रु की सेना का एक भी सैनिक अपने देश वापस जाने के लिए शेष नहीं बचा था। ऐसे इतिहासपुरुषों का महिमामंडन मोदी काल में ही संभव हुआ है। दोगले राष्ट्रवादियों ने इस घटना को इतिहास से विलुप्त कर दिया। उन्होंने ऐसा करते समय एक काल्पनिक संस्कृति का घोष किया। जिसे नाम दिया गया–'गंगा जमुनी संस्कृति' इसे सांझा संस्कृति कहा गया।

यह संस्कृति भारत को मारकर अर्थात भारत को उसके अतीत से काटकर या सुहेलदेव और पाण्डेय जैसे क्रांतिकारियों को इतिहास से मिटाकर मुगलकाल से आरंभ की गयी। इसमें दिखाया गया कि हिंदू मुस्लिमों को साथ लाने के लिए किस प्रकार मुस्लिम बादशाहों ने घोर परिश्रम किया? यह तो हिंदू थे जो उनके साथ नहीं लगे, और उनके साथ ना लगकर उन्होंने 'घोर पाप' किया। इस पाप को करने के लिए हिंदओं की जहालत को या अज्ञानता को या प्रगतिशील ना होने की उनकी रूढ़िवादी भावना को उत्तरदायी ठहराया गया। इतिहास को कुछ इस प्रकार लिखा गया कि हिंदू प्रारंभ से ही रूढ़िवादी रहे हैं और उन्हें प्रगतिशीलता से घृणा रही है, जिस कारण उन्होंने इस्लाम जैसे प्रगतिशील और ईसाईयत जैसी खुली विचारधारा को अपनाने में हिचक दिखाकर अच्छा नहीं किया। ऐसी मान्यता रखने वाले लोग आज भी 'हिंदू को, हिंदुत्व को और हिंदुस्थान' को प्रगतिशीलता और खुलेपन नाम के दो भेड़ियों के सामने उनका भोजन बनाकर डाल देना चाहते हैं। कन्हैया उसी विचारधारा के पालने में तैयार किया जा रहा है। इसके पीछे एक लंबा षड्यंत्र काम कर रहा है। सीताराम येचुरी जैसे लोगों को छात्रों के बीच से 'कन्हैया' मिलना अपनी एक बड़ी उपलब्धि जान पड़ रही है।

इधर मोदी हैं जो भारत के धर्म, भारतीय संस्कृति और भारतीय इतिहास

की परम्पराओं और उसके वैज्ञानिक स्वरूप से पूर्णतः परिचित हैं और वह उन्हें हर स्थिति में बनाये रखने के लिए कृतसंकल्प हैं। दोगले लोगों के लिए 'बड़ी मां' कुछ नहीं है, पर मोदी के लिए 'बड़ी मां' ही सब कुछ है। उनकी इस बात का कुछ गंभीर अर्थ है कि **'राजनीति नहीं राष्ट्रनीति अपनाओ।'** राजनीति में केवल घृणा है–दोगलापन है, असहयोग है, हिंसा है। अपने विरोधी को विरोधी न मानकर उसे शत्रु मानने की अमानवीय भावना है। जबकि राष्ट्रनीति में राष्ट्र सर्वप्रथम है, प्रेम है, सहयोग है, अहिंसा है, अपने विरोधी के विचारों का सम्मान करने की उच्च भावना है, अपने देश के लिए विचारों की विषमता को किसी एक निष्कर्ष पर लाकर 'एक' बना देने की आदर्श भावना है।

मोदी इसी राष्ट्रनीति के उपासक हैं, और यही राष्ट्रनीति वह देश में लागू करना चाहते हैं। देश के लिए 'राष्ट्रनीति' ही अपेक्षित है, लेकिन कुछ लोगों को इस राष्ट्रनीति में भी मोदी की किसी चाल के दर्शन होते हैं। वास्तव में इसमें कोई चाल नहीं होकर 'सुहेलदेव और रामनाथ पाण्डेय' जैसे लोगों का महिमामंडन होकर इन दोगले राष्ट्रवादियों द्वारा किये गये **'पापों का भण्डाफोड़'** हो जाने का भय इन्हें सताता है। बस इसीलिए ये 'मोदी विरोध' और हर स्थिति में मोदी विरोध को ही आज की राजनीति की मुख्य धुरी बनाये रखना चाहते हैं। जिसके लिए देश के लोगों को सब कुछ समझकर कार्य करने की आवश्यकता है।

हमें यह समझने की आवश्यकता है कि जे.एन.यू. प्रकरण का एक आरोपी उमर खालिद नारे लगाते समय भी अफजल प्रेम के प्रति स्वयं को क्यों समर्पित दिखाता है? स्पष्टतः उसकी सोच राष्ट्रघाती है क्योंकि उसका मत उसे यही सिखाता है। मोदी के राष्ट्रवाद में सावरकरवाद है। सावरकरवाद धर्मांतरण को राष्ट्रान्तरण का मुख्याधार मानता है।

अतः मोदी जी देश में धर्मांतरण की प्रक्रिया के हर स्तर पर और हर किसी की ओर से किये जाने के विरुद्ध हैं, यही उनकी देशभक्ति है। वह मानते हैं कि यदि एक व्यक्ति अपना धर्मांतरण करता है और हिंदुत्व को त्यागता है तो वह राष्ट्रविरोधी हो जाता है, उसे अलग राष्ट्र चाहिए। कन्हैया के संरक्षक धर्मांतरण को व्यक्ति का निजी मामला मानते हैं, और उससे राष्ट्र का कोई सरोकार नहीं देखते बाद में जब कोई धर्मांतरित व्यक्ति देश तोड़ने की बात करता है या ऐसे नारे लगाता है तो उसे 'भाषण और अभिव्यक्ति

की स्वतंत्रता' के नाम पर संविधान सम्मत बनाने और दिखाने का अनुचित और असंवैधानिक संरक्षण देते हैं। ऐसी स्थिति में आकर मोदी जी के पास स्पष्ट भाषा न होकर संसद में केवल कूटनीतिक भाषा रह जाती है, यदि वह स्पष्ट बोलेंगे तो उनका विकास का सपना विनाश की आंधी में बह जाएगा और उनके विरोधी उनसे शत्रुता दिखाते हुए देश में आग लगा देंगे।

मोदी के पास अच्छे राष्ट्रवादी चिंतकों, वक्ताओं और विशेषज्ञों की कमी है। ऐसा आभास संसद में चल रही बहस को देखकर होता है। योगी आदित्यनाथ, साक्षी जी महाराज और साध्वी प्रज्ञा की भाषा बिगड़ जाती है, जिससे नहीं लगता कि वे तपे–तपाये साधक की भांति बोल रहे हैं, उससे मोदी को कम और उनके विरोधियों को अधिक लाभ पहुंचने की संभावना रहती है। स्मृति ईरानी और अविनाश ठाकुर ने इस बार कुछ प्रत्याशी जगाई है, अच्छा हो कि मोदी अच्छी चिंतनशील और मर्यादित भाषा में ठोस विचार प्रस्तुत करने वाले वक्ताओं की टीम खड़ी करें जो संसद में उनके स्वयं के बोलने से पहले विपक्ष से निपटने में समर्थ हो।

दिसम्बर 12, 2015

मोदी जी की कूटनीति और विदेश नीति (भाग-1)

पिछले दिनों संसद में हमारे देश के प्रधानमंत्री श्री नरेन्द्र मोदी ने इस बात पर गहरा दुख व्यक्त किया था कि विपक्ष उनकी विदेश यात्राओं को लेकर उन पर व्यंग्य कसता है और उनकी सभी विदेश यात्राओं का उपहास उड़ाते हुए उन्हें निरर्थक सिद्ध करने का प्रयास करता है। प्रधानमंत्री श्री नरेन्द्र मोदी ने संसद को यह भी बताने का प्रयास किया था कि वह विदेशों में जाकर कैसे अपनी व्यस्तताओं में से भी उन रचनात्मक लोगों से मिलने का समय निकाल लेते हैं, जिनके अनुभवों से हमारे देश के मजदूरों, कृषकों और युवाओं का भला हो सकता है।

प्रधानमंत्री मोदी जी ने अब तक लगभग ढाई दर्जन विदेश यात्राएं की हैं, उनकी विदेश यात्राओं को लेकर जो लोग आलोचना कर रहे हैं, उनकी आलोचना का एक कारण यह भी है कि प्रधानमंत्री मोदी जी बहुत अधिक कार्य करते हैं, जिससे नौकरशाही और मंत्रियों में कार्य के प्रति लगन बढ़ी है, उच्च स्तर पर अब आपको 'टरकाऊ और लटकाऊ' बातें करते हुए अधिकारी या मंत्रीगण दिखाई नहीं देंगे। जिस देश में 'टरकाऊ और लटकाऊ' भाषा को सुनते–सुनते लोगों के कान पक गये थे, उसमें इतना सुधार आना एक स्वस्थ संकेत है। मनमोहन सरकार में किसी की भी कोई जिम्मेदारी नहीं थी इसलिए सर्वत्र गैर जिम्मेदारी का परिवेश बन चुका था।

सऊदी अरब की सरकार को भारत की मोदी सरकार इस बात के लिए मनाने में सफल रही कि वह कच्चे तेल पर ऑन टाइम डिलीवरी वन प्रीमियम चार्ज न लगाये। इस महत्वपूर्ण समझौते पर देश के युवा तेलमंत्री

धर्मेन्द्र प्रधान और विदेशमंत्री सुषमा स्वराज ने अपनी सऊदी अरब की यात्रा के दौरान हस्ताक्षर किये। इस अकेले समझौते से ही हमारे देश को हजारों करोड़ की विदेशी मुद्रा की बचत हुई। जिसका प्रभाव आज नहीं तो कल अवश्य दिखाई देगा और अंततः देश का जनसाधारण भी उससे लाभान्वित होगा। भारत ने चार जल विद्युत पावर प्लांट और बांध भूटान में बनाने का निर्णय लिया है। ऊपरी तौर पर देखने से ऐसा लगता है कि इससे भारत का क्या लाभ होगा? परंतु वास्तविकता यह है कि इस विद्युत पावर प्लांट और बांध से भारत को ग्रीन ऊर्जा का बहुत बड़ा भाग मिलेगा जिससे भारत अपना विकास करने में भी सफल होगा।

भारत नेपाल में रुचि दिखा रहा है, और बड़े शांत मन से वह इस देश को अपना ही भाई समझकर इसके विकास के लिए कृत संकल्प है, इसीलिए भारत, नेपाल में सबसे बड़ा बांध बनाएगा। अब से पूर्व नेपाल से इस प्रोजेक्ट को पाने के लिए चीन भरसक प्रयास करता रहा था। भारत को इस बांध से बनने वाली बिजली का 83 प्रतिशत भाग निःशुल्क मिलेगा। जिससे हमें भविष्य में लाभ मिलना निश्चित है। प्रधानमंत्री नरेन्द्र मोदी जी के रहते जापान से भारत के संबंध और भी प्रगाढ़ हुए हैं और जापान सरकार ने भारत में बीस अरब डॉलर दिल्ली–मुंबई इनवेस्टमेंट कॉरिडोर परियोजना में लगाने का समझौता किया है। प्रधानमंत्री ने वियतनाम से कूटनीतिक संबंध बढ़ाये हैं, इस प्रकार चीन के भविष्य के उद्देश्यों को निष्फल करने के दृष्टिकोण से प्रधानमंत्री श्री मोदी ने चीन को नेपाल से लेकर वियतनाम तक अपने मित्रों से घेरने का सफल कूटनीतिक प्रयास किया है। इससे चीन को कितनी पीड़ा हो रही होगी यह केवल वही जानता है। वियतनाम ने भारत की तेल कंपनी ओएनजीसी विदेश से तेल खोजने का समझौता किया है, जबकि संप्रग की मनमोहन सरकार इस समझौते को चीन के दबाव में करने को तैयार नहीं थी, लेकिन जब साहसिक निर्णय लेने वाले राजनीतिज्ञ नेता के रूप में किसी देश को मिलते हैं, तो ऐसे निर्णय ले ही लिये जाते हैं।

अमेरिका के प्रतिबंध के उपरांत भी भारत द्वारा ईरान से तेल का अधिक आयात किया गया है। ईरान हमें भारतीय मुद्रा में तेल का निर्यात करता है, जिससे हम विदेशी मुद्रा बचा पाते हैं। इस प्रकार की मुद्रा के आने से या बचाने से हम डॉलर के उतार–चढ़ाव के प्रभाव से बच जाते हैं। भारत

ने यहीं पर एक और भी ऐसी उपलब्धि प्राप्त की है जो उसके लिए सैन्य दृष्टिकोण से बहुत ही महत्वपूर्ण है, और वह है कि भारत को चबहार बंदरगाह के निर्माण का आदेश मिला है, इससे भारत, पाकिस्तान को घेरने में सफलता प्राप्त कर सकेगा, क्योंकि जब यह बंदरगाह बनकर तैयार हो जाएगा तो हमारी सेना के पोतों को यहां जाने की अनुमति होगी।

नरेन्द्र मोदी जी ऑस्ट्रेलियाई प्रधानमंत्री टोनी अब्बोट को भारत को यूरेनियम सप्लाई करने के लिए मनाने में सफल रहे हैं। आज के समय में जब हमारा परंपरागत शत्रु पाकिस्तान परमाणु बम धड़ाधड़ बना रहा हो और हमें परमाणु युद्ध की धमकी देकर धमकाने की या हमें ब्लैकमेल करने का प्रयास कर रहा हो तब प्रधानमंत्री का यह निर्णय उनकी दूरदृष्टि और कूटनीतिक सफलता का द्योतक है। आज ऑस्ट्रेलिया भारत को विद्युत उत्पादन के लिए यूरेनियम की सप्लाई करने पर सहमत है। इससे भी हमारे देश की उन्नति में बहुत सहयोग मिलने की संभावना है। जिसके लाभ हमें कुछ ही समय में दिखाई देने लगेंगे।

श्रीलंका में पिछले दिनों चुनाव हुए तो वहां राष्ट्रपति राजपक्षे चुनाव हार गये, जिनका झुकाव चीन की ओर रहा है। सीआईए की ताजा रिपोर्ट में बताया गया है कि राजपक्षे को चुनाव हराने में भारत ने महत्वपूर्ण भूमिका का निर्वाह किया है। स्पष्ट है कि ऐसा केवल इसलिए किया गया है कि चीन को हमें घेरने से निषिद्ध किया जा सके। हमें स्मरण रखना होगा कि यूपीए सरकार ने हम्बनटोटा बंदरगाह की परियोजना को चीन को जाने दिया था। इस परियोजना से आज चीन ने हाथ खींच लिये हैं और अब इस परियोजना को भारत के प्रोजेक्ट प्रबंधक देख रहे हैं। इस प्रकार चीन को भारत के बदले हुए नेतृत्व के गुणों का और साहस का परिचय मिल गया है। इसलिए वह अब देखकर और सोच–समझकर भारत से हाथ मिलाने की बात करता है। चीन का व्यापारिक घाटा बहुत बढ़ रहा था, नरेन्द्र मोदी जी ने चीन को विवश किया कि एनटी डंपिंग लगाई जाएगी, इसलिए चीन को चाहिए कि वह भारत में पैसा लगाए, परिणामस्वरूप चीन बीस अरब का निवेश भारत में करने के लिए कह चुका है। कहने का अभिप्राय है कि शत्रु को कूटनीतिक और साहस भरे अंदाज में भारत के नेतृत्व ने जितना इस समय शिकंजे में कस रखा है, उतना उसे पूर्व कभी नहीं कसा गया था।

दिसम्बर 14, 2015

मोदी जी की कूटनीति और विदेश नीति (भाग-2)

अब आते हैं सुरक्षा मामलों पर। इस क्षेत्र में अजीत डोबाल को महत्वपूर्ण दायित्व सौंपकर भी श्री नरेन्द्र मोदी जी ने उचित निर्णय किया। जिसे पूरा देश ही नहीं, अपितु पड़ोसी देश भी अनुभव कर रहे हैं। अभी कुछ समय पहले की ही बात है कि अमेरिका के पेंटागन, इजराइल, व जापान से टाइअप किये गये। तब हमने अजीत डोबाल के साहसिक और देशभक्ति से भरे हुए रोमांचकारी शब्द सुने। जिनसे हर देशवासी का सीना गर्व से चौड़ा गया था। तब अजीत डोबाल ने कहा था कि–"**किसी भी प्रकार का मुंबई जैसा हमला यदि पाकिस्तान ने इस बार किया तो पाकिस्तान बलूचिस्तान को हार जाएगा।**" फलस्वरूप हमने आतंकी नाव को समुद्र में ही रोक दिया। अजीत डोबाल की भाषा ने समस्या का त्वरित समाधान प्रस्तुत किया, उनके शब्दों में ना तो किसी प्रकार का भय था और ना ही किसी प्रकार याचना थी। उनके शब्द स्पष्ट कर रहे थे कि वह एक स्वाभिमानी राष्ट्र के साहसी राजनयिक हैं। उन्होंने स्पष्ट किया कि हम पहले हमला नहीं करेंगे, परंतु यदि आप हमला करोगे तो हम अब दूसरा गाल आपके सामने नहीं करेंगे।

भारत ने उत्तर पूर्व चीनी सीमा पर सडक़ निर्माण की अनुमति दी इस सड़क निर्माण के कार्य में प्रधानमंत्री श्री मोदी जी ने व्यक्तिगत स्तर पर रुचि ली। जबकि संप्रग के शासनकाल में एशियन विकास बैंक ने चीन के विरोध के कारण इस कार्य के लिए धन उपलब्ध कराने से स्पष्ट मना कर दिया था। तब संप्रग सरकार भी इस फाइल पर कोई निर्णय नहीं ले पायी

थी। जबकि यह इतना संवेदनशील प्रकरण था कि सीमा पर सड़कों की सुविधा न होने के कारण हमारे सैनिकों को कष्ट उठाने पड़ रहे थे और उनके मनोबल पर प्रतिकूल प्रभाव पड़ रहा था। इसके उपरांत भी शासन में बैठे लोग मौन धारण किये रहे।

भारत सरकार यमन के युद्ध क्षेत्र से न केवल पैंतालीस सौ से अधिक भारतीयों को सुरक्षित निकाल पाई, अपितु उसने 41 अन्य देशों के नागरिकों को भी सुरक्षित निकालने में प्रशंसनीय भूमिका निभाई। इससे भारत का सिर विश्व में गर्व से ऊंचा हुआ और उसके प्रति लोगों के मन में विश्वास का भाव जाग्रत हुआ। तब भारत के मा. प्रधानमंत्री श्री मोदी जी ने सऊदी अरब के राजा सलमान से स्वयं बातचीत करके भारतीय वायुसेना को सुरक्षित उड़ान की अनुमति प्रदान कराई। ध्यान रहे कि सऊदी अरब ने ही यमन पर हमला बोला था और यमन के वायुक्षेत्र को यातायात के लिए बंद कर दिया गया था। इस बातचीत के कारण हमें कुछ घंटों की सुरक्षित उड़ान मिली थी। इस सारी योजना के पीछे अजीत डोबाल, श्रीमती सुषमा स्वराज और जनरल वी.के. सिंह का मस्तिष्क कार्य कर रहा था। सचमुच अब से पूर्व ऐसे साहसिक निर्णय लेते हुए हमने किसी मंत्री या मंत्रियों के समूह को नहीं देखा।

भारतीय वायु सेना को मजबूती देने के लिए प्रधानमंत्री मोदी जी ने राफेल लड़ाकू विमान के लिए फ्रांस से समझौता किया और उससे कहा कि वह भारतीय सेना को 36 विमान जितना शीघ्र हो सके उतना शीघ्र उपलब्ध करा दे। इस समझौते को प्रधानमंत्री मोदी जी ने बिना किसी एजेंट या दलाल के पूर्ण कराया, स्पष्ट है कि इस सौदे में पूर्णतः पारदर्शिता बरती गयी और किसी को कोई कमीशन नहीं दिया गया। 42 वर्षों के पश्चात भारत के किसी प्रधानमंत्री ने कनाडा की यात्रा की। यह यात्रा भी मौज मस्ती करने या गुलछर्रे उड़ाने के लिए नहीं की गयी थी, अपितु यह यात्रा पूर्णतः राजनयिक यात्रा थी। तब हमारे मा. प्रधानमंत्री ने द्विपक्षीय समझौते में कनाडा से यूरेनियम सप्लाई करने का समझौता किया। कनाडा भारत को अब अगले पांच वर्ष तक भारतीय परमाणु ऊर्जा के रियक्टर को यूरेनियम सप्लाई करेगा। जिससे भारत को बिजली की समस्या के निदान में महत्वपूर्ण सहायता मिलेगी। कनाडा में भारतीय यात्रियों के लिए, वीजा की अनुमति भी प्रदान की है।

अभी हाल ही तक भारत विदेशों से न्यूक्लीयर रियक्टर खरीदने के लिए स्वयं को एक भिखारी से भी निकृष्ट अवस्था में अनुभव किया करता था। उसे न्यूक्लीयर रियक्टर रूस व अमेरिका से खरीदने पड़ते थे, और ये देश हमारे द्वारा इन रियक्टरर्स के प्रयोग को संदेह की दृष्टि से देखते थे। तब हमें उन्हीं की शर्तों पर उनसे रियक्टर खरीदना पड़ता था। अब प्रधानमंत्री श्री मोदी जी ने इस समस्या का समाधान और निदान खोजते हुए फ्रांस को न्यूक्लीयर रियक्टर देने के लिए तैयार कर लिया है। फ्रांस का न्यूक्लीयर रियक्टर, रूस और अमेरिका के न्यूक्लीयर रियक्टर से उत्तम है। ये 'भारत में ही बनाओ' योजना के तहत एक भारतीय कंपनी की साझेदारी में होगा।

अमेरिका यात्रा के दौरान नरेन्द्र मोदी जी ने बराक ओबामा को न्यूक्लीयर फ्यूल ट्रैकिंग के नियम छोड़ने के लिए सहमत किया। उत्तरदायित्व के नियम को सुलझाया, जिसके कारण सोलह न्यूक्लीयर रियक्टर पावर प्रोजेक्ट के रास्ते खुल गये।

क्या अठारह माह के शासन काल में देश के भीतर सुरक्षा का इतना विश्वसनीय तानाबाना बुन देना और देश को आत्मविश्वास के मार्ग पर आरूढ़ कर देना कम है? निश्चित रूप से जितना कुछ किया गया है उसे नरेन्द्र मोदी ही कर सकते थे। इसलिए अभी तक मोदी को भारत का सबसे उत्कृष्ट प्रधानमंत्री माना जा रहा है। वह अपनी कार्यशैली से सिद्ध कर रहे हैं कि उनके लिए राष्ट्र सर्वप्रथम है, और किसी भी राजनेता के लिए ऐसा ही होना भी चाहिए।

मई 31, 2014

मोदी के आंसूः हिंदुत्व की राजनीति के मोती

कभी आंसू बन जाते हैं तकदीर,
कभी आंसू मिटा देते हैं तस्वीर।
आंसुओं का भी अपना इतिहास है,
कभी इनसे घबराती है शमशीर।
बादल गरजता है बरसता है,
पर पपीहा एक बूंद को तरसता है।
हृदयाकाश में उठे गर नेकनीयती की बदरिया,
तो आंसू 'मोदी के मोती' बनकर झरता है।।

20 मई को भाजपा के नवनिर्वाचित सांसदों की बैठक संसद में हो रही थी। भाजपा के लिए ये दिन सचमुच गौरव और गर्व की अनुभूति कराने वाला था। संघर्ष और सतत संघर्ष के पश्चात आज अपने बलबूते पर पार्टी देश की सरकार बनाने का सौभाग्य प्राप्त कर रही है–इसलिए प्रसन्नता का विषय था। तभी भाजपा के और देश के नायक बनकर उभरे श्री नरेन्द्र मोदी जी का संसद में प्रवेश होता है। मोदी लोकतंत्र के पावन मंदिर के दरवाजे पर पहुंचते हैं, पहला कदम मंदिर की दहलीज पर रखते हैं, तो मंदिर के पुजारी को अपने कर्त्तव्य धर्म का बोध होता है कि पहला कदम कैसे रखा जाए? श्री मोदी को उत्तर खोजने में तनिक भी देर नहीं लगी। श्री मोदी अचानक नतमस्तक हो घुटने टेक मंदिर की दहलीज में बैठे गये। मोदी जी को झुका देखकर सारे सुरक्षाकर्मी सकते में आ गये। **मोदी जी ने राष्ट्र मंदिर के आराध्यदेव सनातन राष्ट्र के गौरव को नमन किया और ईश्वर से प्रार्थना की कि इस सनातन राष्ट्र के गर्व–गौरव को बढ़ाने**

की मुझे शक्ति और सामर्थ्य देना। प्रार्थना पूर्ण हुई। मोदी जी राष्ट्र मंदिर में प्रविष्ट हुए। सभी उपस्थित नवनिर्वाचित सांसदों ने मोदी का भव्य स्वागत किया। पार्टी के वयोवृद्ध और कर्मठ नेता लालकृष्ण आडवाणी ने मोदी का नाम प्रधानमंत्री पद के लिए प्रस्तावित किया, पर उससे पहले आज के इस गौरवमयी और आनन्दानुभूति कराने वाले क्षणों के दिलाने में मोदी के महत्वपूर्ण योगदान को दृष्टिगत रखते हुए आडवाणी कह गये कि आज हम जो कुछ भी हैं, वह श्री मोदी की 'कृपा' से हैं।

मोदी ने इस 'कृपा' शब्द को पकड़ लिया। जब उनके बोलने का समय आया तो उन्होंने अपने भाषण का आरंभ ही आडवाणी के 'कृपा' शब्द पर बोलने से किया। **उन्होंने कहा कि आडवाणी जी ने एक शब्द कहा–कृपा और इससे आगे मोदी जी मनुष्य की अमर कान्ति के मोती अर्थात आंसुओं के प्रवाह में बह गये। वह शब्द ढूंढ़ रहे थे–पर हृदय से धर्म का बांध टूटे ही जा रहा था, नैतिकता मर्यादा, उच्च मानदण्ड और भारत की ऐतिहासिक परंपरा के सारे मानवीय मूल्यों का इतना तीव्र प्रवाह मोदी जी के अन्तस्तल में उठ रहा था कि जिस व्यक्ति को लोग 'निर्मम प्रशासक' कहते रहे या मानते रहे, आज उसे मोम बनकर पिघलता देखकर सब अचंभित रह गये। सारा वातावरण आंसुओं से भीग गया। देश के करोड़ों लोगों ने यह दृश्य देखा तो उनमें से बहुत से अपने आंसुओं को रोक ही न पाये।**

श्री मोदी के आंसुओं में सहजता थी, सरलता थी, आत्मीयता थी और बड़ों के प्रति सम्मान का उत्कृष्ट भाव था। इसलिए मोदी जी के मोतियों का सबने मूल्य समझा और हृदय की भाषा सीधे हृदय में जाकर ऐसे बैठी कि चट्टानों को भी बरफ की तरह पिघलने के लिए विवश कर गयी। वस्तुतः राजनीति भावशून्य नहीं होती, राजनीति मूल्यविहीन भी नहीं होती, राजनीति केवल औपचारिकताओं और राजनीति बीते हुए 'भीष्म पितामहों' के हृदयों पर पैर रखकर चलने का एक निर्मम पथ भी नहीं होती। इसके विपरीत राजनीति में भावनाएं प्रथम पूजनीय होती हैं, क्योंकि सबकी भावनाओं के उचित सम्मान के लिए ही राजनीति ने विश्व में अपना पहला कदम रखा था।

वह राजनीति, राजनीति नहीं होती जो दूसरों की भावनाओं को ठेस पहुंचाये या उनके साथ खिलवाड़ करे। राजनीति के अपने मूल्य हैं और उन मूल्यों में सबसे बड़ा मूल्य है मानवतावाद का प्रचार प्रसार करना। इसी

मानवता में राज्य का पंथ निरपेक्ष स्वरूप, प्रत्येक व्यक्ति की सामाजिक, आर्थिक और राजनीतिक न्याय दिलाने की राज्य की जिम्मेदारी आदि इस प्रकार समाहित हैं कि मानव का मानवतारूपी धर्म राजनीति के कर्तव्य पथ के साथ इस प्रकार एकाकार हो जाता है कि राजनीति और धर्म को अलग–अलग करके देखने का औचित्य ही असफल हो जाता है। यद्यपि भारत में राजनीति और धर्म को अलग–अलग करके देखने का अनीति –परक प्रयास किया जाता रहा है। इसलिए राजनीति को भावशून्य और हृदयहीन माना गया। यही कारण है कि राजनीति को भाव प्रधान मानने वाले इस देश में अब से पूर्व किसी प्रधानमंत्री ने संसद के दरवाजे पर घुटनों के बल बैठकर अपना मस्तक नहीं टेका और संसद के भीतर स्वयं को 'कृपा' जैसे महिमामंडित करने वाले शब्दों पर इतनी विराट अहंकार शून्यता का प्रदर्शन नहीं किया कि जिसे देखकर सारा देश ही रो पड़े। सचमुच नेता को इतना ही उदार हृदयी और अहंकार शून्य होना चाहिए।

मोदी जी ने पहली बार राजनीति को उसका वास्तविक धर्म समझाया है कि 'भीष्म पितामहों' के अनुभवों का यदि लाभ नहीं उठाया और उन्हें समुचित सम्मान नहीं दिया तो उसके अभिशाप से पुनः 'महाभारत' का साज सज सकता है। सम्मान के पात्र लोगों को और प्रतिष्ठानों को सम्मान मिलना ही अपेक्षित है। इसलिए श्री मोदी ने बड़ी श्रद्धा और आत्मीयता से अहंकार शून्यता का प्रदर्शन करते हुए अपना मस्तक भाजपा के वयोवृद्ध नेता आडवाणी के श्रीचरणों में झुका दिया और 'रोग शैय्या' पर बड़े भीष्म अटलजी को भी बड़े सम्मान के साथ याद किया। जब मोदी जी राजनीति के इस निर्मम जंगल में ऐसे मानदण्डों के या मूल्यों के छायादार पौधे लगा रहे थे, तो उसी समय मोदी जी के आगमन से भाजपा के भीतरी अंतकर्लह की काल्पनिक दीवारें धड़ाधड़ गिर रही थीं, सारे संदेहों का और मीडिया में व्याप्त भ्रांतियों का बड़ी तेजी से निवारण भी हो रहा था। हिंदुत्व की वास्तविकता विमल राजनीति के दर्शन हो रहे थे और लग रहा था कि स्वातंत्र्य वीर सावरकर का वह सपना अपना मूर्तरूप लेने लगा था जिसमें उन्होंने राजनीति का हिंदूकरण करने का संकल्प व्यक्त किया था।

मोदी जी ने यह सच ही कहा था कि आज जिस ऊंचाई पर हम खड़े हैं, उसके पीछे बीती चार–पांच पीढ़ियों का संघर्ष है। तनिक स्मरण करें जब देश में 1875 में आर्य समाज की स्थापना हुई और उसके ठीक सात

वर्ष पश्चात हिंदू महासभा का प्रथम अंकुर 1882 में हिंदूसभा के रूप में प्रस्फुटित हुआ तो अंग्रेजों को लगा कि ये दोनों राष्ट्रवादी संगठन, हमारी नींव को हिलाकर रख देंगे। इसलिए 1885 में इन दोनों राष्ट्रवादी संगठनों की कार्ययोजना की हवा निकालने के लिए इंडियन नेशनल कांग्रेस की स्थापना इस देश में की गयी।

एक षड्यंत्र के अंतर्गत इन दोनों संगठनों को अंग्रेजों ने 15 अगस्त 1947 को भारत की सत्ता का उत्तराधिकारी नहीं बनने दिया और सत्ता उस कांग्रेस को सौंप दी गयी जो उनके अपने मिशन को आजाद भारत में भी आगे बढ़ा सकती थी। यद्यपि मजहब के नाम पर विभाजित देश के पाकिस्तान नामक भूभाग का शासन यदि मुस्लिम लीग के हाथों जा सकता था तो भारत का शासन हिंदू महासभा जैसे हिंदूवादी संगठन के हाथों में आना चाहिए था।

अब 1875 से 2014 तक के इन 139 वर्षों में जिन पीढ़ियों ने भारत की पंथनिरपेक्ष और भावप्रधान, सामासिक संस्कृति और वैश्विक शांति के लिए समर्पित हिंदू राजनीति को साकार और सफल करने का ताना–बाना बुना है या उसके लिए संघर्ष किया है, आज उनके सपनों को साकार करने का समय है। मोदी जी से सचमुच बड़ी–बड़ी अपेक्षायें हैं।

यह चुनाव विकास के नाम पर लड़ा गया दिखाया जा रहा है, पर यह भ्रांति है। सहारनपुर से अलीगढ़ तक भाजपा का परचम पश्चिमी उत्तर प्रदेश में साम्प्रदायिक दंगों से दुखी लोगों ने विकास के नाम पर नहीं लड़ा है। अपितु अपने हो रहे 'विनाश' को रोकने की प्रत्याशा के साथ लड़ा है। भावनाओं को समझना चाहिए। उन्हें उपेक्षित कर अनावश्यक रूप से आत्महत्या के लिए प्रेरित करना फिर एक अन्याय होगा। दूसरे यह भी ध्यान रखा जाए कि 'लव जिहाद' से हमारा वही युवा दुखी है जो हमारी बेटियों को रोज ही किन्हीं भेडियों की हविश का शिकार बनते देख रहा है, और उसने भी मोदी जी को विकास के नाम पर नहीं अपितु अपने भविष्य के इस सर्वनाश को रोकने की प्रत्याशा के साथ वोट दिया है। मोदी जी जिस विकास की राह पर देश को डालना चाहते हैं, उस राह पर खड़ी इन विनाश की झाड़ियों का सर्वनाश करना भी उनका लक्ष्य होना चाहिए। इस समय उनके निर्मल, विमल और पवित्र व्यक्तित्व से देश अभिभूत है। हम आशा करते हैं कि वह देश की भटकी हुई राजनीति को नई दिशा और देश को नयी ऊंचाईयां देंगे।

दिसम्बर 6, 2012

मोदी जी के बढ़ते कदम

गुजरात के मुख्यमंत्री नरेन्द्र मोदी जी के लिए समय सर्वथा अनुकूल चल रहा है। इसलिए उनकी हर बात को प्रमुखता मिल रही है। जब लोग किसी उदीयमान व्यक्तित्व के गुणों की चर्चा और अवगुणों की उपेक्षा करने लगें तब मानना चाहिए कि प्रारब्ध की कोई बदरी जमकर बरसना चाहती है और यह भी कि यह व्यक्ति अभी अपनी आभा और प्रतिभा से हमें और भी अधिक प्रभावित करने की क्षमता रखता है। ऐसे व्यक्ति के विषय में मानना चाहिए कि इसके अभी सुदिन चल रहे हैं। इसी प्रकार जब व्यक्ति के दुर्गुणों की चर्चा और सद्‌गुणों की उपेक्षा होने लगे तो मानना चाहिए कि यह व्यक्ति अब डूब रहा है और निरंतर आभाहीन होता जा रहा है।

सुबह का सूर्य सबकी नमस्कार पाता है जबकि सायंकाल का ढलता सूर्य किसी की नमस्ते का पात्र नहीं बन पाता। दुर्गुणों की चर्चा होने का अर्थ है कि अब दुर्दिनों का दौर चल पड़ा है। नरेन्द्र मोदी जी गुजरात में विधानसभा का चुनाव लड़ रहे हैं। उन्होंने प्रत्येक गुजराती का बीमा कराने की बात कही है। इसमें भी उन्होंने अपनी राजनीतिक दूरदर्शिता दर्शाई है। इसमें कोई जातीय भेदभाव नहीं, कोई साम्प्रदायिक दुर्भाव नहीं। इसलिए उनके इस चुनावी घोषणा पत्र को कोई भी असंवैधानिक नहीं कह सकता।

गुजरात इस बार महत्वपूर्ण भूमिका का निर्वाह कर रहा है। गुजरात की भूमि से इतिहास करवट लेने जा रहा है। **पहली बार लोगों की आवाज बन रही है कि गुजरात से मुख्यमंत्री नहीं प्रधानमंत्री निकलने वाला है। भाजपा ने समय रहते वक्त की नब्ज को समझा है, देश की आवाज को समझा है और वह धीरे धीरे नरेन्द्र मोदी जी के पीछे लामबंद होती जा रही है।** भाजपा की वरिष्ठ नेता और लोकसभा में नेता

प्रतिपक्ष का सफलता पूर्ण दायित्व संभाल रहीं श्रीमति सुषमा स्वराज ने मोदी जी को प्रधानमंत्री पद के लिए योग्य बताकर भाजपा की बयार को एक दिशा देने का प्रयास किया है। इसी बयार को भाजपा के वरिष्ठ नेता और अब तक 'पीएम इन वेटिंग' रहे लालकृष्ण आडवाणी ने भी अगले ही दिन लगभग अपनी सहमति दे दी है। श्रीमती सुषमा स्वराज ने वक्त की नब्ज को सही रूप से पहचाना है और उन्होंने अपनी टिप्पणी से यह भी सिद्ध करने का प्रयास किया है कि भाजपा अपने नेता के बढ़ते कदम और कद से उचित सामंजस्य रखना जानती है। श्रीमती सुषमा स्वराज को हालांकि शिवसेना के दिवंगत नेता बाल ठाकरे ने प्रधानमंत्री पद की अपनी पसंदीदा उम्मीदवार कहा था। जिससे भाजपा के भीतर के बनते बिगड़ते समीकरणों की ओर देश की जनता का ध्यान जा रहा था और लग रहा था कि श्रीमती स्वराज पीएम पद की एक गंभीर प्रत्याशी हैं। इसलिए उनका नरेन्द्र मोदी को पीएम पद का उम्मीदवार स्वीकार करना एक गंभीर अर्थ रखता है।

राजनीति का अभिप्राय कुटिलताओं का चक्रव्यूह खड़ा करना नहीं होता है, बल्कि कुटिलताओं के चक्रव्यूह से सरलता से निकल जाने की युक्ति का नाम होता है। वेद का मंत्र 'ओउम अग्ने नय सुपथा' में आया शब्द **'नय'** भी नीति का ही पर्यायवाची है। इसमें **'सुपथा'** शब्द साथ लगा है, जिसका अर्थ सरल सा अच्छा मार्ग ही है। राजनीतिज्ञों की कुटिल चालों के कारण राजनीति को गंदगी का और बुराईयों का या कुटिलताओं का पर्यायवाची मान लिया गया है। जबकि राजनीति तो वास्तव में ही सहज, सरल और सीधे रक्षोपायों का नाम है। श्रीमती सुषमा स्वराज सांस्कृतिक राष्ट्रवाद की उद्भट प्रस्तोत्री है और उनके हाथ में राष्ट्र के मूल्य सुरक्षित रहते से जान पड़ते हैं। इसलिए वह यह भली प्रकार जानती हैं कि राजनीति में शब्दों का मोल क्या होता है? अतः उनके शब्दों की गंभीरता पर देश के लोगों ने भरोसा किया है।

नरेन्द्र मोदी जी ने अपनी पहचान एक विकास पुरुष के रूप में बनायी है। उन्हें ब्रिटेन ने भी इसी रूप में मान्यता दी है और अमेरिका ने भी उनके प्रति अपने दृष्टिकोण में परिवर्तन किया है। विदेशों में वह भारत के एक छाया नेता के रूप में स्थापित हो चुके हैं। जिसकी कमी एक लंबे समय से देश में अनुभव की जा रही थी, उसे श्री नरेन्द्र मोदी जी ने एक प्रांत में बैठकर पूरा किया है। यह पहली बार हो रहा है कि देश की राजधानी से

बाहर देश के भावी नेता को लोग एक प्रांत की राजधानी में ढूंढ़ रहे हैं। यद्यपि प्रदेश की राजधानी से (बंगलौर) उठकर जाने वाले एक व्यक्ति ने जब देश के पीएम का पद संभाला था और उसने अपनी प्रांतीय स्तर की सोच को उस पद पर बैठकर जिस तरह से बार–बार प्रदर्शित किया था तो लोगों को उससे निराशा ही हाथ लगी थी। लेकिन इस उदाहरण को लोग अलग रखकर मोदी जी को **'पर्सन विद डिफरेंस'** मानते हुए **'पार्टी विद डिफरेंस'** का नेता बना रहे हैं। भाजपा के आम कार्यकर्ता की पुकार को पार्टी के नेतृत्व ने मानना शुरू कर दिया है तो इससे पार्टी को 'मोटा माल' अर्थात बड़ा लाभ मिल सकता है।

नरेन्द्र मोदी ने 2002 से 2012 तक की अपनी अग्नि परीक्षा से सिद्ध किया है कि वह आग लगाने वाले 'विनाश पुरुष' नहीं है, अपितु विकास और शांति की बयार बहाने वाले विकास पुरुष हैं। **उन्होंने वीर सावरकर के उस आदर्श को स्थापित किया है कि हमारे स्वतंत्र भारत में तुष्टिकरण किसी का नहीं होगा, धार्मिक आधार पर आरक्षण किसी को नहीं मिलेगा और कानून के सामने सबको समानता का अधिकार होगा। कानून शांति की स्थापना के लिए सख्ती से अपना काम करेगा और किसी भी वर्ग को किसी दूसरे वर्ग या संप्रदाय को नाहक तंग व परेशान करने का कोई अधिकार नहीं होगा। राष्ट्रहित शासन के लिए सर्वोपरि होगा। शासन की नीति का और शासक की कृति का मूल केन्द्र बिंदु जनहित होगा, राष्ट्र होगा।**

वास्तव में इसी सावरकरवादी विचारधारा ने नरेन्द्र मोदी जी के व्यक्तित्व को ऊंचाईयां दी हैं। वह स्थापित हो गये हैं एक अनुकरणीय शासक प्रशासक के रूप में, और ऐसे कई अवसर आये कि उनके विरोधियों ने भी उनके कार्यों की सराहना की है। गुजरात दंगों को लेकर नरेन्द्र मोदी जी पर कांग्रेस ने जितनी कीचड़ उछाली, वह उतने ही पाक साफ होते चले गये। जनता उनके साथ जुड़ती चली गयी और यहां तक कि मुस्लिम समाज ने भी उनके साथ रहना ही श्रेयस्कर समझा। फिर भी नरेन्द्र मोदी के लिए अभी प्रफुल्लित होने का समय नहीं है। **उन्होंने समय को पकड़ तो लिया है और समय ने अपने हाथ में कलम लेकर उनके लिए प्रशस्ति पत्र लिखना भी आरंभ कर दिया है लेकिन फिर भी सत्ता में पार्टी को पूर्ण बहुमत के साथ लाना तथा कांग्रेस और सपा जैसी**

धर्मनिरपेक्ष पार्टियों की कुटिलताओं पर पानी फेंकना उनके लिए अग्नि परीक्षा का एक और सोपान है, जो उन्हें पार करना है। यदि कहीं पर भी प्रमाद आड़े आ गया तो पासा पलट भी सकता है। वैसे उन्हें यह मानकर चलना होगा कि व्यक्ति संघर्ष में तो अकेला होता है पर विजय के क्षणों में जमाना उसके साथ होता है। वह संघर्ष में एक दो और दो से चार उसी प्रकार होते जा रहे हैं जिस प्रकार शुक्ल पक्ष का चंद्रमा अपनी कलाएं बढ़ाता जाता है। यह उनके लिए शुभ संकेत है।

देश का बहुसंख्यक समाज उन्हें पूनम का चांद बनाना चाहता है। श्रीमति स्वराज ने उन्हें अपने एक वक्तव्य से विजयदशमी का चांद तो बना ही दिया है। मानो गुजरात फतह हो गया है और अब पांच कदम चले तो दिल्ली भी फतह हो जाएगी, लेकिन सावधान! दिल्ली के लिए ये पांच कदम बड़े फूंक फूंककर रखने हैं। हर कदम पर बारूदी सुरंगे, हर कदम पर धोखे, हर कदम पर छल प्रपंच, क्या–क्या नहीं मिलेगा। लेकिन फिर भी उम्मीद की जाती है कि वह पूनम का चांद बनेंगे।

अगस्त 19, 2015

मोदी जी को दिख रही हैं बारूदी सुरंगें

प्रधानमंत्री नरेन्द्र मोदी जी ने यू.ए.ई. (संयुक्त अरब अमीरात) की अपनी यात्रा के दौरान वहां मिले अभूतपूर्व सम्मान पर ठीक ही कहा है कि यह सम्मान मेरे देश के सवा सौ करोड़ लोगों का सम्मान है और यह भी कि यह सम्मान करवट लेते भारत के उदीयमान स्वरूप का सम्मान है। प्रधानमंत्री ने अबूधाबी से सत्रह किलोमीटर दूर बसे अत्याधुनिक शहर मसदर में निवेशकों को संबोधित करते हुए कहा कि भारत में 650 खरब रूपये के निवेश की उत्साहवर्धक संभावनाएं हैं। इस निवेश में आने वाली बाधाओं को दूर करने के लिए सरकार तैयार है। संयुक्त अरब अमीरात व भारतीय निवेशकों के साथ बैठक में **अबूधाबी चैंबर्स ऑफ कॉमर्स एण्ड इंडस्ट्री** के सदस्यों के अलावा सरकार के शीर्ष अधिकारी और यूसुफ अली, बीआर शेट्टी रवि पिल्लई और पीएनसी मेनन सहित भारतीय मूल उद्योगपति इस अवसर पर मौजूद थे।

प्रधानमंत्री का यह कहना भी सही है कि संयुक्त अरब अमीरात में पुनः आने में भारत के प्रधानमंत्री को 34 वर्ष लग गये हैं। जबकि भारत से सबसे अधिक उड़ानें इसी क्षेत्र के लिए होती हैं। विश्व के इतने प्रमुख क्षेत्र को 34 वर्ष तक छोड़े रखना या उसमें अपने कदम ही न रखना वास्तव में भारत सरकार की उपेक्षा वृत्ति को दर्शाता है।

प्रधानमंत्री की यात्रा के दौरान यह भी तय हो गया है कि यूएई भारत में साढ़े चार लाख करोड़ का निवेश करेगा। **वहां की सरकार हिंदुओं के लिए एक विशाल मंदिर बनवाने पर भी सहमत हो गयी है, इसे निश्चित ही भारत के लिए एक अच्छी खबर माना जा सकता है।**

आज के परिप्रेक्ष्य में यह सच है कि आप विश्व में अकेले नहीं चल

सकते, और यह भी कि किसी देश विदेश के साथ संबंध बनाकर केवल उन्हीं पर निर्भर होकर भी नहीं रह सकते।

आपको अपने हाथ खोलने पड़ेंगे और मित्रों को निरंतर खोजते रहना पड़ेगा। जब संपूर्ण विश्व एक ग्राम में परिवर्तित हो गया हो, तब किसी भी प्रकार की संकीर्णता मार्ग को कंटकाकीर्ण ही बनाएगी। इसलिए संकीर्णताओं और पूर्वाग्रहों से ऊपर उठकर हमें सोचना पड़ेगा। छोटी हो गयी दुनिया में सोच बड़ी करनी पड़ेगी। वैसे भी जब विश्व का साम्प्रदायिकता (इस्लाम और ईसाइयत) के आधार पर तेजी से ध्रुवीकरण हो रहा हो, तब हमें अपने मित्रों की खोज तो करनी ही पड़ेगी।

विश्व माने या न माने पर यह सच है कि आतंकवाद के रूप में संपूर्ण संसार इस समय एक 'अघोषित विश्वयुद्ध' से जूझ रहा है। जिसमें बड़ी तेजी से समीकरण बदल रहे हैं। अमेरिका आतंकवाद से एक 'मुखिया' के रूप में जूझ अवश्य रहा है, परंतु इस समय उसकी लड़ते–लड़ते सांस फूल रही है। इतने लंबे संघर्ष की परिकल्पना उसने भी नहीं की थी कि आतंकवाद उसे इतनी देर तक दुखी करेगा। वह अपनी शक्ति के मद में आतंकवाद से भिड़ गया था। अमेरिका को कुछ देर पश्चात पता चला कि वह आतंकवाद की छाया पर ही गोलाबारी कर रहा था और उसी में उसने अपनी बहुत–सी ऊर्जा का अपव्यय कर लिया है। आतंकवाद को पकड़कर उसकी धुनाई करने में अमेरिका असफल रहा है।

माना जा सकता है कि अमेरिका ने ओसामा बिन लादेन को समाप्त कर दिया। पर यह कम आश्चर्य की बात नहीं है कि अमेरिका ने भी लादेन के मारे जाने पर उतनी खुशी नहीं मनाई जितनी मनायी जानी चाहिए थी। क्योंकि अमेरिका को तब तक पता चल गया था कि यह भी 'लादेन की छाया' ही मरी है, उसका वास्तविक रूप तो विश्व में अनेकानेक लादेनों को पैदा कर चुका है। जितनी ऊर्जा अमेरिका लादेन को समाप्त करने में लगा रहा था उतनी से अत्यंत कम ऊर्जा में लादेन ने अपने उत्तराधिकारी उत्पन्न कर दिये। आज अमेरिका हृदय से अपने मित्र खोज रहा है कि कोई मिले जो इस अंतहीन क्रम से उसे उबारे।

अब यदि ऐसे में भारत आई.एस. का निशाना बनता है, तो उस समय भारत की स्थिति क्या होगी? भारत के साथ उतनी दुनिया भी खड़ी नहीं होगी जितनी इस युद्ध में अमेरिका के साथ खड़ी थी या खड़ी रही है।

भारत को अमेरिका उस समय आतंकवाद से लडने वाला 'मुखिया' घोषित कर सकता है। कहने का अभिप्राय है कि अमेरिका अपनी चादर को भारत पर फेंककर दूर खड़ा हो सकता है।

तब भारत अनिच्छा से आतंकवाद के विरूद्ध विश्वव्यापी अभियान का नेता बन जाएगा, अमेरिका आदि देश भारत को पीछे से सहायता कर सकते हैं, पर सामने नहीं आएंगे। क्योंकि अमेरिका आतंकवाद के विरूद्ध चल रही अपनी लड़ाई से अब अपना 'पिण्ड छुड़ाना' चाहता है। उसे यदि भारत एक नेता के रूप में मिल जाए तो उसकी 'बल्ले बल्ले' हो जाए। इसलिए अमेरिका से भी हमें यह अपेक्षा नहीं करनी चाहिए कि वह भारत में आतंकवाद के विरुद्ध है। आईएस यदि भारत में आकर अपना काम करती है तो इससे अमेरिका को प्रसन्नता ही होगी। इससे अमेरिका को दो लाभ होंगे–एक तो आईएस के रूप में छद्म आतंकवाद का वास्तविक स्वरूप भारत में दिखायी देने लगेगा। दूसरे तीसरे विश्वयुद्ध का क्षेत्र एशिया अपने आप बन जाएगा। परिणामस्वरूप अमेरिका पंच की भूमिका में आ जाएगा।

ऐसे में यू.ए.ई. जैसा देश भारत के साथ दिखाई देना आवश्यक है। उसका भारत में विशाल पूंजी निवेश उसे भारत के साथ खड़ा रहने पर विवश करेगा। **सारे देश को श्री मोदी जी के बढ़ते कदम और दूरदृष्टि वाली सोच की प्रशंसा करनी चाहिए। उन्हें अपने पांवों के नीचे की रेत तो दिखाई दे ही रही है साथ ही लंबे सफर में बिछी बारूदी सुरंगें भी दिख रही हैं। नेता ऐसा ही होना चाहिए।**

जुलाई 6, 2014

मोदी जी! मंत्रियों की भी 'क्लास' लो

कौटिल्य ने देश को चलाने के लिए किसी मंत्री की योग्यता की एक व्यवस्थित सूची हमें दी है। उनके अनुसार–'**एक मंत्री को देशवासी (विदेशी ना हो) उच्चकुलोत्पन्न (संस्कारित और उच्च शिक्षा प्राप्त) प्रभावशाली, कलानिपुण, दूरदर्शी, विवेकशील, (न्यायप्रिय, दूध का दूध और पानी का पानी करने वाला–नीर–क्षीर विवेकशक्ति संपन्न) अच्छी स्मृति वाला, जागरूक, अच्छा वक्ता, (समाज में लोगों की सकारात्मक सोच को बढ़ाने वाला और जाति, संप्रदाय आदि के आधार पर लोगों में विभाजन न करके समरसता उत्पन्न करने के लिए बोलने वाला) निर्भीक, मेधावी, उत्साही, प्रतापी, धैर्यवान, चरित्रवान, विनयशील, राजा (प्रधानमंत्री) के प्रति अटूट श्रद्धावान, स्वस्थ, तेजस्वितापूर्ण, स्नेहवान, समभावी, होना चाहिए।**'

एक सशक्त, सुसंस्कृत, सुंस्कारित और उच्च मर्यादाओं से सज्जित व भूषित राष्ट्र का निर्माण करना, किसी भी शासन पद्धति का प्रथम आदर्श होता है। भारत प्राचीन काल से ही लोकतांत्रिक विचारों का देश रहा है। इसीलिए यहां की शासन–व्यवस्था ने सदा ही उपरोक्त गुणों से भूषित राष्ट्र का निर्माण करना अपनी वरीयता माना है। यही कारण है कि इस सनातन राष्ट्र ने विश्वगुरु का गौरवपूर्ण पद प्राप्त किया और संपूर्ण भूमंडल को अपने द्वारा नियत मर्यादा पथ से बहुत देर तक लाभान्वित किया।

आज हम लोकतांत्रिक राष्ट्र होने का अभिमान करते हैं, परंतु हमारे द्वारा अपनाये गये लोकतंत्र में ऐसे कई दुर्गुण आ घुसे हैं, जिन्हें देखकर लगता नहीं है कि हम किसी लोकतांत्रिक शासन–व्यवस्था में जी रहे हैं। उन दुर्गुणों पर यहां विचार करना उचित नहीं है। यहां विचारणीय हैं मोदी जी द्वारा

अपने नये सांसदों को मर्यादा का पाठ पढ़ाने के लिए उनकी 'क्लास' लेने का उपक्रम करना। सचमुच यह अच्छी बात है। नये सांसदों को संसद के प्रति तथा देश के प्रति उत्तरदायी बनाना समय की आवश्यकता है। नये सांसदों को प्राचीनता और आधुनिकता के ऐसे सुंदर समायोजन में ढालना आवश्यक है कि वे एक सुंदर राष्ट्र **(वसुधैव कुटुम्बकम्–सारी वसुधा ही हमारा राष्ट्र है)** के निर्माण के लिए कृतसंकल्प हो उठें। राजनीति को व्यापार बनाकर राजनीति करने वालों पर अब लगाम लगानी चाहिए। बहुत से व्यापारी राजनीति में केवल इसलिए आते हैं कि इससे उनका व्यापार अच्छा चलता है, बड़े अधिकारी उनकी गाड़ियों पर हाथ नहीं डालते और गाड़ियां चाहे जो ले जाएं, या चाहे जो ले आयें, इन माननीयों की गाड़ियों का भी विशेषाधिकार हो जाता है। इसलिए इन माननीयों को यह भी समझाना आवश्यक है कि आपके अपने तो कुछ विशेषाधिकार हो सकते हैं, परंतु आपकी गाड़ियों के कोई विशेषाधिकार नहीं हो सकते।

प्राचीनकाल में (जिसे हमारे यहां ऋग्वैदिक काल की संज्ञा दी जाती है) हमारी शासन व्यवस्था में प्रमुख मंत्रालयों का विवरण इस प्रकार मिलता है। हमारा द्यौस् (सूर्य चंद्रमा आदि चमकते पदार्थों वाला द्यौ) राष्ट्रपिता कहलाता था। वैसे भी भारत (आभा में रत) का पिता दिव्य और दैवीय ही हो सकता है, क्योंकि भारत मेधाशक्ति का उपासक देश रहा है और वह मेधाशक्ति संपन्न दिव्य गुणों से युक्त संसार की निर्मिती ही चाहता है। इसलिए हमने अपना राष्ट्रपिता द्यौस् को माना।

हमारी माता यह पृथ्वी मानी गयी। पृथ्वी माता हमारी जननी माता की भांति सुबह से शाम तक हमारी कितनी ही गलतियों को सहन करती है, और हमारे द्वारा फैलायी जाने वाली कितने ही प्रकार की गंदगी को सहज रूप में सहन करती है, इसलिए माता के समान वह हमारा ध्यान करती है। अतः वह राष्ट्र की माता है।

द्यौलोक और पृथ्वी के बीच मानो हम संतानों के लिए माता–पिता साक्षात द्यौस् और पृथ्वी के रूप में हमारे साथ हैं, परंतु उनका हमारा संबंध क्षणिक है। हम क्षणिक के साथ प्रसन्न नहीं रह सकते। हम सनातनी हैं और हमें प्रसन्नता मिलती है–सनातन के साथ संबंध जोड़ने में। इसलिए वेद सत्य सनातन परंपराओं का पक्षधर है। इसीलिए उसने हमारा संबंध द्यौस् और पृथ्वी से जोड़ा। कृतज्ञतावश हम इनके उपासक बने। किसी ने

हमें प्रकृतिपूजक कहा तो किसी ने जड़तावादी कहा, पर ये लोग वे लोग थे जो हमारी उपासना पद्धति की वैज्ञानिकता से अपरिचित थे।

हमने अपना प्रधानमंत्री 'विष्णु' को माना। विष्णु का अर्थ है जो हमारा पालन–पोषण, वृद्धि और विकास करता है। बिना किसी राग–द्वेष के और बिना किसी पक्षपात के हमारा कल्याण करता है। ईश्वर की उस दिव्य शक्ति का नाम विष्णु है। ऐसी मेधाशक्ति से संपन्न व्यक्ति हमारा प्रधानमंत्री होना चाहिए। सारे निहित और दलगत स्वार्थों से सर्वथा ऊपर उठकर और सर्वसंप्रदाय समभाव को अपने जीवन का आधार बनाकर चलने वाला।

हमारा रक्षामंत्री इंद्र कहा जाता था। इंद्र का स्थान सदा आकाश में माना गया है। वास्तव में इंद्र हमारी आत्मा है। आत्मा हृदय मंदिर से मस्तिष्क तक के आकाश अर्थात खाली स्थान में ही निवास करती है। वह हमारे भीतर बैठकर हमें ईश्वर की आज्ञाओं से यथावत परिचित कराती है, इसलिए हमारी रक्षा करती है। अतः उसके जैसे दिव्य गुणों से युक्त व्यक्ति हमारा रक्षामंत्री होना चाहिए।

शिक्षा मंत्रालय एवं गृहमंत्रालय को प्राचीन काल में अग्नि कहा जाता था। अग्नि संस्कृत के अग्रणी शब्द से बना है। जिसका अभिप्राय नेता भी होता है, जो सदा आगे ही आगे चलकर हमारा मार्गदर्शन करे। दूसरे, इसका अभिप्राय प्रकाश भी होता है जो अज्ञान–अंधकार से हमारी रक्षा करे। इसलिए गृहमंत्री और शिक्षामंत्री को ऐसे ही शुद्ध–बुद्ध ज्ञान से और नेतृत्व क्षमता से सुभूषित होना चाहिए।

कृषिमंत्री को हम पर्जन्य करते थे। पर्जन्य का अभिप्राय बादल से है। बादल का कार्य लोक कल्याण होता है। वह धरती की प्यास बुझाता है और धरती को अन्नौषधि आदि उत्पन्न करने के लिए प्रेरित करता है। ऐसे पर्जन्य भाव से प्रेरित व्यक्ति को ही देश का कृषिमंत्री बनाना चाहिए। पर्जन्यभाव से युक्त व्यक्ति को चौबीसों घंटे देश की कृषि की चिंता रहती है और वह लोक कल्याण से प्रेरित होकर सर्वदा धर्म संगत कार्यों में लगाए रहता है।

स्वास्थ्य मंत्रालय को हम सोम की उपाधि दिया करते थे। सोम चंद्रमा की कांति का नाम है। सोम से ही सौम्य शब्द बना है। सौम्यता भला किसे अच्छी नहीं लगती? सोम से ही वनस्पतियों में औषधीय गुण आते हैं और बहुत सी वनस्पतियां हमारे स्वास्थ्य के लिए बहुत ही उत्तम औषधि

बन जाती हैं। उन औषधियों को जानने वाला और उनकी पहचान कराकर समस्त भूमंडल से रोग व्याधियों को भगाने के लिए विशाल–विशाल यज्ञ कराने वाला व्यक्ति ही स्वास्थ्य मंत्री माना जाना चाहिए।

विधि मंत्रालय के प्रभारी को हमारे यहां वरुण कहा जाता था। ईश्वर की न्यायप्रियता सबको ज्ञात है। वह न्याय करते समय पाई–पाई का भुगतान करता है। ना तो किसी की एक पाई रखता है और ना ही किसी को एक पाई अधिक देता है। उसकी न्यायप्रियता दुष्टों को रुलाती है और सज्जनों को आनंद देती है। ऐसी दिव्य दृष्टि रखने वाला व्यक्ति वरुण कहलाता है। वही हमारा विधि मंत्री होने का अधिकारी होता है। देश की न्याय व्यवस्था तभी सक्रिय होती है।

इसी प्रकार हमारा ऊर्जा एवं विकास मंत्रालय सूर्य तथा सविता नाम से पुकारा जाता था। सूर्य ऊर्जा का अक्षय स्रोत है। सारी ऊर्जाएं उसी से पैदा होती हैं। सविता ईश्वर की प्रेरक शक्ति का नाम है। यह प्रेरक शक्ति हमारे भीतर ही ऊर्जा का अक्षय स्रोत उत्पन्न करती है। जिससे हमारा आत्मबल बढ़ता है। यह आत्मबल ही आजकल 'ऑटोमोबाइल' कहलाता है। हमारी स्वतः स्फूर्त शक्ति का, ऊर्जा का वही स्रोत है, और वही हमें भद्र का उपासक बनाती है। उसी के बल से एक व्यक्ति संपूर्ण भूमंडल का चक्रवर्ती सम्राट बनकर मोक्ष की प्राप्ति तक कर लेता है। उसके अभाव में एक व्यक्ति अपने बने बनाये साम्राज्य को गंवा बैठता है।

इसलिए हमारा ऊर्जा मंत्री सूर्य और सविता शक्ति संपन्न होना चाहिए। पी.एम. श्री मोदी जी को अपनी पार्टी के नवनियुक्त सांसदों को पाठ पढ़ाने के साथ मंत्रियों को भी यह पढ़ाना चाहिए कि तुम कितने बड़े दायित्वों का निर्वाह कर रहे हो, और तुम्हारे भीतर अब इस समय कौन–सी दिव्यशक्ति ऊर्जा का संचार कर रही है। भ्रष्टाचार, भय और भूख मुक्त भारत के निर्माण के लिए मंत्रियों को अपने दिव्य गुणों को समझना आवश्यक है। भारत की दिव्यता के लिए श्री मोदी को शीघ्रातिशीघ्र अपने मंत्रियों को उनके देवत्व का बोध कराना चाहिए। जिससे कि देश का राजनीतिक परिवेश काँग्रेसी जड़ता से मुक्त हो सके।

मई 28, 2014

प्रधानमंत्री पद की शपथ लेने के अवसर पर कविता

वीर प्रस्विनी भारत माता, सचमुच हो गयी धन्य।
मोदी जैसा पुत्र मिला, उदित हुए हैं पुण्य।।

लोकतंत्र की महिमा न्यारी, दी भारत की डोर।
दिव्य भव्य भारत का सपना, ले चला दैव की ओर।।

सवा अरब लोगों के मोदी, हैं बन गये संकल्प।
वीर लोग नहीं ढूंढ़ा करते, विश्व में कभी विकल्प।।

मां भारती के बने सारथि, उदित हुए कोई पुण्य।
वीर प्रस्विनी भारत माता, सचमुच हो गयी धन्य।।

यह भूमि है राम–कृष्ण, राणा और शिवा की।
छत्रसाल, बैरागी, नलवा, शान है जिनकी बांकी।।

स्वदेश, स्वभाषा, स्वधर्म और खातिर स्वतंत्रता की।
विदेशी शासन सत्ता के विरुद्ध, सदा रहे जो बागी।।

आज उसी परपंरा में माता ने, कर लिया तुमको गण्य...
वीर प्रस्विनी भारत माता, सचमुच हो गयी धन्य।

हम हिंदू, हिंदी हमारी भाषा, और देश है हिंदस्थानी।
संघर्षों की गाथा में, सचमुच कोई नहीं हमारा सानी।।

पंजाब, सिंधु, गुजरात, मराठा, क्या तेलगू मलयाली।
कीर्तिगान में मस्त हुए सब, अब फटी भोर की लाली।।

श्रेय मिला गुजरात धरा को, हो गयी सबको प्रणम्य..
वीर प्रस्विनी भारत माता, सचमुच हो गयी धन्य।।

छद्मी नीति, छद्मी नेता, और छद्म हुआ व्यवहार।
हिंदुत्व के सब बने विनाशक, छद्म करें व्यापार।।

अगड़े–पिछड़े ऊंच नीच में, बांटा सर्व समाज।
संविधान की हत्या करके, साधे सारे काज।।

संयोग नहीं सौभाग्य हमारा, तुम नहीं हो परिस्थिति जन्य...
वीर प्रस्विनी भारत माता, सचमुच हो गयी धन्य।।

सरदार पटेल आदर्श आपके, मां के सच्चे लाल।
उनके सपने साकार करो तुम, बन भारत के भाल।।

जो लेकर चलता साथ सभी को, नेता वही कहलाता है।
मानव मानव में जो भेद करे, वो कम्युनल' कहलाता है।।

पुरातन विधान ये भारत का है, बनाओ इसे अग्रगण्य...
वीर प्रस्विनी भारत माता, सचमुच हो गयी धन्य।।

संस्कार प्रबल दिये दिखाई, जब संसद पर नमतस्तक थे।
आंखों में आंसू बने आपकी, अमर कांति के दस्तक थे।।

अहंकार शुन्य ह्रदय ने सबको, कर दिया भाव विभोर।
तब पुष्प वर्षा की देवों ने, और पिघले ह्रदय कठोर।।
हिंदू 'राजनीति' को भारत में, कर दिया अनुमन्य...
वीर प्रस्विनी भारत माता, सचमुच हो गयी धन्य।।

क्रांतिवीर सावरकर और, देवता स्वरूप परमानंद।
दयानंद के पगचिन्हों पर, चल बनना विवेकानंद।।

हिंदू गौरव की ध्वजा लेकर, दिव्य बनाओ आभा।
'हिंदू' राष्ट्र के 'महा' तपस्वी दे रही आशीष सभा'।।
राकेश' करता वंदन तुमको, बाबा नंदू नंदन...
वीर प्रस्विनी भारत माता, सचमुच हो गयी धन्य।।

जुलाई 3, 2015

मोदी जी! बचके रहना रे बाबा...

जो लोग सुनने से पहले अपना निर्णय सुनाने के अभ्यासी होते हैं, वे अच्छे न्यायाधीश और अच्छे वार्ताकार नहीं हो सकते। अच्छा न्यायाधीश और वार्ताकार बनने के लिए आपके भीतर दूसरे को सुनने का असीम धैर्य होना चाहिए। सुनवाई का अवसर न्यायालयों में हर पक्षकार को इसीलिए दिया जाता है कि किसी भी पक्षकार को यह कहने का अवसर नहीं मिले कि उसकी पीड़ा को सुना ही नहीं गया है।

यह दुनिया धोखों का घर है, छलियों के स्वांग यहां कदम–कदम पर हो रहे हैं। षडयंत्रों का जाल इतना गहरा है कि उसके तारों को गिनना भी संभव नहीं है। एक आदमी के भीतर अनेक आदमी छिपे होते हैं, वह कौन से आदमी के चेहरे का मुखौटा लगाकर आपसे बात कर रहा है, कई बार तो यह उसे स्वयं को भी पता नहीं होता।

ललित मोदी नाम के एक 'मोदी' ने मोदी जी की सरकार के लिए संकट खड़ा कर दिया है। एक व्यक्ति ने देश से बहुत दूर बैठकर देश की राजनीति में तूफान ला दिया है। प्रधानमंत्री श्री मोदी जी शांत हैं। उनका मौन भी कुछ बोल रहा है। क्योंकि उनके मौन में पूर्व प्रधानमंत्री मनमोहन सिंह के 'असहाय' मौन से विपरीत कुछ 'तेज' है, कुछ गंभीरता है और कुछ शब्द हैं। इन सभी को समझने की आवश्यकता है।

देश की जनता जानती है कि इस देश में लोगों ने 'बोफोर्स' नाम का एक भूत खड़ा करके एक सज्जन प्रधानमंत्री राजीव गांधी को सत्ताच्युत कर दिया था, बाद में जब तक लोगों के सामने 'सच' आया तब तक तो इतिहास की गंगा कई मोड़ों को पार कर चुकी थी। इस प्रकार के षडयंत्रों की राजनीति में सदा गुंजाइश रहती है, क्योंकि राजनीति में एक, झूठा

परिवार (पार्टी) बनाया जाता है, जिसमें कोई किसी का नहीं होता और सब सबके होते हैं। इन झूठे परिवारों में सबकी नजर कुर्सी पर रहती है इसलिए कुर्सी वाले की चरणवंदना करके भी उसे चलता करने की सब कोशिश करते हैं। इसके लिए कोई अच्छे रास्ते नहीं अपनाता। अधिकांश अनुचित रास्तों और उपायों से आगे बढने़ का प्रयास करते हैं। नेता बड़ी सावधानी से अपनों की चाल–ढाल देखता है। थोड़ी सी चाल बिगड़ते ही नेता समझ जाता है कि आने वाले के मन में खोट है।

ललित मोदी को पी.एम. मोदी सूक्ष्मता से देख रहे हैं कि उसके भीतर कितने आदमी हैं और उसके बाहर कितने आदमी हैं। वह कितने आदमियों से एक साथ खेल रहा है और कितने आदमी उससे एक साथ खेल रहे हैं। साथ ही वसुंधरा और सुषमा स्वराज इस सारे प्रकरण में कितनी दोषी हैं, और उनको बदनाम करने में कितना सच और कितना झूठ है?

सारा देश प्रधानमंत्री की ओर देख रहा है। क्योंकि प्रधानमंत्री श्री मोदी जी जहां आज हैं वहां अपने पूर्ववर्ती के **'न बोलने की बीमारी'** का लाभ लेकर पहुंचे हैं। उन्होंने डॉ. मनमोहन सिंह को उनके न बोलने के कारण सर्वथा लुंज पुंज, स्वाभिमान शून्य और निर्णय लेने में सर्वथा अयोग्य सिद्ध कर दिया था। अब यदि वह स्वयं भी उसी रास्ते पर चल रहे हैं तो देश के लोगों का कौतूहल बढना़ स्वाभाविक है।

पिछले एक वर्ष में देश में **'मोदी फोबिया'** चलता रहा है। उनके चुम्बकीय व्यक्तित्व ने देश में जैसा उत्साह भरा है, उससे उनके विरोधियों की नींद हराम हो चुकी है। उनके लिए देश में ही नहीं विदेशों में भी विरोधियों की संख्या बढी है। भारत के अब तक के सभी प्रधानमंत्रियों की अपेक्षा श्री मोदी जी बड़ी शीघ्रता से 'विश्व नेता' बनकर उभरे हैं। ऐसे में उनके लिए रास्ते में कांटे डालने वालों की संख्या कितनी हो सकती है यह सहज की अनुमान लगाया जा सकता है। यह मोदी जैसा **'56 इंची सीने वाला'** व्यक्ति ही कर सकता है कि वह अपने मार्ग के कांटे स्वयं साफ करे और अपना मार्ग प्रशस्त करते हुए स्वयं को योग्य पुरुष से योग पुरूष और युग पुरूष तक ले जाए।

निश्चित रूप से मोदी जी एक बड़ी साधना कर रहे हैं, उनकी साधना का कोई सानी नहीं। पर यदि वह साधना ही करते रह गये है तो गलत हो जाएगा। यदि वसुंधरा और सुषमा के आचरण में कहीं–दोष झलके और

मोदी जी सही निष्कर्ष पर पहुंच जाएं तो उन्हें इन दोनों के विरूद्ध निर्णय लेने में भी देर नहीं करनी चाहिए। मोदी जी के विषय में यह सत्य है कि वह भाजपा की वजह से नहीं है, अपितु आज तो भाजपा उनकी वजह से है। इसलिए किसी भी अग्निपरीक्षा से उन्हें गुजरने में कोई संकोच नहीं होना चाहिए। **'डिजिटल इंडिया'** कार्यक्रम का शुभारंभ मोदी कर चुके हैं वह **'स्किल्ड इंडिया'** के भी पैरोकार हैं। सारा देश उनके कार्यक्रमों को सिर आंखों पर ले रहा है। पर उन्हें **'मॉरल इंडिया'** की ओर भी देखना होगा। मोदी जी को 'मोदी' ही कहीं **'करप्ट इंडिया'** का बादशाह ना बना दे। इसलिए 'मोदी जी! बचके रहना रे बाबा तुझ पे नजर है...' **इस गीत को गाते रहो** और **हर कदम के नीचे देख लो कि कहीं जमीन पोली तो नहीं है। ईश्वर आपका मित्र है।**

जुलाई 1, 2014

'मेधा ग्राम' भी बसाइए

ग्राम अपने आप में एक ऐसी व्यवस्था है जिसके विषय में इसके पूर्णतः आत्मनिर्भर, पूर्णतः आत्मानुशासित और पूर्णतः आत्मनियंत्रित रहने की परिकल्पना को हमारे ऋषि पूर्वजों ने साकार रूप दिया। आज के भौतिकवादी युग में किसी ईकाई या संस्था के पूर्णतः आत्मनिर्भर, आत्मानुशासित अथवा आत्मनियंत्रित होने की कल्पना नहीं की जा सकती। ग्राम्य और शहरी सभ्यता में यही अंतर है।

ग्राम्य सभ्यता, संस्कृति प्रधान होती थी, जिसमें एक ऋषि या ऋषिमंडल के दिशा निर्देशन में पूरा गांव कार्य करता था। जहां व्यायामशाला होती थी, कृषि योग्य भूमि होती थी, जिससे अन्न, औषधादि मनुष्य देह की नीरोगता के लिए उत्पन्न होती थी। एक गुरुकुल होता था, जिसमें ऋषि, छात्रों का जीवन निर्माण कर उन्हें विश्व राष्ट्र के लिए उपयोगी बनाया करते थे। गोचर भूमि में गौ धन विचरता था, जो हमारी कृषीय अर्थव्यवस्था का आधार होता था और मेधावृद्धि कर हमारी आध्यात्मिक उन्नति में भी सहायक होता था। ऐसे परिवेश में एक गांव के लिए दूध, पानी, भोजन, अन्नादि कहीं बाहर से नहीं लाना पड़ता था, अपितु जीवन की मूलभूत आवश्यकताओं की पूर्ति वहीं होती थी।

प्रकृति के साथ सहचर्य के आनंद से खरा वातावरण जगमगाता था, चारों ओर सहचर्य और संवेदनाओं की मीठी–मीठी सुगंध मीठे जल के झरने की भांति झरती रहती थी। इससे अध्यात्म का वातावरण बना रहता था। प्रत्येक प्राणी के जीवन को हम अपने लिए उपयोगी मानते थे, इसलिए जीव हत्या पूर्णतः निषिद्ध होती थी। अतः जीवन को संपूर्णता में जीने की

एक संपूर्ण व्यवस्था का नाम है ग्राम। यह हमारी उच्चतम मेधाशक्ति का प्रतीक था।

योग से मोक्ष प्राप्ति हमारे जीवन का उद्देश्य हुआ करती थी। इसलिए चारों ओर आत्मानुशासन हुआ करता था। भारत को हम बड़े सहज भाव से गांवों का देश कह देते हैं, पर यह जानने का प्रयास नहीं करते कि गांव होता क्या है? हम यह भी कहते हैं कि भारत की आत्मा गांवों में बसती है, पर यह नहीं जानते कि भारत की आत्मा है क्या? सचमुच गांव सहयोग, सम्मैत्री, सदभाव, सहचर्य और समभाव की वह पावन गंगा है जो मानव हृदय की अध्यात्म की प्यास बुझाती है और उसे मानव से देव बनने की ओर प्रेरित करती है। मानव का आध्यात्मिक जागरण कर उसे प्रकृति का असहयोगी नहीं, अपितु सहयोगी बनाती है और उसे प्रेरित करती है कि मेरी तरह तू भी बीहड़ जंगलों के बीच से अपना रास्ता बना, आगे बढ़ और विलीन हो जा मोक्ष के अनंत सागर में।

सचमुच ये सहयोग, सम्मैत्री आदि के दिव्य गुण गांव में इसलिए मिलते थे कि वहां दिव्य मेधासंपन्न दिव्य ऋषि मंडल रहा करता था। ये ऋषिमंडल किसी राजा या सम्राट के कानून का पालन नहीं करता था, अपितु ईश्वरीय व्यवस्था के अनुसार धर्म का शासन चलाता था और सब लोगों में परस्पर सहयोग, सम्मैत्री आदि के दिव्य गुणों को विकसित कर उन्हें जीवन पथ पर आगे बढ़ने के लिए खुला छोड़ देता था। वे सारे लोग स्वभावतः इन दिव्य गुणों को अपने जीवन का आधारभूत सत्य मानकर इनके अनुसार ही अपना जीवनाचरण बनाया करते थे। यह आध्यात्मिक जीवन आचरण और सहचर्यवाद की पराकाष्ठा ही भारत की आत्मा है, जो गांवों में बसती कही जाती है।

समय ने करवट ली। जीवन मान्यताएं बदलीं और हमने देखा कि भारत के गांवों को उजाड़कर नगर बसाने की योजनाएं बनने लगीं। अंग्रेजों ने जितनी शीघ्रता से हो सकता था, इस ग्राम्य व्यवस्था को उजाड़ने का कार्य करना आरंभ किया। लॉर्ड मैकाले ने दो फरवरी, 1835 ब्रिटेन की संसद में बोलते हुए कहा कि भारत में इस समय छः लाख गुरुकुल कार्य कर रहे हैं। यानी प्रत्येक गांव में एक गुरुकुल है। यदि हम भारत में सफल होना चाहते हैं तो हमें भारत की इस गुरुकुल परंपरा को समाप्त करना होगा। बस यहीं से भारत को उजाड़ने का उपक्रम आरंभ हुआ। पिछले पौने दो सौ वर्ष

से भारत को उजाड़ा जा रहा है। भारत की आत्मा छटपटा रही है, भारत का प्रकृति के साथ सहचर्यवाद का दिव्य वातावरण समाप्त होकर रह गया है और हम नरकीय जीवन व्यवस्था के मकड़जाल में जाकर फंस गये हैं।

हमने अध्यात्म के जंगल उजाड़कर कंकरीट के जंगलों को बसाना आरंभ कर दिया, जिससे हमारी संवेदनाएं मरने लगीं और संवेदना शून्य 'मशीनी मानव समाज' का तेजी से विस्तार होने लगा। गरीबी और अमीरी के बीच की खाई में जमीन आसमान का अंतर हो गया। हमने बहुत बड़े मानव समाज को पिछड़ा, अति पिछड़ा और दलित–शोषित या उपेक्षित समझकर बहुत पीछे छोड़ दिया।

इसी खेल में देश आजाद हो गया और आजादी के बाद अब 21वीं सदी में भी भारत आ गया, पर जो खेल चल रहा था उसे हमने छोड़ा नहीं, अपितु उसे और भी द्रुतगति से जारी रखा। हम नगरों से महानगरों में प्रविष्ट हो गये। महानगरों की ये जीवनशैली वह शैली है, जिसमें न तो आत्मनिर्भरता है, न आत्मानुशासन है और न ही आत्मनियंत्रण है। यहां जल, वायु, अन्न, औषधि, सब्जी, दूध आदि सभी बाहर से आते हैं। जिससे लोगों को मिलावट करने का अवसर मिलता है, क्योंकि लोग सोचते हैं कि ये चीजें हमारे लिए नहीं बल्कि शहरियों के लिए जा रही हैं, कर लो मिलावट... बना लो... दाम। यह भावना गांव में इसलिए पैदा हुई कि उसे पिछड़ा, अति पिछड़ा समझकर पीछे छोड़ दिया गया और नगरों ने उसकी जीवन शैली पर व्यंग्य करना आरंभ कर दिया। शहरों का वातावरण परमुखापेक्षी होता है, जबकि ग्रामीण परिवेश को स्वावलंबी माना जाता रहा है। शहरी परिवेश बाजार व्यवस्था का जनक है, जबकि ग्रामीण परिवेश या ग्राम्य सभ्यता वस्तु विनिमय से काम चलाती रही है।

शहरी सभ्यता भौतिकवादी है तो ग्राम्य सभ्यता संस्कृति प्रधान है। अध्यात्मवाद उसका मूल स्रोत है। आत्मानुशासन अर्थात कर्तव्य पथ पर बढ़ते हुए सुंदर व्यवहार निष्पादित करना, निश्छल, निष्कपट और निर्भ्रांत रहना ग्राम्य सभ्यता का मूल स्वभाव है, जबकि शहरी सभ्यता इसके विपरीत आचरण करती पायी जाती है। इसलिए विश्व की प्राचीन नगरीय सभ्यता के अवशेष जहां–जहां मिलते हैं, वहां–वहां हमें स्थानीय शासन की प्रणाली को विकसित करने में नगरों की सहभागिता दीख पड़ती है। यह महत्वपूर्ण है कि ग्राम्य सभ्यता आत्मानुशासित रहती है और स्वभावतः कोई ऐसा कार्य

नहीं करती जो किसी दूसरे व्यक्ति के मौलिक अधिकारों में बाधा उत्पन्न करे, या उनका हनन करे। जबकि नगरीय सभ्यताओं में ऐसा होता है, और ऐसा इसलिए होता है क्योंकि वहां कोई 'स्थानीय शासन' मिलता है। जिसे कुछ ऐसे महत्वाकांक्षी (सेवाभावी नहीं) लोग विकसित करते हैं जो दूसरों पर अपना वर्चस्व स्थापित करना चाहते हैं। इस प्रकार शासन के माध्यम से वर्चस्व स्थापित कर लोगों का शोषण करने की प्रणाली भारत की ग्राम्य संस्कृति की नहीं, अपितु पश्चिम की नगरीय सभ्यता की देन है।

आज भारत के प्रधानमंत्री श्री नरेन्द्र मोदी जी भारत में सौ मेट्रो सिटी बसाने की बात कह रहे हैं। हमारा देश के प्रधानमंत्री जी से अनुरोध है कि वे महानगरों की नारकीय जीवन शैली से शिक्षा लें। देश में मेट्रो–सिटी तो बसायें पर वास्तव में देश में 'मेधा ग्राम' बसाने की आवश्यकता है। ऐसे ग्राम जो आत्मनिर्भर हों, आत्मानुशासित हों, आत्मनियंत्रित हों। जहां दूध, पानी, हवा, अन्न, औषधि आदि सभी उपलब्ध हों और लोग प्राकृतिक सहचर्य को अपनाकर स्वभावतः एक दूसरे के साथ मिलकर चलने के अभ्यासी हों। महानगर बसाने का अभिप्राय है कि जीवन शैली को अस्त–व्यस्त कर देना।

एक ही स्थान पर पचास लाख की आबादी को बसाकर लोगों को पानी कहां से दोगे? दूध, सब्जी कहां से दोगे? यह विचारणीय है। इसलिए आवश्यक है कि मेधा ग्राम बसाओ। एक ग्राम में कितनी आबादी रहेगी–यह निश्चित करो। उसके लिए कितनी भूमि पर सब्जी फल उगाए जाएंगे। कितनी भूमि पर गौ आदि दुधारू पशु रखकर उनके दूधादि की पूर्ति की जाएगी? यह भी निश्चित करो। ऐसे मेधा ग्राम को बसाकर उसके आध्यात्मिक विकास के लिए ऋषि मंडल की स्थापना की जाए जिससे राज्य के विधि के शासन को लोग स्वभावतः पालने के अभ्यासी बनें। मेधा ग्राम को आत्मनिर्भर स्वावलंबी बनाओ और परमुखापेक्षी रहने की गली–सड़ी वर्तमान नगरीय व्यवस्था को जितना शीघ्र हो सके विदा करो। सबल और सफल, सक्षम और समृद्ध भारत के निर्माण के लिए आज नये–नये प्रयोग करने की बजाए ऋषियों के अनुभूत प्रयोगों को ही अपनाने की आवश्यकता है। प्रध ानमंत्री श्री मोदी से देश को अपेक्षा है कि वह अपने हर कार्य में भारतीयता की वैज्ञानिकता का पुट भरेंगे।

अगस्त 24, 2014

मोदी जी बोलेः इदं राष्ट्रायः इदन्न मम्

देश के प्रधानमंत्री श्री नरेन्द्र मोदी जी ने देश के 68वें स्वाधीनता दिवस की पावन बेला पर लालकिले की प्राचीर से मर्दानी, वरदानी और बलिदानी भाषा बोलकर देश को गद्‌गद कर दिया, उनके ओज को देखकर 'शत्रु' अपनी चाल भूल गया।

सुरक्षात्मक भाव को तिलांजलि दे, अपने आक्रामक स्वभाव के लिए जाने–जाने वाले प्रधानमंत्री श्री मोदी जी ने लालकिले की प्राचीर पर प्रधानमंत्री के लिए बनने वाली 'बुलेट प्रूफ' सुरक्षा व्यवस्था को हटवा दिया और देश की जनता से सीधा संवाद स्थापित करते हुए स्वयं को प्रधानमंत्री नहीं, अपितु जनता का 'प्रधानसेवक' बताया। प्रधानमंत्री ने अपने भाषण में दस मिनट केवल देश की बेटियों को देकर जहां यह अनुभूति करायी कि आज लालकिले की प्राचीर से पहली बार देश की बेटियों का प्रधानमंत्री दूषित प्रदूषित व्यवस्था के परिवर्तन की बात कर उन्हें सुरक्षित और संरक्षित परिवेश देने के लिए पूरे देश को आंदोलित और संकल्पित कर रहा है, वहीं उन्होंने प्रत्येक देशवासी से **'मेरा क्या और मुझे क्या'** की संकीर्ण भावना से ऊपर उठकर स्पष्ट किया कि संसार में प्रत्येक कार्य अपने लिए ही नहीं होता है, कुछ चीजें देश के लिए भी हुआ करती हैं।

वास्तव में पश्चिमी सभ्यता के अंधानुकरण ने हमारे भीतर यही बात पैदा की है कि हम अब हर बात में **'अपना स्वार्थ'** देखने लगे हैं। बाजारवादी व्यवस्था ने हमारी सोच को इतना संकीर्ण बना दिया है कि हर स्थान पर और हर स्थिति–परिस्थिति में हम अपना लाभ खोजते हैं, इसी के लिए सोचते हैं और इसी के लिए जीते मरते हैं। इस सोच ने मां–बेटे, पिता–पुत्र, भाई–भाई और पति–पत्नी या बहन भाई तक के पवित्र संबंधों में भी दीवार

खड़ी कर दी है। फलस्वरूप प्रधानमंत्री ने भी चिंता व्यक्त की है कि इस सारी स्थिति परिस्थिति का परिणाम यह आया है कि आज माता–पिता को वृद्धाश्रमों की जेलों में डालकर हर बेटा 'कंस' बनने की तैयारी करता सा लग रहा है। पिछले 67 वर्ष से पश्चिम की (अ) सभ्यता का अंधानुकरण करते–करते हमने इतनी ही उन्नति की है कि हम कंस बन गये हैं।

मोदी जी इस **'कंस प्रवृत्ति'** से मुक्त भारत का निर्माण करना चाहते हैं। वह अपने भाषण में राष्ट्रीय चरित्र को विकसित कर नये भारत को **'विश्वगुरु–भारत'** के रूप में स्थापित करने के लिए चिंतित दीखे। उनका भाषण लिखित भाषण नहीं था, इसलिए उस भाषण में उनका अपना चिंतन बोल रहा था, उनकी अपनी सोच बोल रही थी और बोल रहा था–उनका अपना संकल्प। देश में अभी बहुत लोग ऐसे हैं जिन्होंने अपने चिंतन से, अपनी सोच से और अपने संकल्प से बोलने वाले प्रधानमंत्री लालबहादुर शास्त्री के एक बार के कहने पर सप्ताह में एक दिन का व्रत रखने का संकल्प लेकर देश को **'अन्न संकट'** से उभारने की अपने प्रधानमंत्री की अनूठी पहल का अनुकरण किया था। अंतर्मन से निकली बातें दूसरे के अंतर्मन को अवश्य ही प्रभावित करती हैं।

अतः श्री मोदी जो बोले उसे राष्ट्र ने सुना और राष्ट्र के बहुत से लोगों ने संकल्प ले लिया कि 'मोदी' नाम के आंदोलन को और 'मोदी' नाम के संकल्प को गली–गली पहुंचाएंगे। जब नेता से जनता इस प्रकार एकाकार हो जाया करती है, तब सचमुच नेता 'नायक' बन जाया करता है। भारत में संभवतः 'नायक' को भगवान मानकर पूजे जाने की परंपरा इसीलिए चली थी।

मोदी जी ने राष्ट्र के लिए कुछ करने की जो बात कही है उसका अपना महत्व है। पूरी भारतीय संस्कृति 'इदन्न मम्' की याज्ञिक संस्कृति के आधार पर टिकी हुई है। इसलिए हमारे यहां प्राचीनकाल में बच्चे को माता–पिता से अलग गुरुकुलों में शिक्षा दिलायी जाती थी। जिससे वह अपने परिवार के लिए नहीं अपितु अपने देश के लिए तैयार हो। कारण कि बच्चे परिवार की पूंजी न होकर देश की पूंजी होते हैं। अतः उसके भीतर इदन्न मम् का संस्कार इतनी प्रबलता से आरोपित किया जाता था कि वह बड़ा होकर किसी स्वार्थ की बात में आता ही नहीं था। वह माता–पिता के प्रति तो संस्कारित होता ही था, साथ ही संसार के प्रति, अपने दायित्वों से भी प्रेरित

होता था और उन्हीं के लिए कार्य करता था। इसी भावना को हमारे ऋषियों ने 'धर्म' का नाम दिया था। इसलिए देश में धर्म का शासन चलता था।

पुत्र के उत्पन्न होने पर मौहल्ले पड़ोस में भी प्रसन्नता इसीलिए होती थी कि वह सबके काम आएगा, पर इसका अभिप्राय यह नहीं कि हमारी बेटियों का सम्मान तब नहीं था, सम्मान उनका भी था क्योंकि वह भी सृष्टि संचालन के लिए उतनी ही आवश्यक मानी जाती थीं, जितना कि बेटा। हमारे बच्चों का जीवनोद्देश्य होता था राष्ट्र की सेवा करते–करते विश्व का कल्याण करना। कुटुम्ब का विस्तार करने के लिए वह चलता था और **'वसुधैव कुटुम्बकम'** पर जाकर रुकता था। इसलिए मोह तोड़ना और स्वार्थ को दूर भगाना आवश्यक माना जाता था। इसके लिए आचार्य उसे गुरुकुल में **'इदन्न मम्'** यह मेरा नहीं **'इदं राष्ट्रायः'** यह राष्ट्र का है–का पाठ पढ़ाता था।

आज पश्चिम की (अ) सभ्यता ने हमें इस व्यवस्था के सर्वथा विपरीत शिक्षा दी है और बताया है कि बात उससे करो जिससे आपका स्वार्थ पूर्ण होता हो, काम उसका करो–जो तुम्हारे काम आता हो। फलस्वरूप सारा परिवेश ही स्वार्थपूर्ण हो गया है। आखिर कहां गये वे दिन जब एक किसान अपने किसी संबंधी के यहां दूर तक चलकर मात्र दस–पांच रुपये के भुट्टे बच्चों को देने जाया करता था और वह संबंधी भी उस आगंतुक पर बड़ी सहजता से दस–पांच रुपये के उसके भुट्टों की एवज में उस पर 100 रुपया खर्च कर दिया करता था। क्या लोग तब हिसाब नहीं जानते थे, या यह आत्मीय भाव उनके जीवन का एक श्रृंगार था। **कदाचित मोदी जी देश से लुप्त होते इसी आत्मीय भाव को पुर्नस्थापित करने के लिए हमें लालकिले से आंदोलित कर गये हैं कि– इदं राष्ट्रायः–इदन्नम मम् को अपना जीवनाधार बना लो, जीवन का श्रृंगार बना लो। राष्ट्र का कल्याण हो जाएगा।**

अक्टूबर 8, 2014

मोदी युग में गांधी-नेहरू का उतरता जुआ

राष्ट्रदेव की आराधना के लिए मां भारती का सच्चा सेवक कोई 'मोदी' ही हो सकता है। राष्ट्र आराधना और 'मां भारती' की सेवा के समक्ष अन्य सब बातों को गौण समझ लेना ही जीवन ध्येय की सार्थकता है। इस कर्तव्य बोध से भर जाना और फिर भरे ही रहना, जीवन की बहुत बड़ी साधना है। पद को पाकर मद में चूर हो जाना साधारण व्यक्तियों के लक्षण हैं, पर पद को पाकर विनम्र हो जाना, असाधारण व्यक्तियों के लक्षण हैं, व्यक्ति से व्यक्तित्व के बीच केवल इतना ही अंतर होता है कि व्यक्ति में साधारण होने का सीमित गुण होता है, पर व्यक्तित्व में असाधारण होने की असीमित विशालता का दिव्यगुण होता है। यह गुण जिस व्यक्ति में जितने अनुपात में हमें मिलता है, वह उतने ही अनुपात में विशाल होता है।

आज मोदी जी ने अपने नाम का पर्याय राष्ट्रदेव की पूर्ण समर्पण के साथ आराधना करने और 'मां भारती' की सेवा करने को बना दिया है इसलिए जैसे **'मजबूरी का नाम महात्मा गांधी'** लोगों ने रखा, और उन्हें उनकी मजबूरियों का उचित पुरस्कार ये मुहावरा बनाकर दिया, वैसे ही **'शेरतत्व का नाम मोदी'** लोगों ने रख दिया है। मोदी जी के अपने जीवन की अब तक की सचमुच गौरवमयी उपलब्धि है ये। **सिकंदर बादशाह के पिता के पास किसी राजा ने एक घोड़ा भेजा, साथ में यह भी कहलवाया कि इसकी चाल सीधी करके भेज दो। घोड़ा अति चंचल था। सब घुड़सवारों ने जवाब दे दिया। सिकंदर के पिता घोड़े को यूं ही लौटाने लगे, यह देखकर सिकंदर ने पिता से कहा-'मैं इस**

घोड़े पर सवार होकर इसे सीधा करूंगा।' पिता ने समझाया–'बेटे क्या तेरी मृत्यु आ गयी है जो ऐसी बातें करने लगा है?' सिकंदर ने कहा–'पिताश्री! एक दिन तो मरना सभी का निश्चित है, फिर अपयश के साथ मरने से बेहतर है यश के साथ मरना।' इतना कहकर सिकंदर ने घोड़े की लगाम अपने हाथ में थाम ली और उसने बड़ी सावधानी से ध्यान किया कि यह इतना कूदता क्यों है? मालूम हुआ कि वास्तव में वह अपनी छाया देखकर चंचल हो जाता है, और इसी कारण सवार को चढ़ने नहीं देता है। अतः सिकंदर ने घोड़े का मुंह सूर्य की ओर कर दिया। वह ठहर गया। सिकंदर झटपट छलांग लगाकर उस पर सवार हो गया। घोड़ा बली था। अतः तीव्र वेग के साथ दौड़ पड़ा। सिकंदर ने परवाह किये बिना बाग ढ़ीली छोड़ दी। अंततः घोड़ा दौड़ते–2 थक गया... और सीधा हो गया।

'गांधी की मजबूरी' ने देश के लिए 'नेहरू को जरूरी' बना दिया और नेहरू की तुष्टिकरण की नीति ने देश में ही कुछ लोगों को अनावश्यक ही उपद्रवी बना दिया। फलस्वरूप भारत नाम का घोड़ा अपनी ही छाया से बिदक रहा था। गांधी, नेहरू के भारत की विदेश नीति का मौलिक नियामक तत्व था कि हम संसार में अकेले हैं (हिंदू होने के नाते) इसलिए हमें सबको साथ लेकर चलना है। इसलिए गांधी, नेहरू के भारत ने धर्मनिरपेक्षता का अभिप्राय मानवतावाद और अंतर्राष्ट्रवाद से लिया। जिसका परिणाम ये आया कि भारत अपने हितों की उपेक्षा करके भी दूसरों के हितों को सम्मान देते रहने की आत्मघाती नीति पर चल निकला। जबकि अंतर्राष्ट्रीय संबंधों में किसी देश की कूटनीति और विदेश नीति में इस प्रकार के तत्वों का प्रवेश तक वर्जित होता है।

नेहरू, गांधी की विदेश नीति का दोगलापन देखिए कि एक ओर तो इन दोनों नेताओं की छत्रछाया में पल रहा भारत अपनी धर्मनिरपेक्षता का अर्थ विश्व में 'एक विश्व सरकार' के माध्यम से मानवतावाद को लाना चाह रहा था, और उसी समय एक ओर उसे से अंतर्राष्ट्रीय स्तर पर अपने अकेले होने की भी अनूभूति हो रही थी। वह समझ रहा था कि अंतर्राष्ट्रीय स्तर पर विश्व दो खेमों में अर्थात ईसाई और इस्लाम में विभक्त है, और हम अकेले हैं। गांधी, नेहरू के भारत रूपी घोड़े ने हिचक–हिचक कर आगे

बढ़ना आरंभ किया और पिछले कुछ समय से हमने देखा कि वह अपनी छाया से बिदक रहा था। अमेरिका से वहां के राष्ट्रपति या विदेशमंत्री यहां आते, हमारे लिए पाकिस्तान के मुकाबले कुछ अच्छी बातें कहते, हमारा मूर्ख बनाते, अच्छी–अच्छी बातें करते और हमारे अखबारों में उनकी सुर्खियां सूख भी नहीं पाती थीं कि अगले ही दिन पाकिस्तान से कोई ऐसी खबर उन नेताओं की ओर से आती कि सारी सुर्खियों पर पानी फिर जाता था।

चीन हमें हड़काता था, और पाकिस्तान हमें डराता था। तो बंगलादेश आंखें दिखाता और श्रीलंका अपने देश में हमारे द्वारा भेजी गयी 'शांति सेना' को मारकर हमारी 'विदेश नीति' की खिल्ली उड़ाता। पिछले कई प्रधानमंत्री विदेश नीति के विषय पर इस घोड़े से गिर चुके थे और देश ये मान चुका था कि अब घोड़े को सीधा किया जाना असंभव है। तभी संकल्प के धनी मोदी जी ने सिकंदर की सी सूझबूझ का परिचय दिया और आज हम देख रहे हैं कि पसीने से तर–बतर घोड़ा थमकर सीधा होता जा रहा है, देश ने अपनी खुशियों की अभिव्यक्ति मंगल पर जाकर मंगलगान करके की है, चीन ने भी कहा है कि भारत की मंगल अभियान की सफलता से मंगल पर पहुंचने की गौरवमयी उपलब्धि अकेले उसकी नहीं है। 'अपितु पूरे एशिया की है। हमारे प्रधानमंत्री ने कहा है कि–'आप असफल होते हैं तो लोगों की घृणा और आलोचना के पात्र बनते हो, और जब आप सफल होते हो तो लोगों की ईर्ष्या के पात्र बनते हो।' चीन ने अपनी ईर्ष्या को कितनी खूबसूरती से शीशे में उतारकर संसार के समक्ष प्रस्तुत किया है। कदाचित इसीलिए अमेरिका के एक प्रसिद्ध राजनीतिज्ञ ने चीन के विषय में कहा था कि–**'उसकी हर बात में टेढ़ापन होता है और वह वार्ता में सबसे कठिन होता है, उसके वार्ताकारों की बातें गोलमोल होती हैं और वे वैसे ही गोलमोल होकर हमारे सामने आ–आकर पड़ती रहती हैं। उनमें सीधापन नहीं होता और ना ही एक दिशा में बढ़ने की कोई गति होती है।'** इन सब टेढ़े–मेढ़े लोगों को समझना और अपनी बातों को इन्हें समझाना देश के नेतृत्व के लिए सचमुच बड़ी कठिन समस्या बन गयी थी। तब मोदी जी का आविर्भाव हुआ। लोगों ने देखा कि इस व्यक्ति का ना कोई पुत्र है, ना पत्नी है, ना ये सन्यासी है, ना गृहस्थी है, ना ये मौनी है, ना यह वाचाल है, बड़ा अद्‌भुत व्यक्ति है।

'अष्टावक्र' को देखकर कांग्रेस के सभी दरबारियों ने हास्य व्यंग्य किये।

उन सब हास्य व्यंग्यों की उपेक्षा कर 'राजर्षि' आगे बढ़ा और बड़ी सावधानी से राम की भांति धनुष तोडने के लिए अपने हाथों में उठा लिया। प्रत्यंचा चढ़ाई और धनुष तोडकर सबको आश्चर्यचकित कर दिया। सीता आगे बढ़ी (उनकी पत्नी के विषय में जब लोगों को पता चला कि उनकी पत्नी है तो पत्नी ने पति के साथ रहने की इच्छा व्यक्त की) पर संसार से विरक्त रहकर भी लोक कल्याण की भीषण प्रतिज्ञा धारकर **'भीष्म' बने मोदी ने सीता को कह दिया कि–'देवी अम्बे! मैं विवाहित होकर भी अविवाहित रहने के लिए अभिशप्त हूं, पत्नी रूप में तुम्हें स्वीकार करके भी तुम्हारे साथ किये गये व्यवहार की क्षमा चाहता हूं, पर अभी कार्य बहुत है। कभी फिर बात करेंगे।'**

एक ज्योतिषी जंगल से गुजर रहा था। रास्ते पर मिट्टी पर जमे पदचिन्हों को देखकर दंग रह गया। गहरी सोच में डूब गया–एक चक्रवर्ती सम्राट! इस रास्ते से ! और नंगे पैर गया। सम्राट जाए तो सवारी पर जाए और आगे पीछे सेना हो, लेकिन ये पदचिन्ह तो अकेले व्यक्ति के हैं। क्या ज्योतिष विद्या एक धोखा है? उसने पदचिन्हों का अनुसरण किया। जहां पद समाप्त हुए, वहीं एक भिक्षुक ध्यान में बैठा मिला। भिक्षुक जब ध्यान से उठा, तब ज्योतिषी ने कहा–पदचिन्हों तो किसी सम्राट के हैं, और आप एक भिक्षुक हैं। वास्तव में भिक्षुक और कोई नहीं, महावीर स्वयं थे। उन्होंने ज्योतिषी से प्रश्न किया–'सम्राट की क्या पहचान है? ज्योतिषी बोला सम्राट अकेला नहीं होता आप तो अकेले हैं? महावीर बोले–'नहीं निर्विकल्प ध्यानरूपी पिता मेरे साथ हैं, अहिंसा रूपी माता मेरे साथ है, शांतिरूपी प्रिया मेरे साथ है, सत्यरूपी मित्र मेरे साथ हैं, विवेकरूपी पुत्र मेरे साथ है, और क्षमारूपी पुत्री मेरे साथ है, फिर मैं अकेला कैसे?'

ज्योतिषी शांत हो गया और सम्राट के अकेले होने का रहस्य कांग्रेस के हास्य व्यंग्य कर रहे दरबारियों को समझाया, संयोग से उस दिन 16 मई का दिन था, मोदी जी का अश्वमेध यज्ञ का घोड़ा सीधा होकर जब कांग्रेस के राजदरबार दस जनपथ के सामने से निकला तो कांग्रेसियों को समझ आ गया कि अकेले व्यक्ति के साथ कितनी बड़ी साधना की शक्ति है? अमेरीका दौरे पर गये प्रधानमंत्री ने उपवास के माध्यम से शक्ति प्राप्त

करने की भारतीय परंपरा को अमेरिका जैसे भौतिकवादी देश को समझाने का प्रयास किया है। संयुक्त राष्ट्र को हिंदी में संबोधित कर पाकिस्तान को विश्व चौपाल में खरी–खरी सुनाकर बता दिया कि नेता किसे कहते हैं? जब देश दुर्बल प्रधानमंत्रियों को देख और झेल रहा था तो हम देख रहे थे कि देश की अधिकांश ऊर्जा का अपव्यय तो प्रधानमंत्री को अपनी कुर्सी बचाने के लिए ही करना पड़ता था।

मुगल बादशाह के अंतिम दिनों के छोटे–छोटे बादशाह जिनकी बादशाहत दिल्ली के लालकिले तक चलती थी, हमने कुर्सी पर बैठते और उतरते देखे। कइयों की राजनीतिक हत्या भी कर दी गयी। छोटे–छोटे वजीरों (सपा, बसपा, राजद इत्यादि) के हाथों में सत्ता की डोर थी। जब चाहते थे किसी भी बादशाह को 'हरम में समय गुजारने' के अपराध में गद्दी से उतार देते थे और दूसरे को बैठा देते थे, बादशाह कहता रह जाता था कि तुम कहते हो कि–'किसी की व्यक्तिगत जिंदगी में नहीं देखेंगे पर मेरे साथ ऐसा क्यों कर रहे हैं ? मेरे व्यक्तिगत जीवन को आधार बनाकर मेरी बलि ले रहे हो? इन दलीलों पर भला किसका ध्यान जाता था?

अब वही देश है जिसमें सत्ता संघर्षों में ऊर्जा का अपव्यय होता था, लोकतंत्र के नाम पर वजीरों की गुण्डागर्दी बादशाह के बदलने में चलती थी, पर अब ऐसा नहीं हो रहा है। सत्ता की लड़ाई कहीं नहीं दीख रही है। **सबका ध्यान अपने काम पर है, राष्ट्रदेव की आराधना हो रही है। 'मां भारती' की सेवा हो रही है। भारत माता की आरती चल रही है। सारा देश एक मंदिर बन गया है। मंदिर–मस्जिद का कोई विवाद नहीं है। इस सुंदर परिवेश को बनाये रखने के लिए हर देशवासी अपने–अपने स्तर पर प्रयास करे तो हम बहुत शीघ्र विश्वगुरु बन सकते हैं।** अब गांधी, नेहरू का जुआ उतरता जा रहा है और राष्ट्रदेव की आराधना की साधना का संगीत देश में गूंज रहा है। बड़े सौभाग्य से ये अच्छे दिन आ पाये हैं। कहीं नजर ना लग जाए।

मई 29, 2014

राजनय का सफल अभिनय

विश्व में केवल भारत ही एक ऐसा देश है, जिसने युद्ध के भी नियम आविष्कृत किये थे और उन्हें युद्ध के समय बड़ी गंभीरता से निभाया भी। इस देश से प्राचीन काल में लोग जहां–जहां जाकर बसे वहां–वहां उन्होंने भारत की परंपराओं का प्रचार–प्रसार किया और उन्हें बड़ी श्रद्धा से निभाया भी। राजदूत के साथ कभी भी विश्व बिरादरी में अपमानजनक व्यवहार नहीं किया जाता है–यह विश्व को भारत की देन है, और यह भी कि प्रत्येक राजा अपने राज्यारोहण के समय अपने पड़ोसियों को और विश्व समाज को इस बात के लिए आश्वस्त करता था कि वह विश्वशांति के प्रति पूर्णतः संकल्पबद्ध है। ओलिम्पिया के विषय में कहा जाता है कि वहां धार्मिक उत्सवों के अवसरों पर विभिन्न ग्रीक राज्य अपने युद्धों को स्थगित कर दिया करते थे, एक–दूसरे पक्ष के लोग ऐसे उत्सवों में विपरीत शत्रु पक्ष के यहां भी चले जाया करते थे। मृत सैनिकों की अन्त्येष्टि क्रिया के लिए भी विदेशों में अस्थायी संधियां होने के प्रमाण मिलते हैं। वस्तुतः यह भी उन लोगों को भारत की ही देन थी।

कहने का अभिप्राय है कि प्राचीन काल में विश्व भारत के राजनय और अभिनय का कायल था। शांतिकाल को दीर्घ बनाने के लिए राजनय ही काम आता था। इसी राजनय को आजकल की भाषा में कूटनीति कहा जाता है।

अब भारत में सत्ता परिवर्तन हुआ है। भारत की जनता ने प्रचण्ड बहुमत के साथ मोदी जी को भारत का प्रधानमंत्री बनाया है। मोदी जी को लेकर विदेशों में भी प्रारंभ से ही कई प्रकार के अनुमान लगाये जा रहे थे, निश्चित रूप से पाकिस्तान, चीन और अमेरिका जैसे देशों के लिए जो कुछ भी भारत

में होने जा रहा था वह नितांत गलत ही होने वाला था। पर नियति को अटल देखकर इन देशों ने अपने राजनय के अभिनय में बड़ा चमत्कारिक परिवर्तन करना आरंभ कर दिया। अंतर्राष्ट्रीय संबंधों पर दृष्टि रखने वाले लोगों को भी इन देशों की कलाबाजी को देखकर आश्चर्य हुआ। पाकिस्तान ने मोदी जी को सत्ता की ओर बढ़ते देखकर सबसे पहले उन्हें बधाई दी और अपने यहां आने का निमंत्रण भी दिया। मोदी जी निमंत्रण पर चुप रहे।

श्री नरेन्द्र मोदी जी ने विदेशों के राजनय को समझा और बड़ी सावधानी से अपने शपथ ग्रहण समारोह के लिए पाकिस्तान सहित 'सार्क' देशों को और 'मारीशस' को विशेष सम्मान देते हुए आमंत्रित कर लिया। कुछ लोगों ने मोदी जी के द्वारा पाकिस्तान को इस शपथ ग्रहण समारोह में आमंत्रित करने को लेकर नाक–भौं सिकोड़ी कि मोदी जी ने यह क्या कर दिया? पर मोदी जी ने भारत की उस विश्व परंपरा के अनुकूल ही किया, जिसके अनुसार हम अपने पड़ोसियों को यह आश्वस्त करते आये हैं कि हम विश्वशांति के प्रति वचनबद्ध हैं। बताइए, आपका क्या विचार है? नवाज शरीफ ने मोदी जी को पाक आने का निमंत्रण देकर फंसाने का प्रयास किया था, लेकिन शरीफ स्वयं फंस गये, श्री मोदी का निमंत्रण पाकर। सारे देशों ने अपनी स्वीकृति देने में देरी नहीं की, परंतु पाक पीएम को अपने देश में मोदी जी के निमंत्रण को लेकर अपनी स्वीकृति देने में खासी मशक्कत का सामना करना पड़ा। शरीफ को पहली बार लगा कि उसका सामना इस बार किसी खिलाड़ी से हुआ है। मोदी जी ने शरीफ को अपने देश बुलाना ही उचित समझा, बजाए इसके कि वे स्वयं उनके देश जाते।

अब प्रश्न आता है कि क्या मोदी जी, पाकिस्तान के प्रति मोरारजी देसाई जैसा अनुचित अनुराग या अटल जी जैसा अतिवादी प्रेम प्रदर्शन या आडवाणी जी जैसी अपमानजनक वंदना के स्वरों को तो कहीं मुखर नहीं करने जा रहे हैं? इस प्रकार के प्रश्नों, शंका, संदेहों के जवाब खोजने के लिए हमें शीघ्रता नहीं करनी चाहिए। अभी एक राजनयिक शिष्टाचार है और इस राजनयिक शिष्टाचार में भी शरीफ को जिस प्रकार का जोरदार झटका मोदी जी ने दिया है, वह देखने लायक है। प्रधानमंत्री श्री मोदी जी ने कश्मीर को लेकर चुनाव प्रचार के दौरान जिस प्रकार फारूख अब्दुल्ला और उनके मुख्यमंत्री बेटे उमर अब्दुल्ला की बोलती बंद की थी उसे भी हमें याद रखना चाहिए। फारूख अब्दुल्ला सांप्रदायिकता का पाठ मोदी

जी को पढ़ा रहे थे तो पी.एम. श्री मोदी जी ने जिन बीजों की माला उल्टे अब्दुल्ला परिवार के गले में डाली उसे देखकर दोनों बाप–बेटे अभी तक इस असमंजस में हैं कि यह माला कितने मोतियों की है? निश्चित रूप से ऐसा जवाब अभी तक पूर्व के किसी पी.एम. ने अब्दुल्ला परिवार को नहीं दिया। इस जबाब को पाकिस्तान ने भी सुना और कदाचित यह जवाब श्री मोदी जी ने वाया अब्दुल्ला परिवार के पाकिस्तान को ही सुनाया भी था।

इस जवाब को देकर ही मोदी जी ने स्पष्ट कर दिया कि वह महात्मा गांधी की तरह पाकिस्तान में कोई शांति मार्च करने नहीं जा रहे हैं, नेहरू की तरह उन्हें शांतिवादी बनकर अपनी राष्ट्रीय अस्मिता से समझौता नहीं करना है, मोरारजी भाई की तरह उन्हें 'निशाने पाकिस्तान' लेने की कोई जल्दी नहीं है। अटल की तरह उन्हें किसी 'बस डिप्लोमेसी' के प्रदर्शन की आवश्यकता नहीं है और 'आडवाणी गेम' को दोहराने के लिए जिन्ना की मजार पर तो जाने के लिए भी समय नहीं है। **राजनीति में सारे काम मुंह से कहकर ही नहीं किये जाते हैं। यदि ऐसा होता तो राजनीति में 'राजनय' का कोई औचित्य नहीं होता। फिलहाल मोदी के सफल राजनय को दाद देने का समय है। उन्होंने अच्छे आगाज के साथ शुरुआत की है, तो परिणाम भी अच्छा ही आएगा। हम परिणामों की प्रतीक्षा करने की बजाए परिणामों की दिशा पर सोचें कि वे किस दिशा से और किस नीति पर सवार होकर आ रहे हैं? निश्चित रूप से प्रसन्नता मिलेगी।**

मई 23, 2013

लोगों की पहली पसंद बने

ए.बी.पी. न्यूज नीलसन के सर्वे के अनुसार देश में लोकसभा चुनाव यदि आज की तारीख में होते हैं तो यूपीए का सूपड़ा साफ होना तय है। जबकि एन.डी.ए. सबसे बड़े गठबंधन के रूप में उभर रहा है। यू.पी.ए. की 136 सीटों के मुकाबले एन.डी.ए. को 206 सीटें मिल रही हैं, हालांकि एन. डी.ए. फिर भी बहुमत के आंकड़े से पीछे है। वाम दलों को मिलने वाली 34 सीटें तब उन परिस्थितियों में बड़ी महत्वपूर्ण हो जाएंगी, जिनका एन.डी. ए. के साथ जाना तो असंभव है ही, यू.पी.ए. के प्रति भी अभी उनका कोई नरम रवैया नहीं दीख रहा है। हां, अन्य दल 167 सीटें जीतकर 'किंगमेकर' की भूमिका में अवश्य आ जाएंगे। हालांकि ये 167 सीटें जीतने वाले दल भी माया–मुलायम जैसे नेताओं के छत्तीस के आंकड़े से भरे होंगे इसलिए इनका सबका एक साथ एक ओर जाना या बैठना भी बड़ा मुश्किल होगा। इनमें अंतर्द्वंद्व है और वो अंतर्द्वंद किसी को साथ बैठने नहीं देगा। तब क्या हो सकता है? तब कांग्रेस मोदी की खीर को बिखेरने के लिए 167 के साथ अपनी गोटी बिठाने की जुगत भेड़ सकती है। उसमें भी दो विकल्प खुले रह सकते हैं, एक तो यह कि कांग्रेस अपने किसी मुस्लिम सदस्य को पीएम के लिए आगे करे और शेष दल उस पर अपनी सहमति दें, और दूसरा यह कि ये 167 की संख्या वाले दल कोई नया 'देवेगौड़ा' ढूंढ़ लें और कांग्रेस का यूपीए उसे बाहर से समर्थन दे।

कांग्रेस ने अपने भ्रष्टाचार के 'महापापों' को छिपाने के लिए अगले चुनाव को अभी से साम्प्रदायिक रूप देना आरंभ कर दिया है। जिस पार्टी के पास 'दिग्गी' (दिग्विजय सिंह) जैसे नेता हों उससे छोटी सोच पर उतर आने की उम्मीद ही की जानी चाहिए। वैसे भी कांग्रेस का यह इतिहास

रहा है कि वह अपने पापों को छुपाने के लिए चुनाव में कोई न कोई ऐसा हथकंडा अपनाती है जिससे देश लहूलुहान हो उठता है और देर तक अपने घावों को सहलाता है।

मुस्लिम साम्प्रदायिकता को कांग्रेस ने सदा हवा दी है और देश को नये–नये घाव दिये हैं। अगले चुनाव में इस पार्टी का नौसिखिया नेतृत्व कुछ ऐसे गुल खिला सकता है जो कि सर्वथा अप्रत्याशित हों। फिर भी देश के जनमानस को टटोलते हुए एबीपी न्यूज नीलसन ने जो सर्वे किया है उसमें मोदी जी 36 प्रतिशत लोगों की पसंद हैं जबकि राहुल को 13 प्रतिशत और मनमोहन को 12 प्रतिशत, मायावती को 9 प्रतिशत, सोनिया गांधी को 8 प्रतिशत, और आडवाणी को 6 प्रतिशत, लोगों ने पीएम पद के लिए पसंद किया है। मनमोहन के लिए यह आंकड़ा भी संतोषजनक ही है, क्योंकि जिस दिन वह पीएम बने थे उस दिन तो वह केवल सोनियां गांधी की ही पसंद थे, एक महिला की पसंद से बढ़कर सत्ता से बेदखल होने के अंतिम वर्ष में बारह प्रतिशत लोग उन्हें पसंद कर रहे हैं, यह उनकी उपलब्धि ही है। एक जनाधार विहीन नेता को इस बात से खुश होना ही चाहिए, विशेषतः तब जबकि सारे कांग्रेसी उन्हें डूबने के लिए अकेला छोड़कर राहुल गांधी की छतरी नीचे इकट्ठा हो रहे हों और राहुल भी मात्र एक प्रतिशत अधिक मत लेकर कुल 13 प्रतिशत लोगों की ही पसंद बन रहे हों।

यदि राहुल गांधी इस समय मोदी का मुकाबला करने की स्थिति में होते तो कर्नाटक के चुनावों से उत्साहित कांग्रेस केन्द्र में सत्ता पलट कर सकती थी और राहुल गांधी को अगला पीएम बना देती, लेकिन पार्टी को जमीनी हकीकत का पता है इसलिए उसने ऐसा कोई कदम नहीं उठाया है और अब अगला चुनाव हारने के लिए वह मैदान में उतरना चाहती है, जिसके लिए मनमोहन सिंह को बलि के बकरे की तरह पालना उसके लिए आवश्यक है। इस बकरे को भी पता है कि अब की बार बलि देनी ही पड़ेगी इसलिए दुम दबाकर घिघियाते हुए कई बार सोनिया से टक्कर लेने की कोशिश करता है पर फिर पीछे हट जाता है।

अब वक्त है भाजपा के सुधरने का। वह 206 से 273 तक बढ़ सकती है, बस दो बातें करनी होंगी–एक तो सारी पार्टी ईमानदारी से श्री नरेन्द्र मोदी जी के पीछे आ जाएं और दूसरे, श्री मोदी जी को खुलकर खेलने का मौका दिया जाए। ये दोनों स्थितियां पार्टी के हित में ही नहीं अपितु देश

हित में भी होंगी। आज देश का 36 प्रतिशत जनमानस यदि नरेन्द्र मोदी जी को पीएम बनाना चाहता है तो इसका दो गुणा जनमानस पार्टी को श्री नरेन्द्र मोदी के पीछे देखना चाहता है और मोदी पर लोग भरोसा कर रहे हैं कि वे जो कहेंगे उसे कर दिखाएंगे, जबकि आडवाणी जैसे नेताओं के लिए जनता में ऐसी राय नहीं है।

उन पर लोगों को भरोसा नहीं है और राजनीति में भरोसा बहुत बड़ी चीज होती है। पार्टी के लिए यह दुख का विषय है कि इसके पास मोदी के रूप में जनता में सबसे अधिक भरोसेमंद नेता होने के बावजूद पार्टी पूरे भरोसे के साथ उसके पीछे नहीं है। पार्टी के भरोसे को आडवाणी जैसे कई नेताओं ने अपनी–अपनी दुकानों को लगाकर तोड़ने का कार्य किया है। यद्यपि यह एक कटु सत्य है कि जनता का कोई व्यक्ति आडवाणी एण्ड कं. से कोई सौदा लेने नहीं जा रहा है, फिर भी इस स्थिति का घातक प्रभाव जनमानस पर पड़ रहा है, पर जितना सन्नाटा आडवाणी की दुकान पर है उतना ही राहुल गांधी की दुकान पर भी है। हां, नये युवा को देखने वालों की भीड़ वहां अवश्य है। राहुल भी कांग्रेस के डूबते जहाज को बचा नहीं पाएंगे, ऐसा माना जा रहा है।

जनवरी 5, 2016

मोदी सरकार के नारों की कार्यशैली

क्या मोदी सरकार नारों की सरकार है? इस सरकार की कार्यशैली को देखकर ऐसे प्रश्न अब उठने लगे हैं। मोदी जी ने अपने चुनाव प्रचार के समय नारा दिया था **'सबका विकास, सबका साथ'**। इस महामंत्र में भाजपा व एनडीए के बहुत सारे अन्य मंत्र व राज तथा उसका राज चलाने की क्षमता व कौशलता भी समाहित हैं। प्रधानमंत्री ने इस नारे में जिन शब्दों का प्रयोग किया उससे उनका व्यक्तित्व लोगों को विशाल दिखाई दिया और उन पर लगने वाले साम्प्रदायिक संकीर्णता के आरोप इसके समक्ष बौने हो गये। लोगों ने इस नारे पर विश्वास किया और भाजपा 2014 का आम लोकसभा चुनाव जीतने में सफल हो गयी। इसी लोक लुभावन नारे के परिणामस्वरूप भाजपा ने मध्यप्रदेश, राजस्थान, हरियाणा, छत्तीसगढ़ आदि राज्यों के विधानसभा चुनाव भी जीत लिये। जम्मू–काश्मीर में भी यह नारा कामयाब रहा, यद्यपि यहां भाजपा समर्थित मिली–जुली सरकार अस्तित्व में आयी। महाराष्ट्र में शिव सेना से नम्बर दो पर रहने वाली भारतीय जनता पार्टी नम्बर एक पर आकर सत्ता की बागडोर अपने हाथों में लेने में कामयाब रही।

हाँ, कुछ गलत प्रस्तुतीकरण और सही का गलत आंकलन करके दिल्ली प्रदेश इकाई तथा बिहार प्रदेश में यह नारा सफल नहीं हुआ। दिल्ली में मोदी सरकार द्वारा एकाएक भ्रष्टाचार को समाप्त करने, समय से कार्यालयों में आने तथा केन्द्रीय कार्यालयों में काम करने की संस्कृति अपनाने की नीति ने उक्त लोकप्रिय नारे की चमक को धुंधला कर दिया। साथ ही आयातित एवं बाह्य नेता के नेतृत्व में चुनाव का लड़ना सफल ना हो सका। यद्यपि यहां के विषय में यह तथ्य भी विचारणीय है कि यहां सारे विपक्ष ने केवल

भाजपा को हराने के लिए अपने–अपने मतों का ध्रुवीकरण कराया।

अब यहां आप की सरकार है, परंतु उसने भी जिन सब्जबागों को दिखाकर सत्ता अपने हाथों में ली थी उन पर वह भी खरी नहीं उतर पा रही है। इससे दिल्ली के निवासियों को दिन प्रतिदिन नयी–नयी समस्याओं से दो–चार होना पड़ता है। इस सरकार की कार्यशैली अधिक ढिंढोरा पीटने की है, जबकि कार्य के नाम पर कुछ अधिक नहीं कर पायी है। लोगों में मोदी के प्रति जितनी शीघ्रता से मोहभंग होने की शुरूआत हुई है उससे भी अधिक शीघ्र लोग केजरीवाल से ऊब गये हैं।

जिस प्रकार दिल्ली की जनता ने अपने लिए केजरीवाल को चुना उसी प्रकार बिहार की जनता ने अपने मुख्यमंत्री के रूप में नीतीश को फिर से चुन लिया है। बिहार के पूर्व मुख्यमंत्रियों श्री नीतीश कुमार तथा लालू प्रसाद के तत्कालीन बिहार के स्थानीय मुद्दे तथा उनका विगत वर्षों के प्रदर्शन पर ज्यादा यकीन कर सत्ता की कमान उन्हें सौंप दी गई है। वहां इन महारथियों ने राजनीति का ऐसा विद्रूपित स्वरूप प्रस्तुत कर रखा था कि भाजपा और संघ के सारे प्रमुख नेता पूरे चुनाव सत्र तक साफ–सफाई देते रहे फिर भी बिहार की जनता को यकीन दिलाने में कामयाब नहीं हो सके। यहां प्रधानमंत्री श्री मोदी जी का 'सबका विकास सबका साथ' वाला नारा पूर्णतः धरा का धरा रह गया।

भाजपा के कुछ मार्गदर्शक चिन्तक तथा लोकप्रिय नेता आरक्षण की समीक्षा, बीफ मुद्दा, राम मंदिर, लव जेहाद, मुस्लिम तुष्टीकरण आदि छोटे–छोटे मुद्दे उठाकर माननीय प्रधानमंत्री का 'सबका विकास सबका साथ' वाले नारे को नेपथ्य में ढकेलने का काम कर, भाजपा को फायदा कम नुकसान ज्यादा पहुंचाते देखे जा रहे हैं। इतना ही नहीं विपक्षी पार्टियाँ काले धन की वापसी, महंगाई , कृत्रिम धार्मिक असहिष्णुता आदि मुद्दे उठाकर भाजपा के नेताओं को उकसाते हैं। फिर उनके बयानों में किसी न किसी कमी को हाई लाइट कर अपना उल्लू सीधा करते हैं व श्री मोदी जी के नारे की खिल्ली उड़ाते हैं। साथ ही जातिवाद, क्षेत्रवाद, अगड़े–पिछड़े की राजनीति, राष्ट्रीय लक्ष्य व आदर्श को पीछे ढकेलने का भी प्रयास करते हैं।

2014 के लोकसभा चुनाव के समय भाजपा की जो नीतियां थी, लगता है वे सब की सब जारी नहीं रहीं। अधिकांश कार्यकर्ता अपने कार्यक्रम और मुद्दों पर यकीन खोते गये। नेतृत्व उनको संभालने में असफल रहा। इससे

कार्यकर्ता व नेता समय–समय पर पूरक अथवा नेपथ्य में जा चुके मुद्दे अपनाने लगे। विरोधियों की चालें सफल होने लगीं। सौहार्द बिगड़ते–बनते देखे गये। असहिष्णुता से पार्टी को दो–चार होना पड़ा। लोक सभा में इतने बहुमत होने के बावजूद ये सदन चला पाने में समर्थ ना रहे। कुछ पर अनुशासन की कार्यवाही की गई तो कुछ अब भी पार्टी को नुकसान पहुँचाने वाले बयान अपने–अपने तरीके से देते देखे जाते हैं। सबका विकास वाला नारा न जाने कहां खो गया है। प्रधानमंत्री विदेश जाकर–जाकर जितना भारत की छवि सुधारते हैं और विश्व के नेताओं और उद्योगपतियों को आकर्षित करने का प्रयास करते हैं, देश में न तो उसका उतना प्रचार–प्रसार होता है, ना ही देश उसे उतनी गंभीरता से ले पा रहा है। पार्टी के नेता उसका प्रस्तुतीकरण भी उतने सटीक ढ़ंग से नहीं कर पा रहे हैं। स्थानीय स्तर पर पार्टी, विरोधियों द्वारा उत्पन्न की जा रही कृत्रिम समस्याओं से भी भली–भांति नहीं निपट पा रही है। भारतीय मीडिया भी उतना सकारात्मक रोल नहीं निभा पा रहा है जितना वह कर सकता है। मीडिया को प्रजातंत्र का चौथा स्तम्भ कहा जाता है जो अन्य तीनों– कार्यपालिका, व्यवस्थापिका तथा न्यायपालिका को आइना दिखा सकता है, परन्तु खेद है कि हमें वह ताकत नहीं दिख रही है।

प्रधानमंत्री का प्रथम लोकप्रिय कार्यक्रम 'भ्रष्टाचार मिटाना' था। इसमें काफी कुछ वह कामयाब भी रही। यह देश की रग–रग में इतना घुल–मिल गया है कि इससे निजात पाने में वक्त तो लगेगा ही साथ ही त्याग भी करना पड़ेगा। कांग्रेस सरकार का जाना, एन.डी.ए. का आना इसी की एक कड़ी के रूप मे देखा जा सकता है। दिल्ली प्रदेश मे यह प्रयोग सफल नहीं हो सका। सख्ती दिखाने के एवज में भाजपा को अपना आधार खोना पड़ा। देश धीरे–धीरे इसके लिए तैयार होगा। जल्दबाजी नुकसानदायक होगी। जब जनता का काम बिना भ्रष्टाचार के होने लगेगा, तब जाकर इसमें कामयाबी दिखाई पड़ेगी और गति आयेगी। प्रधानमंत्री का दूसरा प्रमुख कार्यक्रम 'स्वच्छता अभियान' रहा। इसमें काफी हद तक सफलता मिली है। वैसे यह तो अनवरत चलने वाली प्रक्रिया है। इसे हर हाल में और ज्यादा गति से चलने देते रहना चाहिए। इसमें स्थानीय जनता और राज्य सरकारों की भागेदारी ज्यादा होती है और इसी सामंजस्य पर यह सफल हो सकेगा। **'बेटी पढ़ाओ देश बचाओ'** कार्यक्रम को सफल कहा जा

सकता है। बेटियों की स्थिति मे काफी सुधार आया है। 'जन धन योजना' तो इस सरकार के लिए मील का पत्थर साबित हो रहा है। एक सुधार की गुंजाइश प्रतीत हो रहा है कि इस योजना से बैंकों पर काम का दबाव बढ़ा है। इससे नियमित बैंक के काम प्रभावित हो रहे हैं और समय ज्यादा लग रहा है। बैंकों में स्टाफ बढ़ाकर यह कमी पूरी की जा सकती है। '

'मेक इन इण्डिया' का प्रयोग भी आकर्षक एवं उपयोगी है परन्तु इसमें सुधार की अभी बहुत गुंजाइश है। **'इन्टरनेट कनेक्टेवटीज'** से देश में बहुत सुधार तथा सफलता मिली है। इस प्रकार हम देखते हैं कि इस सरकार के इस प्रकार के अन्य अनेक पूरक कार्यक्रम भी संचालित हो रहे हैं जो यदि शत–प्रतिशत खरे नहीं हैं, तो इतने खराब तथा निराशापूर्ण भी नहीं है कि जनता इन्तजार ना कर सके। इन सभी कार्यक्रमों के सामूहिक परिणाम से ही प्रधानमंत्री का प्रथम नारा **'सबका विकास सबका साथ'** पूरा हो सकेगा। अब हमें निराश होने की आवश्यकता नहीं है, हम फिर वही बात कहेंगे कि लगभग छह दशक की गंदगी को साफ करने के लिए प्रधानमंत्री श्री मोदी जी की नीतियों में विश्वास रखने का, देशवासियों को उन्हें भरोसा दिलाना चाहिए।

मई 15, 2015

'मोदीमय' एक वर्ष और मोदी जी का लक्ष्य

'मोदीराज' का एक वर्ष पूर्ण हो रहा है। देश ने सही एक वर्ष पूर्व ऐतिहासिक निर्णय देकर श्री नरेन्द्र मोदी जी को अपना नेता चुना था। सचमुच यह वह काल था जब देश चारों ओर से नेतृत्वविहीनता की स्थिति से जूझ रहा था। देश के भीतर की स्थिति हो या देश के बाहर की, आर्थिक मोर्चा हो या सैनिक मोर्चा हो, हम सभी स्थलों पर नेतृत्वविहीन थे। भारत तो था पर भारत का आत्मबल अपने न्यूनतम स्तर पर था। लोगों के लिए यह चुनौती थी कि वह किसे अपना नेता बनायें? लोगों को **'56 इंच चौड़ी छाती'** के नेता की आवश्यकता थी। नेताओं की भीड़ भी पर्याप्त थी, लोग फीता लेकर अपने हाथों से नेताओं की छाती माप रहे थे, कि किसे अपना नेता बनायें? अंत में यह खोजी अभियान पूर्ण हुआ और लोगों ने मोदी जी को देश की कमान दे दी।

मोदी जी देश के दिशानायक बने। देश का जहाज चल दिया अपने गंतव्य की ओर। हर नये चालक के समक्ष सबसे पहले अपना लक्ष्य निर्धारण करना आवश्यक होता है कि उसे जाना कहां है? मोदी का लक्ष्य भव्य भारत का निर्माण था, विश्वगुरु भारत का सपना उनकी आंखों में तैर रहा था। इसलिए मोदी ने भारत की दिशा तय कर दी, लक्ष्य घोषित कर दिया—भारत को हर क्षेत्र में सम्मान दिलाकर उसके लिए विश्वगुरु का पद प्राप्त करना। इसमें श्री मोदी जी को कुछ भी मिलने वाला नहीं था—पर जो कुछ भी मिलेगा उस पर मोदी का अधिकार सबसे पहले और सबसे अधिक रहने वाला था।

अपने लक्ष्य निर्धारण के पश्चात मोदी ने सबसे अच्छी पहल यह की कि उन्होंने भारत का मनोबल ऊंचा करना आरंभ किया, क्योंकि बिना ऊंचे

मनोबल के कोई भी लक्ष्य प्राप्त नहीं किया जा सकता। उन्होंने एक वर्ष में विश्व की नामचीन हस्तियों, राष्ट्रध्यक्षों और शासनाध्यक्षों से आंख में आंख डालकर बात कीं, सारा भारत उत्साहित हो उठा। उसका मनोबल ऊंचा होने लगा। मोदी जी ने अरूणाचल प्रदेश से लगती, चीन की सीमा पर जाकर वहां खड़े अपने सैनिक से पूछा–''जवान क्या चाहते हो?'' सचमुच अब से पूर्व किसी प्रधानमंत्री ने ऐसी पहल नहीं की थी। एक सैनिक ने अपने सामने खड़े अपने नेता को देखा तो गदगद हो गया, जो उसने मांगा, मोदी जी ने उसे वही दिया। फलस्वरूप आज हमारा जवान, चीन की सेना के सामने **'56 इंची सीना चौड़ा'** करके खड़ा होता है। जनता को लगा कि उसका निर्णय सही था तभी तो हमारे नेता ने जो माप हमारे देश की जनता ने चाही थी उसी माप का सीना हमारे जवानों का कर दिया। पाकिस्तान की ओर पी.एम. गये तो सैनिकों को समझा दिया गया कि घबराने की आवश्यकता नहीं है, सारा देश तुम्हारे पीछे खड़ा है। शत्रु को सबक देना सीखिए, शत्रु से सबक लेना छोड़िये। एक वर्ष में ही हम देख रहे हैं कि देश की सीमाएं पहली बार सबसे अधिक सुरक्षित हैं।

अंतर्राष्ट्रीय मंचों पर भारत की आवाज को अब पहले से अधिक कान लगाकर ध्यानपूर्वक सुना जा रहा है। लोग श्री मोदी जी को और उनके भाषण को सुनना चाहते हैं। मोदी जी भाषण पढ़ते नहीं हैं, अपितु भाषण देते हैं, जिनमें उनकी मौलिकता होती है, अपने हृदय के भाव होते हैं। हृदय से निकले भाव, दूसरे के हृदय के भावों को झकझोरते हैं और लोगों को मोदी जी में कोई जादू दीखने लगता है। आर्थिक मोर्चे पर हम देख रहे थे कि पिछले 12 तिमाही से जीडीपी में निरंतर गिरावट और महंगाई निरंतर बढ़ती ही जा रही थी, अर्थशास्त्री प्रधानमंत्री मनमोहन सिंह का अर्थशास्त्र 'व्यर्थ शास्त्र' सिद्ध हो रहा था और उनके शासन के अंतिम दो वर्षों में सकल पूंजी निर्माण में गिरावट दर्ज की जा रही थी। जो गिरते–गिरते 30 प्रतिशत तक आ गयी थी। मोदी का सार्थक अर्थशास्त्र अपना प्रभाव दिखा रहा है और पिछले 12 माह में अर्थव्यवस्था को पटरी पर लाने की सार्थक पहल हुई है। मंत्री और हमारे अधिकारी अपनी फिजूलखर्ची के कारण देश के लिए भारी बोझ बन चुके थे। मोदी जी ने दर्द के मर्म को समझा और सही स्थान से उपचार आरंभ किया। आज देश के नेता और अधिकारी फिजूलखर्ची पर रोक लगाने के लिए जाने जा रहे हैं। हम एक मजबूत अर्थव्यवस्था बनते

जा रहे हैं। कारोबार की स्थिति अच्छी बनी है और देश में पूंजी निवेश के लिए विदेशी लोगों का भी मन बना है।

अब हिंदी की बात करते हैं। हिंदी देश की राष्ट्रभाषा है, परंतु हिंदी को जो सम्मान मिलना चाहिए था वह आज तक नहीं मिल पाया है। मुझे पर्यटन मंत्रालय में नियुक्त एक महिला अधिकारी ने बताया कि हिंदी को प्रोत्साहित करने के लिए मोदी जी की सरकार ने अनूठी पहल की है। अब लोगों को हिंदी में काम करने के लिए पुरस्कार दिये जाते हैं। उन्हें प्रोत्साहित करने के लिए हिंदी की उपयोगिता बतायी जाती है। जिससे लोग उत्साहित हो रहे हैं और अपनी भाषा के प्रति लोगों में प्रेम झलक रहा है। वैसे मोदी जी स्वयं भी हिंदी में धाराप्रवाह भाषण देते हैं, जिसका प्रभाव लोगों पर पड़ रहा है। इतना ही नहीं विदेशों में भी लोगों का हिंदी के प्रति लगाव बढ़ रहा है। जिस देश का पी.एम. हिंदी अर्थात अपनी राष्ट्रीय भाषा में बात करेगा उससे विदेशों में मिलने वाले लोग भी हिन्दी के प्रति राग प्रदर्शन करने को अपने लिए अच्छा मानते हैं। मोदी जी ने हिंदी को लेकर कोई राजनीति नहीं की है, वह देश की राष्ट्रभाषा को उसका सम्मानजनक स्थान दिलाने के लिए वह कृतसंकल्प है। मोदी जी ने गंगा व गाय के लिए भी कुछ करना चाहा है। पहले से अधिक इस ओर ध्यान दिया गया है। गंगा को प्रदूषण मुक्त करने को लेकर वह हर प्रधानमंत्री से अधिक गंभीर सिद्ध हो रहे हैं। उनके संस्कारों में गंगा के प्रति श्रद्धा है। वह गंगा को 'मां गंगा' के रूप में सम्मान देते हैं। इसलिए गंगा स्वच्छता अभियान एक यथार्थ बनता जा रहा है। इसी प्रकार गौरक्षा के लिए भी ठोस कार्य योजना को स्वरूप दिया जा रहा है। कई राज्यों ने पहली बार गौहत्या को अपने यहां पूर्णतः प्रतिबंधित किया है।

प्रधानमंत्री नरेन्द्र मोदी जी धारा 370 को हटाने, राममंदिर का निर्माण करने, समान नागरिक संहिता को लागू कराने पर मौन हैं। जिससे उनके आलोचकों की संख्या बढ़ती जा रही है। उन्होंने अपनी जीत को विकास की जीत कहा, यह बात लोगों को पची नहीं। क्योंकि वह 'हिंदुत्व' के नाम पर जीत कर आये थे। जिस उत्तर प्रदेश में सपा सरकार के कार्यकाल में 100 से अधिक साम्प्रदायिक दंगे हो चुके हों, वहां लोगों ने मोदी जी को 80 में से 73 सीटें इसलिए दीं कि वह दंगों पर अंकुश लगा देंगे और लोग शांतिपूर्ण जीवन यापन कर सकेंगे। मोदी जी के आने के बाद देश का

साम्प्रदायिक माहौल सुधरा भी है। सैकड़ों साम्प्रदायिक दंगे के दोषी उनके विरोधी भी यह देखकर दंग हैं कि 'गोधरा के दोषी मोदी' कोई और गोधरा नहीं होने दे रहे है, तो आखिर इसका रहस्य क्या है?

हिंदुत्व के नाम पर मोदी जी की मंशा साफ है, कि यह केवल एक जीवन शैली है, जो हमारे भीतर राष्ट्रवाद के और मानवतावाद के संस्कारों को प्रबल करता है। जिससे हम **'वसुधैव कुटुम्बकम'** की भावना के आधार पर 'एक विश्व परिवार' बनाने में सफल हो सकते हैं, पर वह हिंदुत्व पर बोलते नहीं हैं। हां, उनके कुछ लोग अवश्य बोलते हैं, पर वह जो कुछ बोलते हैं, उससे देश में हिंदुत्व को एक **'प्रतिगामी संस्कार'** बनाने में सहायता मिल रही है। जबकि हिंदुत्व एक 'प्रतिगामी संस्कार' नहीं है। वह यह नहीं सिखाता कि **'वे' दस बच्चे पैदा कर रहे हैं, तो तुम भी ऐसा ही करो।** इसके विपरीत हिंदुत्व बताता है कि यदि देश की वर्तमान परिस्थितियां **'हम दो और हमारे दो, की है तो वे भी, और हम भी दो बच्चे ही पैदा करेंगे।** इसके लिए कानून बने और देश को गरीबी की ओर धकेलने वाली गतिविधियों पर रोक लगे। हिंदुत्व कहता है कि समान नागरिक संहिता लागू करो। उल्टे –धे बयान देकर देश की फिजाओं को विषैला मत बनाओ।

अंत में शास्त्री जी के जीवन की एक घटना सुनाकर बात समाप्त करता हूं। **शास्त्री जी को एक विशेष सम्मेलन में भाग लेने के लिए लंदन जाना था। उनके पास केवल दो ही कोट थे। उनका एक कोट फट गया था। उनके सचिव ने नया कोट सिलवाने का आग्रह उनसे किया। सचिव नये कोट के लिए कपड़ा भी ले आये। दर्जी आ गया। पर शास्त्रीजी ने उस दर्जी से कहा कि मैं अभी नया कोट नहीं सिलवाऊंगा, तुम पुराने कोट के कपड़े को ही पलट दो। अगर ठीक नहीं लगा तो दूसरा नया कोट सिलवाऊंगा। दर्जी ने कोट पलट दिया। शास्त्रीजी ने देखा कि कोट एकदम नया सा लग रहा था। तब उन्होंने कह दिया कि जब इसकी मरम्मत का हमें ही पता नहीं चल रहा है तो किसी अन्य को क्या चलेगा? शास्त्रीजी उसी कोट को पहनकर सम्मेलन में चले गये।** आज मोदी जी के 'कोट' को लेकर भी आलोचना हुई है। हमारे पी.एम. शास्त्री भक्त हैं और एक 'राजर्षि' के रूप में लोग उनका सम्मान करते हैं, अच्छा होगा कि लोगों को उनकी सादगी पर पुनः उंगली उठाने का अवसर ना मिले।

जून 29, 2012

मोहन की बंसरी पर मोदी जी की तान

श्री नरेन्द्र मोदी जी के समर्थन में जिस प्रकार भाजपा और संघ उतरकर मैदान में आये हैं उससे मोदी की प्रधानमंत्री पद की दावेदारी मजबूत हुई है। 'राष्ट्रीय स्वयंसेवक संघ' के सरसंघचालक मोहन भागवत ने लातूर में स्पष्ट कह दिया है कि एक हिंदुत्ववादी व्यक्ति प्रधानमंत्री क्यों नहीं हो सकता? बात सही भी है क्योंकि हिंदुत्व एक मानवतावादी आदर्श जीवन प्रणाली है, जो कि समाज के प्रत्येक वर्ग को अपने अन्दर उसी प्रकार समाहित और समायोजित करती है जिस प्रकार दूध शक्कर को कर लेता है। हिंदुत्व एक दर्शन है जो सबकी पहचानों को नमन करता है, लेकिन सबकी एक पहचान बनाकर चलने पर बल देता है। सबकी एक पहचान में विखण्डन करने वाली शक्तियों को यह दर्शन राष्ट्रघाती शक्तियाँ मानता है।

देश में आजादी के पश्चात नेहरू जी और इन्दिरा जी ऐसे प्रधानमंत्री रहे जिन्हें उनके व्यक्तित्व से वोट मिले और वह अपने समय में अपनी पार्टी के घोषित प्रधानमंत्री रहे। इसलिए नेतृत्व का संकट कांग्रेस में उस समय नहीं रहा। 1977 तक देश का विपक्ष नेहरू या इन्दिरा बनने का अलग–अलग प्रयास करता रहा। लेकिन 1977 में एक अलग प्रयोग करने का फैसला लिया गया और विपक्ष की पांच पार्टियों ने मिलकर जनता पार्टी बनायी। जिसे चुनाव में सफलता मिली और एक गैर कांग्रेसी सरकार अस्तित्व में आयी। यहाँ दो बातें हमें एक साथ देखने को मिलीं। एक तो यह कि जनता पार्टी की जीत कांग्रेस की हार में निहित थी। लोग कांग्रेस के आपातकाल के अत्याचारों से तंग आ चुके थे, इसलिये उन्होंने जनता पार्टी को एक विकल्प के रूप में चुना। दूसरे, विभिन्न महत्वाकांक्षाओं के सम्मेलन के रूप में उभरी जनता पार्टी के पास राष्ट्रव्यापी छवि का एक

नेता नहीं था। इसलिये नेहरू, इन्दिरा की बराबरी वे नहीं कर पाये और कई महत्वाकांक्षाऐं जब–जब टकराई तो जनता पार्टी उसके विस्फोट में उड़ गयी।

1977 से हम निरन्तर सत्ता का सरल रास्ता गठबन्धन में तलाशते आ रहे हैं। 1989 में वी. पी. सिंह ने इसी रास्ते को चुना तो बाद में अटलजी ने भी अपने लिये इसी को उत्तम माना। आज भी हम इसी गठबन्धन (जिसे घटिया बन्धन कहा जाना उचित होगा) की राजनीति में जी रहे हैं। भाजपा 2004 में सत्ता से क्यों हटी? कुछ लोगों का बेतुका तर्क है कि उसके हिंदुत्ववादी दर्शन ने या सिद्धान्तों ने उसे बाहर का रास्ता दिखाया। हमारा मानना इसके विपरीत है। भाजपा सत्ता से इसलिये हटी कि उसने अपने सिद्धान्तों को और हिंदुत्व के राजधर्म को गठबन्धन धर्म पर कुर्बान कर दिया। यदि भाजपा कश्मीर से धारा 370 को हटाने, समान नागरिक संहिता को लागू कराने तथा अयोध्या में श्रीराम मन्दिर का निर्माण करने के अपने वचन पर अडिग रहती और गठबन्धन धर्म के साथ–साथ अपने वास्तविक धर्म के प्रति भी समर्पित रहती तो वह निरन्तर आगे बढ़ती। उसने आगे बढ़ते कदम पीछे हटा लिये और देश के बहुसंख्यक समाज के अपने प्रति बढ़ते विश्वास में घात किया। करवट लेते देश को उसने जबरन सो जाने के लिये विवश किया।

देश का जनमानस नेता की तलाश कर रहा है। 1984 से देश नेतृत्वविहीन है। हमारा आशय नेहरू–इन्दिरा की प्रशंसा करना नहीं है। बल्कि उन जैसे राष्ट्रव्यापी छवि के नेता की तलाश से है। छोटे–छोटे नेता बड़ी–बड़ी बातें कर रहे हैं। जिनकी सोच तंग है वो हमें ऊँचाईयों पर पहुँचाने के सपने दिखा रहे हैं। कर्नाटक से उठाकर एक व्यक्ति एच. डी. देवेगौड़ा को देश का प्रधानमंत्री बना दिया। देश के किसी भी व्यक्ति ने तब ऐसा नहीं सोचा था कि मेरे दिये गये मत का अर्थ क्या निकाला जायेगा? यहाँ तक कि उस प्रधानमंत्री ने भी नहीं सोचा होगा कि इस चुनाव के बाद मेरी लॉटरी खुलने वाली है। आज उस प्रधानमंत्री की गाड़ी ब्रष्ट हुई खड़ी है। ऐसे कई नेता हैं जो स्वयं को भावी प्रधानमंत्री समझ रहे हैं और इसके लिये गठबन्धन (घटिया बन्धन) की जोड़–तोड़ में लगे हुए हैं। संघर्ष के नाम पर ये लोग जीरो हैं और अपने आप में पूरे हीरो हैं।

अब यदि श्री नरेन्द्र मोदी जी एक संघर्ष का सफर तय करने के लिये कमर कस रहे हैं तो इसमें बुरा क्या है? वह देश के नागरिक हैं और इस नाते वह किसी भी पद के दावेदार उसी प्रकार हो सकते हैं, जिस प्रकार कोई अन्य नागरिक हो सकता है। उनमें विशेषता यह है कि वे कुछ करके कुछ पाना चाहते हैं। गुजरात उनके लिये छोटा पड़ चुका है। उनका नाम पूरा देश जान चुका है। इसलिये वह उन नेताओं से लाख दर्जे बेहतर हैं जो सिरों की गिनती के गणित के लिये जोड़–तोड़ करने की राजनीति में यकीन रखते हैं और चोर दरवाजे से देश के बड़े पद पर पहुँचना चाहते हैं। चोरों के मुकाबले वह आदमी सदा ही बेहतर होता है जो अपने पुरुषार्थ, परिश्रम और योग्यता का प्रदर्शन कर आगे बढ़ने को प्राथमिकता देता है। हमारे देश में प्रधानमंत्री का पद सबसे महत्वपूर्ण है। वह विदेश में देश की आवाज माना जाता है। वह देश का नेता होता है और शासन प्रमुख माना जाता है।

देश का शासनप्रमुख जननायक होना चाहिये, उसमें पूरे देश का नेतृत्व करने और उसकी राष्ट्रव्यापी छवि होने के गुण अनिवार्य रूप से होने चाहिये। संविधान के तत्सम्बन्धी प्रावधान य़द्यपि ऊपरी तौर पर सिरों की गिनती का खेल कराते से जान पड़ते हैं, लेकिन संविधान निर्माताओं ने लोकसभा में बहुमत दल के नेता को पी. एम. बनाने की इच्छा इसलिये की थी कि लोकसभा जन प्रतिनिधियों से बनती है, और उसमें जनता सीधे भाग लेती है। लोकसभा में बहुमत दल का नेता होने का अर्थ है जनमत के बहुमत का समर्थन प्राप्त नेता होना। जिसके नाम और काम से प्रभावित होकर लोगों ने उसकी पार्टी को समर्थन दिया हो और जो बहुमत प्राप्त कर लोकसभा में प्रवेश करने में सफल हुआ हो। प्रधानमंत्री के लिये आवश्यक होना चाहिये कि वह जनमत का बहुमत प्राप्त करके लोकसभा में जाये जहाँ उसकी नियुक्ति मात्र औपचारिकता रह जाये। उसकी नियुक्ति के पीछे लोकशक्ति कार्य करती हो। इसलिये लोकशक्ति का प्रधानमंत्री के साथ रहना बहुत ही आवश्यक है। यह शक्ति ही उसके लिये शास्ति है, जिससे शासन की उत्पत्ति होती है।

गठबन्धन की राजनीति भारत में असफल हो चुकी है। इसलिये अब एक दल और एक नेता के लिये देश अकुला रहा है। 'राष्ट्रीय स्वयंसेवक

संघ' के सरसंघाचालक श्री मोहन भागवत ने देश की अकुलाहट को पहचाना है और नीतिश से सही पूछा है कि देश में हिंदुत्ववादी प्रधानमंत्री क्यों नहीं हो सकता? जिस देश की पहचान आन–बान और शान हिंदुत्व हो, उस देश पर वास्तव में तो हिंदुत्ववादी प्रधानमंत्री ही होना चाहिये। ऐसा प्रधानमंत्री जो सारे समाज को शक्कर और दूध की तरह समायोजित कर सके। इसके अतिरिक्त यदि कोई साम्प्रदायिक व्यक्ति तुष्टिकरण की राजनीति के माध्यम से या जातिवादी व्यक्ति जातीय आरक्षण के आधार पर देश में विखण्डन के बीज बोकर भी देश का प्रधानमंत्री बन सकता है या बनने का सपना देख सकता है, तो एक ऐसे व्यक्ति को प्रधानमंत्री क्यों नहीं बनना चाहिये जो देश को इन दोनों बिन्दुओं पर एकरस कर सकता हो?

श्री नरेन्द्र मोदी जी हिंदुत्व की शक्ति का जागरण कर रहे हैं और देश को राजनीतिक वितण्डवाद और पाखण्डवाद से पार ले जाना चाहते हैं। वह देश को बताना चाहते हैं कि पंथनिरपेक्षता का वास्तविक स्वरूप क्या है? तुष्टीकरण देश के लिये कितना घातक रहा है? जातीय आरक्षण से देश के सामाजिक परिवेश में कितनी विसंगतियाँ पनपी हैं? धारा 370 देश के लिये कितनी घातक रही है? समान नागरिक संहिता देश में कितनी आवश्यक है? और यह भी कि देश के संविधान की सौगन्ध उठाने वालों ने ही देश के संविधान की किस प्रकार हत्या की है?

इन सारे पापों की धुलाई के लिये श्री नरेन्द्र मोदी जी आवश्यक हैं या गठबन्धन का घटिया बन्धनी कोई अदना सा नेता? सचमुच 'राष्ट्रीय स्वयंसेवक संघ' सरसंघचालक मोहन भागवत और भाजपा के, मोदी जी के पीछे खड़े होने से लगता है अब इस सवाल का जवाब मिलने में देश को अधिक समय नहीं लगेगा। मोहन यदि अब बाँसुरी बजा चुके हैं तो मोदी को भी अपनी तान दिखाने में अब देर नहीं करनी चाहिये। भाजपा के आडवाणी जैसे बड़े नेता प्रशंसा के पात्र हैं जिन्होंने समय के अनुरूप चलना सीखा है और समय की पुकार को सही अर्थों व सन्दर्भो में सुना है।

जनवरी 11, 2016

ये मचान, ये शिकारी किसकी प्रतीक्षा में हैं ?

प्रधानमंत्री श्री नरेन्द्र मोदी जी पर देश की जनता को अभी भी गर्व है, सारा देश उनसे पाकिस्तान के प्रति गंभीर और ठोस कार्यवाही की अपेक्षा कर रहा है। देश यह भी जानता है कि इस समय दिल्ली की गद्दी पर मोदी जी का शासन है, इसलिए अब कायरता की बातें नहीं होंगी। प्रधानमंत्री पद की गंभीरता को मोदी जी अच्छी प्रकार जानते हैं, पर फिर भी किसी कवि की भेजी ये पंक्तियां मुझे अच्छी लग रही हैं–

कायरता का तेल चढ़ा है, लाचारी की बाती पर,
दुश्मन नंगा नाच करे है, भारत माँ की छाती पर,
दिल्ली वाले इन हमलों पर, दो आंसू रो देते हैं,
शत्रु पांच मारने में, हम सात शेर खो देते हैं,

हम अपेक्षा करेंगे कि कवि को अपनी पीड़ा अब इन शब्दों में अधिक देर तक बयां न करनी पड़े। हमने अटलजी के समय तीन आतंकवादियों को छोडने़ की गलती की सजा बहुत भुगत ली है, अब यह और नहीं देखी जा सकती।

कांग्रेस इस समय गैर जिम्मेदाराना भूमिका का निर्वाह कर रही है, जबकि उसे भी राष्ट्रहित में प्रधानमंत्री श्री नरेन्द्र मोदी के साथ आकर खड़ा होना चाहिए। वह कुछ ऐसा प्रदर्शन कर रही है जैसे पठानकोट की घटना पहली बार घटी है और इससे पहले उसके शासन में ऐसा कभी कुछ नहीं हुआ। हम चाहेंगे कि उसे भी अपने गिरेबान में झांकना चाहिए और समझना चाहिए कि **जब देश का बंटवारा हुआ था तो उस समय सरकार**

किसकी थी? उसे यह भी समझना चाहिए कि जब पाक अधिकृत कश्मीर बना, जब मुंबई पर हमला हुआ, जब चाइना ने जमींन हडपी, जब वीर सैनिकों के सर काट के पाकिस्तानी ले गए, देश में बोफोर्स का घोटाला हुआ, सैनिकों की वर्दी का पैसा खा गए, सरदारों का कत्लेआम किया, शिमला का समझौता कर देश की बहुमूल्य जमीन पाक को दे दी, आसाम में हिंदओं का खून बहाया गया, कश्मीर में वहां के हिंदू पंडितों को मारा गया, कामनवेल्थ का घोटाला हुआ, कोल घोटाला हुआ, 2जी का घोटाला हुआ, जब दूरदर्शन के मोनो से 'सत्यम् शिवं सुन्दरम् हटाया गया, जब भारतीय मुद्रा से 'सत्यमेव जयते' हटाया गया, जब 'वन्दे मातरम' का अपमान किया गया, तब किसकी सरकार थी? निश्चित रूप से ये सारे कारनामे कांग्रेसी सरकारों के शासनकाल में ही हुए।

कांग्रेस की इन कमियों की ओर संकेत करने का हमारा आशय यह नहीं है कि जितने 'चूहे' कांग्रेस मारकर खा चुकी है, उतने चूहे खाने देने की अनुमति मोदी सरकार को दी जाए। ऐसी बहसों को सुनते–सुनते भी लोगों के कान पक चुके हैं कि कांग्रेस ने ये किया और भाजपा अब ऐसा कर रही है। प्रधानमंत्री श्री मोदी जी और उनके सभी मंत्रिमंडलीय साथियों को यह बात ध्यान में रखनी ही पड़ेगी कि वह सत्ता में केवल इसलिए आए हैं कि देश की जनता सरकारों द्वारा 'चूहे मार' कर पाप करने की नीतियों से दुखी हो चुकी थी, और अब वह ऐसी किसी भी 'बिल्ली मौसी' को अपनी मालकिन नहीं बनाना चाहती जो नौ सौ चूहे खाकर हज को चलने की तैयारी करेगी। अब जनता एक–एक चूहे का हिसाब लेना चाहती है। मोदी ने अपनी चुनावी सभाओं में जनता को इस बात के लिए उत्तेजित भी किया था, कि वह प्रत्येक चूहे के खाने का हिसाब मांगने की क्षमता रखने वाली बनें। साथ ही श्री मोदी जी ने अपनी ओर से यह विश्वास भी दिलाया था कि वह न तो 'चूहा' खाने देंगे और न 'चूहा' खाएंगे, यानी ना तो पाप करेंगे और न किसी को करने देंगे, पर पठानकोट में महापाप हो गया है। खबरें मिल रही हैं कि 'जयचंद' जिंदा है और जो कुछ हुआ है वह 'जयचंद' के कारण हुआ है। पापी 'जयचंद' के कारण हमारे सात सैनिकों का बलिदान हो गया है, सारा देश अपने सैनिकों के बलिदान को व्यर्थ नहीं जाने देना चाहता। प्रधानमंत्री मोदी जी पाक स्थित आतंकी शिविरों पर कार्यवाही करने

से पहले घर के 'जयचंदों' से निपटने की रणनीति बनायें। यह देश कभी बाहर से नहीं हारा, इसे जब भी हार का मुंह देखना पड़ा है, तभी पीठ में छुरा घोंपने वाला कोई अपना ही 'जयचंद' निकला है।

'जो तीर खाकर देखा कमीनगाह की तरफ,
अपने ही दोस्तों से मुलाकात हो गयी।'

चमत्कार देखिये, चीन ने इस्लाम की कमर तोड़ रखी है, बैन पर बैन, दाढ़ी नहीं रख सकते, बुरखा नहीं पहन सकते, खुले में नमाज़ नहीं पढ़ सकते, जीना हराम कर रखा है, पर ये बड़े–बड़े इस्लामिक संगठन, चीन के खिलाफ चूं करने की भी औकात नहीं रखते !!

इस देश में एक नहीं अनेक ऐसी घटनाएं होती हैं जिन पर आप आश्चर्य करते रह जाएंगे। अपने इन देशी वामपंथियों को ही लें जो सांस तक अपने पप्पा चीन से पूछकर लेते हैं, पर भारत में जेहादियों, आतंकियों के पक्ष में 'कैंडल मार्च' निकाल रहे हैं !!

इसी प्रकार पश्चिम में चर्च और इस्लाम का छत्तीस का आंकड़ा है, दोनों एक–दूसरे को अपने अस्तित्व के लिए खतरा मानते हैं, पर भारत में उनका नेता जॉन दयाल, याकूब से लेकर अफज़ल गुरु का पैरोकार बनकर उभरता है !!

...और देखिये, वामपंथियों की अमेरिका से जन्म–जन्म की दुश्मनी है, पर 99 फीसदी अमेरिकन चंदे पर पलने वाले एनजीओ पर वामपंथियों का कब्ज़ा है और जिनका एकमात्र मकसद भारतीय समाज को छिन्न–भिन्न करना है !!

चमत्कार देखिये, लालू, मुलायम, नीतीश, केजरीवाल और कांग्रेस सब एक–दूसरे के धुर–विरोधी थे पर आज सब एक साथ चुनाव लडऩे को तैयार बैठे हैं !!

कैसा खेल है कि आज भी सामान्य शांतिप्रिय हिन्दू को यह भी समझ नहीं आ रहा कि आखिर ये मचान, ये बकरी, ये बन्दूक, ये शिकारी सब किसके इंतज़ार में हैं!

जून 21, 2015

राष्ट्रपति, पीएम और मुख्य न्यायाधीश होते हैं- राष्ट्र के ब्रह्मा, विष्णु, महेश

पूर्व प्रधानमंत्री डॉ. मनमोहन सिंह के प्रधानमंत्रित्व काल में कई चीजें बेतरतीब रूप में देखी गयीं। उन सब में प्रमुख थी किसी भी सरकारी विज्ञापन पर प्रधानमंत्री डॉ. मनमोहन सिंह के साथ–साथ कांग्रेस की अध्यक्षा श्रीमती सोनिया गांधी के चित्र का लगा होना। यह लोकतंत्र और लोकतंत्र की भावना के विरुद्ध किया गया कांग्रेसी आचरण था। जिससे प्रधानमंत्री जैसे महत्वपूर्ण और संवैधानिक पद की प्रतिष्ठा का पतन हुआ। प्रथम दृष्टया तो इसे देखकर यही कहा जा सकता था कि प्रधानमंत्री के साथ सरकारी विज्ञापन पर किसका चित्र लगे किसका न लगे, यह सरकार का विवेक है। इसलिए इस पर अधिक सोचने की आवश्यकता नहीं है। वास्तव में यह कांग्रेसियों का कुतर्क था, जिसे वह अपनी नेता श्रीमती सोनिया गांधी को खुश करने के लिए दे रहे थे।

यह बात तो सही है कि सरकारी विज्ञापन पर किसका चित्र लगे किसका न लगे, यह सरकार का विवेक है, पर विवेक भी विवेकपूर्ण होगा इस बात की क्या गारंटी है। ऐसा विचार करना ही विवेक पर प्रश्नचिन्ह लगा देता है कि सोनिया गांधी जिनके पास कोई संवैधानिक पद नहीं था, को प्रधानमंत्री के साथ सरकारी विज्ञापन पर क्यों बैठाया जाने लगा? लोकतंत्र की अपनी सीमाएं हैं और अपनी मर्यादाएं हैं। लोकतंत्र की सबसे पहली मर्यादा है कि यह लोगों को लोकतंत्र ही दिखाई दे, किसी पार्टी या किसी पार्टी के 'पूज्य परिवार' की जागीर नहीं। इसलिए सरकारी नीतियों की मर्यादा और सीमा यही है कि लोकतंत्र के स्वरूप को लोकतंत्र की

आत्मा संविधान का कही से हनन न हो। प्रधानमंत्री एक संवैधानिक पद है, जिससे राष्ट्र की गरिमा का बोध होता है। जबकि राष्ट्रपति हमारे संविधान का प्रमुख संरक्षक है। इसलिए सरकारी नीतियों में, सरकारी विज्ञापनों के माध्यम से यह संकेत और संदेश कदापि नहीं जाना चाहिए कि प्रधानमंत्री के समान हैसियत का कोई और व्यक्ति भी है। कांग्रेस ने डॉ. मनमोहन सिंह को श्रीमती सोनिया गांधी के कहने पर बेशक प्रधानमंत्री बनाया, परंतु प्रधानमंत्री बनते ही वह 'कांग्रेस के प्रधानमंत्री' न होकर 'भारत के प्रधानमंत्री' बन गये थे। ऐसे में वह राष्ट्र की गरिमा का प्रतीक बन गये थे, जिसका अभिप्राय है कि वह दलीय भावना और दलीय परिस्थितियों से ऊपर उठ गये। अतः उनके साथ श्रीमती सोनिया गांधी के चित्र के लगे होने का अभिप्राय था कि वह देश के प्रधानमंत्री न होकर कांग्रेस के प्रधानमंत्री थे और इसलिए कांग्रेस व देश में श्रीमती सोनिया गांधी उनसे बड़ी हैसियत रखती थीं।

विनम्र डॉ. मनमोहन सिंह ने अपनी इस स्थिति को अपने लिए स्वीकार्य बना लिया। जिसका परिणाम यह आया कि प्रधानमंत्री जैसे संवैधानिक पद का अवमूल्यन हुआ। इस अवमूल्यन का दुष्प्रभाव विदेशों में भी देखने को मिला । जब लोगों ने भारतीय प्रधानमंत्री को अधिक भाव नहीं दिया था या कुछ ऐसा अहसास कराने का प्रयास किया कि भारत का प्रधानमंत्री किसी एक महिला का 'अधीनस्थ कर्मचारी है।' इससे भारत की विश्व मंचों पर भी किरकिरी हुई और भारत की आवाज को लोगों ने हल्के में लेना आरंभ कर दिया।

अब भारत के सर्वोच्च न्यायालय ने निर्देश दिया है कि सरकारी विज्ञापनों पर केवल राष्ट्रपति, प्रधानमंत्री और मुख्य न्यायाधीश के चित्र ही प्रकाशित किये जायें। सर्वोच्च न्यायालय ने यह भी स्पष्ट किया है कि इन विज्ञापनों को राजनैतिक दलों के नेताओं के प्रचार का माध्यम नहीं बनाया जाना चाहिए। और न ही किसी मंत्री या नेता की व्यक्तिगत छवि को बनाने के माध्यम के रूप में प्रयोग किया जाना चाहिए, क्योंकि सरकार का कोई कार्य या योजना किसी व्यक्ति का व्यक्तिगत विषय नहीं हो सकता।

माननीय सर्वोच्च न्यायालय के इस निर्देश का पालन कड़ाई से होना चाहिए। न्यायालय का यह निर्देश वास्तविक लोकतंत्र की स्थापना में सहायक होगा और इससे लोकतांत्रिक संस्थानों की स्वीकार्यता बढ़ेगी। इस देश में मर्यादा पुरुषोत्तम श्रीराम को भगवान के रूप में पूजा जाता है, परंतु

भगवान राम की मर्यादाओं का लोग सम्मान नहीं करते। गली मौहल्ले के लोग भी या पार्टी के कार्यकर्ता अपने प्रदेश के या अपनी पार्टी के मुख्यमंत्री या अपनी पार्टी के प्रधानमंत्री के साथ विज्ञापनों पर अपने चित्र लगाकर लोकतांत्रिक संवैधानिक मर्यादाओं का हनन करते हैं, जबकि यह गलत है। यदि मुख्यमंत्री, प्रधानमंत्री को लोग इन पदों पर जाते ही उन्हें अपनी किसी पार्टी विशेष से न बांधकर देखें तो ही अच्छा होगा। तब पार्टी कार्यकर्ताओं को भी अपने प्रधानमंत्री अथवा मुख्यमंत्री की रचनात्मक आलोचना करने का अधिकार प्राप्त हो जाएगा। जैसा कि आजादी के बाद के प्रारम्भिक वर्षों में देखा भी गया था। जब लोग संसद में अपनी ही पार्टी के प्रधानमंत्री की नीतियों की आलोचना कर लिया करते थे। यह स्थिति स्वस्थ लोकतांत्रिक परंपराओं की प्रतीक थी।

तमिलनाडु के पूर्व मुख्यमंत्री एम. करूणानिधि ने माननीय सर्वोच्च न्यायालय के उक्त निर्देशों पर अपनी प्रतिक्रिया व्यक्त करते हुए कहा है कि–"**सरकारी विज्ञापनों में मुख्यमंत्री के चित्रों पर प्रतिबंध लगाने का उच्चतम न्यायालय का निर्देश राज्य के अधिकारों का हनन है।**" उनका मानना है कि संविधान प्रधानमंत्री को समान स्तर प्रदान करता है। श्री करुणानिधि के अनुसार उच्च न्यायालय का यह निर्देश कि सरकारी विज्ञापनों में मुख्यमंत्री के चित्रों का प्रयोग न होकर राष्ट्रपति, प्रधानमंत्री और प्रधान न्यायाधीश के चित्र होने चाहिए, यह राज्यों के अधिकारों का हनन होता है। उनका यह भी कहना है कि भारत के संविधान के अनुसार संघीय व्यवस्था में प्रधानमंत्री और राज्य में मुख्यमंत्री का पद समान स्तर का है।

श्री करुणानिधि की अपनी व्यवस्था है और अपनी मान्यता है, जिसे प्रस्तुत करने के लिए वह स्वतंत्र हैं, जबकि शीर्ष अदालत की अपनी धारणा है और शीर्ष अदालत की उस धारणा और मान्यता का सही अर्थों और सही संदर्भों में अर्थ निकालना हम सबके लिए अनिवार्य है। इसमें दो मत नहीं हैं कि जो अधिकार केन्द्र में कुछ परिस्थितियों में प्रधानमंत्री के सुरक्षित होते हैं, वही प्रदेश में मुख्यमंत्री के पास सुरक्षित होते हैं। परंतु इसके उपरांत भी प्रदेश, प्रदेश है और मुख्यमंत्री केवल मुख्यमंत्री है। उसकी सोच सीमित हो सकती है, दृष्टिकोण लघु हो सकता है। इसलिए उसे हटाने के लिए संविधान में धारा 356 की व्यवस्था की गयी है, जबकि प्रधानमंत्री को चलता करने के लिए कोई धारा 356 संविधान में नहीं है। यह अलग बात है कि

किन्हीं विशेष परिस्थितियों में देश में आपातकाल की घोषणा की जा सकती है, और प्रधानमंत्री को संवैधानिक प्रक्रिया के तहत हटाया भी जा सकता है, परंतु हटने वाला कोई व्यक्ति होता है प्रधानमंत्री नहीं, और यह भी कि आपातकाल में भी देश का नेता प्रधानमंत्री ही होता है।

इसका अभिप्राय है कि एक प्रधानमंत्री से अत्यंत परिपक्व बुद्धि का होने और उसके द्वारा विशाल हृदयता का प्रदर्शन करने की अपेक्षा की जाती है कि जो व्यक्ति प्रधानमंत्री बन गया वह इन दोनों गुणों से भली प्रकार सुशोभित हुआ। प्रदेश का मुख्यमंत्री राष्ट्रीय नेता नहीं हो सकता क्योंकि वह अपने राज्य से बाहर की बात नहीं सोच सकता, उसके राज्य की सीमाएं उसके क्षेत्राधिकार का निर्धारण करती हैं, और उसे बता देती हैं कि तुझे कहां तक उडऩा है? जबकि देश के प्रधानमंत्री की सीमाएं देश की सीमाओं से भी बाहर जाती हैं। जहाँ उसे विश्वमंचों पर देश के नायक के रूप में अपनी बात कहने का अवसर मिलता है। पंडित नेहरू, श्रीमती इंदिरा गांधी और अटल जी ने अनेकों अवसरों पर विश्वमंचों पर देश का सम्मान बढ़ाया था, तब लोगों को लगता था कि उनके पास कोई नेता है। आज उसी परंपरा को श्री नरेन्द्र मोदी जी आगे बढ़ा रहे हैं। उन्होंने चीन में या उससे पूर्व अन्य देशों में जाकर जो सम्मान अर्जित किया है, उससे देश का मस्तक ऊंचा हुआ है। उन्होंने चीन की धरती से ठीक ही कहा है कि चीन के राष्ट्रपति ने प्रोटोकॉल तोडक़र जिस प्रकार मेरा सम्मान किया है, वह मेरे देश के सवा अरब लोगों को दिया गया सम्मान है।

जिस किसी ने भी मोदी जी के ये शब्द सुने, उसी ने प्रसन्नता का अनुभव किया। हर व्यक्ति ने मोदी जी से अधिक स्वयं को गौरवान्वित अनुभव किया। कोई व्यक्ति मुख्यमंत्री रहते हुए प्रधानमंत्री बनने की सोच सकता है, और समय आने पर जनता की इच्छा से प्रधानमंत्री बन भी सकता है, यह एक अलग बात है, पर मुख्यमंत्री रहते हुए वह प्रधानमंत्री का समकक्ष नहीं हो सकता। इसलिए माननीय सर्वोच्च न्यायालय ने राष्ट्रपति, प्रधानमंत्री और देश के मुख्य न्यायाधीश को ही सरकारी विज्ञापनों में स्थान देकर उचित और न्यायसंगत निर्देश दिया है।

हमारा राष्ट्रपति पूरे देश का सम्मान इसलिए प्राप्त करता है कि वह दलीय भावनाओं से ऊपर होता है। पूरा देश उसे अपना समादरणीय मानकर सम्मानित करता है। इसी प्रकार मुख्य न्यायाधीश को लोग न्यायमूर्ति के रूप

में सम्मानित करते हैं। राष्ट्रपति का काम सृष्टा (ब्रह्मा) का है, प्रधानमंत्री का काम पालनकर्ता (विष्णु) का है और मुख्य न्यायाधीश का काम संहारकर्ता (महेश) का है ।

यहां संहारकर्ता का अभिप्राय दुष्ट अन्यायी और नीच लोगों को दंडित करने से है । ब्रह्मा, विष्णु, महेश के पूजक इस देश की परंपराओं के निहित अर्थों का सम्मान होना चाहिए । **गायत्री मंत्र का भूः–उत्पत्तिकर्ता (ब्रह्मा) भुवः–पालन कर्ता (विष्णु–जैसे परिवार में पिता होता है और वह निष्पक्ष भाव से सबका पालन पोषण करता है वैसे ही राष्ट्र में प्रधानमंत्री होता है) और स्वः–सुखप्रदाता (महेश) भी यही संकेत करता है कि राष्ट्र में तीनों शीर्ष शक्तियों का सम्मान करते चलो और वे तीनों शक्तियां अपनी मर्यादा का पालन करें तो राष्ट्र, समृद्धि, उन्नति को प्राप्त कर अपनी अखण्डता की रक्षा कर सकता है।**

अक्टूबर 3, 2013

मोदीभय और राहुल गांधी

राहुल गांधी ने सजायाफ्ता सांसदों और विधायकों को बचाने के लिए लाये गये अध्यादेश पर अपनी प्रतिक्रिया व्यक्त करते हुए अचानक मीडिया के सामने प्रस्तुत होकर टिप्पणी की है कि यह अध्यादेश 'बकवास' है और इसे फाड़कर फेंक दें। यह अच्छी बात है कि राजनीति को 'बकवास' होने से बचाने के लिए कांग्रेस के युवा नेता ने इस अध्यादेश पर इस प्रकार की टिप्पणी की है। वैसे भी वह 'कागज फाड़ने' की परंपरा पूर्व में उत्तर प्रदेश चुनावों के समय सपा के चुनावी घोषणा पत्र को फाड़कर शुरू चुके हैं। अब इसी परंपरा को राहुल राष्ट्र की राजनीति का एक संस्कार बना देना चाहते हैं, पर इस संदर्भ में हमें कई बातों पर विचार करना होगा।

सर्वप्रथम, हम संसदीय लोकतंत्र की मर्यादाओं का चिंतन करें। इसमें अपने विरोध को व्यक्त करने के लिए मीडिया कभी भी पहला माध्यम नहीं है। निश्चित रूप से मीडिया इस काम के लिए अंतिम विकल्प है। पहला मंच पार्टी है, दूसरा मंच सरकार है, तीसरा मंच संसद है और चौथा मंच प्रेस है। राहुल गांधी के लिए यह आसान था कि वह पार्टी से अपनी बात मनवा लेते, और यह स्पष्ट कर देते कि यदि सरकार ने कोई गलती की तो वह पार्टी मुखिया के नाते इसका विरोध करेंगे और पार्टी सरकार के साथ नहीं होगी। मनमोहन सिंह जैसी स्थिति में हैं, उसके दृष्टिगत वह राहुल गांधी की इसी मंशा को समझकर ही तुरंत पीछे हट जाते। लेकिन राहुल गांधी ने ऐसा नहीं किया, संसदीय लोकतंत्र की पहली मर्यादा और प्रक्रिया का उन्होंने पालन नहीं किया। दूसरे, सारा देश जानता है कि देश की सरकार को राहुल और उनकी माताश्री ही चला रही हैं। प्रत्येक मंत्री और प्रधानमंत्री स्वयं भी उनकी इच्छा को ही आज्ञा मानकर चलते हैं। ऐसी

स्थिति में बात साफ थी कि यदि राहुल गांधी सरकार को कहते हैं कि ऐसे 'बकवास' अध्यादेश को लाने की आवश्यकता नहीं है, तो किसी का साहस नहीं होता कि वह इस प्रकार के अध्यादेश को लाने की योजना बनाता। संसदीय लोकतंत्र की दूसरी मर्यादा और परंपरा को तोड़ दिया गया।

तीसरी बात, संसद के सर्वोच्च मंच पर सरकार के विरुद्ध बोलने की मर्यादा और परंपरा भी संसदीय लोकतंत्र में नेहरू के समय से ही रही है। राहुल और उनकी मां सांसद हैं। वह संसद में सरकार के विरूद्ध बोल सकते थे। वह माननीय सर्वोच्च न्यायालय द्वारा आए तत्संबंधी आदेश को संसद में उचित ठहरा सकते थे और इसके लिए संसद में अपने विचार रखते हुए स्पष्ट कर सकते थे कि उनकी दृष्टि में माननीय न्यायालय का आदेश उचित है और वह अपनी पार्टी से ही नहीं अपितु इस सदन से भी इस आदेश का सम्मान कराना चाहेंगे। निश्चित रूप से उनके इस कथन से ही लोकतंत्र अंधेरे से उजाले की ओर बढ़ चलता। लेकिन उन्होंने इस परंपरा या मर्यादा का निर्वाह करना भी उचित नहीं समझा।

वह सीधे चौथे मंच पर गये और अपनी ही पार्टी के प्रवक्ता से माइक लेकर अध्यादेश के विरुद्ध अपने विचार व्यक्त कर दिये। वह एक ओर शालीनता दिखाते हुए राष्ट्रपति से मिल सकते थे और उन्हें अपनी तथा अपनी पार्टी की राय से अवगत करा सकते थे, पर उन्होंने वह भी नहीं किया। राजनीति में कई बार **'होशहीन जोश'** को भी बड़ा महिमामंडित करके पेश किया जाता है। क्योंकि कई बार ऐसे जोश से राजनीतिक लाभ मिलने की संभावना लोगों को होती है। उसके घातक परिणाम बाद में चाहे जो आयें पर तात्कालिक लाभ को लोग अधिक उपयोगी मानते हैं और ऐसे निर्णयों को 'मील का पत्थर' सिद्ध करने का प्रयास करते हैं। हमें महाभारत के विषय में भली प्रकार ज्ञात है कि कृष्ण युधिष्ठिर के दूत बनकर शांति प्रयास के लिए हस्तिनापुर आए। शांति स्थापना के लिए भरसक प्रयास किये, परंतु कोई लाभ नहीं हुआ। **हस्तिनापुर की राज्यसभा का बहिष्कार कर दुर्योधन, कर्ण, दुःशासन, शकुनि और दुर्योधन के मंत्रीगण उठकर चले गये। कृष्ण, भीष्म, द्रोण, धृतराष्ट्र, विदुर ही सभा में बैठे रह गये थे। सचमुच दुर्योधन का यह 'होशहीन जोश' ही था, जो उसके समर्थकों को बड़ा प्रिय लग रहा था, और वो मान रहे थे कि एक इतिहास लिख दिया गया, पर परिणाम क्या हुआ,**

सभी जानते हैं। कुछ ऐसा ही हम राहुल गांधी के विषय में देख रहे हैं। लोग इस घटना को इतिहास में नया अध्याय जोड़ने वाली मान रहे हैं। परंतु मर्यादाओं का और परंपराओं का उल्लंघन भी साथ ही साथ हो गया है–यह नहीं देखा जा रहा है।

राहुल गांधी ने इस प्रकार की घोषणा से दुर्योधनवादी हठधर्मिता, उच्छृंख्लता और बचकानेपन का परिचय दिया है। उन्होंने धृतराष्ट्र बने मनमोहन को बताया है कि उनकी सीमाएं क्या हैं, और उन्हें अपनी सीमाओं में रहना है। राहुल गांधी ने इस निर्णय के साथ ही प्रधानमंत्री के लिए बड़ी ही दयनीय स्थिति उत्पन्न कर दी है। ऐसी स्थिति में मनमोहन सिंह ने निश्चित रूप से विदेश यात्रा में निराशा और हताशा का अनुभव किया होगा। जब उन्हें संयुक्त राष्ट्र में अपने भाषण के दौरान पूर्णतः आत्मविश्वास से भरा होना चाहिए था, तब उनके आत्मविश्वास को तोड़ने की घटना को अंजाम देकर उनके साथ लगभग विश्वासघात किया गया है। **राहुल `के इस सारे नाटक के पीछे वास्तव में 'मोदीभय' काम कर रहा है। वह 'मोदी' नाम की बीमारी से भयग्रस्त है। मोदी जी को जिस प्रकार पूरे देश में जनसमर्थन मिल रहा है, उससे कांग्रेस की नींद हराम है और उसके नेता को कुछ सूझ नहीं रहा है। इसलिए हड़बड़ी में मीडिया में छाने के लिए 'शहीदी बयान' राहुल गांधी ने दिया है। इससे देश में फिर एक संकेत और संदेश गया है कि देश में पी. एम. मनमोहन सिंह केवल कठपुतली पी.एम. हैं।** जबकि नेहरू गांधी परिवार उन्हें कठपुतली नहीं बल्कि पूर्णतः शक्ति संपन्न पी.एम. दर्शाने की बातें कहता रहा है।

अब नेहरू–गांधी परिवार अपने आप ही फंस गया है–उसने सिद्ध कर दिया है कि मनमोहन हमारी कठपुतली हैं और हम चुनावी लाभ के लिए अपनी कठपुतली की बलि भी ले सकते हैं। ऐसी परिस्थितियों में डॉ. मनमोहन सिंह के लिए यही उचित होगा, कि वह स्वयं त्यागपत्र देकर अपनी बलि दे दें। अब से आगे यदि वह कुर्सी पर बैठे भी रहेंगे तो लोग उन्हें 'आत्माविहीन' ही मानेंगे। अपयश से बेहतर है कि अपयश की बढ़ती दर को रोकने के लिए अपयश से पल्ला झाड़ लिया जाए। इसके दो लाभ होंगे, एक तो लोगों को उनके अपयश के पराभव के निम्नतम बिन्दु का पता नहीं चलेगा और दूसरे कांग्रेस को चुनाव पूर्व अपना नया पी.एम. चुनने

का और उसके नेतृत्व में चुनाव लड़ने का अवसर मिल जाएगा। तब जिस ठीकरा को कांग्रेस डॉ. मनमोहन सिंह के सिर फोड़ना चाहती है, वह कम से कम डॉ. मनमोहन सिंह के नाम तो फोड़ ही नहीं पाएगी। ऐसी स्थिति में मनमोहन सिंह फिर भी सम्मानजनक स्थिति में राजनीति से विदा हो जाएंगे, अन्यथा कांग्रेस में उनके लिए पी.वी. नरसिम्हाराव से भी बुरे दिन आने वाले हैं।

राहुल गांधी की आत्मा जाग रही है, और वह भी चुनाव से पहले। अच्छा होता कि यह आत्मा तब जागती–जब 2005 में आईपीओ डीमैट घोटाला (146 करोड़) हो रहा था और–

– जब 2005 में ही रूसी पनडुब्बी घोटाला (18,995 करोड़) हो रहा था।
– जब पंजाब सिटी सेंटर परियोजना घोटाला (2006) 1500 करोड़ का हो रहा था।
– जब 2006 में ही ताज कॉरिडोर घोटाला 175 करोड़ का हो रहा था।
– जब हसन अली खान घोटाला 2008 में 20,000 करोड़ का हो रहा था।
– जब 2008 में ही सत्यम घोटाला 10,000 करोड़ का हो रहा था।
– जब 2008 में ही सेना राशन चोरी घोटाला 5,000 करोड़ का हो रहा था।
– जब 2008 में ही 2जी स्पैक्ट्रम घोटाला 1,76,000 करोड़ का हो रहा था।
– जब स्टेट बैंक ऑफ सौराष्ट्र घोटाला 95 करोड़ का हो रहा था।
– जब 2008 में झारखण्ड चिकित्सा उपकरण घोटाला 130 करोड़ का हो रहा था।
– जब चावल निर्यात घोटाला (2009) में 2500 करोड़ का हो रहा था।
– जब उड़ीसा खाद्यान घोटाला (2009) में 7,000 करोड़ का हो रहा था।
– जब मधुकोड़ा घोटाला (2009) में 4,000 करोड़ का हो रहा था।
– जब राष्ट्रमंडल खेल घोटाला (2010) में 70,000 करोड़ का हो रहा था। इत्यादि।

बड़ी लंबी सूची है। इसी का योग किया जाए तो 910603234300000 रूपये इन बीते नौ वर्षों में भ्रष्टाचार की भेंट चढ़ गये। कांग्रेस ने लूट में

अंग्रेजों को पीछे छोड़ दिया। इतने धन से देश 'सुपर पावर' बन सकता था। पर सुपर पावर बनने का अरमान देश का पूरा नहीं हो सका? जिन्होंने देश को 'सुपर पावर' बनने से रोका, क्या उनमें कांग्रेस शामिल नहीं है? और यदि है तो उसमें राहुल गांधी के परिवार की जिम्मेदारी कितनी है? अपराधी तो अपराधी है उसे कानून को सौंपना ही चाहिए, यही बात यह देश चाहता है। राहुल जी क्या कहेंगे? राहुल की घोषणा से पूर्व देश 'सर्वोच्च न्यायालय' के निर्णय को नमन कर चुका है। हमें याद रखना होगा कि 1858 में महारानी विक्टोरिया ने भी एक घोषणा की थी कि अब कंपनी का राज समाप्त हो रहा है और ब्रिटिश राज्य प्रारंभ हो रहा है। उस घोषणा के परिणाम क्या निकले? सबको पता है। घोटालेबाजों को संरक्षण देती कांग्रेस के युवा नेता की इस घोषणा का भी बस यही हश्र होगा।

जून 22, 2015

'विश्वगुरु' बनता भारत

भारत के विषय में मि. कोलमैन ने कहा है कि भारत के साधु–संतों एवं कवियों ने नैतिक नियमों की शिक्षा दी, और इतने सुंदर कवित्व का प्रदर्शन किया, जिसकी श्रेष्ठता स्वीकार करने में विश्व के किसी भी देश, प्राचीन अथवा अर्वाचीन को लेशमात्र भी झिझक नहीं होती।

भारत के गर्वनर जनरल रहे वारेल हेस्टिंग्स ने मार्च 1813 में संसद के दोनों सदनों की समिति के समक्ष कहा था–'**हिंदू सौम्य, सुशील और परोपकारी हैं। उनका कोई उपकार करता है तो उसके लिए वे कृतज्ञता ज्ञापित करने को सदैव तत्पर रहते हैं। इसके विपरीत यदि कोई उनके प्रति बुराई करता है तो वे उससे बदला लेने के विषय में बहुत कम सोचते हैं। इस भूमंडल पर विद्यमान अन्य जातियों की अपेक्षा हिंदू लोग कहीं अधिक स्वामी भक्त, प्रेम एवं सौहार्दपूर्ण तथा न्याय के आदर्शों और सिद्धांतों का पालन करने वाले हैं।**''

ऐसे अनेकों स्थल हैं, जहां विदेशियों ने भारत की संस्कृति और भारतीय समाज की उच्च मान्यताओं का खुले मन से गुणगान किया है। वास्तव में विदेशियों को हमारी संस्कृति के उच्च आदर्शों ने समय–समय पर प्रभावित किया ही इस स्तर तक है कि वे हमारी प्रशंसा किये बिना रह ही नहीं सकते थे।

आज मोदी जी विश्व नेता बनकर उभरे हैं, तो उसके पीछे भारत भी सनातन ज्ञान परंपरा ने विशेष योगदान दिया है। मां भारती आज प्रफुल्लित है कि **'अंतर्राष्ट्रीय योग दिवस'** का विश्व स्तर शुभारंभ कराके हमने भारत को 'विश्वगुरु' बनाने की ओर विशेष पहल की है। 21 जून को जब राजपथ पर सारा देश योग दिवस मना रहा था और उसके साथ एक स्वर

से विश्व के 190 से अधिक देश **सर्वे भवंतु सुखिनः** .और वेद के संगठन सूक्त को दोहराकर वसुधैव कुटुम्बकम् के उस महान आदर्श की ओर एक कदम बढ़ा रहा था जो भारत का सनातन सिद्धांत रहा है, और जिसमें छिपी है विश्वशांति की वास्तविक कुंजी।

सारे विश्व ने समझा और हमने समझाया है, यह संयोग भारत के इतिहास में हजारों वर्ष के बाद बना है, जब हमने विश्व को शांति प्रदान करने और इहलोक और परलोक को सुधारने के लिए अपनी जीवन शैली में उसे ढालने का पुनः अभ्यास कराना शुरू किया है। 190 से अधिक देश एक साथ यदि एक पंक्ति में आकर भारत के पीछे खड़े हो गये हैं तो इससे स्पष्ट होता है कि भारत के सनातन मूल्यों में विश्व के देशों की आज भी कितनी निष्ठा है? जिन लोगों ने योग को किसी सम्प्रदाय विशेष से जोडक़र देखने का जो दुष्प्रचार किया है, वे अकेले पड़ गये हैं। इसका अभिप्राय है कि लोगों को वास्तविकता का बोध हुआ है, और अब उन्हें कोई भी व्यक्ति या समुदाय यूं ही अपने हितों के लिए प्रयोग नहीं कर सकता।

यह इतिहास के लिए बड़े दुर्लभ क्षण होते हैं, कि जब उनका नेता अथवा देश का प्रधानमंत्री एक साधारण व्यक्ति की भांति लोगों के साथ मिलकर योग करे। श्री नरेन्द्र मोदी जी को राजपथ पर आम लोगों के बीच देखकर मां भारती को भी असीम प्रसन्नता की अनुभूति हुई होगी।

वास्तव में विश्व स्तर पर इतने भव्य आयोजनों के मिले समाचारों ने सिद्ध कर दिया है कि अंतर्राष्ट्रीय समुदाय को इस समय भारत के योग गुरु बनने पर कोई आपत्ति नहीं है। विश्व एक स्वस्थ, स्वच्छ और ऐसी सर्वस्वीकृति व्यवस्था को अपनाने के लिए आतुर हुआ दिखाई देता है, जो उसके लिए प्रत्येक प्रकार से उत्तम सिद्ध हो।

भारत का अभिप्राय ही यह है कि जो निरंतर ज्ञान की ज्योति में, दीप्ति में, रत हो। ऐसे आभा में रत देश को भारत कहा जाता है, इसी भारत ने कभी भी विश्व के किसी भी देश पर अपना वर्चस्व स्थापित कर अथवा उसे डरा–धमकाकर उस पर शासन करने का प्रयास नहीं किया, अपितु इसने विश्व को अपने ज्ञान बल से अपना अनुयायी बनाने का प्रयास किया। उस ज्ञानबल से विश्व के देशों को और लोगों को सही दिशा मिली और विश्व ने वास्तविक विश्वशांति की अनुभूति की। जब तक भारत की यह सनातन ज्ञान परंपरा विश्व में सक्रिय रही, तब तक समस्त विश्व वास्तविक शांति का

आनंद उठाता रहा। वास्तविक विकास भी वही होता है, जिसमें मनुष्य का आत्मिक, मानसिक और बौद्धिक विकास हो सके। आर्थिक विकास तो इन सबके समक्ष बहुत छोटी चीज है। पश्चिमी चिंतन में भौतिक और आर्थिक विकास को मनुष्य के आत्मिक, मानसिक और बौद्धिक विकास से पहले माना गया है, परंतु चिंतन की इस गलत दिशा के परिणाम हमने देख लिये हैं, पश्चिम आज हताश, निराश और उदास है। जबकि भारत अपने योग गुरु पतंजलि की शिक्षाओं का अनुकरण करते हुए बाबा रामदेव के माध्यम से और प्रधानमंत्री श्री नरेन्द्र मोदी के सक्षम नेतृत्व के कारण पुनः 'विश्वगुरु' बना रहा है क्योंकि वह उत्साहित है। ब्रह्म बल, (स्वामी रामदेव) और क्षात्र बल (नरेन्द्र मोदी) का उचित समन्वय ही राष्ट्र की उन्नति का सेतु होता है। परिस्थितियों ने यह सिद्ध कर दिया है।

सितम्बर 17, 2014

वीर सावरकर के वारिस बने नरेन्द्र मोदी

स्वातंत्र्य वीर सावरकर ने 'क्रांतिकारी चिट्ठियों' में कहा–'**हम ऐसे सर्वन्यासी राज्य में विश्वास रखते हैं जिसमें मनुष्य मात्र का भरोसा हो सके और जिसके समस्त पुरुष और स्त्रियां नागरिक हों, और वे इस पृथ्वी पर सूर्य और प्रकाश से उत्तम फल प्राप्त करने के लिए मिलकर परिश्रम करते हुए फलों का समान रूप से उपयोग करें, क्योंकि यही सब मिलकर वास्तविक मातृभूमि या पितृभूमि कहलाती हैं। अन्य भिन्नताएं यद्यपि अनिवार्य हैं तथापि वे अस्वाभाविक हैं, राजनीति शास्त्र का उद्देश्य ऐसा मानुषी राज्य है या होना चाहिए जिसमें सभी राष्ट्र अपना राजनीतिक अस्तित्व अपनी पूर्णता के लिए मिला देते हैं, ठीक उसी तरह जैसे सूक्ष्म पिण्ड इंद्रियमय शरीर की रचना में इंद्रियमय शरीर पारिवारिक समूह में और पारिवारिक समूह संघ में तथा संघ राष्ट्र राज्यों में मिल जाते हैं।**''

यह उद्धरण सावरकर जी की वसीयत कही जा सकती है, इसमें उनका विद्धस्वरूप ही नहीं, अपितु राजनीति की वह मेधाशक्ति भी परिलक्षित होती है जो स्वतंत्रता पूर्व, स्वतंत्रता प्राप्ति के पश्चात के भारत का चित्र खींचती है, और जिसमें उनका लोकतांत्रिक दृढ़ व्यक्तित्व स्पष्ट हो जाता हैं। यह लोकतांत्रिक इसलिए है कि इसमें **'सबका साथ, सबका विकास'** ईमानदारी से पहली बार दिखाया गया है और लोकतंत्र का यह मूलभूत सिद्धांत है कि आप 'सबका साथ सबका विकास' कर पाने में विश्वास रखते हों, आपकी नीतियां यदि ऐसी हैं तो आपके शासन में देश के

आर्थिक संसाधनों पर किसी समूह या सम्प्रदाय विशेष का प्रथम अधिकार न होकर समस्त देशवासियों का पहला अधिकार होगा। लोकतंत्र का दूसरा मूलभूत सिद्धांत है कि लोग राष्ट्र के आर्थिक संसाधनों के सामूहिक रूप से फलोपभोग करने वाले हों। लोकतंत्र का तीसरा मूलभूत सिद्धांत है कि लोग स्वस्थ चिंतन और सकारात्मक ऊर्जा से भरे हों और अपनी 'मातृभूमि या पितृभूमि' को अनिवार्यतः अपना राष्ट्र मानते हैं और चौथे यह कि इस राष्ट्र के दुख–सुख में अपना दुख–सुख मानते हों और कहीं से भी किसी भी प्रकार से मत भिन्नता स्थापित करने की बात न करते हों। श्री नरेन्द्र मोदी के भारत का प्रधानमंत्री बनने के पश्चात लोगों ने कहना आरंभ किया कि अब देश में 'हिंदुत्व' का समय आ गया है और 'सावरकरवाद' को मोदी सरकार अब प्राथमिकता देगी। जिससे देश की एकता और अखण्डता को संकट उत्पन्न हो सकता है।

जिन लोगों ने सावरकरवाद की ऐसी व्याख्या की है, उन्हें संकीर्ण ही कहा जाएगा, क्योंकि उन्होंने इस महान नेता की महानता की सही व्याख्या करने में प्रमाद का और पूर्वाग्रही होने का परिचय दिया है। वास्तव में ऐसे प्रमादी और पूर्वाग्रही लोगों को वीर सावरकर के उक्त उद्धरण की व्याख्या स्वच्छ हृदय पुनः से करनी चाहिए। सावरकर का यही मंतव्य था जो ऊपर दिया गया है और इसे सावरकरवाद कहना भी उचित नहीं होगा, क्योंकि यह भारत की सनातन धर्म की वैदिक परंपरा के अनुकूल भारत का एक राजनैतिक सिद्धांत है, जो युगों पुरानी भारतीय राजनीतिक प्रणाली का एक अंग रहा है। इसलिए इसे 'भारत का सनातनवादी राजनीतिक सिद्धांत' कहा जाए तो ही अच्छा है।

सितम्बर 12, 2015

संस्कृत भाषा और हमारे प्रधानमंत्री

डॉ. विष्णुकांत शास्त्री भारतीय संस्कृति के विषय में लिखते हैं :–'**जीवन को सुसंस्कृत करते रहने के तीन साधन हमारे पूर्वजों ने बताये हैं। गुणाधान (गुणों को अर्जित करना) दोषापनयन (दोषों को दूर करना) और हीनांगपूत्रित (सत्कर्म के लिए अन्य लोगों से सहायता साधन–आवश्यक अवयव प्राप्त करना)। ऋग्वेद की ही उक्ति है–'आ नो भद्राः क्रतवो यंतु विश्वतः' अर्थात सभी दिशाओं से शुभ ज्ञान की प्राप्ति। प्रश्न उठता है कि गुण और दोष के निर्धारण का आधार क्या होना चाहिए? सीधा उत्तर है–हमारी परंपरा ने सच्चिदानंद को सर्वोपरि माना है। अतः जो कुछ उनके अनुकूल है, वह गुण और जो कुछ उनके प्रतिकूल है वह दोष है। उदाहरणार्थ गीता के 16वें अध्याय में वर्णित दैवी संपदा को अर्जनीय गुण समूह और और आसुरी संपदा को त्याज्य दोष समूह कहा जा सकता है। हमें निरंतर अपना और अपने समाज का निरीक्षण करते रहना चाहिए और गुणों का अर्जन तथा दोषों का त्याग करते रहना चाहिए तभी हम सुसंस्कृत होंगे और समाज को सुसंस्कृत बना सकेंगे। संस्कृति के लिए यही मानदंड सच है। समरसता और सद्‌भाव बनाये रखने वाली ज्ञानधारा और आनंद की वृद्धि करने वाली व्यवस्था संस्कृति है, एवं उसकी विरोधी व्यवस्था विकृति है।**'

हमारे हर नये संस्करण का नाम संस्कारों से युक्त जीवन जगत का नाम संस्कृति है और इस प्रकार के नवीन संस्करणों को निकालने वाली और जीवन–जगत को सुव्यवस्थित बनाकर उसे एक प्रकार की उत्कृष्टता

प्रदान करने वाली भाषा संस्कृत है।

ऐसी देववाणी भाषा संस्कृत के लिए देश के प्रधानमंत्री नरेन्द्र मोदी ने ठीक ही कहा है कि संस्कृत भाषा में ज्ञान का अपार भंडार है। यह सर्वमान्य सत्य है कि विश्व की समस्त भाषाओं की जननी संस्कृत है। पर जब हम ऐसा कहते हैं कि विश्व की समस्त भाषाओं की जननी संस्कृत है, तो हमसे अन्य भाषाओं का तुष्टिकरण करते–करते एक चूक हो जाती है कि हम विश्व की बोलियों को भाषा का स्तर दे जाते हैं। विश्व की कथित भाषाएं भाषा नहीं हैं, वे तो बोलियां हैं। बोली भाषा का अवशिष्ट भाग होता है, टूटा–फूटा भाग होता है, जूठन होती है, उसकी विकृति होती है। जिस भाषा के पास मूल शब्द हों वही भाषा मौलिक भाषा होती है, वैज्ञानिक भाषा होती है। जिस भाषा के पास मौलिक भाषा के मूल शब्दों की टूटन–फूटन या जूठन हो, वह बोली होती है। विश्व की सभी भाषाओं को हम इसलिए भाषा न कहकर बोली कहते हैं कि उनके पास संस्कृत के मूल शब्दों की विकृति है। उसी विकृति से ही उन्होंने भाषा होने का भ्रम उत्पन्न कर लिया है।

नरेन्द्र मोदी जी अपनी भाषा और भूषा के प्रति विशेष ध्यान देते हैं। एक समय होता था जब लालकिले से प्रधानमंत्रियों के सिर पर 'गांधी टोपी' दिखाई पड़ती थी, पर अब टोपी भी गयी। अब तो 'पगड़ी' की बहार आयी है। जिससे सारा देश पगड़ीधारी हो गया है। यह पगड़ी जहां हमें विशेष जिम्मेदारी की अनुभूति कराती है वही हमें गर्वोन्नत भी करती है। हमारी भूषा की यह स्थिति है तो भाषा की स्थिति भी यही है। संस्कृत विश्व की एकमात्र ऐसी भाषा है जिसमें एक भी शब्द गाली के लिए प्रयोग नहीं किया जाता। इसीलिए यह भाषा देववाणी है। इस देववाणी के पास सुई से लेकर हवाई जहाज बनाने तक की विधियां छिपी पड़ी हैं, तकनीक छिपी पड़ी है, विज्ञान छिपा पड़ा है, व्यक्ति के विकास की सारी व्यवस्था और सारे रहस्य छिपे पड़े हैं, सारे विश्व में शांति कैसे स्थापित हो, मानव कैसे मानव बने, और कैसे वह आवागमन के चक्र से छूटकर आनंदलोक का वासी बने, ये सारे उपाय भी छिपे पड़े हैं। जितना अनंत व्योम है, उतनी ही अनंतता संस्कृत के ज्ञान की है।

संस्कृत के ज्ञान की उस अनंतता और व्यापकता को नापने की बात यदि देश का प्रधानमंत्री कहता है तो यह शुभसंकेत है–'सांस्कृतिक राष्ट्रवाद' के जागरण का।

हमारा प्रधानमंत्री मोदी जी से विनम्र अनुरोध है कि भारत जैसे पंथनिरपेक्ष देश की एकता के दृष्टिगत संस्कृत की नैतिक शिक्षा को हर विद्यालय में अनिवार्यतः लागू कराया जाए। मानव–निर्माण के लिए जितनी उपयोगी संस्कृत है, उतनी कोई अन्य भाषा नहीं है। इसलिए संस्कृत के विकास पर विशेष ध्यान देने की आवश्यकता है। कंप्यूटर के लिए संस्कृत को सबसे उपयोगी भाषा माना गया है–इसलिए कंप्यूटर में भी संस्कृत का प्रयोग कराना सिखाया जाए। इसकी सूक्तियां, श्लोक और मंत्रादि को प्राथमिक स्तर की शिक्षा में ही बच्चों को सिखाने की व्यवस्था की जाए। यदि प्रधानमंत्री ऐसा कुछ कर पाते हैं तो उनके कार्य से राष्ट्र ही नहीं मानवता भी कृत कृत्य हो उठेगी।

प्रधानमंत्री श्री मोदी जी की संस्कृत के प्रति निष्ठा और लगाव प्रशंसनीय है, वे इस भाषा की महत्ता को भली प्रकार जानते हैं। हालांकि इसके विकास की ओर उन्होंने ध्यान देने के दृष्टिकोण से ही इसे ज्ञान का अपार भंडार कहा है।

जून 19, 2014

सबका हाथ, सबका साथ और सबका विकास

भारत के संविधान की मूल भावना के साथ हमारे राजनीतिज्ञों ने निहित स्वार्थों में निर्लज्जता की सीमा तक छेड़छाड़ की है। संविधान नहीं चाहता कि देश में किसी गरीब को सरकारी संरक्षण से केवल इसलिए वंचित होना पड़े कि वह किसी अगड़ी या सवर्ण जाति का है, लेकिन व्यवहार में कितने ही निर्धनों को जाति के आधार पर उत्पीड़न का शिकार होना पड़ रहा है। आरक्षण युद्ध ने संरक्षणवाद की भावना को क्षतिग्रस्त किया है। जिससे देश में जातीय हिंसा और जातिवाद को प्रोत्साहन मिला है जो कि संविधान की मूल भावना के सर्वथा विपरीत है।

अब देश में मोदी सरकार बनने पर लोगों को लग रहा है कि अच्छे दिन आ रहे हैं। इसलिए हर क्षेत्र में इस सरकार से कुछ विशेष अपेक्षाएं जनमानस के भीतर जन्म ले रही हैं। भारत के सामाजिक क्षेत्र में जातिवाद और अल्पसंख्यकवाद दोनों ही एक घातक रोग के रूप में पांव पसारे बैठी हैं। इन दोनों 'डायनों' को देश से बाहर निकाल कर समाज के प्रत्येक व्यक्ति के लिए विकास के समान अवसर उपलब्ध कराना सरकार के लिए 'टेढ़ी खीर' तो सिद्ध हो सकते हैं, लेकिन यह कोई असंभव कार्य मोदी जी जैसे नेता के लिए, सिद्ध होगा यह नहीं कहा जा सकता।

जातीय आरक्षण के दावेदार वे लोग भी बन रहे हैं जो हिंदू धर्म त्याग कर इस्लाम या ईसाईयत में दीक्षित हुए हैं। वोटों के सौदागर लालची और राष्ट्रद्रोही कुछ नेता ऐसे लोगों की इस मांग को भी उचित कह कर शह दे रहे हैं। सचमुच ऐसे नेता 'बेचारे' हैं जिनकी बुद्धि पर तरस आता

है। उन्हें नहीं पता कि इस्लाम और ईसाईयत में भी जाति व्यवस्था रही है, तो फिर जातीय आधार पर आरक्षण का लाभ क्यों? वस्तुतः हिंदुओं में से जिन लोगों का मतांतरण किया जाता है, उन्हें इसी बात से बरगलाया जाता है कि इस्लाम और ईसाईयत में आपको जातीय तिरस्कार नहीं मिलेगा। आपके साथ समानता का व्यवहार किया जाएगा। इसीलिए हमारे समाज से अनुसूचित जाति और जनजाति के लोगों के द्वारा मतांतरण की अनिवार्य शर्त समानता की प्राप्ति है। यदि ऐसा है तो इनके साथ समानता का व्यवहार करते हुए इन्हें वही सुविधाएं और लाभ प्रदान किये जायें जो मतांतरित मत के लिए उपलब्ध हैं।

हमारे संविधान से भी पूर्व अंग्रेजी काल में 1936 में **'अनुसूचित जाति आदेश'** ब्रिटिश सरकार ने लागू किया था। इसके लिए पैरा दो विशेष रूप से पठनीय है। जिसके अनुसार कोई व्यक्ति जो भारतीय ईसाई या जो बौद्ध धर्म का है वह किसी जाति धर्म का अनुयायी, अनुसूचित जाति का सदस्य नहीं माना जाएगा। चाहे वह मूलरूप से इस आदेश में विहित अनुसूचित जाति की सूची में ही रहा हो। अंग्रेजों ने या किसी अन्य व्यक्ति ने उस समय इस व्यवस्था का विरोध नहीं किया था। इसी आधार पर 1950 (स्वतंत्र भारत) के अनुसूचित जाति आदेश में भी व्यवस्था दी है कि यदि कोई व्यक्ति हिंदू या सिख धर्म से भिन्न किसी धर्म का अनुयायी है तो वह अनुसूचित जाति का नहीं समझा जाएगा।

भारत के सर्वोच्च न्यायालय ने भारत के पहले विधि मंत्री डॉ. भीमराव अंबेडकर के नेतृत्व में सपरिवर्तित व्यक्तियों के अभिवचन की विधि मान्यता को इसी आधार पर निरस्त कर दिया था, किंतु इसके उपरांत भी भारत में जातिवादी हिंसा और जातिवादी आरक्षण की अलम्बरदार रही राष्ट्रीय मोर्चा की सरकार ने संविधान **(अनुसूचित जाति) आदेश (संशोधन) अधिनियम 1990 (1990 का 15)** बनाकर हिंदू से बौद्ध बने लोगों को अनुसूचित जनजाति के विशेषाधिकार दे दिये हैं। आज जातिवादी राजनीति की जनक राष्ट्रीय मोर्चा की सरकार की इस असंवैधानिक कार्यप्रणाली का लाभ देश के अन्य मजहब अल्पसंख्यकवादी आरक्षण व्यवस्था लागू करके तथा हिंदू से इस्लाम या ईसाईयत में दीक्षित लोगों को आरक्षित कराके लेना चाहते हैं। वोटों के सौदागर राष्ट्र का सौदा भविष्य में इस मांग के आधार पर किस प्रकार करते हैं, यह देखना अभी शेष है। जो लोग भारत

में अल्पसंख्यकों की राजनीति करते हैं उन्हें पता होना चाहिए कि यहां अल्पसंख्यकवाद के लिए कोई स्थान नहीं है। क्योंकि यह शब्द अंतर्राष्ट्रीय स्तर पर भारत के संदर्भ में गढ़ा भी नहीं गया है। वस्तुतः यह शब्द 1945 में अंतर्राष्ट्रीय नीति निर्धारकों के मन मस्तिष्क में उस समय आया था जब द्वितीय विश्व युद्ध समाप्त हुआ था, तो कुछ लोग दूसरे देशों की सीमाओं में फंसे रह गये या छोड़ दिये गये। उनका मूल देश उन्हें वापस नहीं लेता था और दूसरे देश के लोग उनके साथ पक्षपात का व्यवहार कर रहे थे। तब ऐसे अल्पसंख्यकों के लिए अंतर्राष्ट्रीय स्तर पर एक आंदोलन चलाया गया था। जिसके परिणामस्वरूप अल्पसंख्यकों की पहचान के लिए उनकी अलग सांस्कृतिक एवं भाषाई अस्मिता के लिए जो रक्षोपाय 1960 में किये गये थे उनमें इनकी जातीय अस्मिता को बनाये रखने के लिए संबंधित राज्य क्षेत्रों को विशेष निर्देश दिये गये थे।

मानवाधिकारों के लिए बनी एक उपसमिति ने 1960 में अल्पसंख्यकों की परिभाषा करते हुए यह भी कहा कि समुदाय को अल्पसंख्यक मानने के लिए यह आवश्यक है कि उनकी संख्या पर्याप्त हो और उनके सदस्य उस राष्ट्र राज्य के प्रति जिसमें वह रहते हैं, वफादार हों।

अल्पसंख्यकों की पर्याप्त संख्या से अल्पसंख्यक आयोग का आशय तीस प्रतिशत संख्या से था। इन परिस्थितियों में अल्पसंख्यक वे माने जाएंगे जिनकी राष्ट्रीयता भिन्न हो, पितृभूमि अलग हो, जो कि विश्व युद्ध की परिस्थिति के पश्चात किसी कारण से किसी अन्य देश में रह गये हों। जिनकी संख्या कम से कम तीस प्रतिशत हो। इस सबके उपरांत भी वह उसी राष्ट्र राज्य के प्रति निष्ठावान हो जिसके कि वह अब नागरिक हैं। दूसरे शब्दों में कहें तो अपनी मजहबी, सांस्कृतिक या भाषाई पहचान को बनाये रखने के नाम पर वह किसी अन्य देश की मांग नहीं कर सकते। मजहबी उन्माद के नाम पर राष्ट्र विखण्डन की भयानक प्रसव पीड़ा को 1947 में अनुभव कर चुका है। इनकी पुनरावृत्ति ना हो इसके लिए यह आवश्यक है कि भारत में अल्पसंख्यक कौन है और कौन नहीं, इस बात का निर्धारण अब हो ही जाना चाहिए।

मौहम्मद अली जिन्ना ने भारत का जिस आधार पर विखण्डन कराया था वही परिस्थितियां शाही इमाम ने पैदा करनी चाही हैं। इन्हें नहीं पता कि भारत में मुस्लिम किसी अन्य देश के रहने वाले मूल निवासी नहीं हैं।

अधिकांश मुसलमान इसी देश के मूल पूर्वजों की संतानें हैं। उनका इतिहास और भूगोल दोनों सांझा हैं। इसलिए अल्पसंख्यक होने के लिए सम्प्रदाय की भिन्नता कोई आधार नहीं है। इसलिए अन्य राष्ट्र की मांग 1947 में जिस प्रकार अतार्किक थी वैसे ही आज भी है।

अल्पसंख्यकों के द्वारा अल्पसंख्यक होकर भी उस राष्ट्र के प्रति निष्ठा का भाव पता नहीं क्यों उपेक्षित किया जाता है (जिसके कि वह सदस्य) समझ नहीं आता। बाबरी मस्जिद अभियान में इमाम बुखारी ने (स्टेट्समैन 30–1–1987) में वक्तव्य दिया था कि भारतीय मुसलमानों की मांग के लिए एक नया गृह राज्य स्थापित करने की आवश्यकता है। इतना ही नहीं, वह चाहते हैं कि भारत में भी इस्लामी राज्य स्थापित हो। भारत के नेता बुखारी जैसे लोगों को अल्पसंख्यकों का नेता मानते हैं। मौहम्मद अली जिन्ना को गांधी जी ने कायदे आजम कहा था। आज भी वही मानसिकता कार्य कर रही है। विखण्डन की बात करने वाले आज भी सम्मानित होते हैं। उन्हें यह नहीं बताया जाता कि भारत में कोई अल्पसंख्यक नहीं है। क्योंकि अल्पसंख्यक शब्द के लिए जो परिभाषा ऊपर दी गयी है वह उन पर लागू नहीं होती। इमाम बुखारी की सोच को आगे बढ़ाते हुए एक अन्य मुस्लिम नेता ने भी यह कहा है कि हम मुस्लिम पहले हैं और भारतीय बाद में। भारत की मुख्य धारा मुस्लिम संस्कृति है और अन्य लोगों को चाहिए कि वे उसमें जुड़ जाएं।

बीते लोकसभा चुनावों में सोनिया गांधी ने शाही इमाम बुखारी से मिलकर भारत में चुनावों के समय फिर अल्पसंख्यक कार्ड खेलकर चुनाव जीतने की जुगत, लगाई। परंतु उन मुस्लिमों को दाद देनी पड़ेगी जिन्होंने सोनिया गांधी और इमाम बुखारी के इस कार्ड का विरोध किया, और उन्हें अपनी योजना में सफल नहीं होने दिया गया। इसी योजना को सफल करने के लिए सोनिया गांधी ने **साम्प्रदायिक हिंसा निषेध विधेयक** लाकर देश के अल्पसंख्यकों को कांग्रेस के साथ जोडने का राष्ट्र विरोधी कार्य करने का प्रयास किया। यद्यपि लोकतंत्र में लोगों को अपने साथ लेकर चलना कोई बुरी बात नहीं है, पर सम्प्रदायों को साथ लेकर चलना बुरा ही नहीं राष्ट्र विरोधी भी है। सम्प्रदायों को साथ लेकर चलने का अर्थ है कि साम्प्रदायिक राजनीति करना। आज मोदी जी देश में सबको साथ लेकर चलने का प्रयास कर रहे हैं, इस प्रयास की प्रशंसा की जानी चाहिए क्योंकि

ऐसे प्रयासों से ही राष्ट्र की मुख्यधारा का निर्माण होता है। साम्प्रदायिक और जातीय राजनीति करने से राजनीति तो दूषित होती ही है, साथ ही सामाजिक परिवेश भी दूषित और प्रदूषित होता है। सर्वसमाज समन्वय की राजनीति ही राष्ट्र के लिए उचित होती है। आज हमें ऐसी राजनीति की आवश्यकता है जिसमें जातीय और साम्प्रदायिक संकीर्णताओं के लिए कोई स्थान ना हो। सबका हाथ, सबका साथ और सबका विकास होना तभी संभव है। भारत की संस्कृति 'सर्वेभवन्तु सुखिनः सर्वेसन्तु निरामयाः' की रही है। भारत के संविधान की भावना भी यही है, तब तो और भी आवश्यक हो जाता है कि देश में जातीय और सांप्रदायिक दीवारों के नाम पर पैदा की गयी सामाजिक विसंगतियों को यथाशीघ्र समाप्त किया जाए। समान नागरिक संहिता की अवधारणा भी संविधान में इसी भावना से डाली गयी। प्रधानमंत्री श्री नरेन्द्र मोदी भारत की इस सनातन परंपरा के आलोक में यदि राजनीति को नई दिशा देते हैं तो उनका वह कदम निश्चय ही स्वागत के योग्य होगा। भारत ऐसे सम्मानपूर्ण सामाजिक परिवेश की बाट जोह रहा है।

अक्टूबर 24, 2015

समान नागरिक संहिता की आवश्यकता

भारत के संविधान का अनुच्छेद जो समान नागरिक संहिता की बात कहता है इस समय पूर्णतः उपेक्षित जान पड़ रहा है। यद्यपि यह जितना 1950 में संविधान के लागू किये जाने के समय प्रासंगिक था उतना ही आज भी है। हमारे नेताओं के आचरण व्यवहार और कार्यशैली ने इस महत्वपूर्ण संवैधानिक प्राविधान को लागू नहीं होने दिया है। ऐसी कई चीजें और परंपराएं हैं जो इस देश को अपने पहले **लोकतांत्रिक बादशाह नेहरू** के कारण झेलनी पड़ी हैं। उन्हीं में से एक है देश के संविधान में समान नागरिक संहिता का प्राविधान होते हुए भी इसे लागू न कराना। क्योंकि हमारे उस 'बादशाह' ने पड़ोसी देश पाकिस्तान के मुस्लिम शासकों को 1950 में ही आश्वस्त कर दिया था कि भारत में समान नागरिक संहिता की आदर्श व्यवस्था का अभिप्राय यह नहीं होगा कि किसी संप्रदाय के अधिकारों और उसके साम्प्रदायिक निजी कानून को न माना जाए। इसके विषय में नेहरू ने पाकिस्तान के वजीरे आजम लियाकत अली से विधिवत समझौता किया था। इस प्रकार सारे देश की इच्छा को और सारे देश की भावनाओं को एक व्यक्ति (नेहरू) ने अपनी इच्छा के सामने नतमस्तक करा दिया।

वैसे नेहरू का इसमें दोष कम था, क्योंकि राजनीति और सार्वजनिक जीवन को निजी हठ से चलाने की शिक्षा उन्हें गांधी से मिली थी। गांधी जी, नेहरू के राजनीतिक गुरु थे और उन्होंने अपनी विरासत को आगे बढ़ाने का दायित्व नेहरू को दिया जाना उचित माना था। इसका कारण यह था कि गांधीजी स्वयं हठीले थे और लोकतंत्र के नाम पर हठ करके अपनी बात मनवाना उनका मूल स्वभाव था। उन्होंने देशबंधु चितरंजनदास की **'अड़ंगा नीति'** को उपेक्षित कराके और लोकमान्य तिलक जी की

अंग्रेजों के प्रति **'प्रतियोगी सहयोग'** की नीति को तोड़–मरोडक़र देश में असहयोग आंदोलन चलाया और मुस्लिम तुष्टिकरण का पहला प्रयोग करते हुए अपना आंदोलन 'खिलाफत' के नाम कर दिया। तिलक जी उनके **'क्रांतिकारी असहयोग'** जैसे शब्दों के जाल में फंस गये थे, जो गांधीजी ने 1920 के प्रारंभ में व्यक्त किये थे। बाद में तिलक जी तो नहीं रहे पर तिलक ने खिलाफत नेताओं के सामने घुटने टेके खड़े जिस गांधी को अपने जीते जी सचेत किया था, वही नेता, गांधीजी को उस समय छोड़ गये जब उनका अपना स्वार्थ सिद्ध हो गया। कहने का अभिप्राय है कि गांधीजी को खिलाफत से कुछ नहीं मिला, पर कांग्रेस का 'मॉडरेट दल' उनके कार्यक्रम से अलग हो गया। जिसने 'लिबरल पार्टी' अलग बना ली। कुछ समय पश्चात हठीले गांधी जी को देशबंधु चितरंजनदास ने छोड़ दिया। इसी समय स्वामी श्रद्धांनद भी गांधी जी को छोडक़र चले गये, स्वामी श्रद्धानंद ने तो गांधी जी को उस समय सार्वजनिक रूप से लताड़ा था, जब वह अपनी एक हठ पर इसलिए अड़े थे कि ऐसा करने को उनकी अंतरात्मा कह रही थी। तब स्वामीजी महाराज ने गांधी जी को कहा था कि **गांधी जी अंतरात्मा आपकी बपौती नहीं है, यह किसी और की भी है और यदि आप इसके नाम पर किसी अन्य की अंतरात्मा की आवाज को कुचलोगे तो हम आपके साथ नहीं रह सकते।**

गांधी जी तब भी नहीं माने। फलस्वरूप सुभाष बाबू तक कई ऐसे नेता गांधी जी का साथ छोड़ गये जो कांग्रेस के महत्वपूर्ण नेता थे। गांधी जी का मुस्लिम तुष्टिकरण का खेल चलता रहा और कांग्रेस को छोड़–छोडक़र लोग जाते रहे। इस प्रकार नेताओं द्वारा कांग्रेस को छोड़कर जाने से गांधी जी को यह लाभ मिला कि वह कांग्रेस के नायक और 'अधिनायक' दोनों हो गये। अधिनायक की चरणवंदना करने वाली कांग्रेस ने 1947 में अपने 'अधिनायक' के एक संकेत पर नेहरू को उसका उत्तराधिकारी मान लिया। नेहरू ने अपने गुरु गांधीजी की परंपरा को आगे बढ़ाया और वह शीघ्र ही कांग्रेस के नायक एवं 'अधिनायक' बन गये।

नेहरू जी ने राजनीति में उन्हीं बातों का अनुकरण किया जिन पर उनके गुरु गांधी जी चला करते थे। उन्होंने प्रधानमंत्री के पद से त्यागपत्र देने की धमकी दे–देकर कई बातों को मनवाया, उनमें 'जन–गण–मन'

को वंदेमातरम् के स्थान पर राष्ट्रगान बनवाने से लेकर समान नागरिक संहिता को लागू न कराके ठंडे बस्ते में डाल देने की जिद तक के कई कार्य सम्मिलित थे।

लियाकत अली से नेहरू पाकिस्तान स्थित हिंदुओं के निजी कानूनों को उसी प्रकार मनवाने की बात कह सकते थे जैसे वह भारत के मुसलमानों को भारत में उनके निजी कानून को मान्यता देने जा रहे थे। पर उन्होंने नहीं कहा। डॉ. भीमराव अंबेडकर देश के दूसरे विभाजन के पक्षधर नहीं थे, इसलिए वे नहीं चाहते थे कि कहीं से फिर ऐसी परिस्थितियां उत्पन्न हों कि देश विभाजन की ओर बढ़ने लगे। इसलिए उनका व्यावहारिक दृष्टिकोण था कि समान नागरिक संहिता को लागू किया जाए। उनका मानना था कि पर्सनल लॉ में सुधार लाये बिना देश को सामाजिक परिवर्तन के युग में नहीं लाया जा सकता। इसका अभिप्राय था कि देश में किसी वर्ग विशेष के अधिकारों का रक्षक कठमुल्लों, या किन्हीं मठाधीशों को ना माना जाए। क्योंकि ये लोग साम्प्रदायिक उन्माद को बढ़ाएंगे, और अपनी–अपनी दुकानदारी चमकाने के लिए लोगों के खून पर गुजारा करेंगे। बाद में शाहबानो प्रकरण में कानून बनाकर 1986 में तत्कालीन प्रधानमंत्री राजीव गांधी ने सुप्रीम कोर्ट के फैसले को पलट दिया। जिसके विरोध में तत्कालीन मंत्री आरिफ मौहम्मद खान ने राजीव मंत्रिमंडल से अपना त्यागपत्र दे दिया।

अब आज हम जिन परिस्थितियों में जी रहे हैं, वह वही दुखद परिस्थितियां हैं जो गांधी, नेहरू की जिद का परिणाम हैं। राजीव गांधी ने गांधी, नेहरु के लगाए विष वृक्ष पर फल लगा दिये और उन फलों को खाकर आज का सारा परिवेश दूषित हो चुका है। केन्द्र की श्री नरेन्द्र मोदी की सरकार जितनी शीघ्रता से समान नागरिक संहिता को लागू करा देगी उतना ही उसके अपने लिए भी यह लाभकारी होगा।

फरवरी 29, 2016

हमारा तेजस्वी राष्ट्रवाद और मोदी

आजकल भारत में राष्ट्रवाद पर बड़ी तेज बहस चल रही है। कांग्रेस के गुलाम नबी आजाद जो कि राज्यसभा में नेता प्रतिपक्ष भी हैं, ने संसद में कहा है कि उनकी पार्टी को भाजपा की ओर से राष्ट्रवाद सिखाने की आवश्यकता नहीं है, क्योंकि उनकी पार्टी के बलिदानों के कारण ही यह देश स्वतंत्र हुआ था। इस बहस में राज्यसभा में भाजपा ने अपनी ओर से अरुण जेटली व स्मृति ईरानी को मुख्यरूप से मैदान में उतारा है। इनका मानना है कि कांग्रेस का राष्ट्रवाद वैसा राष्ट्रवाद नहीं जैसे राष्ट्रवाद की इस देश को अपेक्षा है। वास्तव में यदि ध्यान से देखा जाए तो देश को इस समय अपनी अस्मिता की रक्षार्थ 'ढुलमुलवादी कांग्रेसी राष्ट्रवाद' से पल्ला झाड़ने की आवश्यकता है। हमें बाहर और भीतर दोनों ओर से भयानक संकट है। जिससे आंखें बंद करके चलना हमारे लिए और भी अधिक भयावह हो सकता है।

भारत को अपनी अस्मिता की रक्षार्थ 'तेजस्वी राष्ट्रवाद' को अपनाना पड़ेगा। 'तेजस्वी राष्ट्रवाद' से हमारा अभिप्राय अपनी राष्ट्रीय एकता और अखण्डता की रक्षा करने और भारत के विरूद्ध चल रहे सारे षड़यंत्रों से सावधान रहते हुए उन्हें समूल नष्ट करने से है, और एक ऐसे महाभियान से है जिसमें सच को सच कहने का साहस हो और जो भारत को 'विश्वगुरू' बनाने के लिए सक्रिय और सचेष्ट हो।

हमें अपने राष्ट्रवाद को 'तेजस्वी राष्ट्रवाद' बनाने के लिए इजराइल से बहुत कुछ सीखने को मिल सकता है। इजराइल एक ऐसा देश है जो चारों ओर से अपने शत्रुओं से घिरा है और इतना छोटा–सा उसका क्षेत्रफल है

कि हमारे राजस्थान जैसे एक प्रांत में से ही तीन इजराइल खड़े हो जाएंगे। इसकी जनसंख्या केवल 30 लाख के लगभग है। स्पष्ट है कि भारत में इतनी जनसंख्या के तो कई नगर ही हैं। इसके उपरांत भी इजराइल को एक हठ है कि उसे अपनी पहचान और अपना अस्तित्व संसार में बचाकर रखना है।

कांग्रेसी राष्ट्रवाद की सबसे बड़ी विडंबना ही यह है कि ये लोग भारत की वास्तविक पहचान को अनेक पहचानों में परिवर्तित कर देना चाहते हैं। ये अनेकता में एकता ढूंढ़ते हैं, जिसे ढूंढ़ते-ढूंढ़ते इन्होंने भारत में अनेकों राष्ट्रीयताओं को भी पनपने का अवसर प्रदान कर दिया है। जिससे देश में विखण्डन की प्रक्रिया को बलवती होने का अवसर मिला है। परिणामस्वरूप ऐसी परिस्थितियां बन गयी हैं कि काश्मीर में जहां एक ओर हमारे सैनिक बलिदान दे रहे होते हैं वहीं उनकी पीठ के पीछे अलगाववादियों का एक समूह आवाज लगाता है-**'पाकिस्तान के मुजाहिदों-हम तुम्हारे साथ हैं।'** कांग्रेस और उसके सहयोगी संगठन या सैकुलर दल इस तथ्य की उपेक्षा कर जाते हैं। इन अलगाववादियों के इस प्रकार के नारों का हमारे सैनिकों के मनोबल पर विपरीत ही प्रभाव पड़ता होगा, पर ये अलगाववादी और कांग्रेस जैसे दल इन राष्ट्रविरोधी आवाजों को लोकतंत्र के लिए अनिवार्य मानते हैं। जबकि भारतीय राष्ट्रवाद इन्हें कुचल देने की बात कहता है। बस यही एक अंतर है कांग्रेसी राष्ट्रवाद और भारत के 'तेजस्वी राष्ट्रवाद' में। कांग्रेस इन अलगाववादियों को फूलने-फलने देती है, वह समस्या का उपचार नहीं करती।

हमें पुनः इजराइल की ओर जाना होगा। यह ऐसा देश है, जिस पर एक बार सात देशों ने मिलकर हमला बोल दिया था पर इसने साहस नहीं खोया। यह देश कभी किसी आतंकी संगठन या किसी शत्रु देश से यह नहीं कहता कि आप हम पर हमला ना करें, अन्यथा हम मर जाएंगे या मिट जाएंगे। इसके विपरीत इसकी नीति रही है कि जो हम पर अथवा हमारी राष्ट्रीय संप्रभुता पर हमला बोलेगा और हमारे एक व्यक्ति को मारेगा, हम उसके एक हजार नागरिकों को मार देंगे। जब फिलीस्तीन ने इजराइल पर हमला करके देखा तो इजराइल ने फिलीस्तीन के पांच स्कूलों पर भारी बमबारी की थी। इजराइल का अपने शत्रु के प्रति ऐसा व्यवहार रहता है कि वह चाहे विश्व के किसी भी कोने में छिप ले, उसका वह सफाया करके

ही सांस लेता है। उसका स्पष्ट मानना है कि जो हमें मिटाएगा या मिटाने का कार्य करेगा उसे हम छोड़ेंगे नहीं। जबकि भारत में कांग्रेसी राष्ट्रवाद ने हमें यह सिखाया है कि आप हमारे दोनों गालों पर थप्पड़ मारते रहिए हम उस अवस्था तक चुप रहेंगे–जब तक आप हमारा सिर न उतार लेंगे। हमारे वीर सैनिकों के कितने ही बलिदान, भारत की इसी 'कांग्रेसी राष्ट्रवाद' की सोच के कारण चले गये हैं। जबकि हमारे वीर सैनिक अपने हाथ खुले रखने के लिए देश के नेतृत्व से बार–बार कहते रहते हैं, पर उन्हें खुले हाथ रहने नहीं दिया जाता। इसलिए पाकिस्तान तो छोड़िए बांग्लादेश भी हमारे साथ ऐसा अपमानजनक व्यवहार कर जाता है–जिसे देखकर हमारा 'तेजस्वी राष्ट्रवाद' हमें लताड़ता रह जाता है।

भाजपा भारत के तेजस्वी राष्ट्रवाद को स्पष्ट करने में संसद में ही नहीं देश में भी सफल नहीं रही है। वह भारत के 'तेजस्वी राष्ट्रवाद' को अपनाना तो चाहती है पर जब उसे साम्प्रदायिकतावादी और मुस्लिम विरोधी कहकर घेरा जाता है तो वह विचारधारा के धरातल पर अपने आगे बढ़े कदमों को भी पीछे हटा लेती है। इस प्रवृत्ति को भी देश के लिए उचित नहीं माना जा सकता।

इसके विपरीत इजराइल में ऐसी व्यवस्था है कि यदि उसके राष्ट्रवाद पर या राष्ट्रीय अस्तित्व पर किसी ने उंगली उठाई तो उसकी खुफिया 'एजेंसी मोसाद' आपको जीने नहीं देगी। इस देश ने सात देशों से एक साथ संघर्ष किया पर हार नहीं मानी। उल्टे शत्रुओं को ही मुंह की खानी पड़ी थी। भारत को ऐसी रणनीति अपनानी पड़ेगी जिससे कि उसके शत्रुओं में खलबली मचे और उनका साहस भारत के 'तेजस्वी राष्ट्रवाद' के सामने झुकने को विवश हो जाए। प्रधानमंत्री श्री मोदी जी इस दिशा में आगे बढ़ रहे हैं, जिसे भारत के भीतरी और बाहरी शत्रु पचा नहीं पा रहे हैं। इजराइल के संबंध में बात 1972 की है, जब फिलीस्तीनी आतंकवादियों ने म्युनिख ओलंपिक गेम्स विलेज में घुसकर 12 इजराइली खिलाड़ियों की हत्या कर दी थी। उस समय इजराइली प्रधानमंत्री श्रीमती गोल्डा मायर ने यह संकल्प व्यक्त किया था कि वह तब तक शांत नहीं बैठेंगी जब तक अपने खिलाड़ियों का बदला नहीं ले लेंगी। उन्होंने मृत खिलाड़ियों के घरवालों को स्वयं फोन किया और उन्हें अपने संकल्प से अवगत कराया। इसके पश्चात अपनी गुप्तचर एजेंसी 'मोसाद' को खुले हाथों छोड़

दिया। जिसने अपने खिलाड़ियों के हत्यारों को विश्व के कोने–कोने में से खोज–खोज कर मारा। इधर हम हैं कि अपने देश की एक यूनिवर्सिटी में लगे राष्ट्रविरोधी नारों को लगाने वालों को ही 'भगतसिंह' बनाने पर तुले हैं। कांग्रेस कभी हत्यारे को हत्यारा नहीं कह पायी, इसने समय आने पर सदा शहीदों का अपमान किया है। स्वामी श्रद्धानंद के हत्यारे को गांधी जी ने भी सम्मानजनक शब्दों से सम्बोधित किया था, जिससे स्वामीजी का बलिदान कांग्रेस की दृष्टि में हल्का हो गया था। आज फिर वही हुआ है जब संसद पर आक्रमण करने वाले की फांसी के समक्ष हमारे उन सैनिकों का बलिदान हल्का हो गया है जिन्होंने उस आक्रमण को निष्फल करने का हरसंभव प्रयास किया था और अपना बलिदान दिया था।

जब इजराइल की गुप्तचर एजेंसी 'मोसाद' ने अपने खिलाड़ियों के सारे हत्यारों को समाप्त कर लिया तो वहां की प्रधानमंत्री ने कहा था कि–**'मैं नमन करती हूं देश के ऐसे सपूतों के जज्बे को और ऐसे देश को जहां के नागरिक अपना सर गर्व से उठाकर चलते हैं।'**

प्रधानमंत्री श्री नरेन्द्र मोदी जी जिस दिशा में बढ़ रहे हैं, वह निश्चित ही एक स्वावलंबी और स्वाभिमानी भारत की ओर संकेत करती है। वह बढ़े चलें देश की जनता उनके साथ है।

मई 4, 2016

अन्त्योदयवादी प्रधानमंत्री

मगध का राजा घनानंद लोभी, अहंकारी और अत्याचारी था। चाणक्य के संसर्ग में आने के बाद घनानंद ने प्रजाजनों का उत्पीडऩ बंद कर दिया। वह गरीबों और अपाहिजों को दान भी देने लगा।

एक दिन राजा घनानंद ने दरबार में चाणक्य से कह दिया जितनी तुम्हारी प्रतिभा है, यदि रूप भी उतना ही सुंदर होता तो कुछ अलग ही बात होती। चाणक्य महान नीतिज्ञ थे, वह विद्वान होने के साथ–साथ परम तपस्वी एवं विरक्त भी थे। एक विद्वान का स्वाभिमानी होना तो स्वाभाविक ही है। इसलिए राजा घनानंद के कठोर वचनों को सुनकर स्वाभिमानी चाणक्य बहुत आहत हुए। तब उन्होंने कह दिया–'राजन! मैं अपने इस अपमान का प्रतिशोध लेकर ही चैन से बैठूंगा।'

अचानक एक दिन चाणक्य की चंद्रगुप्त से भेंट हो गयी। वे उनके साहस एवं गुणों से प्रभावित हुए। उन्होंने चंद्रगुप्त को प्रेरणा देकर अपने बुद्धि कौशल से राजा घनानंद को पराजित करा दिया और उसे मगध का राजा बना दिया।

चाणक्य ने राजा चंद्रगुप्त को पहला उपदेश देते हुए कहा–**"राजा का उद्देश्य प्रजा का कल्याण करना होना चाहिए। राजा को प्रजा के सुख के सामने अपने सुख की परवाह नहीं करनी चाहिए।"**

सचमुच राजा को अपनी प्रजा को केवल 'सोने की चम्मच' दिखा–दिखाकर शासन नहीं करना चाहिए। राजा के लिए यही उचित है कि वह जनकल्याण को वरीयता दे और जैसे भी हो लोगों के आर्थिक और सामाजिक स्तर को सुधारने के लिए प्रयासरत रहे। देश में अभी तक की सरकारों के द्वारा

कांग्रेसी सरकारों के संस्कारों के कारण देश के लोगों के आर्थिक और सामाजिक स्तर को सुधारने के लिए सर्वोत्तम उपाय यह माना जाता रहा कि लोगों को नौकरी दो। लोगों ने भी नौकरी को ही अपनी समृद्धि का आधार मान लिया, पर 70 वर्ष में देश को पता चल गया कि एक तो नौकरी से समृद्धि नहीं आयी–व्यक्ति केवल रोटी खाने योग्य ही हो पाया, दूसरे सभी लोगों को सरकार नौकरी दे पाये–ये संभव नहीं हुआ।

देश के लोगों ने नेहरू जी के काल से ही सपने देखने आरंभ कर दिये थे, सरकारें गरीबी हटाने के नाम पर उनसे वोट लेती रहीं और नौकरी का झांसा देती रहीं, पर देखा यह गया कि नौकरी पाने के चक्कर में लोगों ने स्वरोजगार से मुंह फेर लिया और अपने परंपरागत काम–धंधों को छोड़कर नौकरी की प्रतीक्षा में बैठ गये। जिससे शिक्षित बेरोजगारों की भीड़ अप्रत्याशित रूप से बढ़ने लगी। सरकारों ने नौकरी का झांसा दे–देकर कितने ही घर उजाड़ दिये –कितने ही यौवन उजाड़ दिये। परंपरागत काम–धंधों को छोडक़र बेरोजगार बने युवक ठगी या राहजनी के रास्ते पर चले गये, शिक्षित भारत के समाज में चालाकी बढ़ी और लोगों में एक दूसरे के प्रति अविश्वास बढ़ा। यदि कोई व्यक्ति किसी को नौकरी का झांसा देकर उससे ठगी करे तो उसके विरूद्ध मुकदमा दर्ज होता है, पर देश के उन नेताओं के विरूद्ध एक भी मुकदमा दर्ज नहीं हुआ जिन्होंने मंचों से गला फाड़–फाड़कर लोगों को ठगा और नौकरी का झांसा देकर उनके हाथ में कटोरा दे दिया। अपने लोकतंत्र की महिमा अपरंपार है। कभी विस्तार से इस पर अलग से लिखूंगा।

कटोरा लिए मेरे देश के युवाओं की ओर किसी को देखने का समय नहीं मिला। भारी–भारी उद्योग और भारी–भारी मशीनें लगा–लगाकर युवा को बेरोजगार करने का क्रम अनवरत चलता रहा। सरकारों को सोचना चाहिए था कि हम सबको रोजगार दे नहीं सकते तो इन्हें स्वरोजगार देने में सहायता करें। 'गरीबी' हटाने का यही एकमात्र उपाय था। शिक्षा सबको नौकरी नहीं दे सकती, पिछले 70 वर्ष के कटु अनुभवों में से यह भी एक अनुभव है। बड़ी–बड़ी डिग्रियां लेकर युवा सडक़ों पर घूम रहा है। वह पूछ रहा है–'मैं अपनी इस डिग्री का क्या करूं?'

प्रधानमंत्री मोदीजी इस बात के लिए साधुवाद के पात्र हैं कि उन्होंने देश की वास्तविकता को समझा है। उन्होंने पहली बार देश की नब्ज पर

हाथ रखकर उसे पढक़र बोलने का प्रयास किया है। उन्होंने लोगों को स्वरोजगार उपलब्ध कराने की दिशा में ई–रिक्शा और ई–बोटिंग जैसी चीजें अपने हाथों से उपलब्ध कराई हैं। जिससे लोगों को लगे कि रिक्शा और बोटिंग का कार्य कोई छोटा कार्य नहीं है। यह भी एक महत्वपूर्ण कार्य है और इसके माध्यम से ही हमें रोजगार मिलेगा। अब तक के प्रधानमंत्री या बड़े नेता किसी बड़ी कंपनी की किसी बड़ी गाड़ी को सडक़ पर उतारने के लिए फीता काटते या हरी झण्डी दिखाते दिखाई पड़ते थे, पर देश पहली बार देख रहा है कि एक प्रधानमंत्री ई–रिक्शा और ई–बोटिंग को अपने हाथों से एक गरीब को देते हैं। न केवल देते हैं अपितु उसके साथ कुछ दूरी की यात्रा भी करते हैं। उस यात्रा में उनकी आंखों में एक सपना तैरता है कि मेरा भारत कल नहीं तो परसों अवश्य समृद्ध होगा, जब उसके हर हाथ को काम निकलेगा। इसी को जनकल्याण कहते हैं और यही जनकल्याण लोकतंत्र की रीढ़ है। पूरी व्यवस्था गलती कर रही थी, जिसे बिना किसी की आलोचना के मोदी सुधारने का प्रयास कर रहे हैं। यह भी लोकतंत्र का एक गुण है।

जनकल्याण को कोई 'चायवाला' ही समझ सकता है। मोदी जी गरीब की संवेदनाओं के प्रधानमंत्री हैं। इसलिए उन्होंने यह बात अंतर्मन से अनुभव की है कि लोगों का ध्यान नौकरी से हटाकर स्वरोजगार की ओर मोड़ा जाए। अब आप देखिए कि ई–रिक्शा वाला और ई–बोटिंग वाला अपने आपको स्वाभिमानी मानता है, गौरवान्वित अनुभव करता है, क्योंकि उनके बीच देश की माटी का लाल एक पीएम खड़ा होता है, कल–परसों तक जिस व्यक्ति की झलक तक पाना उनके लिए असंभव था–वह आज उन्हें अपने हाथ से ई–रिक्शा की या ई–बोटिंग की चाबी सौंपता है और उनके साथ फोटो कराता है। देश का कारपोरेट जगत देख रहा है कि जो व्यक्ति हर कदम पर उनके साथ रहा करता था वह अचानक पिछले दो वर्ष से उनके बीच से लुप्त क्यों हो गया है?

प्रधानमंत्री की नीतियों में और उनकी सोच में 'अन्त्योदयवाद' झलकता है जिसे लोग और पूरी व्यवस्था भूल चुकी थी, वह सपना सच होता जान पड़ रहा है।

केजरीवाल जैसे लोगों ने उचित ही किया कि प्रधानमंत्री की डिग्रियां सार्वजनिक कराकर लोगों को यह ज्ञान करा दिया कि वह राजनीतिशास्त्र में 'प्रथम श्रेणी' की स्नातकोत्तर की डिग्री लिए हैं।

प्रधानमंत्री ने गरीबों को निःशुल्क गैस दिलाने की घोषणा करके केजरीवाल को और उनके साथियों को बता दिया कि उनके हृदय में गरीब की संवेदनाओं के लिए कितनी पीड़ा है। इसी पीड़ा को हृदय में बसाने वाले प्रधानमंत्री की नीतियों को चाहे लोगों का साथ मिलने में देरी हो, परंतु प्रधानमंत्री का गणित वास्तव में ही प्रशंसनीय है। उन्होंने भारत निर्माण के लिए भारत को सही स्थान से पकड़ा है, जिसे पकड़ते ही भारत उठने लगा है। यह उठता हुआ भारत ही उनके सपनों का आत्मनिर्भर, सक्षम, समृद्ध, सुशिक्षित एवं स्वच्छ भारत होगा। प्रधानमंत्री की स्वस्थ सोच के लिए उन्हें एक बार पुनः बधाई।

मई 20, 2016

चाय बागान हुए 'चाय वाले' के

पांच राज्यों के विधानसभा चुनावों के परिणाम आ गये हैं। आसाम जैसे महत्वपूर्ण प्रदेश में पहली बार भाजपा ने अपनी सरकार बनाकर इतिहास बनाया है। जबकि पश्चिमी बंगाल में ममता बनर्जी ने निरंतर दूसरी बार सत्ता की चाबी अपने पास रखी है और बड़ी बात यह है कि 1984 के बाद पहली बार किसी एक दल के मुख्यमंत्री को निरंतर दोबारा मुख्यमंत्री बनाकर सुदूर दक्षिण के तमिलनाडु प्रांत की जनता ने भी जयललिता को सत्ता सौंप दी है। जबकि वहां के बारे में अनुमान था कि जयललिता सत्ता गंवा सकती है। पांचों प्रांतों के चुनाव परिणामों ने सबसे अधिक कांग्रेस को कष्ट दिया है–जिसे अपने दो प्रांतों आसाम और केरल में सत्ता से हाथ धोना पड़ा है, और उसे पांडिचेरी जैसे छोटे से राज्य में ही सरकार बनाने का अवसर मिल सका। अब देश के केवल छह प्रांत ऐसे हैं जिनमें कांग्रेस की सरकारें हैं। पीएम मोदी का **'कांग्रेस मुक्त भारत'** लगभग बन चुका है। राष्ट्रीय राजनीति में आसाम, पश्चिमी बंगाल, केरल और तमिलनाडु का ही अधिक महत्व है, जहां की जनता ने अपना स्पष्ट जनादेश देकर सत्ता अपनी–अपनी पसंद के राजनीतिक दलों को सौंप दी है।

इन चुनाव परिणामों के ये बाहरी संकेत हैं, जो बता रहे हैं कि चुनाव लोकतांत्रिक प्रक्रिया के अनुसार हुए हैं और इन परिणामों से पता चलता है कि देश में लोकतंत्र की गहरी जड़ें हैं। यहां जनता ही सर्वोपरि है और वही यह निश्चित करती है कि उसका 'राजा' कौन होगा? हमारे लोकतंत्र का यह सराहनीय उज्ज्वल पक्ष है।

अब इन पांचों राज्यों के चुनाव परिणामों की तस्वीर के दूसरे पक्ष पर

भी विचार किया जाना अपेक्षित है, जो कि स्पष्ट करेगा कि इन चुनाव परिणामों से लोकतंत्र की जीत हुई है या हार हुई है? हमारे देश में लोग अपने आलेखों में और अपनी समीक्षाओं में उन बाहरी बातों की चर्चा करते हैं, जो दिखायी देती हैं, घटनाक्रम के मर्म पर कोई चर्चा करना हम उचित नहीं मानते। जबकि ऐसा नहीं होना चाहिए।

पहले आते हैं आसाम पर। आसाम की जनता ने अपने चाय बागान 'चाय वाले' के नाम कर दिये हैं। उसने स्पष्ट कर दिया है कि वह कांग्रेस के 'कन्हैया' के साथ नहीं है। वह देश की एकता और अखण्डता के साथ है और उसी के लिए कार्य करना चाहती है। देश में राष्ट्रवाद की बहस को आसाम की जनता ने बड़ी गंभीरता से समझा है और उसके समर्थन में अपना मत देकर राहुल गांधी की 'कन्हैयावादी' सोच को धत्ता बता दिया है। वास्तव में ही आसाम की जनता इस कार्य के लिए बधाई की पात्र है।

हमें चुनाव परिणामों की समीक्षा किसी एक राजनीतिक दल के प्रति पूर्वाग्रही होकर या एक के प्रति उदार होकर करने की प्रवृत्ति से बचना चाहिए। पर जब बात देशद्रोह और देशभक्ति या राष्ट्रवादिता की चलती है, और कोई व्यक्ति राष्ट्रवादिता के पक्ष में हाथ उठाता है तो उसे 'भगवावादी' मान लिया जाता है, और किसी एक पार्टी के साथ जोड़ दिया जाता है। यह प्रवृत्ति भी अनुचित है।

देश में लोकतांत्रिक प्रणाली को सफल करने में इस बात को ध्यान रखना चाहिए कि देश की एकता और अखण्डता को क्षत–विक्षत करने में लगी शक्तियां जिस प्रकार देश में अपनी विचारधारा फैलाती जा रही हैं उनकी वह सोच गलत है। लोकतंत्र के नाम पर देशघाती सोच को प्रोत्साहित करने की छूट नहीं दी जानी चाहिए। आसाम में हिंदू समाज के साथ जैसा अन्याय और अत्याचार हो रहा था उसे किसी ने भी उठाया ही नहीं। उस अत्याचार को केवल इसलिए सहन किया गया, या किया जाता रहा कि वह हिंदू पर किया जा रहा अत्याचार था और भारतीयता से प्रेम करने वाले लोगों पर किया जा रहा अत्याचार था। आज वहां की जनता ने निर्णय लिया है कि वह ऐसे लोकतंत्र की पक्षधर नहीं है, जो वोट बैंक की राजनीति करते हुए किसी एक संप्रदाय की उपेक्षा करे और किसी एक संप्रदाय को प्रोत्साहित करे।

पश्चिमी बंगाल की कुल 294 सीटों में से बड़ी संख्या में बंगलादेशी

घुसपैठियों ने अपने मताधिकार का प्रयोग किया है और वहां के चुनाव परिणाम को प्रभावित कर दिया है। ये वही लोग हैं जो भारत के साथ किसी प्रकार की आत्मीयता नहीं रखते। इन्हें अपने लिए तात्कालिक आधार पर लाभ चाहिए और इनसे वोट लेने वाले राजनीतिक दल विशेषतः टीएमसी को भी तात्कालिक आधार पर अपने लिए लाभ चाहिए, उसके लिए भी राष्ट्रहित द्वितीय प्राथमिकता पर खिसक जाता है। यदि लोकतंत्र राष्ट्रप्रेम उत्पन्न करने में असफल रह जाए और नेता को राष्ट्रहित से पहले स्वहित पर ध्यान देने वाला बना दे तो समझना चाहिए कि देश रूपी शरीर के उस अंग में कैंसर बन रहा है। इधर हम हैं कि कैंसर को जानकर भी रोगी के दीर्घजीवी होने की अपेक्षा कर रहे हैं।

लोकतंत्र को देश में तभी परिपक्व और न्यायप्रिय कहा जाएगा जब इस देश की माटी से और इसकी संस्कृति से प्रेम करने वाले लोगों को मताधिकार से वंचित किया जाए और यदि वे घुसपैठिया शत्रु के रूप में देश में रह रहे हैं तो उन्हें तुरंत उनके देश में धकेलने की व्यवस्था की जाए। यदि चोर उचक्के और घुसपैठिये हमारे देश के किसी प्रांत में बड़ी संख्या में घुसकर अपनी विचारधारा की जीत के लिए अपने मत का प्रयोग कर सत्ता अपने मनपसंद लोगों को देने की स्थिति में आ जाएंगे तो कल इसी रास्ते से ही वे देश का विभाजन भी करा लेंगे। ऐसे लोगों के मत से जो लोग आज मुख्यमंत्री की कुर्सी पाने के लिए सब कुछ करने को तैयार हैं उनको जब एक नये देश का प्रधानमंत्री या राष्ट्रपति बनने का अवसर अपने निकट आता दिखायी देगा तो वह उस समय उछलकर 'जिन्ना' बन जाएंगे। हमारे कुछ तोते तब भी यही कहेंगे कि यह तो लोकतंत्र की जीत है—यदि जनमत ही एक अलग देश चाहता है तो हम क्या कर सकते हैं?

हमें जनभावनाओं का सम्मान करना चाहिए और लोकतंत्र के नाम पर इस निर्णय को मान लेना चाहिए। तब कोई यह नहीं कहेगा कि देश का विभाजन लोकतंत्र की हार है। क्योंकि यह समय रहते देशद्रोहियों और देशभक्तों के मध्य न तो अंतर कर पाया और ना ही देशद्रोहियों के विरुद्ध कोई कार्यवाही कर पाया।

देश में लोकतंत्र के नाम पर विखण्डन की प्रक्रिया को बलवती करने वाली शक्तियों ने लोकतंत्र के नाम पर क्षेत्रीय दलों को स्थापित करने की राष्ट्रविरोधी प्रक्रिया को अपनाया है, यह भी गलत है। क्षेत्रीय दल लोगों की

सोच को क्षेत्रीय बनाते हैं और उन्हें राष्ट्रीय दृष्टिकोण अपनाने से रोकते हैं। ये लोगों की भावनाओं से खिलवाड़ करते हैं, जिनका अंतिम परिणाम राष्ट्र को दुर्बल करता है। यदि पश्चिमी बंगाल में तृणमूल कांग्रेस, कम्युनिस्ट और कांग्रेस को लोगों ने पसंद किया है तो समझा जा सकता है कि उन्होंने इन पार्टियों को इसलिए पसंद किया है कि ये अवैध घुसपैठियों की समस्या का कोई समाधान नहीं चाहते। केरल और तमिलनाडु की जनता के निर्णय को भी हमें इसी परिप्रेक्ष्य में देखना चाहिए। तमिलनाडु में अम्मा ने अपने मतदाताओं को मोबाइल देने का चुनावी वादा करके लोकतंत्र को खरीद लिया है।

हमारी विचारधारायें विकृत हो रही हैं और वे राष्ट्रवाद की विचारधारा को प्रदूषित कर रही हैं। उनका उपचार करने की आवश्यकता है। हम किसी को सत्ता मिलने का विरोध नहीं करते पर यह अवश्य बताते हैं कि देश में लोकतंत्र दिशाविहीन अवश्य है, उसे बौद्धिक मार्गदर्शन की आवश्यकता है। अभी तो हम भी पांचों प्रदेशों में बनने वाली नयी सरकारों को शुभकामनाएं देते हैं और उनसे अपेक्षा करते हैं कि उनके रहते देश में राष्ट्रवादी परिवेश बनने में सहायता मिलेगी।

मई 24, 2016

प्रधानमंत्री जी! और 'अच्छे दिन'

अकबर बादशाह का शासनकाल था। पंजाब की धरती पर एक ऐसा हिंदू शेर था जो उस समय की क्रूर और अत्याचारी शासन व्यवस्था के विरुद्ध विद्रोही होकर शासकीय खजानों को लूटता था और उसका प्रयोग निर्धन परिवारों की लड़कियों का विवाह करने में करता था। इस वीर का नाम था–दूला भट्टी। जिस दिन उसे अकबर के सिपाहियों ने घेरकर मारा उस दिन भी वह निर्धन परिवार की एक कन्या का विवाह ही करा रहा था। समाज ने उसे पारितोषिक दिया और व्यवस्था ने उसे मृत्युदण्ड दिया। समाज ने उसकी स्मृति में लोहड़ी मनाने की घोषणा की, जिसे हम आज तक मनाते हैं, जबकि व्यवस्था ने उसे इतिहास के पृष्ठों से भी मिटाने की भरपूर चेष्टा की।

मुगलकाल में समाज और देश के हितों के लिए संघर्ष करना व्यवस्था को चुनौती माना जाता था। अंग्रेजों ने इस परंपरा को और भी अधिक दृढ़ता से अपनाया। उन्होंने हमारे कितने ही देशभक्तों को डकैत या अपराधी घोषित कर दिया था।

फलस्वरूप भारत में शासन–प्रशासन का यह संस्कार सा ही बन गया कि जो इनकी अनीति के विरुद्ध इनसे टकराने की सोचता है, उसे ये डकैत या अपराधी बना देते हैं। 'फूलनदेवी' को यदि समय से न्याय मिल गया होता तो एक गौरवमयी जीवन अपयश के कफन में लिपटकर संसार से विदा न होता और फूलन देवी भी अपने जीवन का वैसा ही उपयोग करती जैसा कि एक साधारण व्यक्ति को करना चाहिए। परंतु शासन प्रशासन को अपनी मुट्ठी में बंद रखने की घोषणा करने वाले समाज के दबंग लोगों के

विरुद्ध फूलनदेवी की आत्मा एक बिंदु पर जाकर आंदोलित हो उठी, उसने दबंगों से मुक्ति ली, तो शासन प्रशासन ने उसे अपराधी घोषित कर कानून की जटिलताओं में जकड़ लिया। इस प्रकार एक और 'दूला भट्टी' सूली पर चढ़ा दिया गया।

पश्चिमी उत्तर प्रदेश का एक फौजी अस्सी के दशक में अपनी बहन का विवाह करके डोली को विदा करता है। अभी थकान ही मिटा रहा था कि प्रातःकाल में विदा की गयी, बहन सायंकाल को ही घर लौट आयी। बहन को इस प्रकार घर में आयी देखकर भाई को आश्चर्य हुआ। उसने पूछ ही लिया कि–'बहन लौट क्यों आई?' बहन ने कहा–'भैया! उस गांव में एक दबंग मुस्लिम रहता है, जिसने यह नियम बना रखा है कि जो कोई नई दुल्हन गांव में आएगी उसे एक दिन उसके घर सोना होगा। मैं ऐसा नहीं कर सकती यदि आप चाहें तो मैं जा सकती हूं?'

भाई की आत्मा तड़प उठी बहन के शब्दों को लेकर। उसने सुन रखा था कि उस व्यक्ति की शासन–प्रशासन में कितनी पकड़ थी और वह किस प्रकार उस समय की प्रधानमंत्री का मुंह लगा गुर्गा था। परंतु बहन की अस्मिता पर कोई ऐसी दृष्टि डाले यह उस भाई को सहन नहीं, बहन और परिवार के सम्मान की रक्षा के लिए उसने हथियार उठा लिया और उस अत्याचारी, अनाचारी और दुराचारी का अंत कर दिया। जिससे सारे गांव को राहत मिल गयी, पर शासन–प्रशासन ने उस फौजी भाई को अपराधी घोषित कर दिया। यद्यपि उसने एक अपराधी का अंत करके 'पुण्य' किया था। पर वह अपराधी व्यवस्था द्वारा संरक्षित था, इसलिए व्यवस्था ने अपराधी को अपराधी ना मानकर, अपराधी का प्रतिकार करने वाले को 'महेन्द्र फौजी' बना दिया।

हमारे लोकतंत्र का सबसे बड़ा दुर्गुण ही यह है कि इसने मुगलकाल और ब्रिटिशकाल के शासन–प्रशासन के संस्कारों को अपने लिए अनुकरणीय माना है। लोकतंत्र तो हर व्यक्ति को न्याय दिलाने की पक्की व्यवस्था करने वाला तंत्र है। इसलिए इससे अपेक्षा की जाती है कि यह हर व्यक्ति को न्याय प्रदान करे, और यदि कहीं अपराधी तत्व व्यवस्था पर हावी हो रहे हैं तो उनसे भी तंत्र को मुक्त कराये। यदि लोकतंत्र में शासन–प्रशासन समाज के दबंग लोगों को आश्रय देना आरंभ कर देगा तो समाज में न्याय व्यवस्था पूर्णतः पंगु बनकर रह जाएगी। आजकल देश में न्याय व्यवस्था पर कितनी

ही बार उंगली उठायी जाती है तो उसका कारण यह है कि लोग अपनी दबंगई का प्रयोग न्याय व्यवस्था को खरीदने में भी करते हैं।

कितने ही प्रकरण ऐसे आते हैं, जिनमें पुलिस समय पर प्राथमिकी दर्ज नहीं करती है तो लोग विवश होकर बंदूक उठा लेते हैं। एक नहीं अनेकों प्रकरण ऐसे मिलेंगे जिनमें पुलिस ने किसी निर्धन की प्राथमिकी इसलिए दर्ज नहीं की कि अपराधी व्यक्ति समाज का दबंग था, समाज के किसी अपराधी द्वारा या दबंग व्यक्ति द्वारा संरक्षित था, या उसे किसी अधिकारी अथवा जनप्रतिनिधि की सुरक्षा मिली हुई थी। ऐसा भी कई बार देखा गया है कि यदि पुलिस किसी प्रकार प्राथमिकी ले लेती है तो समाज के दबंग थाने में आकर उस प्राथमिकी को ही फाड़ देते हैं। तब दूसरा पक्ष हथियार उठाता है और जिस न्याय को वह इस 'गूंगी बहरी व्यवस्था' से मांगने चला था उससे अपना हिसाब बंदूक की गोली से कर लेता है। कितने ही प्रकरणों में पुलिस और जनप्रतिनिधि मिलकर किसी की भूमि पर अवैध कब्जा कराते हैं। ऐसे प्रकरण भी देखने में आते हैं कि पुलिस के लोग या अन्य विभागों के अधिकारी अपने लोगों से ही अवैध कब्जा कराते हैं, उन्हें पूरा संरक्षण देते हैं और वैध हथियारों के बदमाश (पुलिस) उन अवैध कार्य करने वालों को उपलब्ध कराये जाते हैं, जिनकी सहायता से सारा कार्य पूर्ण हो जाता है।

हमारी पुलिस कितने ही अपराधों में सीधे–सीधे सम्मिलित होती है। इस विभाग के विषय में कम जानकारी रखने वाले लोगों की टिप्पणी होती है कि–**'खाकी वर्दी फिर हुई कलंकित।'** हम पूछते हैं कि यह खाकी वर्दी तो अंग्रेजों के काल से ही कलंकित रही है–इसने सम्मान और गौरव का कौन सा कार्य किया है? कब इसने जनसेवा का कोई कीर्तिमान स्थापित किया है? देश में जितनी हत्याएं होती हैं वे सारी की सारी तो नहीं, पर बड़े अनुपात में थाने के निकट होती हैं या पुलिस के सहयोग से होती हैं।

देश के प्रधानमंत्री का दायित्व इस समय मोदी जी संभाल रहे हैं। जिनका चिंतन, कार्यशैली, देश के प्रति समर्पण की भावना सभी प्रशंसनीय और वंदनीय हैं। लोग 'अच्छे दिन' देने की उनकी चुनावी घोषणा पर विश्वास भी करते हैं और कुछ सुखद झोंकों का अनुभव भी कर रहे हैं। प्रधानमंत्री का 'स्वच्छता अभियान' भी देश के लोगों को रास आ रहा है, परंतु इसके उपरांत भी प्रधानमंत्री से यही प्रार्थना है कि लोगों का शासन–प्रशासन से उठता विश्वास बहाल कराया जाए यहां तो पुरानी बोतल में (विषैली) नई

शराब भरी पड़ी है। पुलिस को और प्रशासन को यदि वह अपने 'स्वच्छता अभियान' में सम्मिलित कर इनकी स्वच्छता को लक्ष्यित कर लें तो देश को यथाशीघ्र 'अच्छे दिन' देखने को मिल सकते हैं।

इस देश का दुर्भाग्य ये है कि इसका 'मस्तिष्क' (सत्ता शीर्ष पर बैठा व्यक्ति) कई बार ठीक होता है पर इसके 'हाथ' (जनता के बीच कार्य करने वाले शासन प्रशासन के लोग) गंदे होते हैं, और प्रधानमंत्री जी जिसके हाथ खून से सने हों उसका मस्तक भी शर्मिंदा हो जाया करता है। उसे झुकना पड़ जाता है, लज्जित होकर उसका मस्तिष्क भी कार्य करना बंद कर देता है।

इसलिए पहले हाथों की सफाई करो। इस देश के जनसाधारण के कपड़े हो सकता है इसकी मिट्टी में सनकर गंदे दिखाई दे जाएं, पर इसके शासन प्रशासन और जनप्रतिनिधियों के कपड़ों पर तो खून के दाग हैं। ये कैसे लग गये? जिस दिन आप इनकी जांच करा पाएंगे और पूरी व्यवस्था का नंगा चित्र जिस दिन देख लोगे, उस दिन पता चल जाएगा कि भारत माता को कितने खून के आंसू बहाने पड़ रहे हैं? आपकी सत्यनिष्ठा और देश भक्ति को सादर नमन और वंदन है और साथ ही 'उगता भारत' परिवार की ओर से आपकी सरकार के दो वर्ष पूर्ण होने पर बधाई भी प्रदान की जाती है।

'रुग्ण' के चिकित्सक मोदी

प्रधानमंत्री श्री नरेन्द्र मोदी की सरकार के दो वर्ष पूर्ण हो रहे हैं। इस काल में उनकी सरकार ने जहां कई अच्छे अन्य कार्य किये हैं, वहीं देश की प्राचीन और सर्वोत्तम चिकित्सा प्रणाली आयुर्वेद को पुनर्जीवन देने के लिए भी ठोस पहल की है। उनके विरोधी चाहे उन पर जो आरोप लगायें, पर इन दो वर्षों में उन्होंने बिना अधिक शोर मचाये कई बातों को लेकर लोगों की सोच की दिशा परिवर्तित करने में सफलता प्राप्त की है। यही कारण है कि उनके प्रति लोगों के आकर्षण में अभी कमी नहीं आयी है।

मोदी सरकार से पूर्व सं.प्र.ग. की सरकार के चलते राष्ट्रवादी लोगों को और इस देश की संस्कृति, धर्म और इतिहास से प्रेम करने वाले लोगों को चुन–चुनकर उत्पीड़ित किया जा रहा था। उस उत्पीड़न का शिकार योगक्रांति के अग्रदूत बाबा रामदेव भी बने थे। जब उन्हें दिल्ली के रामलीला मैदान में सरकार के संकेत पर पुलिस के प्राणलेवा अत्याचारों का सामना करना पड़ा और परिस्थितिवश 'रण छोड़ना' पड़ गया था। बाबा ने योगक्रांति में ही सफलता प्राप्त नहीं की थी, अपितु उन्होंने सारे देश में स्वदेशी और स्वचिकित्सा के प्रति भी लोगों को जागरूक कर डाला था। जिससे बड़े–बड़े औद्योगिक घराने ही नहीं विदेशी कंपनियों के भी बड़े–बड़े स्वामी हमारे 'स्वामी' के प्राणों के शत्रु बन गये थे। ऐसा होना स्वाभाविक भी था, क्योंकि बाबा ने देश की जिस रग को पकड़कर कार्य करना आरंभ किया था वहां से देश के दलाल राजनीतिज्ञ, दलाल उद्योगपति और देश के लोगों को मारने के काम में लगे दवाई निर्माता कंपनियों के स्वामियों की चूलें हिल गयी थीं। उन्हें पसीना आ गया था और बाबा थे कि उनके पसीने को सूखने ही नहीं दे रहे थे।

जिस समय बाबा दिल्ली को हिला रहे थे, उसी समय गुजरात की भूमि से उन्हें 'महाभारत' के युद्ध में सफलता प्राप्ति के लिए एक 'अर्जुन' मिलने

जा रहा था। भारत की परंपरागत ब्रह्मशक्ति और क्षात्रशक्ति का अद्भुत संयोग था यह। इतिहास के इन दुर्लभ क्षणों को हमने अपनी आंखों से देखा जिन्होंने इतिहास की धारा में परिवर्तन ला दिया। श्री नरेन्द्र दामोदर मोदी जी 26 मई, 2014 को देश के प्रधानमंत्री बने। उन्होंने बाबा के अभियान को आगे बढ़ाने के लिए उन्हें पूरी सुरक्षा दी और उन्हें ऐसे महान कार्यों के संपादन में सहायता देने का वचन दिया जिनसे देश के लोगों का भला हो, और भारतीय संस्कृति का उज्ज्वल और गौरवमयी पक्ष लोगों के सामने स्पष्ट हो सके।

इससे पूर्व देश के लोगों के स्वास्थ्य के साथ 'मौन सरकारी आतंकवाद छल और घात' किये जा रहा था। मौन इसलिए कि जो कुछ किया जा रहा था उसका कहीं शोर नहीं था, 'सरकारी आतंकवाद' इसलिए कि हर आतंकवादी की भांति इस 'सरकारी आतंकवाद' का अंतिम लक्ष्य भी मानव स्वास्थ्य और जीवन को हानि पहुंचाना या समाप्त करना था और 'छल व घात' इसलिए कि इस सारे कार्य को जनहित में बता–बताकर किया जा रहा था। क्या था यह सारा खेल और कैसे हो रहा था। इसे पिछले दो वर्ष में मोदी सरकार की उपलब्धियों के परिप्रेक्ष्य में समझने की आवश्यकता है।

1947 में देश जब स्वतंत्र हुआ तो 1951 में पूरे भारत में 4780 अंग्रेजी डॉक्टर थे। उस समय देश की जनसंख्या 34 करोड़ थी। इतनी बड़ी जनसंख्या के लिए 1947 में अंग्रेजी दवा बनाने वाली कुल 10–12 कंपनियां ही थीं। 1951 में देश में रोगियों की संख्या केवल पांच करोड़ थी। कहने का अभिप्राय है कि देश की 1/7 जनसंख्या ही बीमार थी। यह चमत्कार इसलिए था कि देश के लोगों को देश की परंपरागत आयुर्वेदिक चिकित्सा प्रणाली स्वस्थ रखती थी। देश की राजनीति में दलाली का खेल अंग्रेजों के काल से ही चला आ रहा था उन्हें इस देश के लोगों से कुछ लेना–देना नहीं होता था, उन्हें अपनी दलाली निकालनी होती थी। क्योंकि शासन का उद्देश्य लूटना था। 'बहती गंगा' में हर कोई हाथ धोना चाहता था। सरकारी कोष से जो वेतन मिलता था वह तो था ही, उससे अलग जो मिल जाए वह उसी का हो जाता था जिसे मिल गया। इस प्रकार की नीति शासन की थी। 1947 के पश्चात शासन के चेहरों में परिवर्तन आ गया पर प्रशासन वही रहा जो अंग्रेजों का था। उसने शासन को कमाने के ढंग सिखा दिये। फलस्वरूप देश के नेता देश के शासन की परंपरागत 'लूटनीति' में बड़ी

सहजता से रंग गये।

इन नये शासकों ने देश की आयुर्वेदिक चिकित्सा प्रणाली को मिटाने का बीड़ा उठाया। उस लूट भरी पाखण्डी नीति का ही परिणाम रहा कि 2012 तक आते–आते देश की चिकित्सा प्रणाली शीर्षासन कर गयी। 2012 तक देश में अंग्रेजी चिकित्सकों की संख्या 4780 से बढक़र 18 लाख हो गयी। डॉक्टर बनने का अर्थ लोगों ने रातों–रात महल बना लेना लगा लिया किसी ने भी विचार नहीं किया कि जिस देश की सरकारी नीति निःशुल्क स्वास्थ्य सेवा देने की युग–युगों (आयुर्वेद के चिकित्सक लोग आज भी अपना पारिश्रमिक नहीं के बराबर लेते हैं) पुरानी रही है, उसी देश की चिकित्सा प्रणाली रातों–रात महंगी क्यों होती गयी। एक षड्यंत्र के अंतर्गत इस प्रणाली को आगे बढ़ाया गया, जिसमें नेता, अधिकारी, पढ़ा–लिखा वर्ग और दवाई माफिया सम्मिलित हो गया। इसके बारे में यह ढिंढोरा पीटा गया कि यही चिकित्सा प्रणाली हमें स्वस्थ रखेगी। सारे देश का ध्यान इस ओर खींचते हुए इस धनाढयों की चिकित्सा प्रणाली को निर्धनों को मारने के लिए उन पर थोप दिया गया।

1975 में जयसुखलाल हाथी कमीशन ने अपनी रिपोर्ट दी थी कि भारत के मौसम, वातावरण और स्वास्थ्य आवश्यकताओं के दृष्टिगत केवल 117 दवाईयां रखनी ही आवश्यक है। इन 117 दवाईयों से छोटी बीमारियां तो जैसे खांसी, बुखार आदि समाप्त हो जानी थीं और बड़ी बीमारियां कैंसर आदि नहीं होनी थी। कालांतर में विश्व स्वास्थ्य संगठन के दबाव में इन दवाओं की इस सूची को बढ़ाकर 350 कर दिया गया। पर आज क्या स्थिति है? आज ये जरूरी दवायें बढक़र 84000 हो गयी हैं।

हर दवा निर्माता कंपनी ने भारत में व्यापार करने और भारत के लोगों के स्वास्थ्य से खिलवाड़ करने का लाइसेंस लेना आरंभ कर दिया और देश की युवा पीढ़ी को रोगी करने लगे। उसे नशीली दवाओं का चस्का लगा दिया, विद्यालयों में लड़के–लड़कियों को साथ पढ़ाकर उनका यौवन और रूप नष्ट करके अपना ग्राहक बनाने का पूर्ण प्रबंध कर लिया गया। फलस्वरूव आज देश में 1947 की 10–12 दवा निर्माता कंपनियों की तुलना में 20000 दवा निर्माता कंपनी खड़ी हैं, जो देश को लूट रही हैं। 1951 में देश में यदि पाँच करोड़ लोग बीमार थे तो आज उनकी संख्या सौ करोड़ हो गयी है। दवा निर्माता कंपनी हजार गुणा बढ़ीं, चिकित्सक लाखों गुणा

बढ़े तो बीमारी घटनी चाहिए थी—पर हमारी नीतियों का चमत्कार देखिए कि देश में रोगी भी बीस गुणा बढ़ गये। दवाओं का यह पूरा खेल पूरे देश को रुग्ण करने का था। हमारी सरकारें स्वास्थ्य सेवाओं पर पचास लाख करोड़ रुपया खर्च कर स्वयं को कल्याणकारी योजनाओं के प्रति समर्पित दिखाती रहीं, पर भारत नीरोग नहीं हो सका।

देश में लगभग छह करोड़ मधुमेह के रोगी हैं, लगभग पाँच करोड़ हृदय रोगी हैं, आठ करोड़ कैंसर के रोगी हैं, 12 करोड़ आंखों के रोगी हैं, 14 करोड़ छाती रोगों के रोगी हैं, 14 करोड़ गठिया रोग से पीड़ित हैं, 20 करोड़ उच्च रक्तचाप से पीड़ित हैं, 27 करोड़ हर समय खांसी, जुकाम आदि से पीड़ित रहते हैं, 30 करोड़ महिलाएं खून की कमी से पीड़ित हैं। इस प्रकार पूर्णतः विध्वंसित व्यवस्था को सुधारने के लिए मोदी जी और बाबा रामदेव की जोड़ी ने कार्य करना आरंभ किया।

अब जिन लोगों को ब्रह्मशक्ति और क्षात्रशक्ति के इस मिलन से घृणा है और जिनका व्यापार चौपट हो गया है वे इनके प्रयासों को सीधे न कोसकर केवल व्यवस्था का 'भगवाकरण' करना कह कर कोस रहे हैं। मोदी जी ने देश में आयुष मंत्रालय की पहली बार स्थापना करके यह संकेत दिया है कि वह भारत की मूल चिकित्सा प्रणाली आयुर्वेद के प्रति पूर्णतः संकल्पबद्ध है। उन्होंने रोग के मूल पर प्रहार किया है, इसके परिणाम चाहे थोड़ी देर से आयें पर इतना निश्चित है कि यदि मोदी जी का प्रयास सफल होता है तो भारत की चिकित्सा प्रणाली फिर से निर्धन वर्ग की चिकित्सा प्रणाली बन जाएगी। 'अस्वस्थ भारत' को स्वस्थ करने के अभियान पर निकले, स्वच्छता अभियान के नायक मोदी जी को उनकी सरकार के दो वर्ष पूर्ण होने पर हार्दिक बधाई।

●●●

स्मृतियों में प्रधानमंत्री नरेन्द्र मोदी एवं उनकी उपलब्धियां

संसद को प्रणाम

प्रधानमंत्री पद की शपथ लेते हुए

जनसमूह
को
संबोधन

चुनाव पूर्व
रैली में
नरेन्द्र मोदी

विदेशी दौरे में लोगों के साथ

राष्ट्र को सम्बोधन

यूनेस्को में प्रधानमंत्री

माँ का आशीर्वाद

पाक प्रधानमंत्री नवाज शरीफ के साथ नरेन्द्र मोदी

अमेरिकी राष्ट्रपति बराक ओबामा के साथ ह्वाइट हाउस में नरेंद्र मोदी

सऊदी अरब के शेख के साथ प्रधानमंत्री

भारतीय राजनीति के तीन महान नेता एक साथः अटल बिहारी वाजपेयी, लालकृष्ण आडवाणी एवं नरेन्द्र मोदी

अमेरिकी संसद में ऐतिहासिक संबोधन

लेखक राकेश आर्य की उपलब्धियां

अगस्त 2013 में फतेहपुर उत्तर प्रदेश में आयोजित हिन्दू सम्मेलन में भाग लेते लेखक।

दिनांक 22 जुलाई 2015 को राजस्थान के महामहिम राज्यपाल कल्याण सिंह राजभवन जयपुर में उत्कृष्ट लेखन के लिए लेखक को स्वर्ण जड़ित लेखनी प्रदान कर सम्मानित करते हुए

दिनांक 6 दिसंबर 2015 को लेखक की पुस्तक "भारत के 1235 वर्षीय स्वतन्त्रता संग्राम का इतिहास भाग–1" का विमोचन करते राजस्थान के राज्यपाल कल्याण सिंह जी। साथ में हैं उगता भारत परिवार के सदस्य एवं पदाधिकारीगण

महामहिम राज्यपाल के साथ लेखक के परिवार के सदस्यगण

गाजियाबाद के मेयर तेलूराम काम्बोज जुलाई 2014 में एक गौसम्मेलन में लेखक को सम्मानित करते हुए

जिला झालावाड़ राजस्थान में उगता भारत ट्रस्ट की ओर से गौरक्षा पर आयोजित एक कार्यक्रम में भाग लेते लेखक, प्रकाशनाध्यक्ष बाबा नन्द किशोर व अन्य पदाधिकारी

हरिद्वार (उत्तराखंड) में दिनांक 15 नवंबर 2015 को राष्ट्ररक्षा सम्मेलन को संबोधित करते हुए लेखक

ncontent.com/pod-product-compliance
ource LLC
N
3051026
00002B/504
3 5 2 6 1 2 6 8 0 *

www.ingra
Lightning S
LaVergne T
LVHW0506
849532LV
* 9 7 8 9

गाजियाबाद के मेयर तेलूराम काम्बोज जुलाई 2014 में एक गौसम्मेलन में लेखक को सम्मानित करते हुए

जिला झालावाड़ राजस्थान में उगता भारत ट्रस्ट की ओर से गौरक्षा पर आयोजित एक कार्यक्रम में भाग लेते लेखक, प्रकाशनाध्यक्ष बाबा नन्द किशोर व अन्य पदाधिकारी

हरिद्वार (उत्तराखंड) में दिनांक 15 नवंबर 2015 को राष्ट्ररक्षा सम्मेलन को संबोधित करते हुए लेखक

www.ingramcontent.com/pod-product-compliance
Lightning Source LLC
LaVergne TN
LVHW050643051026
849532LV00002B/504
* 9 7 8 9 3 5 2 6 1 2 6 8 0 *